Revista de Direito, Estado e Telecomunicações

(The Law, State and Telecommunications Review)

Revista de Direito, Estado e Telecomunicações, v. 9, n. 1, p. 1-342 (2017)
The Law, State, and Telecommunications Review 9(1): 1-342 (2017)

Permanent Identifier for the Web
The Journal and each article individually at
LexML
http://lexml.gov.br/urn/urn:lex:br:rede.virtual.bibliotecas:revista:2009;000903260

-Volume 1, Issue 1, May 2009 (6 double-blind peer-reviewed articles published)
-Volume 2, Issue 1, May 2010 (7 double-blind peer-reviewed articles published)
-Volume 3, Issue 1, May 2011 (8 double-blind peer-reviewed articles published)
-Volume 4, Issue 1, May 2012 (6 double-blind peer-reviewed articles published)
-Volume 5, Issue 1, May 2013 (8 double-blind peer-reviewed articles published)
-Volume 6, Issue 1, May 2014 (8 double-blind peer-reviewed articles published)
-Volume 7, Issue 1, May 2015 (7 double-blind peer-reviewed articles published)
-Volume 8, Issue 1, May 2016 (8 double-blind peer-reviewed articles published)
-Volume 9, Issue 1, May 2017 (8 double-blind peer-reviewed articles published)

Universidade de Brasília
Faculdade de Direito
Núcleo de Direito Setorial e Regulatório
Campus Universitário Darcy Ribeiro
Asa Norte
Brasília, DF
Caixa Postal 04413

Ficha catalográfica elaborada pela Biblioteca Central da UnB

R454 Revista de Direito, Estado e Telecomunicações = The Law, State and Telecommunications Review / Grupo de Estudos em Direito das Telecomunicações. – v.9, n.1 – (2017) – Brasília: Universidade de Brasília, 2017.
v. 9

ISSN 1984-9729 (Versão impressa)
ISSN 1984-8161 (Versão eletrônica)

1. Direito - Periódicos. 2. Telecomunicações. I. Grupo de Estudos em Direito das Telecomunicações. II. Título: Law, State and Telecommunications.

CDU 347.83

RDET Masthead

The Law, State and Telecommunications Review
ISSN 1984-9729– EISSN 1984-8161

University of Brasilia Center on Law and Regulation (**School of Law**)
Universidade de Brasília
Faculdade de Direito
Núcleo de Direito Setorial e Regulatório
Campus Universitário de Brasília
Brasília, DF, CEP 70919-970
Caixa Postal 04413, Brasil
Tel.: +55(61)3107-0713
getel@unb.br

Periodicity
The RDET publishes one annual issue released on May uninterrupted since May 2009.

Mission/Scope/Focus/Areas of Expertise/Emphasis
The Law, State and Telecommunications Review mission is to publish legal and interdisciplinary analyses on telecommunications and communications focused on policy and regulation of communications services, telecommunications services, Internet-based services and rights, such as the right to communicate, to publish, to private exchange, to design communication platforms, and other related topics, such as privacy, intellectual property, universal access, convergence, satellite and spectrum regulation, telecommunication licensing and regulatory design, independent agencies, deregulation, e-commerce, big data, net neutrality, and so forth, with emphasis on national and foreign experiences through the lenses of legal and regulatory theories.

Information for Authors and Readers

Submission process and Criteria for the Double-Blind Peer Review Process
The journal hosts only original articles and the authors are requested to submit them through the website of the University of Brasilia Center on Law and Regulation (http://www.ndsr.org/SEER/index.php). The journal adopts the double-blind peer review process and each reviewer rates the article according to the article quality (10%), theoretical relevance (10%), originality (10%), adherence to the journal's topics of interest (10%), manuscript presentation (10%), reviewer's assessment (50%).

Languages
The journal accepts articles in Portuguese, English and Spanish.

Format for in-text Citations and References
The journal adopts the ABNT NBR (Brazilian Association of Technical Standards) citation and reference format.

Abstract and Keywords
The journal adopts structured abstracts with clear indication of purpose, methodology/approach/design, findings, practical implications, and originality/value of the papers. Keywords should depict the actual content of the article and be limited to five, according to the ABNT NBR 6028 standard.

Authorship of the paper
Authorship should be limited to those who have made a significant contribution to the conception, design, execution, or interpretation of the reported study. All those who have made significant contributions should be listed as co-authors and their specific contribution should be listed at the end of the article after the double-blind peer review process. Where there are others who have participated in certain substantive aspects of the research project, they should be acknowledged in a footnote or listed as contributors. All authors should be identified in a footnote after the review process with their academic status, institutional activities and email.

Copyright

Disclosure and Conflicts of Interest
All authors should disclose in their manuscript any financial or other substantive conflict of interest that might be construed to influence the results or interpretation of their manuscript. All sources of financial support for the project should be disclosed.
Examples of potential conflicts of interest which should be disclosed include employment, consultancies, stock ownership, honoraria, paid expert testimony, patent applications/registrations, and grants or other funding. Potential conflicts of interest should be disclosed at the earliest stage possible.

Disclaimer and Liability
The editorial board accepts articles for educational and informational purposes only and should not be used to replace either official documents or professional advice. The information contained in this journal is not guaranteed to be up to date and does not provide legal advice. Any views expressed in the published articles are exclusively of their authors and should not be construed as an endorsement by the University of Brasilia or the editorial board of the article content or authors' views.

Expediente da RDET

Revista de Direito, Estado e Telecomunicações
ISSN 1984-9729– EISSN 1984-8161

Núcleo de Direito Setorial e Regulatório da Faculdade de Direito da Universidade de Brasília
Universidade de Brasília
Faculdade de Direito
Núcleo de Direito Setorial e Regulatório
Campus Universitário de Brasília
Brasília, DF, CEP 70919-970
Caixa Postal 04413, Brasil
Tel.: +55(61)3107-0713
getel@unb.br

Periodicidade
A RDET publica um número anual em maio de forma ininterrupta desde maio de 2009.

Missão/Escopo/Enfoque/Temática/Ênfase
A Revista de Direito, Estado e Telecomunicações da UnB tem por missão a publicação de artigos sobre telecomunicações e comunicações de qualquer espécie com enfoque em política pública e regulação dos serviços e direitos de comunicação, serviços e direitos de telecomunicações, serviços e direitos apoiados na internet, tais como o direito à comunicação, de publicar, de intercâmbio privado, de conceber plataformas de comunicação, e outros temas correlatos, como privacidade, propriedade intelectual, acesso universal, convergência, regulação de satélite, órbita e espectro de radiofrequências, outorga de telecomunicações, desenho regulatório, agências independentes, desregulação, comércio eletrônico, big data, neutralidade de rede e assim por diante, com ênfase em experiências nacionais e internacionais a partir de teorias jurídico-regulatórias.

Instruções aos Autores e Informações aos Leitores

Submissão de artigos e Critérios para Dupla Revisão Cega por Pares
A Revista de Direito, Estado e Telecomunicações somente aceita artigos originais, que devem ser submetidos exclusivamente no sítio eletrônico do Núcleo de Direito Setorial e Regulatório da Faculdade de Direito da Universidade de Brasília por intermédio do sistema eletrônico de submissões (http://www.ndsr.org/SEER/index.php), que adota o método de revisão duplo cego por pares, apoiados nos critérios de qualidade do conteúdo (10%), relevância teórica ou prática (10%), originalidade (10%), adequação à temática da Revista (10%), apresentação do trabalho (10%), recomendação geral do especialista revisor (50%).

Idiomas aceitos
A Revista de Direito, Estado e Telecomunicações aceita artigos escritos em português, inglês ou espanhol.

Normas Bibliográficas e de Citações
A Revista adota o formato ABNT NBR (Associação Brasileira de Normas Técnicas) para citações e referências bibliográficas.

Resumos e Palavras-Chave
A Revista adota o modelo de resumos estruturados, mediante clara indicação do propósito, metodologia/abordagem/design, resultados, implicações práticas e originalidade/relevância do artigo. As palavras-chave devem refletir o real conteúdo do artigo, limitadas a cinco descritores, e conforme norma ABNT NBR 6028.

Autoria
A autoria dos artigos submetidos à Revista de Direito, Estado e Telecomunicações deve estar limitada às pessoas que tenham contribuído significativamente à concepção, design, execução ou interpretação dos resultados. Todos que tiverem contribuído significativamente para o trabalho devem ser listados como coautores, inserindo-se, posteriormente ao processo de revisão cega por pares, ao final do artigo, a indicação da contribuição de cada autor. Quando alguém houver participado em momentos específicos e relevantes do projeto de pesquisa pertinente, a ele(a) deve-se atribuir a condição de auxílio à pesquisa e referidos em nota de rodapé de agradecimento. Os autores devem estar identificados, após processo de revisão cega por pares, com sua formação pregressa e vinculação institucional, inclusive email.

Direitos Autorais

Conflito de Interesse
Todos os autores devem divulgar em seus artigos qualquaer conflito de interesse, seja financeiro ou de outra natureza, que possa levar a influenciar os resultados ou a interpretação dos seus artigos. Todas as fontes de financiamento para o projeto de pesquisa pertinente devem ser divulgadas. Exemplos de conflitos de interesse potenciais que devem ser divulgados incluem vínculos empregatícios, consultorias, participação acionária, honrarias, perícia, registro de patentes, prêmios ou outro tipo de financiamento. Conflitos de interesse potenciais devem ser divulgados o quanto antes.

Indicação de Responsabilidade
A Comissão Editorial da Revista de Direito, Estado e Telecomunicações aceita artigos com a finalidade de divulgação científica, educacional ou meramente informativa. A Revista não deve ser utilizada como substitutivo a pesquisa de documentos oficiais ou à consulta profissional. Embora o Corpo Editorial da Revista preze pela qualidade e precisão de todos os artigos publicados, não há garantia de que a informação nela contida esteja atualizada, bem como ela não se destina a substituir a necessária consultoria advocatícia para quem dela necessite. Os dados e opiniões emitidas nos artigos publicados são de exclusiva responsabilidade dos autores correspondentes e não significam que a Universidade de Brasília, a Comissão Editorial ou qualquer membro do corpo editorial endossam seu conteúdo ou pontos de vista.

Editorial Board / Conselho Editorial

e-Copyeditor / Editor de Conteúdo Eletrônico

Double-blind Peer-Reviewers / Avaliadores cegos por pares

Sumário

Table of Contents

Artigos / Articles

Levantando o Véu do Regime de Direito Público

Lifting the Veil of the Public Legal Regime

Resumo

O presente texto figura como introdução à *Revista de Direito, Estado e Telecomunicações* do *Grupo de Estudos em Direito das Telecomunicações* da Universidade de Brasília, abordando sinteticamente os principais acontecimentos do setor no Brasil, bem como normas e julgados relativos ao ano de 2016, para registro das principais discussões político-jurídicas do setor de telecomunicações brasileiro referentes ao ano anterior ao da publicação.

Palavras-chave: política de telecomunicações, regulação de telecomunicações, arcabouço normativo de telecomunicações, Brasil.

Abstract

The article introduces this issue of the Law, State, and Telecommunications Review by way of presenting its contents. Statutes, the administrative regulation, and judicial decisions of 2016 pertaining to telecommunications are referred to in detail. It also addresses the main political and juridical discussions on the Brazilian telecommunications sector that took place the year before the publication of the journal's current volume.

Keywords: telecommunications policy, telecommunications regulation, telecommunications legal framework, Brazil.

Apresentação

O nono volume da *Revista de Direito, Estado e Telecomunicações* manteve o propósito inicial da publicação de consolidação da revista como um instrumento de pesquisa jurídica setorial com foco em regulação de comunicações em geral.

Abrimos este volume com uma introdução que vai além da identificação das temáticas constantes da publicação e dá sequência ao registro histórico do arcabouço normativo setorial e do correspondente contexto socioeconômico e político das telecomunicações no Brasil. O artigo introdutório também registra as principais discussões jurídico-regulatórias que marcaram o ano de 2016.

O presente número é aberto com artigo intitulado "*Regulation of Telecommunications: The Choice Between Market and Regulatory Failures*", de Dmitrii Trubnikov, sobre a caracterização da política regulatória europeia de telecomunicações como espécie de falha de governo, em virtude de modelagem regulatória voltada a criar oportunidades a certos grupos econômicos e impedir o ingresso ou a continuidade de outros. Trata-se de análise aprofundada do arcabouço regulatório para as comunicações eletrônicas frente aos objetivos políticos que as inspiraram.

Em seguida, no artigo intitulado "Implicações da declaração de invalidade da Diretiva 2006/24 na conservação de dados ("metadados") nos Estados-Membros da UE: uma leitura jusfundamental", Alessandra Silveira e Pedro Miguel Freitas promovem a uma percuciente análise da recente jurisprudência do Tribunal de Justiça da União Europeia sobre a conservação de dados por fornecedores de serviços de comunicações eletrônicas, em especial os efeitos do acórdão *Digital Rights Ireland* sobre o núcleo essencial do direito à privacidade e os limites impostos aos Estados-Membros de imporem medidas generalizadas e indiferenciadas de conservação de dados, embora possam adotar medidas de conservação seletiva de dados de tráfego e de localização com a finalidade de luta contra a delinquência grave.

José Albenez Bezerra Júnior, em seu artigo comparativo entre a arbitragem brasileira e a europeia, analisa as semelhanças e diferenças entre as práticas da ANATEL e da OFCOM para evidenciar as vantagens do método extrajudicial de resolução de conflitos no contexto de sua aplicação no Brasil.

O artigo de Oona de Oliveira Cajú, por sua vez, revisita a Arguição de Descumprimento de Preceito Fundamental 130/DF, que declarou a Lei de Imprensa brasileria como não-recepcionada pela Constituição Federal de 1988, para analisar a metalinguagem inscrita nos votos dos Ministros do Supremo Tribunal Federal, identificados como fortemente apoiados no paradigma libertariano do livre fluxo da informação.

Em sequência, no artigo intitulado "Dispositivos Eletrônicos Portáteis: Interferências nos instrumentos de comunicação e navegação das aeronaves", João Pedro França Santos e Roberto Márcio Santos analisam as interferências nos instrumentos de comunicação e navegação das aeronaves por dispositivos eletrônicos portáteis e mapeiam as várias reações regulatórias aplicadas a tais dispositivos.

Victor Oliveira Fernandes analisa, no artigo seguinte, as políticas de interconexão IP para suportes de serviços de voz na União Europeia a partir do enfoque das teorias do interesse público, que revelam, para além da busca pela eficiência alocativa, a concorrência efetiva e a neutralidade tecnológica.

No artigo intitulado "Regulação da Internet como Administração da Privacidade", Patricia Yuri Dias identifica aspectos da teoria responsiva da regulação como mecanismos utilizados por empresas privadas para administração do direito à privacidade na internet.

Finalmente, o último artigo deste volume da Revista de Direito, Estado e Telecomunicações intitulado "A Regulação Responsiva das Telecomunicações:

Novos horizontes para o controle de obrigações pela Anatel", de autoria de João Marcelo Azevedo Marques Mello da Silva, identifica aspectos responsivos nas discussões de aprimoramento do modelo brasileiro de regulação das telecomunicações, na atuação fiscalizatória da Agência Nacional de Telecomunicações.

Segue-se, na última seção da revista, a reunião das normas e seleção de julgados jurisdicionais e administrativos do setor de telecomunicações do ano de 2016 organizados por temas e referenciados a tabelas informativas. Ao final, foi inserido um exaustivo índice alfabético e remissivo das normas e julgados do setor no ano de 2016. Cada tema presente em dita seção contém referências a normas de todos os níveis e a atos administrativos correlatos.

O setor de telecomunicações no ano de 2016*

Os primeiros meses do ano de 2016 transpareciam a certeza, que logo viria a ser abalada, de que o setor de telecomunicações seria deixado de lado eclipsado pela crise econômica e política em meio a escândalos de corrupção que viriam a derrubar a presidente da república Dilma Rousseff.

O plano plurianual (PPA) referente ao período de 2016 a 2019 foi aprovado pelo Congresso Nacional regularmente pela Lei 13.249, de 13 de janeiro de 2016. No detalhamento dos Programas Temáticos do Anexo I à Lei 13.249/2016, diversos objetivos do Programa de Comunicações para o Desenvolvimento, a Inclusão e a Democracia, foram elencados, abordando os objetivos de expansão do acesso à internet em banca larga para todos, promovendo o uso das Tecnologias da Informação e Comunicação, tendo por meta (048G) aumentar a velocidade média da banda larga fixa, (048H) aumentar a proporção de acessos da banda larga móvel (3G/4G) para 90% dos acessos móveis pessoais, (048I) ampliar a parcela da população coberta com rede de transporte (backhaul) óptica, (048J) alcançar 1 milhão de participantes pelos Programas de Inclusão Digital, (048K) implantar 262 cidades digitais, (048L) atender 11.000 áreas de vulnerabilidade digital com acesso à internet pelo Programa GESAC, e (04EC) disponibilizar o serviço de banda larga móvel em todos os municípios do país.

O PPA 2016-2019 também projetou o objetivo de viabilizar a implantação da TV Digital com inclusão social, tendo por metas (0481) a implantação da TV digital em 3.244 municípios, (0482) a distribuição de conversores digitais para os 100% dos domicílios beneficiários do Programa Bolsa Família e (0483) disponibilização gratuita de 24 aplicativos interativos de TV digital à população,

*O capítulo do setor de telecomunicações no ano de 2016 foi elaborado por Márcio Iorio Aranha.

bem como ampliar os serviços de comunicação e expandir a radiodifusão com ênfase no Sistema Público, tendo por metas (048P) a ampliação do número de rádios e televisões educativas em 140 novas estações, das quais 72 na Região Nordeste e o restante distribuído pelas demais regiões do país, (048S) a ampliação do número de rádios comunitárias no país em 400 novas estações e (048R) a ampliação do número de geradoras de televisão comerciais em 55 novas estações. O PPA 2016-2019 também fixou o objetivo de incentivar a produção nacional e a distribuição de conteúdos digitais criativos, ampliar a produção e o acesso da sociedade a conteúdos multimídia, de natureza educativa, artística, cultural, informativa, científica e promotores da cidadania, ofertados de forma colaborativa pela Rede Nacional de Comunicação Pública, promover a inovação, o desenvolvimento tecnológico e a competitividade da indústria nacional de telecomunicações.

No âmbito do Programa de Defesa Nacional, o PPA 2016-2019 dispôs sobre a cooperação com o desenvolvimento nacional, defesa civil e ações governamentais em benefício da sociedade, adotando como Iniciativa 05TA o aprimoramento do uso da rede de telecomunicação via satélite na Amazônia.

No âmbito do Programa de Desenvolvimento da Indústria, Comércio e Serviços, o PPA 2016-2019, por sua vez, comprometeu-se a elevar a competividade, a qualidade e a produtividade da indústria brasileira por meio do investimento, da melhoria dos processos produtivos e da modernização do parque industrial, difundir e monitorar periodicamente o regime de redução temporária da alíquota do imposto de importação para bens de capital e bens de informática e telecomunicações (regime de Ex-Tarifário), e reduzir a burocracia e o prazo para sua concessão, por meio da implantação de sistema eletrônico.

Como de costume, entrentanto, o planejamento quinquenal da mais alta Casa legislativa do País foi publicado sem o acompanhamento de estudos que embasassem suas projeções.

No dia seguinte à edição do plano plurianual, as boas intenções dos Poderes de República começaram a ser minadas. A Lei 13.255, de 14 de janeiro de 2016, ao estimar a receita e fixar a despesa da União para o exercício financeiro de 2016, expressamente vinculou (art. 4°, XXII) a liberação de créditos suplementares do FUST e do FUNTTEL à obtenção da meta de superávit primário estabelecida para o exercício, ambos os fundos essenciais à consecução de várias medidas de universalização e avanço tecnológico das telecomunicações. A referência sequer mereceria ser aqui citada, haja vista a naturalização, pelos órgãos de controle brasileiros, do desvio dos recursos de fundos, desde que cumpridos certos requisitos formais de declaração expressa da intenção de desviar.

A ANATEL, por sua vez, construiu, por meio de arbitramento administrativo (Acórdão n° 2/2016, que deu origem ao Ato do Conselho Diretor da ANATEL nº 50.004, de 5 de janeiro de 2016), o rol de requisitos de projetos que poderiam ser executados como compromissos adicionais no âmbito de Termos de Compromisso de Ajustamento de Conduta (TAC), que já nessa época, havia se consolidado como a saída possível para o acúmulo descontrolado de sanções, que, chegavam a casa de dezenas de bilhões de reais para as concessionárias de telefonia fixa.

A implantação da TV digital seguiu o esperado ajuste de percurso, sem sobressaltos, quando o Decreto 8.753, de 10 de maio de 2016, alterou o Decreto 5.820/2006 no que concerne ao cronograma de transição analógico-digital, fixando o dia 31 de dezembro de 2018 como data limite para o encerramento da transmissão analógica em localidades nas quais fosse necessária a viabilização da implantação das redes de telefonia móvel 4G na faixa de radiofrequências de 698 MHz a 806 MHz. Antes disso, a Portaria MC nº 263, de 14 de janeiro de 2016, havia determinado a priorização das famílias inscritas no Cadastro Único para Programas Sociais (CadÚnico) para distribuição de *set-top-boxes* (caixas conversoras) para recepção do sinal de televisão digital no município de Rio Verde/GO, o primeiro município em que ocorreu o desligamento da transmissão analógica no Brasil.

Manteve-se, portanto, no âmbito do acompanhamento da transição analógico-digital, uma postura regulatória de metarregulação ao se preservar a atuação da Entidade Administradora da Digitalização (EAD), definindo-se o parâmetro de priorização da distribuição de caixas conversoras segundo política pública governamental.

Em outra frente, o Acórdão do Conselho Diretor da ANATEL, de 29 de janeiro de 2016 (Ref. nº 28/2016), aceitou pedido formulado pelas operadoras vencedoras da licitação dos 700 MHz e, portanto, responsáveis pelo aporte de recursos ao processo de digitalização da TV aberta mediante liberação de frequências para o Serviço Móvel Pessoal em tecnologia 4G. Elas requeriam a postergação do aporte de recursos destinado ao ressarcimento dos custos decorrentes da redistribuição de canais de TV e RTV e das soluções para os problemas de interferência prejudicial nos sistemas de radiocomunicação, tendo em vista a alteração do cronograma de implementação da TV digital.

Outras duas portarias ministeriais agora do novo Ministério da Ciência, Tecnologia, Inovações e Comunicações (MCTIC) promoveram pequenos ajustes na regulamentação referente ao cronograma e requisitos da transmissão digital (Portarias MCTIC nº 3.493 e nº 4.294) e, finalmente, as primeiras homologações do encerramento da transmissão da programação das emissoras dos serviços de radiodifusão de sons e imagens e de retransmissão de televisão, em tecnologia analógica, no Brasil, ocorreram via portarias ministeriais editadas no segundo semestre de 2016.

A mudança de direção do Executivo brasileiro surtiu efeitos imediatos na administração da Empresa Brasil de Comunicação (EBC), que havia sido criada com a previsão de mandato fixo de dirigentes e a figura de um Conselho Curador voltado a lhe dar a aparência de sistema público de radiodifusão. Fala-se em aparência, pois, de fato, os exemplos modelares de uma BBC inglesa ou de uma PBS norte-americana não serviram de guias para a criação da EBC. A Medida Provisória 744, de 1° de setembro de 2016, após uma tentativa de alteração da presidência da EBC por Decreto presidencial, frustrada por liminar do Supremo Tribunal Federal, alterou a lei que autorizara a constituição da EBC (Lei 11.652/2008), desvinculando-a da Secretaria de Comunicação Social da Presidência da República para vinculá-la à Casa Civil daquele órgão, eliminando da estrutura da EBC a figura do Conselho Curador, incluindo um membro do Conselho de Administração indicado pelo Ministro de Estado da Educação, e eliminando a proteção de mandato fixo de quatro anos da Diretoria-Executiva para submetê-la à livre nomeação e exoneração pelo Presidente da República. A esboçada reação da presidência da entidade à ordem do novo Presidente da República foi finalmente afastada com a perda de objeto da ação então em andamento no STF, revogados os dispositivos legais que protegiam a o presidente da entidade da exoneração a qualquer tempo pela Presidência da República. O passo concomitante e natural, foi o de alteração do Estatuto Social da Empresa Brasil de Comunicações S.A. (Decreto 8.846, de 1° de setembro de 2016). Embora a alteração de uma das únicas manifestações próximas ao ideal de TV pública tenha sido drástica, ela não era menos esperada, haja vista a estruturação inicial da entidade como uma *longa manus* do Estado, mais especificamente, do Poder Executivo federal, naturalmente suscetível à mudança do humor no cenário político, tanto mais quando a mudança se deu por meio de impeachment. A promessa não cumprida desde sua inauguração de constituição de uma TV pública de âmbito nacional foi definitivamente sepultada no segundo semestre de 2016.

Outras definições corriqueiras do setor seguiram o seu rumo esperado, como a disciplina da anuência prévia à reorganização societária do GRUPO TELEFÔNICA BRASIL, compreendendo a incorporação das empresas GVT PARTICIPAÇÕES S/A e GLOBAL VILLAGE TELECOM S/A pela TELEFÔNICA BRASIL S/A (Ato do Conselho Diretor da ANATEL n° 50.169, de 22 de janeiro de 2016).

As resoluções aprovadas pelo conselho diretor da ANATEL durante o ano de 2016 – onze no total – restringiram-se a alterações pontuais de regulamentos preexistentes, revogação do regulamento para certificação do cartão indutivo, com destaque, entretanto, para a Resolução n° 671, de 3 de novembro de 2016, que aprovou o novo Regulamento do Uso do Espectro de Radiofrequências já sob o comando do novo presidente da ANATEL.

O momento de tensão foi reservado à regulamentação tardia do Marco Civil da Internet (Lei 12.965, de 23 de abril de 2014), advinda do Decreto 8.771, de 11 de maio de 2016, aprovado um dia antes do afastamento provisório da presidente Dilma Rousseff.

A ANATEL no estrelato: a revolta da franquia

Em abril de 2016, quando já se encontrava formada a comissão para apreciação do pedido de instauração do processo de impeachment da presidente Dilma Rousseff no Senado Federal, em plena recessão econômica e crise política sem igual nos últimos 25 anos, após admissibilidade do processo de impedimento por mais de 2/3 dos deputados federais, e ameaça de que, com a assunção do vice-presidente Michel Temer ao cargo de Presidente da República, o Ministério das Comunicações fosse extinto e fundido com a Secretaria de Comunicação da Presidência da República ou com o Ministério da Ciência, Tecnologia e Inovação, a ANATEL, ainda assim, ocupou o estrelato na mídia ao galvanizar a insatisfação popular com manifestação de seu então presidente, João Batista Rezende, sobre a possibilidade jurídica de implantação de franquias de dados nos planos de banda larga fixa após anúncio da Telefônica de que passaria, no ano seguinte, a limitar os pacotes de seu portfolio.

O uso de franquias já era uma prática regular de quase todas as operadoras móveis, exceto a TIM, e de duas operadoras de banda larga fixa, a Net e a Oi, mas a falta de tato na divulgação da medida pelo novo presidente da Telefônica, em franco processo de "gevetização", após aquisição da GVT, e consequente insensibilidade quanto à repercussão de sua fala, por parte do então presidente da ANATEL, disparou a reação de uma sociedade que reputava a regra das franquias como um atentado ao seu direito ao acesso à informação, tendo como pivô central o acesso às redes sociais.

A lógica então defendida pela superintendência de competição da Agência foi de que a franquia corrigiria uma falha de mercado ao fazer com que consumidores intensivos de banda pagassem sua parte, desonerando os consumidores de baixo consumo. A teoria da seleção adversa foi citada pelo superintendente de competição, Carlos Baigorri, para explicar que, como as empresas fixariam seus preços em uma média de uso mais alto, isso elevaria o preço pago pelos consumidores não intensivos, uma defesa, aliás razoável do que efetivamente dirige o discurso dos modelos de negócios empresariais. O Comitê Gestor da Internet no Brasil (CGI.br) posicionou-se por intermédio da resolução CGI.br/RES/2016/015, de julho de 2016, pela construção de soluções "que atend[essem] de forma equilibrada aos diversos segmentos atingidos" em franca tentativa de colocar panos quentes sobre o assunto.

As associações de defesa dos consumidores e a sociedade em geral, entretanto, não compraram a ideia de benefício sistêmico, haja vista a evidência de que a Telefônica não havia esboçado qualquer intenção no sentido de redução de preço dos planos de dados, bem como ofertava planos com limites mensais bem inferiores aos praticados em outros países.

A reação parlamentar não tardou e ao final do mês de abril já tramitavam no Senado Federal quatro projetos sobre o tema da franquia da banda larga fixa. Três deles proibiam as operadoras de fixarem franquias de dados em seus contratos via: a) sustação de trecho do regulamento de Serviço de Comunicação Multimídia da ANATEL onde ele prevê a possibilidade de que os planos de serviço do SCM esclareçam as *franquias de consumo*, quando aplicáveis (art. 63, III e §§ 1º, 2º e 3º do Regulamento do Serviço de Comunicação Multimídia, anexo à Resolução ANATEL nº 614, de 28 de maio de 2013) por intermédio de Projeto de Decreto Legislativo PDS 14/2016; b) inserção de vedação da prática de *franquias de dados* na banda larga fixa no texto do Marco Civil da Internet (acréscimo do inciso XIV ao art. 7º da Lei 12.965/2014), por intermédio dos Projetos de Lei do Senado PLS 174/2016 E PLS 176/201. Um quarto projeto de lei (PLS 175/2016), embora não proibisse a prática das franquias, estabelecia condicionamentos para aplicação de sobretaxas ou diminuição de velocidade de tráfego excedente a 50% da velocidade máxima contratada e somente em horários de pico na rede. Em agosto de 2016, já havia 25 projetos de lei sobre franquias em andamento no Congresso Nacional.

O que se evidencia desse acontecimento é o fato de que a internet é uma candidata cada dia mais forte à regulação. A ausência de uma acompanhamento conjuntural da demanda média de consumo da banda larga, dos programas de governo de universalização da infraestrutura de acesso à internet, da qualidade dos serviços e das relações de neutralidade entre os atores responsáveis pela viabilização da internet não significa menor interferência estatal no setor.

O atropelo causado pela divulgação pouco pensada sobre a implantação, em larga escala, de franquias de dados da banda larga fixa no Brasil no início de 2016 revelou um movimento no sentido de limitar as opções comerciais por leis estáticas. O modelo regulatório da internet não deveria ser um modelo de intromissão estatal na atividade, mas de preservação da dinâmica da internet no meio regulado.

Solução para o STFC: do regime público para o privado

O título desta seção poderia ter sido o *novo modelo de telecomunicações* inaugurado pela lei de número tal, mas devido a questionamentos da oposição ao trâmite parlamentar do projeto de lei de alteração da Lei Geral de Telecomunicações, voltado a, em grande parte, viabilizar a transformação das concessões de Serviço Telefônico Fixo Comutado em autorizações de STFC, o ano de 2016 finalizou com uma dúvida sobre se o processo legislativo teria sido suspenso ou se os recursos interpostos pela oposição à Mesa do Senado teriam efetivamente sido negados, com o consequente encaminhamento do autógrafo para sanção presidencial. Os primeiros dias de 2017 esclareceram que a presidência do Senado ainda se pronunciaria sobre os recursos e a lei que redefiniria um dos pilares do novo modelo regulatório, ao reservar o regime público a situações excepcionais, entre outras alterações do arcabouço normativo setorial, foi deixada para 2017.

O segundo semestre de 2016 foi palco de renovadas esperanças para a ANATEL, que recebeu, pela primeira vez em sua história, um ex-ministro das comunicações – Juarez Quadros – para sua presidência, empossado no dia 6 de outubro de 2016 para um mandato até 4 de novembro de 2018.

Sua chegada na agência reguladora ocorreu precisamente no momento em que um dos pilares do modelo regulatório das telecomunicações brasileiras estava em vias de ser alterado: trata-se da coexistência de concessões de STFC e autorizações de STFC e outros serviços de telecomunicações em sentido estrito.

A persistência das concessões ainda se apresentava como uma solução de compromisso entre um passado de prestação estatizada de serviços previamente à Emenda Constitucional nº 8/1995 e consequente Lei Mínima de 1996 e Lei Geral de Telecomunicações de 1997, e o novo modelo de convivência entre serviços submetidos a regime de direito público e privado.

De um lado, o regime público bebe das características clássicas atribuídas à prestação de serviços públicos, quais sejam, os conceitos de atividade normatizada, de obrigatoriedade da prestação do serviço, de continuidade garantida pelo Estado, de generalidade na organização do serviços, ou universalização na terminologia regulatória do setor, de modificação unilateral das normas de organização do serviço, de manifestação do poder de autoridade, de eficiência e qualidade, de responsabilidade objetiva, de modicidade tarifária e de afetação ao interesse público de bens essenciais à prestação do serviço.

De outro lado, o regime privado teria os princípios da ordem econômica concorrencial do art. 170 da Constituição Federal aplicáveis em sua plenitude, inexistente controle de preços cobrados dos consumidores, a própria figura do usuário seria afastada, haveria limites à modificação unilateral das normas de organização do serviço, por natureza, de prestação facultativa, ausentes obrigações de universalização ou de continuidade garantida pelo Estado.

Esse desenho tradicional de separação estanque entre regimes público e privado dos serviços de telecomunicações foi sendo minado muito mais pelo incremento de atos administrativos regulatórios unilaterais no regime privado do que pela corrosão do regime público, que permaneceu incólume em seus pilares fundamentais de generalidade na organização do serviço (universalização) e afetação de bens reversíveis. Aliás, o setor de telecomunicações foi um dos únicos setores em que houve um esforço dos órgãos de controle, em especial do Tribunal de Contas da União e de uma associação de defesa do consumidor (ProTeste), em fomentar a discriminação específica de todos os bens afetados ao serviço, com descrição dos valores correspondentes. Uma ação civil pública da ProTeste de 2011 obteve decisão favorável do TRF da 1ª Região, em março de 2016, quanto à disponibilização ao público em geral do inventário de bens reversíveis em poder das operadoras de STFC em regime público. Em dezembro de 2015, por sua vez, o TCU determinou à ANATEL que apurasse os valores obtidos pelas concessionárias de STFC com a alienação de bens reversíveis. Em julho de 2016, em apreciação de recurso da ANATEL contra vários pontos da decisão, o TCU reafirmou que bem reversível é o essencial para a prestação do serviço e determinou que a Agência, no prazo de 180 dias, encaminhasse a lista de todos os bens reversíveis já vendidos pelas concessionárias desde 25/01/2007, data de início da vigência do regulamento de controle de bens reversíveis.

Foi também em meados de 2016 que o Brasil presenciou o início da maior recuperação judicial de sua história pedida pela concessionária de STFC, Oi, após o insucesso da negociação de uma dívida de cerca de R$ 64,5 bilhões com seus credores, entre eles a própria ANATEL, para os quais declarara dias antes uma listagem de imóveis constitutivos dos ativos da empresa, em que 98% deles vinham classificados pela própria empresa como bens reversíveis. Trata-se de pedido de recuperação judicial equivalente à concordata da operadora Oi, em junho de 2016, por parte de seus controladores Oi S.A., Telemar Norte Leste S.A., Oi Móvel S.A.,Copart 4 e 5 Participações S.A., Portugal Telecom International Finance B.V. e Oi Brasil Holding Coöperatief U.A na primeira instância da Justiça Estadual do Rio de Janeiro (Processo nº 0203711-65.2016.8.19.0001).

A reação da Agência logo após a instauração do processo de recuperação judicial foi o de emitir um Acórdão 232/2016 com determinações de que a Oi, suas controladoras e controladas, se abstivessem de alienar bens móveis e imóveis sem a anuência prévia do órgão regulador.

A operadora Oi reunia todos os ingredientes para figurar como bastião do orgulho nacional. Ela é ainda a única grande empresa de capital nacional derivada da privatização do antigo Sistema Telebras, que foi criado e gerido durante o Regime Militar de 1964 a 1985 e, ao menos durante a década de 1970, reconhecido pelo profissionalismo de seu presidente, o General Alencastro, tido como o grande responsável pela estruturação da rede nacional de telecomunicações brasileira.

A Oi surgiu como produto da aquisição da Brasil Telecom pela Oi/Telemar, reunindo em uma só empresa a infraestrutura básica herdada do

Sistema Telebras de todo o território brasileiro exceto o Estado de São Paulo e expandida durante os últimos 18 anos de atuação privada. Trata-se das duas maiores regiões leiloadas durante a privatização do Sistema Telebras. Não à toa, a Oi usufruiu o título de maior operadora de telefonia fixa do País, embora nunca tivesse conseguido se equiparar às demais operadoras na telefonia móvel. Mesmo sua posição sobranceira no mercado em declínio da telefonia fixa já estava sendo contestada. Em três anos, do início de 2013 ao final de 2015, seu participação no mercado de telefones fixos em serviço caiu assustadores 7,3 pontos percentuais de 42% para 34,7%, enquanto o Grupo Vivo da Telefônica e o Grupo Claro da Telmex passaram respectivamente, de 32% para 34,38% e de 21,9% para 26,8%, mantendo-se nesse patamar em 2016. Ainda mais revelador do descompasso de planejamento e investimento da Oi era o setor de telefonia móvel. A par do fiasco em sequer concorrer à faixa de frequência de 700 MHz para implantação de 4G leiloada em 2014, os números da Oi falam por si sós. Enquanto as operadoras Vivo (Telefônica), Claro (Telmex) e TIM encontravam-se, no início de 2016, na faixa de 25% a 28% de market share, a Oi caminhava isolada com cerca de 18% de market share. Não fosse o fato da Oi ser herdeira da infraestrutura de rede local de praticamente todo o território nacional, exceto troncos interestaduais e internacionais e o Estado de São Paulo, o cenário bem que poderia ser motivo de aplausos em termos concorrenciais. A partir de 2002, a lógica das regiões não se aplicava mais à regulação de telecomunicações no Brasil, estando as concessionárias autorizadas a ingressarem nas regiões antes reservadas a cada vencedor dos leilões da privatização. A compreensão desse histórico é, entretanto, fundamental para se entender a posição de destaque gozada pela Oi.

A razão da divisão do País em regiões foi justificada, quando da aprovação da Lei Geral de Telecomunicações de 1997, durante o Governo FHC (Fernando Henrique Cardoso), no desígnio de criação de um ambiente concorrencial equilibrado. Três regiões regeram a sistemática de leilões do Sistema Telebras além de um leilão específico para a exploração de ligações interestaduais e internacionais. A região sob controle da subsidiária da Telebras chamada Tele Centro Sul foi levada pela Brasil Telecom no leilão de 1998 e abarcava os Estados da Região Sul do País, Centro-Oeste e alguns Estados da Região Norte do Brasil. A Telemar, depois renomeada para Oi, adquiriu a infraestrutura e a concessão para exploração da região ocupada pela Tele Norte Leste, correspondente a outra região que abarcava os Estados do Nordeste do Brasil, os demais Estados do Norte do País além dos Estados do Rio de Janeiro, Espírito Santo e Minas Gerais, no Sudeste do País. Os outros dois grandes atores setoriais que surgiram da privatização do Sistema Telebras foram a Telefônica de Espanha, hoje representada pelo emblema comercial Vivo, que adquiriu a região correspondente ao Estado de São Paulo e a MCI World Com, que adquiriu a Embratel no leilão da Telebras conjuntamente com os direitos de exploração de ligações internacionais e interestaduais, mais tarde adquirida, em 2004, pela Telmex com a falência da WorldCom em 2002 e que hoje faz parte do grupo Claro.

Como se pode ver, o sistema detinha uma lógica de divisão de mercados por PIB, segundo dados do ano de 1997: a Tele Norte Leste, adquirida pela Oi/Telemar, abarcava uma região de maior extensão geográfica correspondente a 39% do PIB brasileiro; a Tele Centro Sul, adquirida pela Brasil Telecom, abarcava uma região com menores obstáculos à infraestrutura, mas ainda com grande extensão territorial, correspondendo a 25% do PIB; a Telefônica, por sua vez, adquiriu a joia da coroa, que foi o Estado de São Paulo, uma região que concentrava 36% do PIB no Estado de maior densidade populacional do Brasil.

Diante desse cenário, algumas conjecturas podem ser apresentadas. A primeira delas diz respeito ao formato de divisão inicial das regiões quando das privatizações de 1998, em que a entrega de duas regiões de grande extensão geográfica frente a uma região com grande concentração de renda em pequena extensão geográfica parece ter criado uma incompatibilidade intestina entre os custos de infraestrutura, resultando na junção das duas maiores regiões anos mais tarde sob o argumento de contrabalancear as vantagens comparativas da empresa sediada no Estado de São Paulo, a Telefônica, hoje Grupo Vivo.

O argumento de que a Oi estaria fadada ao fracasso por ter herdado um osso duro de roer ao se comprometer com metas de expansão que englobavam os Estados do norte do País, inclusive grande parte da Floresta Amazônica, somente teria ressonância nos dias de hoje se em 2002 as fronteiras entre as regiões de concessão não tivessem sido relaxadas. De lá para cá, esse argumento de responsabilidade social esfumaçou-se, embora ela ainda carregue as obrigações de universalização em regiões flagrantemente onerosas devido ao regime de concessão de serviço telefônico fixo comutado que ostenta e que a ANATEL já declarara a intenção de extinguir a depender de política pública governamental.

O modelo de privatizações apoiou-se em uma ilusão fundamental de que o equilíbrio entre os lotes dos leilões da Telebras, ao deterem PIBs semelhantes, seriam suficientes para resultarem em igualdade de condições concorrenciais, mesmo que o PIB da região abarcada pela Oi de hoje fosse pulverizado em uma área geográfica mais de 34 vezes maior que a da concorrente Telefônica/Vivo. Para uma indústria apoiada em infraestrutura de redes com interconexão garantida pelo Estado, foi, de fato, uma opção infeliz. Essa conjectura de desvantagem originária do modelo concorrencial serve apenas para o fim de se evidenciar que equilíbrio concorrencial não é sinônimo de saúde concorrencial, e que o momento histórico das privatizações poderia ter optado por outro caminho. Por exemplo, poder-se-ia ter optado por leilão da infraestrutura de redes a um ator setorial, *e.g.*, a Embratel de então, combinado com concessões de serviços de telecomunicações às demais empresas, competindo à agência reguladora principalmente o controle do mercado de vendas de atacado. Isso teria antecipado as inúmeras dificuldades hoje enfrentadas pelo regulador brasileiro de conjugação entre a política regulatória da banda larga e dos demais serviços de telecomunicações, em especial, a telefonia fixa. Mas voltemos à nua e crua realidade.

Uma segunda conjectura que tem granjeado adeptos no setor é a de que a progressiva deterioração da Oi estaria associada a alegados interesses inconfessáveis de políticos desde o assento presidencial até outras esferas funcionais de poder. O enfrentamento de problemas estruturais, de gestão e de reestruturação empresarial teriam sido postergados por exigência de atores do alto escalão da República, que, a pretexto da realização de operações de salvamento da empresa nacional, estariam avançando interesses escusos. A possibilidade de tal ocorrência se deve ao fato de que estudos do setor demonstram a cadeia de controle societário da então Telemar dominada por empréstimos governamentais via BNDES. A efetiva submissão da empresa aos sabores e dissabores governamentais, entretanto, somente pode se justificar em virtude da constante dependência empresarial de benesses governamentais, em que alterações do marco regulatório brasileiro no interesse da empresa fossem respostas ou sintomas dessa proximidade indesejável. Em síntese, fosse uma ou outra a causa, ou ambas, essa via de ingerência governamental na empresa não explicaria, por si só, as falhas de gestão e de estratégia empresarial, mas tão somente a abertura de espaço a relações espúrias com titulares de cargos públicos acusados de apropriação privada de benefícios públicos.

Uma terceira conjectura dirige-se a uma postura governamental de inação política ao postergar medidas necessárias à ampliação da concorrência e atualização do setor à novas demandas. A disciplina legal brasileira, embora tenha caminhado com o tempo para atualizar a legislação de TV por assinatura, de regulação do conteúdo audiovisual, de convergência regulamentar em termos de usuários e serviços, não deixou espaço à atualização normativa do Serviço Telefônico Fixo Comutado (STFC), que permaneceu regido por velocidades incompatíveis com a banda larga.

Ao não permitir a atualização do regime jurídico do STFC às demandas sociais e de negócio da banda larga, o Governo federal manteve reféns as maiores empresas de telecomunicações do País, mas a regulamentação da agência reguladora abriu outros caminhos para prestação de banda larga via autorizações de Serviço de Comunicação Multimídia (SCM).

Por isso, a rigidez de regime do STFC somente explica a limitação legal à convergência de serviços e, mesmo assim, em ambiente institucional em que as concessionárias podem também obter autorizações de serviços de telefonia móvel, banda larga e TV por assinatura, o que evidencia que as amarras regulatórias à expansção do STFC atingem somente o STFC e todas as concessionárias de modo equânime, não fosse a dimensão territorial das obrigações de universalização da Oi consideravelmente maiores que as de suas rivais.

De fato, não se pode atribuir a derrocada empresarial somente à rigidez de regime jurídico do STFC, mas não se pode olvidar que a preservação do STFC sob o manto de estrito controle presidencial revela um mecanismo de *constante dependência empresarial* das opções de Governo, inclusive no tocante às dificuldades que a figura dos bens reversíveis gera para a empresa na captação de recursos no mercado. Ao se gravar os bens essenciais à prestação do STFC como reversíveis, a empresa deixa de poder dar em garantia tais bens para fins de contratação de empréstimos, o que eleva seu custo operacional e o ônus da gestão empresarial.

As dificuldades da Oi escancaradas no pedido de recuperação judicial de 2016 não necessariamente decorrem do regime de direito público, mas certamente têm relação com o isolamento do regime regulatório aplicado por cima do regime de direito público e que impediu a atualização do STFC às novas demandas sociais.

Não por acaso, analistas do setor concordaram, majoritariamente, na inadequação do regime à prestação do Serviço Telefônico Fixo Comutado e advogaram, durante anos, pelo seu abandono para que, afinal, os serviços de telecomunicações em sentido estrito relevantes fossem prestados em regime de direito privado por intermédio do instrumento de autorização de serviços.

O tema da mudança de regime já estava sendo gestado na ANATEL há muito tempo e em fevereiro de 2016, um dos conselheiros, Igor Freitas, chegou a propor que o regime público do STFC ficasse restrito às áreas onde o serviço de voz fosse coberto somente por orelhões, restringindo sobremaneira o alcance do STFC em regime público em uma tentativa de contornar a dicção da LGT de que ao menos o STFC fosse submetido ao regime público. A proposta, entretanto, enfrentou resistências dentro e fora da ANATEL e o assunto somente voltou a caminhar em consonância com o projeto de lei de alteração da LGT de migração das concessões de STFC para o autorizações de serviço.

O novo governo pós-impeachment, com o agora presidente Michel Temer, assumiu sob o discurso da eficiência da máquina estatal e enxugamento das finanças públicas. A maior recuperação judicial da história brasileira da maior prestadora de STFC do país, a empresa Oi, também reputada um bastião da indústria nacional preservada durante da privatização da Telebras, em 1997, somado à demanda das demais operadoras e de atores do setor por uma solução definitiva ao embrólio dos bens reversíveis de um serviço que cada vez mais era menos desejado pela população, foram ingredientes suficientes para que o

Projeto de Lei 3.543/2015, originária da Câmara dos Deputados, que autorizava a transformação das concessões em autorizações de STFC, tramitasse no Congresso Nacional com expresso apoio da Presidência da República.

A autorização de serviços como instrumento que reinaria sobranceiro no setor de telecomunicações em sentido estrito não viria, entretanto, sem percalços. A ANATEL até mesmo se antecipou à aprovação do PLC 79/2016, encaminhado ao Senado Federal após a aprovação do PL 3.543/2015 em 29 de novembro de 2016, na Câmara dos Deputados. Em 15 de dezembro de 2016, o conselho diretor da ANATEL aprovou proposta de consulta pública do Plano Geral de Outorgas para fixação das diretrizes de alteração do modelo setorial para 2017 com enfoque na migração das concessões de telefonia fixa para autorizações.

No Senado, a oposição, agora capitaneada por segmento do Partido dos Trabalhadores, interpôs pedido de que o projeto fosse votado pelo plenário da Casa, mesmo em contradição com outro segmento do PT, capitaneado pelo Senador Jorge Viana, que articulara a retirada de duas assinaturas do recurso para que o projeto fosse aprovado de forma terminativa nas comissões.

Em 19 de dezembro de 2016, noticiários especializados do setor de telecomunicações divulgaram que a Mesa do Senado teria indeferido os recursos apresentados ao PLC 79/2016, possibilitando que o projeto fosse diretamente para sanção presidencial sem a leitura do texto para votação no plenário da Casa, tendo sido aprovado em caráter terminativo na Comissão Especial de Desenvolvimento Econômico. O efetivo encaminhamento à Presidência da República, entretanto, permaneceu no limbo durante as festas de final de ano, enquanto onze senadores da oposição impetravam mandado de segurança contra o indeferimento do recurso ao PLC 79/2016, que aguardava liminar do ministro do STF, Teori Zavascki. O ministro do STF requereu informações à Mesa do Senado sobre o processo e o indeferimento dos recursos no Senado, respondido pelo advogado-geral do Senado, no dia 30 de dezembro de 2016, com a informação correta de que não teria havido deliberação formal da mesa diretora do Senado sobre os recursos interpostos pela oposição, protraindo o encaminhamento do projeto de lei para a sanção presidencial, mas antecipando que requisitos regimentais não teriam sido seguidos nos recursos apresentados pela oposição.

A solução para o STFC acenada pela PLC 79/2016 foi a de migração do regime público para o privado, mas não qualquer privado: um privado regulado.

Vídeo sob Demanda (VOD), Zero Rating e Neutralidade de Rede

Enquanto a ANATEL caminhava no sentido de consolidar o regime jurídico prioritário de direito privado no setor de telecomunicações *stricto sensu*, a ANCINE avançava sobre a proposta de regulamentação do Vídeo sob Demanda (VOD), desde a aprovação de um documento de *consolidação de visão* sobre os "Desafios da Regulamentação do Vídeo sob Demanda" em 17 de dezembro de 2015, até a submissão de consulta pública, no dia 23 de dezembro de 2016, de uma *notícia regulatória* sobre a oferta de vídeo sob demanda ao consumidor brasileiro, definindo obrigações aos Serviços de Vídeo sob Demanda e às Plataformas de Compartilhamento de Conteúdos Audiovisuais em clara segmentação entre os conceitos de serviços e de infraestrutura de armazenamento de catálogos de conteúdos audiovisuais.

Na linha da separação, no Brasil, entre as competências da ANATEL sobre os serviços de distribuição e da ANCINE, sobre a etapa de programação/empacotamento, o VOD tem se consolidado em bases sólidas fora do alcance do regulador de telecomunicações *stricto sensu*.

Em outra frente regulatória sobre mecanismos de *zero rating*, ou seja, de desconto ou liberação de cobrança pelo *streaming* de vídeos, músicas ou acesso a certos aplicativos, em especial, de redes sociais, como o Facebook e o Whatsapp, a autoridade reguladora holandesa – Autoriteit Consument & Markt (ACM) – proibiu, no início de 2017, a prática do zero rating pela T-Mobile por alegada violação das regras relativas à neutralidade de rede.

No Brasil, a neutralidade de rede foi erigida à condição de princípio de uso da internet (art. 3º, IV da Lei 12.965/2014, Marco Civil da Internet) e mereceu uma seção própria e inaugural do capítulo sobre a provisão de conexão e de aplicações de internet. A lei de 2014 determinou que o responsável pela transmissão, comutação ou roteamento tem o dever de "tratar de forma isonômica quaisquer pacotes de dados, sem distinção por conteúdo, origem e destino, serviço, terminal ou aplicação" (art. 9º, *caput* da Lei 12.965/2014), remetendo os casos de discriminação ou degradação do tráfego a regulamentação por decreto presidencial. Trata-se de uma *reserva regulamentar qualificada* pelas hipóteses definidas em lei. Ou seja, a neutralidade de rede impõe tratamento isonômico de pacotes de dados, mas faculta a diferenciação dos pacotes por razões técnicas indispensáveis à prestação adequada dos serviços e aplicações ou para priorização de serviços de emergência (art. 9º, § 1º, I e II da Lei 12.965/2014).

A regulamentação do Marco Civil da Internet somente foi aprovada mais de dois anos depois da publicação da lei e, mesmo assim, às vésperas do afastamento presidencial que resultou no impeachment da presidente Dilma Rousseff. O Decreto 8.771, de 11 de maio de 2016, disciplinou as hipóteses admitidas de discriminação de pacotes de dados na internet e de degradação de tráfego, bem como regulamentou os procedimentos para guarda e proteção de dados por provedores de conexão e de aplicações, as medidas de transparência na requisição de dados cadastrais pela administração pública e os parâmetros para fiscalização e apuração de infrações. Ao fazê-lo, o Decreto 8.771/2016 acrescentou a orientação de que o tratamento isonômico de pacotes de dados devesse garantir a preservação do *caráter público e irrestrito* do acesso à internet (art. 3º, *caput*, do Decreto 8.771/2016). Para uma tradição de sistema jurídico que costumava equiparar o público à condição de atributo ou propriedade estatal, não deve restar dúvidas de que o direito brasileiro já não obedece à equivalência entre público e estatal, mas guiado por princípios de direito público, mesmo que de propriedade ou gerência privada.

Ainda, a regulamentação da neutralidade de rede qualificou a discriminação ou a degradação de tráfego como *medidas excepcionais* (art. 4º, *caput,* do Decreto 8.771/2016). No caso de estarem apoiadas em requisitos técnicos indispensáveis à prestação adequada de serviços e aplicações, tais medidas devem se restringir a manter a *estabilidade, segurança, integridade e funcionalidade* da rede do responsável pelas atividades de transmissão, de comutação ou de roteamento.

A consideração da saúde da rede como um todo, ao invés da rede específica de cada responsável por atividades de transmissão, de comutação ou de roteamento, somente foi abordada de forma reflexa no regulamento do Marco Civil da Internet, ao se definirem os requisitos técnicos suficientes à discriminação ou degradação de tráfego como aqueles decorrentes de *tratamento de questões de segurança de redes* ou *tratamento de situações excepcionais de congestionamento de redes*, mediante elenco exemplificativo – expressamente não exaustivo – de questões de segurança, quais sejam, restrição ao envio de mensagens em massa (*spam*) ou controle de ataques de negação de serviço, e de congestionamento de redes, quais sejam, interrupções da rota principal de comunicação em situações de emergência.

Nenhum método direto de atuação *concertada* dos responsáveis pela transmissão, comutação ou roteamento das redes para preservação da saúde da internet como um todo foi introduzido na regulamentação, evidenciando a preocupação governamental com a relação estrita entre usuários das redes e os responsáveis pela transmissão, comutação ou roteamento. A imagem da internet como uma unidade que merece proteção especial enquanto tal perdeu importância para uma abordagem individualizada de atores específicos no interesse de preservação da saúde técnica de cada rede, sem uma preocupação com a saúde técnica da rede das redes, sob o fundamento implícito de que ela decorreria automaticamente da preservação de suas partes.

A narrativa governamental consciente ou inconsciente sobre o bem a ser protegido pela neutralidade de rede foi capturada pelos interesses e direitos das partes atuantes na internet, o que é natural, abrindo-se mão da narrativa de preservação do meio de exercício das liberdades como bem maior a ser protegido. Em outras palavras, a regulamentação perdeu a oportunidade de identificar a internet como instituição garantida e garantidora dos direitos nela viabilizados ou potencializados para se prender em relações pontuais identificadas pela utilidade que cada rede presta a seus usuários.

O setor está caminhando para a hora da verdade: de um lado, a neutralidade de rede tem sido utilizada como pomada milagrosa para todos os males, isolando a gestão da rede de telecomunicações de promoções e ofertas e, portanto, servindo de argumento para se institucionalizar um modelo regulatório impermeável à concorrência, mediante afirmação da imunidade antitruste sobre a gestão da rede, ou das redes como prefere a disciplina normativa do setor; de outro lado, a neutralidade de rede pode vir a ser melhor trabalhada como um conceito próprio à vedação de discriminação na rede, sem que isso inviabilize a vocação concorrencial de ofertas com acesso facilitado a certas utilidades ou conteúdos, deixando-se o juízo sobre a proibição de práticas de gestão da rede de telecomunicações para a análise conjuntural e mais precisa de prejuízo efetivo à concorrência.

O mesmo raciocínio aplica-se à franquia de dados, quando a opção em voga por defensores da liberdade de acesso à internet é a da vedação apriorística de qualquer mecanismo de limitação de uso, sob o fundamento também apriorístico de que a medida teria por fundamento o desejo impudico de exploração do consumidor, ao invés de se abraçar o controle conjuntural das medidas de franquia a partir de análise regulatória propriamente dita, tanto de ordem setorial consumerista e técnica, quanto de ordem antitruste, na defesa da concorrência, o que manteria abertas as portas para o contínuo posicionamento social sobre os reais efeitos das opções regulatórias sobre franquia de dados.

Joint venture entre o SBT, Record e Rede TV

Em outra frente, as fronteiras sensíveis entre os reguladores foram testadas no embate entre emissoras de TV aberta e pacotes de TV paga na joint-venture entre o SBT, Record e Rede TV (Ato de Concentração conhecido como NEWCO). De um lado, parecer do Conselheiro da ANATEL, Aníbal Diniz, aprovado em circuito deliberativo em fevereiro de 2016, em resposta a questionamento do CADE sobre a operação, entendeu que o licenciamento comercial conjunto de programação digital para operadoras de TV paga poderia equilibrar a relação das emissoras de TV aberta com a Net e Sky, que detinham 80% do mercado, mas provavelmente dificultaria o acesso ao conteúdo audiovisual da TV aberta por parte das pequenas empresas de TV paga. Muito embora a Lei 12.485/2011, do Serviço de Acesso Condicionado, previsse a possibilidade de contraprestação às emissoras comerciais abertas pela entrega da programação para o SeAC, como também garantisse o carregamento da programação gratuitamente caso não se alcançasse um acordo comercial, a critério das emissoras, é precisamente a aquisição do conteúdo audiovisual a principal barreira à entrada no mercado de TV paga, o que indicaria, no entender do conselho diretor da ANATEL, que a joint venture promoveria o aumento do preço dos pacotes, também tendo em vista a falta de transparência dos contratos de negociação de conteúdos, em face de decisão judicial que suspendeu a obrigação das empacotadoras de apresentarem todos os contratos mantidos com as programadoras à ANCINE.

Como se pode ver, o devido equacionamento de uma questão regulatória fundamental de equilíbrio de mercado depende de ajuste fino entre emissoras de radiodifusão, operadoras de SeAC dominantes e novas entrantes, a agência reguladora da etapa de distribuição do serviço (ANATEL), a agência reguladora da etapa de programação/empacotamento do conteúdo audiovisual (ANCINE), do órgão de controle da concorrência (CADE) e do Judiciário. Nesse caso, em particular, a disfunção é evidente. Enquanto ANATEL e ANCINE preocupam-se com a transparência e equilíbrio dos atores de mercado, o Judiciário preocupa-se com a consideração formal de poderes públicos do regulador e o CADE com aspectos concorrenciais de mercado relevante, atos de concentração, poder compensatório e ancilariedade. O conjunto desses olhares deveria fornecer uma solução concertada, não fosse o fato de que, em geral, são atores que fazem voo solo.

Fundos Setoriais para Finalidades Alheias

Enquanto o País tentava novamente controlar a economia desgastada pela crise gerada durante a administração da presidente Dilma Rousseff e dos escândalos agora noticiados mundialmente como um dos maiores esquemas de corrupção já existentes, os fundos setoriais continuavam gerando superávit primário sem repercussão no funcionamento da ANATEL, que, no ano de 2015, dos cerca de 5 bilhões de reais arrecadados pelo Fistel, detinha um orçamento que não chegava a 15% desse valor.

Em audiência pública na Comissão de Ciência e Tecnologia, Inovação, Comunicação e Informática do Senado, de 14 de dezembro de 2016, a representante do Ministério Público e presidente da Associação Nacional do Ministério Público do Consumidor, Alessandra Marques, defendou que o contingenciamento poderia ser entendido como crime de responsabilidade, algo, entretanto, na contramão do que se institucionalizou na jurisprudência do STF e do TCU a esse respeito.

O TCU, por sua vez, orientara a ANATEL a evidenciar ao governo o montante que a Agência utilizaria nos próximos cinco anos com o fito de evitar contingenciamento desses recursos e viabilizar que se exigisse do governo o uso justificado do restante.

Somente em 2016, mais precisamente em 4 de agosto de 2016, e por determinação do TCU, iniciou-se o processo de encontro de contas entre a ANATEL e a Secretaria do Tesouro Nacional, haja vista divergências quanto à arrecadação e saldos do FISTEL e FUST.

Até então, a ANATEL contabilizava para o FISTEL, entre 1997 e junho de 2015, uma arrecadação de R$ 67,2 bilhões e um saldo financeiro, em junho de 2015, de R$ 64,8 bilhões, correspondente à diferença entre o que efetivamente havia sido arrecadado e utilizado pela Agência, destinatária legal dos recursos das taxas de fiscalização do setor de telecomunicações. Em agosto de 2016, a Agência corrigiu os valores para R$ 82,3 bilhões de arrecadação do FISTEL no período e de meros R$ 18,915 bilhões de saldo em junho de 2015. Por sua vez, a Secretaria do Tesouro Nacional apontava uma arrecadação do FISTEL de R$ 82,2 bilhões no mesmo período e um saldo em junho de 2015 de R$ 15,4 bilhões, admitindo o uso de R$ 51,5 bilhões em despesas diversas.

O FUST, por sua vez, que praticamente não fora tocado, exceto para projeto destinado a acessibilidade da telefonia conseguido a duras penas pela Agência, teria arrecadado, segundo a ANATEL, entre 2001 e 2015, R$ 19,4 bilhões e teria o mesmo saldo em junho de 2015. O Tesouro Nacional discordava desses dados e informava ao TCU o valor de R$ 16,04 bilhões de arrecadação no período e de R$ 4,72 bilhões de saldo em 2015, com R$ 2,22 bilhões empenhados em despesas identificadas e R$ 8,92 bilhões, em despesas não identificadas. Em 4 de agosto de 2016, a ANATEL divulgou os números revisados do FUST para R$ 17,6 bilhões de arrecadação entre 2001 e 2015 e saldo em 2015 de R$ 4,73 bilhões. A partir dessas declarações, o TCU deu prazo para que a Agência e a Secretaria do Tesouro Nacional promovessem à conciliação dos valores de arrecadação, aplicação e saldo dos dois fundos setoriais.

Mais de quinze anos se passaram para que o TCU deixasse claro e, mesmo assim, sem averiguação concreta independente, senão por declaração do Tesouro e da Agência, os valores arrecadados, aplicados e saldos financeiros dos fundos FUST e FISTEL. Os saldos fictícios que a Agência divulgava para a sociedade tinham, por óbvio, a função de evidenciar o montante assustador de valores desviados da finalidade definida nas leis de criação do FUST e FISTEL. Somente agora poder-se-á averiguar quanto de cada fundo merece ser qualificado de desvio ou de aplicação legítima. Não há, entretanto, justificativa plausível para quinze anos de atraso na utilização integral dos recursos do FUST em sua função expressa de universalização dos serviços de telecomunicações, senão pela consciência dos atores do setor de telecomunicações da evidente desconexão entre a previsão legal de aplicação do fundo em serviços sob o regime público – o STFC – e a demanda social por serviços que não eram previstos na lei – SCM (banda larga fixa) e SMP (na sua dimensão de banda larga móvel). Esse talvez seja o mais contundente exemplo de como uma legislação bem intencionada acabou por inviabilizar o uso de recursos públicos para fins sociais nobres pela desconfiança em transferir à regulação os critérios de escolha dos serviços que seriam beneficiários do investimento público.

Internet e Internet das Coisas (IoT)

O ano de 2016 ficará para a história como o ano da oficialização da transição das funções da *Internet Assigned Numbers Authority* (IANA), controladora dos nomes de domínios da internet, para um controle multissetorial.

Em 1° de outubro de 2016, o contrato de tutela da IANA pela *National Telecommunications & Information Administration* (NTIA), dos Estados Unidos, expirou, abrindo caminho para que a administração multissetorial pudesse se afirmar na internet.

O modelo multissetorial de administração somente teve seus primeiros passos oficiais instaurados após o escândalo de espionagem revelado por Edward Snodew, a reação de certos países-chave ao ocorrido, a organização, pelo Brasil, do evento NetMundial, em 2014, quando, às vésperas desse evento, o Governo de Barack Obama, como o grande herói da história, declarou sua disposição oficial de abrir mão do controle da IANA. Mesmo assim, o contrato que vencia em setembro de 2015 foi renovado para atendimento de todos os critérios exigidos pelo Governo dos Estados Unidos da América, em especial, a garantia de que a administração da zona de raiz de domínios fosse *multissetorial*, claramente afastando-se a possibilidade de controle *multilateral* por parte de governos. O Brasil esteve, durante todo o processo, do lado do controle multissetorial.

Em outra frente, o governo federal brasileiro, apoiado em um convênio entre o agora Ministério da Ciência, Tecnologia, Inovações e Comunicações (MCTIC) e o Banco Nacional do Desenvolvimento (BNDES), por intermédio do Fundo de Estruturação de Projetos (FEP), contratou consultoria para realizar diagnóstico e propor políticas públicas sobre a internet das coisas, com ênfase na cooperação e articulação entre empresas, poder público e centros de pesquisa. O consórcio selecionado para elaboração dos estudos e propositura de políticas públicas de IoT é dirigido por uma velha conhecida do setor de telecomunicações, que também participou do apoio à privatização do Sistema Telebras em 1997: a consultoria internacional McKinsey, em parceria com o CPqD e o escritório de advocacia Pereira Neto.

Em dezembro de 2016, sob a batuta da Câmara IoT ligada à Secretaria de Política de Informática do MCTIC, em sintonia com a consultoria, lançou-se uma consulta pública no portal Participa.br para construção do Plano Nacional de IoT (*internet of things* ou internet das coisas) voltado a reger o setor entre os anos de 2018 e 2023, que previa treze itens estruturantes, com enfoque em temas de pesquisa e desenvolvimento, recursos humanos, investimento, suporte a aplicações e serviços, redes e transporte de dados, gateways e dispositivos, segurança e privacidade, papel do Estado e aspectos regulatórios.

Em especial, o item de demanda pública e privada tratou das chamadas *verticais de aplicação de IoT*, ou seja, casos de uso de IoT, e colheram contribuições para priorização de temas como saúde, agricultura, cidades inteligentes, energia, entre outros.

Quando em 2011, o então vice-presidente mundial da Microsoft esteve no Brasil à procura de políticas públicas que fornecessem um ambiente atrativo à instalação de serviços da nova economia, em especial, de *data centers* para a América Latina, o governo federal não tinha uma política encaminhada sobre o tema ou não quis dar a atenção a ela. A esperança é que seis anos mais tarde finalmente o Brasil possa encarar o tema com uma política abrangente e que conecte todas as nuances do ecossistema digital, que pode ser guiado pela IoT, mas que se apresenta, na verdade, como um conjunto coordenado de iniciativas para facilitação de instalação de data centers, disciplina jurídica sobre o big data, inteligência artificial, IoT, conectividade de banda larga e formação de pessoal, estes dois últimos aspectos fundamentais, que sustentam tais utilidades.

É bem verdade, entretanto, que o Brasil ocupa uma posição incômoda no tocante à IoT, assemelhando-se à Europa sem o benefício de sua indústria de ponta, que se concentra em questões de privacidade, guarda de dados e soberania das leis nacionais, bem como na preocupação com a garantia de espaço para conteúdos locais.

O movimento de consulta pública apoiado em IoT pode servir como ponto de partida para definição clara de prioridades nacionais, sejam elas commodities agrícolas e de indústria de base, infraestrutura de redes ou conteúdo digital. Como sói acontecer, o Brasil, em termos de política pública, é um país reativo, ao invés de propositivo, com intrínsecas dificuldades em se antecipar aos movimentos mundiais por seu descaso com a pesquisa e a educação.

Conjuntura e Previsões

Em meio à maior crise econômica e política dos últimos 25 anos, em que praticamente todos os membros do alto escalão do governo haviam sido citados em delações premiadas por parte de envolvidos na Operação Lava Jato e em investigações de caixa 2 em período eleitoral, o setor de telecomunicações foi presenteado com um novo presidente e conselheiros da ANATEL, de perfil mais técnico, bem como uma reestruturação interna de superintendências que deram um novo formato mais integrado de atuação da agência em evidente maior sintonia com o Ministério supervisor.

O ano de 2017, portanto, será muito provavelmente um ano de reestruturação mais focado no funcionamento da Agência e melhor comunicação institucional, definição de grandes linhas de ação e de uma atuação de maior distanciamento dos surtos vivenciados em 2016. O real comportamento de 2017, entretanto, dependerá de como as estruturas de governo promoverão ativamente a pesquisa setorial para antecipar-se aos problemas ou permanecerão servindo como notas de rodapé de projetos de governo descontinuados e soluções momentâneas carentes de planejamento a longo prazo.

O Conselho Editorial

Regulation of Telecommunications: The Choice Between Market and Regulatory Failures

Submitted: 15/02/2017
Revised: 24/03/2017
Accepted: 09/04/2017

Dmitrii Trubnikov*

Abstract

Purpose – The paper examines the main regulatory frameworks of the telecommunications industry through the concept of market failure and analyses how and why the policy often leads to undesirable outcomes that might be considered as regulatory failure.

Methodology/approach/design – The research uses the EU regulatory framework for electronic communications as a base for the analysis of the main policy objectives through the prism of the market failure theory with an eye to the interests of the main market players in the telecommunications markets.

Findings – About any aspect of regulation allows to find ways to create opportunities for some groups of the industry and stifle activity of others. Despite the theory of market failure provides reasonable justifications for regulation of telecommunications markets, it is possible to argue that many of these problems are mainly the consequence of the policy and could be better solved by market mechanisms.

Originality/value – The results of the research allow to look at the problems of telecommunications development and issues of the high level of concentration of the telecommunications markets as regulatory formed problems rather than consequences of the inherited industry's characteristics.

Keywords: Liberalization, Market failure, Regulatory failure, Telecommunications, Competition.

---

*Candidate of Economic Sciences. Doctoral Candidate of Erasmus Mundus Joint International Doctoral (Ph.D.) Degree in Law, Science and Technology coordinated by CIRSFID, University of Bologna, Italy. Supervised by Tilburg Institute for Law, Technology, and Society (TILT), Tilburg University, the Netherlands, and Mykolas Romeris University, Vilnius, Lithuania. Email: d.trubnikov@uvt.nl.
The author is grateful to Ronald Leenes and Pierre Larouche for helpful comments and discussion. The views expressed in the article and any errors are those of the author.

1. Introduction

Debates about the role of government in economy are very old. It has been incorporated in the mainstream of economics that market mechanisms sometimes lead to undesirable situations, so-called, "market failure", and, therefore, there are needs to interfere in the market in order to mitigate the problem. These interventions also can have a negative impact on the economy, and, such consequences can be considered as government or regulatory failure.[1]

The imperfection of the market seems as an apparent justification for the attempts to regulate the economic activity of human beings, but, at the same time, those groups of people who have a real access to the formation and exploitation of regulatory mechanisms have an enormous temptation and tremendous opportunities to use a legal system for their own benefits. Therefore, it is of a paramount significance to understand how regulation can be used for the interests of such interest groups and to expose the relationship between regulatory frameworks, that should be aimed to remedy market failure, with interests of those who create them or can have access to their formation.

Interesting examples where regulation provides wide opportunities for policymakers to enrich some powerful groups at the expense of society can be found in industries that heavily depend on innovations and play a significant role in modern society. The regulatory failures in these fields affect the public welfare, contribute to the growth of inequality and undermine incentives for innovations in the fields of the new economy. From this point of view, the telecommunications industry is an attractive area for such analysis, and, furthermore, the concentration of power in this industry allows to assume that this situation can be a result of the government activity in this area.

The article begins with a brief review of theoretical approaches to determination of market and government failures. The subsequent parts are devoted to the transformation of the landscape of telecommunications over the last decades and to the analysis of key issues of regulatory policy in the field. The main emphasis is made on the reasons for the government interventions in the telecommunications market from the positions of theories of market failure, and, at the same time, provides basic assumptions how and why these interventions lead to the policy failings and express in the oligopolistic structure of the industry.

---

[1]The term "regulatory failure" can be often met in academic literature with the same interpretation as government failure, but it can also mean the failing to achieve certain regulatory goals regardless of the economic aspects (see, e.g., Baldwin et al., 2012).

2. The theoretical approaches to determination of market and government failures

In economics, the conception of "government failure" is another side of the coin of "market failure". Despite the idea of the supporters of the invisible hand that market mechanisms lead society to the increase of welfare for everyone, there is a widely accepted assumption that the market in a number of cases fails to achieve this goal and, thus, that there are needs for government intervention.

There are different views and understandings of what constitutes market failure, but the main reasons for government intervention are concentrated within the theoretical framework described by Joseph Stiglitz in the "Economics of the public sector" (Stiglitz, 1988): competition failure, necessity to produce public goods, presence of externalities, incomplete markets, imperfect information (or information asymmetry), unemployment and periodical instability, unequal distribution of incomes, "bad" consumers' decisions. According to his opinion the first six of these reasons directly relate to the problem of market failure and the latter two can be justified, even if market mechanisms work perfectly in economic terms, by the principles of justice, humanism and paternalism.

Meanwhile, it is also generally recognized that the problem of "market failure is only a necessary but not sufficient condition for governmental intervention" (Mazzucato & Penna, 2016). Not only the market, but also regulatory bodies consist of self-interested agents and, as a result, decisions of policymakers, officials and bureaucrats can lead to the same or even worse outcomes than the activity of imperfect market mechanisms. Anyone who tries to participate in the creation of rules cannot be free from his personal interests, beliefs or biases. Acemoglu and Verdier (2000) point out that the necessity of government intervention often requires the choice between market failure and corruption, because the latter is the result of any intervention in the market since any intervention redistributes resources, and they conclude that corruption is merely "unavoidable price to dealing with market failure". "Corrupt incentives are the nearly inevitable consequences of all government attempts to control market forces" (Rose-Ackerman, 1978), and, that is why, some pundits even claim that they would prefer to live in the presence of market failure, rather than to have a risk of "widespread government failures" (Mills, 1986).

George Stigler (1971) in his "Theory of Economic Regulation" argued that the state "is a potential resource or threat to every industry in the society", and, therefore, the main players of the industry are tempted to capture this resource in order to maintain their positions. The appearance and development of public choice theory has allowed to look deeper at the problems of regulatory capture, and challenged the assumptions about the public interest nature of regulation (e.g. Buchanan & Tullock, 1962; Holcombe, 2015). However, the regulatory capture is not the only factor that leads to the failure of regulation. There are numerous institutional aspects and there are also insufficient resources and epistemological limitations (Baldwin et al., 2012). We do not have knowledge about the future, we are not always able to assess the probability of certain events, and have to make our judgements under uncertainty relying on heuristics and biases (Tversky & Kahneman, 1974), but, nevertheless, even such limitations can be used by those who have a political power in their own benefits.

Of course, it is not always clear, what more tilts regulation toward suppression of innovations and concentration of market power: regulatory capture or other regulatory failings, but understanding of the relationship between regulatory frameworks and interests of the main industry players is able to expose the roots of the problem.

3. Transformation of the landscape of the telecommunications industry

One of the main ideas of the "theory of economic regulation" (Stigler, 1971) is that regulation is used by private entities in order to hamper competition. It is even possible to find claims that the aim to suppress competition was among the main objectives in the regulatory policy of the US in the 1930s (Dempsey, 1989). These objectives were supported by the economic justifications for such decision making. For example, one of the rationales for legal suppression of competition in the industries that heavily depend on infrastructure, such as transportation or telecommunications, was based on the assumption that the immaterial nature of the products of such industries does not create incentives to invest in the expensive infrastructure without possibilities to obtain economic rent that could be provided by a monopoly position (Dempsey, 1989).

According to one of the explanations that justify the creation of entry barriers: " 'good regulation' is supposed to constrain entry so that the economies of single firm production can be achieved" (Joskow & Rose, 1987). It is not a rare view in economics that monopolistic markets are able to provide more benefits to society rather than competition. Some even claim that "in an economic paradise, where a regulator is omniscient, benevolent, and able to fulfill any promise he makes, competition cannot improve upon regulated monopoly" (Armstrong & Sappington, 2006). Such justifications perfectly supported monopolistic structure of telecommunications when this industry was entirely in the hands of the state. Indeed, before the end of the 1980s in most of the countries, regardless of capitalistic or socialistic character of their economy, telecommunications were under the full control of the governments as state-owned companies.

The most remarkable exception from the state-owned monopoly model was the telecommunications industry of the United States, where the major player was private company AT&T. Strictly speaking, AT&T was not the only company that provided telecommunications services in the US. There were also, so-called, independent telephone companies, but on most of the territory of the country AT&T was able to establish a monopoly and became one of the biggest corporations in American history. AT&T was a vertically integrated company that provided the full range of telecommunications services and produced telecommunications equipment for the industry. In 1974, the United States Department of Justice filed an antitrust lawsuit against the company, and the consequence of this action was the consent decree about divestiture of AT&T in 1982. As a result, in 1984 the local operations of AT&T were split into seven independent regional companies (Regional Bell Operating Companies also known as "Baby Bells"), while long distance business, as well as a production of telecommunications equipment, remained at that time under the control of AT&T.

The process of creation of the competitive market in the EU started in 1987, when the Commission of the European Communities presented the Green Paper on the Development of Common Market for Telecommunications Services and Equipment. Despite the claim of this document about promoting "the development of new services by setting them in a more competitive framework" and necessity of "the transition toward a more competitive environment", the Green Paper also explicitly contained notification about "the major importance of scale effect" in this vital area of the modern economy. However, the scale effect is precisely one of those industrial characteristics that tilt industries toward high concentration, and, thus, the statement about its importance for the development of the industry quite contradicts with the claims about promotion of rivalry, if only we are not talking about the creation of oligopolistic market. Therefore, it seems plausible that the goal was the substitution of the state-owned monopolies across the Europe by the market where only several supranational giants will play the main role on the whole territory, rather than promoting the places under the sun for small and medium-sized businesses in this field. The current situation in the European market speaks in favor of this claim: the big companies from the advanced European economies have managed to take control over the industry in many less developed parts of the continent[2], but it does not mean that small European countries were unable to develop the industry without such aid. The recent studies show that some Central and Eastern European countries not only demonstrated the higher level of competition and the presence of small and medium-sized enterprises in the industry during the first decade of the XXI century, but also have been able to leapfrog the most advanced economies of the EU in the development of fiber-optic infrastructure (Lemstra & Melody, 2014; Serdarević et al, 2016; Rood, 2010).

Some scholars point out that the global process of liberalization was pushed by the US government in the interests of the US economy (Mueller, 2010), and some facts support this claim. The state-owned monopolies until the end of 1980s controlled not only telecommunications infrastructure and market of telecom services, but also the market of terminal equipment that could be connected to their networks, and the European decision about "liberalization" of telecommunications coincided with the changes in the structure of the global ICT equipment market. The first Directive of the reform in 1988 aimed to create a common market of end-user terminals (Commission Directive 88/301/EEC of 16 May 1988). In the middle of 1980s the former American telecom monopolist AT&T launched an active campaign in the field of telecom equipment production in Europe: the company formed joint ventures with Philips Telecommunications B.V. in the Netherlands and with Telefonica in Spain (Noam, 1992), and acquired 25% share of Italian Olivetti S.p.A.. In 1989, Italian state-owned telecom manufacturer Italtel chose AT&T as a partner for its plans to upgrade Italian network with estimated budget of $30 billion (Hochheiser, 1990). The agreement between AT&T and Italtel also called for joint development of new products, and, according to some opinions, provided AT&T the basis to be a major player in the future European telecom market (Hochheiser, 1990).

This shift of the regulatory policy of telecommunications allows to suppose that whether the whole preceding period of regulation in this field was based on fragile theories or the current approach is not the best from the point of view of the public interest. Moreover, we can also suggest that regardless of a dominant theory at any particular period these theoretical propositions can be used by those who have power to implement them in the public policy or,

---

[2]Some scholars notice that "[t]he internationalization of EU incumbents could not have taken place without liberalization of entry regulation and would have been difficult without progress on unbundling and privatization" and that "the most international of the EU's Multinational telecoms ... incumbents emerged from the larger continental economies: France, Germany, Spain and Italy" (Clifton, Díaz-Fuentes & Revuelta, 2010).

furthermore, even such dominance of a point of view in economics can be a result of interests of policymakers.

Of course, it could be argued that this change was warranted by the technological breakthrough in the ICT industry, but such explanation does not provide a comprehensive answer to the question about the main beneficiaries of the policy, especially, if we look how the problem of the shortage of supply of ordinary phone services has been solved after the implementation of market mechanisms in different parts of the world[3]. Moreover, even economic theories supported the claim about subadditivity of fixed phone services, that provided a scientific basis for the natural monopoly structure of the area, were constantly challenged by the empirical evidences (Spulber & Yoo, 2013). At the same time, the processes of "deregulation" and "privatization" in telecommunications also do not prove the presence of the "public interest based" approach in the regulatory policy. A captured regulation can easily take a form of "liberalization" and maintain the interests of powerful groups of society. Despite the fact that European reform of the industry could be considered as a proper way toward the creation of a competitive market in this field, it cannot exclude the supposition that in reality the interests of a big business did play an important role in the implemented policy.

4. Key issues of the telecommunications policy

It is generally assumed that the process of demonopolization of telecommunications in Europe can be considered as a period of "deregulation" and "liberalization" of the industry (Koenig et al., 2002), but this terminology can be quite misleading. Indeed, the state has not retreated from the telecommunications industry and has continued to play a significant role in the field, however, it "has taken on a host of new functions ... in the new institutional arrangements" (Grande, 1994). No doubt that during this period there were some efforts toward the creation of rivalry in the market, even if in an oligopolistic form, and there was a real transformation of property rights from the states to private entities, but there was also creation of new institutional environment that imposed new regulatory burdens on the new participants of the telecom business.

---

[3]E.g., Armstrong & Sappington (2006) analyze the development of the industry in Chile and shows that that "liberalization" allowed to increase the number of fixed lines more than three times between 1992 and 2000. The similar picture can be found, for example, in Russian telecommunications.

According to the EU regulatory framework for electronic communications there are three main objectives of regulation in this field: strengthening of competition, stimulation of investment, fostering of consumers' freedom of choice and "enable them to benefit from innovative services, quality and lower rates"[4]. From the European Directives aimed to achieve these goals we can distinguish several key aspects, that try to solve the problems that, allegedly, cannot be solved by market mechanisms: (1) the strategic planning and distribution of limited resources such as radio spectrum, (2) access to network elements and associated facilities, (3) the necessity of integrity and security of networks and services, (4) the harmonization of networks, associated facilities and services through standardization, (5) control over companies that have significant market power and (6) the social significance of telecommunications services.

These aspects are universal issues in telecommunications industry not only in the EU, but also in other parts of the world, where current economic conditions are sufficient for the development of this area. The analysis below provides the view on these aspects through the prisms of the theories of market and government failures.

4.1. The strategic planning and distribution of limited resources such as radio spectrum

The theory of market failure justifies the government activity in this area through the problem of externalities, because according to the basic assumption unregulated use of radio frequencies will make impossible the efficient utilization of the spectrum due to the problem of interference. The "doctrine of spectrum scarcity" prevailed in the regulatory policy of telecommunications during the XX century and still plays the main role in the issues devoted to the planning and distribution of radio frequencies. In 1959, Ronald Coase introduced the idea of tradability of radio spectrum (Coase 1959), and since the last decades of the XX century various countries have gradually adopted these principles in their regulatory frameworks.

While the Coasean approach of the distribution of radio spectrum expands to new geographic territories like European Union[5], it is very important to notice that nowadays the development of radio technologies allows to make

---

[4] Summaries of EU legislation: Regulatory framework for electronic communications (http://eur-lex.europa.eu/legal-content/EN/TXT/?uri=uriserv:l24216a).

[5] *See* Decision No 243/2012/EU of the European Parliament and of the Council of 14 March 2012.

claims that the scarcity of radio spectrum is a common misconception (e.g. Staple & Werbach, 2004), or that "new technologies promise to replace scarcity with abundance, dumb terminals with smart radios able to adapt to their surroundings, and government-defined licenses with flexible sharing of the airwaves" (Werbach, 2004). From such point of view the efficiency of radio spectrum utilization can be achieved through the reuse of the frequencies, implementation of "smart" antennas, advanced methods of modulation and other technological improvements. The radio spectrum by its nature is a common resource and, thus, the creation of the exclusive rights on the usage of this common good reduces diversity of available technologies, contributes to the market concentration (Trubnikov, 2017) and reasonably induces concerns from society. Lawrence Lessig (2007) compares the distribution of radio spectrum through auctions with the distribution of the "right to sell hotdog", and that introduces the problem in a very straightforward manner.

In general, the solution of the problem of distribution of radio spectrum is placed between two extremes. One of them is the propertization of radio frequencies, and, despite the common relationship between the market and property, it hardly can be considered as "liberalization", because it just transforms the common property into the hands of private entities. In this case the link between the high market concentration and the market imperfection is just an illusion caused by the fact that market mechanisms play some role after the privatization of the common resource, but since the establishment of such rules is the result of government intervention into the realm of commons and the artificial limitation of the resource that hypothetically is not so scarce, it could be argued that the competition failure is rather the government failure than the market inability to resolve the issue. Moreover, since market mechanisms play such secondary role in the process of frequencies allocation we cannot claim that this concentration is the result of the victory in the market competition merely because such competition has not been possible. This market was doomed by the state to be an oligopoly even before it was created.[6] However, this approach can be considered, to some extent, as "deregulation", because after the assignment of property rights, the allocation of resources toward the highest valued use could be under the market mechanisms.

The alternative is a real liberalization of radio spectrum, and the role of government in such a case is to manage availability of this resource to everyone and prevent interference and fraud. This approach is, possibly, more difficult in implementation. It requires thorough and comprehensive analysis of the existing

---

[6]Melody (2012), e.g., notes that in the EU "[t]he liberalisation objective of stimulating competition and opening access apparently was not considered to be the cornerstone of spectrum policy".

technologies, monitoring of their development, creation of regulatory policy and enforcement of these rules. It is even possible that future technologies will allow us to completely open the spectrum and manage its distribution without any direct intervention of government, but, then, this future openness should be a purpose of the current regulatory efforts. The role of government in such conditions would be still very important, because the regulation must provide the solution for other related issues such as, for example, ecological problems caused by the usage of radio technologies in order to protect citizens from the abuse of electromagnetic waves by the market players, or, as Lessig suggests, the government could "simply be assuring that the technologies that use the spectrum are properly certified technologies" (Lessig, 2001).

4.2. Access to network elements and associated facilities

This aspect includes two parts, and both of them can be explained by the competition failure of the market. European regulation, for example, imposes an obligation to share facilities and network elements of the operators that have significant market power (Directive 2002/19/EC of the European Parliament and of the Council of 7 March 2002). The first part is devoted to the necessity of interconnection of different networks, and in this case, incumbents can easily prevent potential competitors from the entry to the market. Therefore, the importance of the regulation of this issue has significant value for the promotion of rivalry in the industry. Meanwhile, the second part is not so obvious and can be challenged by some suppositions.

It is necessary to bear in mind that the initial efforts to solve the problem of telecom monopolies by no means had relation to the realm of market failure. These monopolies in European countries were state-owned companies and they had to be privatized according to the new regulatory frameworks. The significant market power of new powerful players was the direct consequence of the positions of their predecessors. Moreover, it was the direct consequence of the way of their privatization. The agenda of the European reform of the industry did not envisage the horizontal separation of these monopolies before privatization. Moreover, there was a claim that the single European market will allow to benefit from economies of scale, that, according to some opinions, was not possible within the borders of one country (Koenig et al., 2002). However, the noticed in Section 3 examples of Central and Eastern European countries clearly testify against the necessity of such supranational scope of economies of scale for the telecom development. Furthermore, new entrants of the new "demonopolized" market of Europe were not able to benefit from economies of scale and scope [7] due to the regulatory constraints, since the process of "demonopolization" occurred bit by bit, service by service.[8] It took about 10 years before all services were placed in the competitive environment. Moreover, not only services but even telecommunications infrastructure was not placed in the competitive market in the beginning of such kind of "liberalization", and, consequently, potential entrants were not allowed to develop their business independently and had to rely on the accessibility of the incumbents' infrastructure and on their capability to get this access. Such slowness of the "liberalization" could be easier explained by the willingness to control the innovation development of the industry by the interest groups rather than by any public needs.

Competition policies, that intend to promote rivalry in highly concentrated industries, pay attention to peculiar industry features and try to facilitate competition through the alleviation of the influence of them on entry. The significant part of the regulatory efforts is dedicated to the problem of monopolistic bottlenecks, such as local loops, that can be considered as essential facilities of network infrastructure (De Bijl, 2005). However, it might be argued that facilities-based competition is able to reduce the needs for the regulation of the bottlenecks (Canoy, De Bijl & Kemp, 2003) and provides more efficient outcome of the development of network infrastructure compared to service-based competition (Yoo, 2014), while the latter has been the main target of the European "pro-competition" policy in the industry. Moreover, the problem of the bottlenecks can be per se a consequence of regulation and can be solved by the implementation of new technologies or new approaches in the development of the networks (Trubnikov, 2017). In other words, the existence of "monopolistic bottlenecks" is the result of the previous industrial policy, and the efforts that aim at the alleviation of the problem rather than to the alteration of the industry structure provide advantages to the most powerful actors of the market, and, thus, might be considered as an example of government failure.

[7]Results of some researches show that economies of scale played a less significant role in telecommunications than economies of scope (Bloch et al., 2001)

[8]In 1988 was opened the terminal equipment market, in 1990 market for "non-voice services and voice services for closed groups", in 1994 satellite services, in 1995 Cable TV, in 1996 mobile communications and from 1 January 1998 voice telephony services.

4.3. The necessity of integrity and security of networks and services

This problem can be represented through different approaches in terms of market failure. Firstly, supporters of paternalism can argue that people could choose services of low quality because they are cheaper, and, thus, there are needs for government intervention. Secondly, in case of lack of competition nothing forces incumbent to maintain sufficient quality of their services, and, therefore, government must solve the competition failure problem. Thirdly, there is a problem of information asymmetry. It could be quite plausible that a company can sacrifice security or quality issues for profits, hiding the actual information about services from its customers, or even worse, a company can deliberately neglect important issues for some reasons and provide wrong information to customers.

The paternalistic outlook is a matter of taste and values of a researcher and discussion about it can be infinite and futile, but two other justifications for the interventions in the market can be the objects of analysis. If the competitive environment has not been achieved, then arguments for government control of the network integrity and security are quite robust, but it does not explain the regulation of small players, which try to survive in the presence of powerful rivals. Meanwhile, since the information asymmetry plays a significant role in the telecommunications business, the activity of even small companies indeed could unfairly harm the interests of customers, but this is a problem of provision of fair information, rather than a problem of integrity and security. Otherwise, it is again the issue from the realm of paternalism. However, the asymmetric regulation of telecommunications companies depending on the size of market share seems like a reasonable answer to the imperfection of market mechanisms in this aspect. Small market participants in order to benefit from the network effect of the entire network are forced to adjust their activity to the standards and technologies that have been established on the market, while incumbents have temptation to prevent weak rivals from these benefits. Katz and Shapiro (1985) pointed out this phenomenon in their seminal work dedicated to the analysis of network externalities.

Meanwhile, the drawbacks of the government activity in this field are expressed in economic and social issues. Such regulatory efforts increase the costs of the roll-out of networks and, thus, decrease the territory that could be commercially interesting for the business, and, as a result, contribute to the problem of "digital divide". At the same time, compliance with the rules can have pronounced impact on economies of scale, and, thereby, provides cost advantages for the big players of the market, contributing to the concentration of the market in the hands of big business. Based on the foregoing, we have to admit that this area is quite subtle for the regulatory activity. Solution of such imperfectness of market mechanisms can easily take the form of over-inclusivity and, thus, over-regulation, and lead to the creation of monopolistic or oligopolistic markets.

4.4. The harmonization of networks, associated facilities and services through standardization

It is widely believed that the market also cannot achieve efficiency due to inability to coordinate market actors. Using the terms of the described earlier approach to the issue of market failure, this problem derives from the information asymmetry or incomplete information. It is easy to imagine, that without standardization some market actors, due to the lack of information, can choose technology, that is not interoperable with the technology that is used by other market actors, and, as a result, they will not be able to connect their networks or to provide the full range of services. However, the problem of incomplete information does not give a full clarification of the issue. The lack of standards provides opportunities to lock-in customers on the particular technology, and these costumers are not only end-users of telecommunications services, but also providers of these services. The entire business of these companies and also their ability to adopt new innovative technologies can be locked-in on a particular producer of a proprietary standard. The relationship between these costumers and the owners of proprietary technology can be also considered through the monopolistic problem, because the supplier in this situation becomes a single supplier on the market of a particular technology.

Despite the rationales for government intervention described above, the regulation of this field also provides opportunities for government to fail in achieving a socially desirable outcome. First of all, it could be a problem of QWERTY-effect that locks the industry in a particular technology despite the presence of better solutions. A more serious problem is if an adopted technology is not suitable for the future development, even if at the moment of adaptation it showed sufficient or even better results than alternatives. The fact that among the most prevalent standards of Internet access in the western Europe are DOCSIS and xDSL, but not FTTx (OECD, 2015), is, possibly, a problem of this kind. Yoo (2014), for example, notices that due to the standardization policy of the French regulator, former monopolist Orange even in 2010 aimed to increase the ADSL coverage to 99% by 2013, while in many eastern European countries by that time the significant part of the subscribers had broadband access through fiber-optic infrastructure (Rood, 2010; FTTH Council Europe, 2012). The worst situation is adaptation of a standard due to the adjustment of regulation to the interests of powerful groups at the expense of public interests. The consequences of this adaptation is not only lock-in on the inferior technology, but also the contribution to the concentration of resources in the industry.

4.5. Control over companies that have significant market power

It was one of the first justification of the government presence in the economic activity. If industry's inherited characteristics tilt this industry toward monopoly, then Pareto efficiency will not be achieved and, thus, government should find ways to move the prices closer to the competitive level. It is necessary to notice that in the light of legal systems of developed countries monopolies are not illegal per se, but some conduct of companies with significant market power may result in antitrust liability. The skeptical view on government intervention induced by the market concentration was intensely promoted by the Chicago School and has found its significant place in the contemporary antitrust policy (Posner, 1979).

The common arguments of liberal economists are based on the assumption that monopoly is formed by market, and, thus, in many cases this situation could be considered as a better allocation of resources from the point of view of "consumers welfare", but the broader view on the problem of "government failure" allows to look at the picture from another viewpoint. Significant market power of telecommunications companies can be the direct consequence of the set of previous decisions of policymakers, and it even does not matter whether the reason of these interventions was market failure, rent-seeking, cronyism or corruption. Therefore, if the positions of major players are the result of regulation, then it must be difficult to justify a passive role of the regulator in such cases of competition failure even from the liberal viewpoints.

Monopolies of the ICT industry in general, and monopolies of telecommunications in particular, can be dangerous, not only in the sense of threats to "consumers' welfare", but also from social and political perspectives. Since the information and communication industry is the driving force of the modern economy, it is possible to infer that the concentration of power in the industry leads to the concentration of wealth in the hands of the most powerful players of this field. Meanwhile, it is a widespread view in the areas of economics and social sciences that concentration of wealth can threaten our freedom and democratic principles of modern society (Acemoglu et al., 2013; Murphy, 2015). The increasing inequality can lead to the growth of "extractive institutions" that served the interests of ruling classes (Acemoglu & Robinson, 2012) and, eventually, can "have a negative effect on the rule of law ... and ambiguous effects on regulation" (Murphy, 2015). This situation, possibly, requires revision of the purposes of competition law and elaboration of new methods and approaches in this area.

4.6. The social significance of telecommunications services

The unchallenged importance of ICT for the modern world gives birth to ideas that significantly affect the regulatory policy of this field. Even in the realm of human rights nowadays we can find the idea that human beings have a right to Internet access and that they should not be discriminated in this right.[9] The policymakers of many countries eagerly try to incorporate this idea into the efforts of subsidization of the development of telecom infrastructure. However, even the presence of the problem of digital divide in the second decade of the XXI century in the developed parts of the world is able to raise reasonable questions about the real sources of this issue.

Meanwhile, "direct subsidy of money" according to Stigler (1971) is "the most obvious contribution that a group may seek of the government". The shortage of competition increases deadweight loss and expresses in the shortage of supply in the market. As we analyzed above, the shortage of competition can be not only a result of the government failings in the solution of the task of promotion of rivalry, but also the consequence of regulatory policy in other fields, such as radio spectrum distribution or even necessity to maintain harmonization, integrity and security of networks. The ideas that freeing of some parts of radio spectrum would allow to solve the problem of provision of telecommunications services in rural areas can be met in academic literature in the beginning of the 2000s (Compaine, 2003; Wanichkorn & Sirbu, 2002), but instead, "emphasis on bringing broadband to low density areas continues to look at the cost of "wiring" (Compaine, 2003).

Another idea that prevails in the regulatory efforts in this aspect is the equalization of inhabitants of urban and rural areas.[10] Numerous "digital agenda" of various countries includes not only the necessity of provisioning the access to modern information services, but also impose minimal requirements to these services (OECD, 2015), that can be understood as a mechanism of "control over entry". Indeed, if the problem of Internet access in some particular village

---

[9] One of Wikipedia articles is even dedicated to this issue https://en.wikipedia.org/wiki/Right_to_Internet_access.

[10] The interesting fact is that even the idea of the "universal service" per se "was a stunning strategic action" of the president of AT&T Theodore Vail that allowed the company to gain the monopoly in the United States by means of the government protection of the business of AT&T from competition (Grove, 2003).

can be solved with implementation of a particular radio technology, the requirements of provision of speeds equal or over, for example, 30 or 100 Mbit/s (OECD 2015) can deter alternative players to enter the market. Moreover, it is even not clear that broadband access with different characteristics can be considered as a part of the problem of digital divide. It can also be argued that nowadays basic telecommunications services are comparatively cheap and they could be even cheaper if the market would be more competitive, while direct public investments in the development of the industry create advantages for those who get it, and, thus, negatively affect rivalry.

Digital divide is not the only idea that has been embraced by the regulation of ICT industry in general and telecommunications particularly. There are also important issues of freedom, privacy, security, child protection and so on, and there are no doubts that all of these problems are of paramount significance for the modern society, but the question here is the appropriate balance between market mechanisms and regulation. The results of regulatory failings in these subtle aspects could be even more destructive than merely creation of advantageous conditions for some companies in the industries of the XX century. It is also possible to admit that at least some of these problems are mainly the consequence of regulation, and could be better solved by the market, while regulatory activity in this field contributes to the processes of monopolization, and, eventually, will aggravate other issues such as freedom, privacy and inequality.

5. Conclusion

The given analysis of the main regulatory frameworks through the positions of the concept of market failure with an eye to the interests of the main market players in telecommunications industry allows to draw the following conclusions:

First of all, the current way of development of the telecommunications industry is the result of previous policy decisions in this field, and the dominance of supranational companies in the world market can be considered as the consequence of regulatory efforts rather than inherited industry's characteristics. The prevalence of the idea of the importance of "economies of scale" in telecommunications for the development of the new economy has contributed to the processes of privatization that occurred during the last decades and has allowed transnational giants to take control over the former national monopolies, forming the global oligopolistic market.

Secondly, even "privatization" and "liberalization" processes in telecommunications do not allow to conclude that the "public interests based" approach dominates in the regulatory policy. About any aspect of regulation allows to find ways to provide opportunities for some groups of the industry and stifle activity of others. Self-interested policymakers have favorable opportunities to explain their decisions through the needs of maintenance of the digital economy, solution of social problems, interests of national defense or harmonization of networks.

Thirdly, telecommunications industry is not necessarily the business of big corporations that try to convince the policymakers that rivalry in this area can endanger "the long-term health of the ... digital economy" (Vodafone, 2015). This industry is able to give opportunities for small enterprises to be active in the market and to enable consumers to benefit from innovative activity of these companies, for whom only flexibility and innovations provide possibilities to survive in the competitive environment.

Fourthly, despite the seeming necessity to maintain the integrity, security and harmonization of networks, as well as to provide solution for other important aspects, the reasons to extend regulation in the activity of alternative companies are very doubtful. The alternative companies are forced to maintain integrity and harmonization due to the presence of market forces. In order to benefit from the network effect of the entire network, rather than limit this benefit by the scope of their private networks, they are forced to harmonize their networks with facilities of other market participants, and this is one of those cases where market mechanisms are able to work better than government intervention. However, it does not exclude the necessity to regulate the activity of incumbents and weaken their positions in the market in order to remedy the competition failure, that, as we have seen above, could be not only the result of the market imperfection, but also the consequence of regulatory activity.

Finally, the problem of "digital divide" can be considered as an example of deadweight loss caused by government intervention in the market. The high cost of compliance moves the supply curve and, thus, decreases the quantity of the goods in the market. However, it does not mean that the total absence of regulation could provide better results. Inability of government to effectively solve the problem of externalities, like in case with radio frequencies distribution, hampers the entrance of small business in this field and, thus, contribute to the undersupply in the market.

References

Acemoglu, D., & J. Robinson (2012). *Why Nations Fail: The Origins of Power, Prosperity, and Poverty.* New York: Crown Business.

Acemoglu, D., S. Naidu, P. Restrepo, & J. Robinson (2013). "Democracy, Redistribution and Inequality", *NBER Working Paper* No. 19746.

Acemoglu, D., & T. Verdier (2000). "The choice between market failures and corruption", *American Economic Review*, 90(1): 194–211.

Armstrong, M., & D. Sappington (2006). "Regulation, Competition and Liberalization", *Journal of Economic Literature,* 44(2): 325–366.

Baldwin, R., M. Cave, & M. Lodge (2012). *Understanding Regulation: Theory, Strategy, and Practice.* Oxford University Press, 2012.

Bloch, H., G. Madden, & S. Savage (2001). "Economies of Scale and Scope in Australian Telecommunications", *Review of Industrial Organization,* 18(2): 219–227.

Buchanan, J. M., & G. Tullock (1962). *The Calculus of Consent: Logical Foundations of Constitutional Democracy.* Ann Arbor: University of Michigan Press.

Clifton, J., D. Díaz-Fuentes, & J. Revuelta (2010). "The political economy of telecoms and electricity internationalization in the single market", *Journal of European Public Policy,* 17(7): 988-1006.

Canoy, M., de Bijl, P., & R. Kemp (2003). "Access to Telecommunications Networks", *TILEC Discussion Papers,* No. DP 2003-07.

Coase, R. (1959). "The Federal Communications Commission", *Journal of Law and Economics*, 2: 1–40.

Compaine, B. (2003). "Revisiting Cost and Affordability Assumptions for High Speed Data Services in Low Population Density Locations", *Telecommunications Policy Research Conference.*

De Bijl, P. (2005). "Structural Separation and Access in Telecommunications Markets", *CESifo Working Papers*, No. 1554.

Dempsey, P. S. (1989). "Market Failure and Regulatory Failure as Catalysts for Political Change: the Choice Between Imperfect Regulation and Imperfect Competition", *Wash. & Lee L. Rev.*, 46(1): 1-40.

FTTH Council Europe (2012). Creating a brighter future. Fiber to the home: Taking your life to new horizons! *Press conference – BBWF Amsterdam,* 16 October 2012. Available at http://www.ftthcouncil.eu/documents/Presentations/20121016PressConfBBWF.pdf

Grande, E. (1994). "The New Role of the State in Telecommunications: an International Comparison", *West European Politics,* 17(3):138–157.

Grove, A. (2003). "Churning Things Up Innovations with the power to transform entire industries are the Holy Grail of business strategy. Unfortunately, the innovators don't always survive." *FORTUNE Magazine,* August 11, Available at http://archive.fortune.com/magazines/fortune/fortune_archive/2003/08/11/346796/index.htm

Hochheiser, S. (1990). "The American Telephone and Telegraph Company (AT&T)" in Fritz Froehlich (ed.), The Encyclopedia of Telecommunications, vol.1. New York: Marcel Dekker Inc.

Holcombe, R. G. (2015). Political capitalism. *Cato Journal*, 35(1): 41-66.

Joskow, P. L., & N. L. Rose (1987). "The Effects of Economic Regulation", *Working Paper, Department of Economics, MIT*, No 447.

Katz, M. L., & C. Shapiro (1985). "Network Externalities, Competition, and Compatibility", *American Economic Review*, 75(3): 424–440.

Koenig, C., Bartosch, A., & J.-D. Braun (2002). *EC Competition and Telecommunications Law: A Practitioner's Guide.* Kluwer Law International.

Lemstra, W., & Melody, W. H., Eds. (2014). *The Dynamics of Broadband Markets in Europe – Realizing the 2020 Digital Agenda.* Cambridge, UK: Cambridge University Press.

Lessig, L. (2001). *The Future of Ideas: The Fate of the Commons in a Connected World.* New York: Random House.

Lessig, L. (2007). "Internet Policy: Deregulating Spectrum." http://www.lessig.org/2007/02/internet-policy-deregulating-s/.

Mazzucato, M., & Penna, C. C. (2016). "Beyond market failures: The market creating and shaping roles of state investment banks", *Journal of Economic Policy Reform*, 19(4): 305-326.

Melody, W. H. (2012). "Viewpoint: The Closing of the Liberalization Era in European Telecommunication". *Competition & Reg. Network Indus*, 13, 218-235.

Mills, E. S. (1986). *Burden of Government.* Hoover Press.

Mueller, M. L. (2010). *Networks and states: The global politics of Internet governance.* MIT press.

Murphy, R. H. (2015). "The Impact of Economic Inequality on Economic Freedom", *Cato Journal*, 35(1): 117-131.

Noam, E. M. (1992). *Telecommunications in Europe.* New York: Oxford University Press.

OECD (2015). OECD Digital Economy Outlook 2015.

Rood, H. (2010). "Very High Speed Broadband Deployment in Europe: The Netherlands and Bulgaria Compared", *Telecom Policy Research Conference,* Arlington, VA: TPRC.

Posner, R. (1979). "The Chicago School of Antitrust Analysis", *University of Pennsylvania Law Review*, 127(4): 925–948.

Rose-Ackerman, S. (1978). *Corruption: a Study in Political Economy.* New York: Academic Press.

Serdarević, G., Hunt, M., Ovington, T., & Kenny, C. (2016). "Evidence for a Ladder of Investment in Central and Eastern European Countries", *Telecommunications Policy,* 40: 515-531.

Spulber, D. F., & Yoo, C. S. (2014). "Antitrust, the Internet, and the Economics of Networks". In R. D. Blair and D. D. Sokol eds. *Oxford Handbook of International Antitrust Economics*, Oxford University Press; Available at SSRN: https://ssrn.com/abstract=2370050

Staple, G., & K. Werbach (2004). "The End of Spectrum Scarcity", *IEEE Spectrum*, 41(3): 48–52.

Stigler, G. J. (1971). "The Theory of Economic Regulation", *The Bell Journal of Economics and Management Science*, 2(1): 3–21.

Stiglitz, J. E. (1988). *Economics of the Public Sector*. WW Norton & Company.

Trubnikov, D. (2017). "Analysing the Impact of Regulation on Disruptive Innovations: The Case of Wireless Technology". *Journal of Industry, Competition and Trade*, 1-22. doi:10.1007/s10842-016-0243-y

Tversky, A., & D. Kahneman (1974). "Judgment Under Uncertainty: Heuristics and Biases", *Science*, 185(4157): 1124–1131.

Vodafone Group (2015). *Vodafone and Europe: Investing for the Future.* Vodafone Group Plc.

Wanichkorn, K., & Sirbu, M. (2002). "The Role of Fixed Wireless Access Networks in the Deployment of Broadband Services and Competition in Local Telecommunications Markets". *Telecommunications Policy Research Conference.*

Werbach, K. (2004). *Radio Revolution: The Coming Age of Unlicensed Wireless.* New America Foundation.

Yoo, C. S. (2014). "US vs. European Broadband Deployment: What Do the Data Say?" *U of Penn, Inst for Law & Econ Research Paper. No. 14-35.* Available at SSRN: http://ssrn.com/abstract=2510854.

TRUBNIKOV, D. *Regulation of Telecommunications: The Choice Between Market and Regulatory Failures*. **The Law, State and Telecommunications Review**, v. 9, n. 1, p. 25-46, May 2017.

Implicações da declaração de invalidade da Diretiva 2006/24 na conservação de dados ("metadados") nos Estados-Membros da UE: uma leitura jusfundamental

The Directive 2006/24 declaration of invalidity and the consequences of metadata retention in the EU Member States: A Fundamental Rights Standards Approach

Submitted: 15/01/2017
Revised: 12/02/2017
Accepted: 07/03/2017

Alessandra Silveira*
Pedro Miguel Freitas**

Resumo

Propósito: O texto se ocupa da recente jurisprudência do Tribunal de Justiça da União Europeia (TJUE) sobre a conservação de dados ("metadados") por fornecedores de serviços de comunicações eletrónicas para efeitos de investigação, deteção e repressão de infrações graves. Os autores procuram deslindar as implicações, para as autoridades dos Estados-Membros da União Europeia (UE), da declaração de invalidade da diretiva que regulava a matéria, por forma a afastar uma diferenciação ilegítima de tratamento entre os cidadãos europeus.

Metodologia: O texto foi elaborado enquanto se aguardava a resposta do TJUE relativamente às questões prejudiciais formuladas por dois tribunais nacionais (um sueco e outro britânico) quanto aos efeitos da declaração de invalidade da Diretiva 2006/24 na legislação interna que a transpôs. Assim, os autores procuraram antecipar a decisão do TJUE a partir da análise da sua jurisprudência assente, bem como da reação das autoridades dos Estados-Membros na sequência da declaração de invalidade da referida diretiva.

Resultados: Os autores julgam ter traçado, à luz das particularidades da proteção dos direitos fundamentais na UE e do modelo jurídico da integração, linhas orientadoras quanto ao procedimento a adotar em casos futuros, por forma a salvaguardar a efetividade do direito da União assim como a igualdade jurídica dos cidadãos europeus.

Palavras-chave: conservação de dados, comunicações eletrónicas, direitos fundamentais, direito da União Europeia.

*Diretora do Centro de Estudos em Direito da União Europeia (CEDU) da Universidade do Minho. Titular da Cátedra Jean Monnet em Direito da União Europeia. Email: asilveira@direito.uminho.pt.

**Professor na Escola de Direito da Universidade do Minho. Email: pfreitas@direito.uminho.pt.

SILVEIRA, A; FREITAS, P. M. *Implicações da declaração de invalidade da Diretiva 2006/24 na conservação de dados ("metadados") nos Estados-Membros da UE: uma leitura jusfundamental.* **Revista de Direito, Estado e Telecomunicações**, Brasília, v. 9, n. 1, p. 47-68, maio de 2017.

Abstract

Purpose *– The text deals with the recent case law of the European Court of Justice (ECJ) on the directive on the retention of data (metadata) by providers of electronic communications services for the purposes of investigation, detection and prosecution of serious crimes. The authors seek to clarify the implications of the declaration of invalidity of this European directive for the EU Member States, towards the protection of legal equality of European citizens.*

Methodology/approach/design *– The text was drafted while there was a pending ECJ's response to the questions referred by two national courts (one Swedish and one British) on the effects of that invalidity decision on the domestic legislation that transposed it. Thus, the authors sought to anticipate the Court's decision in the light of its settled case law and the reaction of the Member States' authorities' after the declaration of invalidity of the referred directive.*

Findings *– In the light of the particularities of the protection of fundamental rights in the EU and the legal model of integration, the authors draw some guidelines as to the procedure to be followed in future cases in order to safeguard the effectiveness of the Union law, namely when it comes to the legal equality of European citizens.*

Keywords: conservation of data, electronic communications, fundamental rights, European Union law.

Introdução

No acórdão *Digital Rights Ireland* de 2014[1], o Tribunal de Justiça da União Europeia (TJUE) declarou a invalidade da Diretiva 2006/24 (relativa à conservação de dados gerados ou tratados no contexto da oferta de serviços de comunicações eletrónicas publicamente disponíveis ou de redes públicas de comunicações). Esta diretiva não regulava o tratamento de dados pelas autoridades públicas ou policiais dos Estados-Membros, mas sim a conservação de dados por fornecedores de serviços no exercício de atividades económicas para efeitos de investigação, de deteção e de repressão de infrações graves, independentemente de qualquer pedido prévio de acesso por parte das autoridades policiais ou judiciárias dos Estados-Membros.[2] Os dados em causa

[1]Acórdão *Digital Rights Ireland*, de 8 de abril de 2014, processos apensos C-293/12 e C-594/12 (disponível em www.curia.europa.eu).

[2]As disposições da Diretiva 2006/24 visavam à aproximação das legislações nacionais relativas à obrigação de conservação de dados (artigo 3.°), às categorias de dados a conservar (artigo 5.°), ao período de conservação dos dados (artigo 6.°), à proteção e à

permitem saber com quem um utilizador comunicou, através de que meio, o tempo da comunicação, o local a partir do qual a comunicação se efetuou, e com que frequência um utilizador comunica com certas pessoas durante um determinado período – informações conhecidas por "metadados" (GUILD; CARRERA, 2014, p. 1). A diretiva era aplicável aos dados de tráfego e aos dados de localização relativos quer a pessoas singulares quer a pessoas coletivas (no Brasil, pessoas jurídicas), incluindo as informações consultadas utilizando uma rede de comunicações eletrónicas, não sendo, todavia, aplicável ao conteúdo das comunicações. De qualquer forma, os Estados-Membros deviam assegurar que os dados fossem conservados por períodos não inferiores a seis meses e não superiores a dois anos, a contar da data da comunicação, de modo que tais dados pudessem ser transmitidos imediatamente, mediante pedido, às autoridades competentes.

O cerne da questão residia no fato de que a diretiva abrangia *todos* aqueles que utilizassem serviços de comunicações eletrónicas na Europa – sem que as pessoas cujos dados eram conservados se encontrassem numa situação suscetível de dar lugar a ações penais. Além disso, a diretiva não previa qualquer diferenciação, limitação ou exceção em função do objetivo de luta contra as infrações graves, pelo que era aplicável mesmo a pessoas cujas comunicações estivessem sujeitas ao segredo profissional. A esta ausência geral de limites acresce que a Diretiva 2006/24 não estabelecia um critério objetivo que permitisse delimitar o acesso das autoridades nacionais competentes aos dados e a sua utilização posterior. Ademais, a diretiva não impunha que os dados em causa fossem conservados no território da União, pelo que não se podia considerar que estivesse plenamente garantida a fiscalização por uma entidade independente. Em última análise, a diretiva obrigava os fornecedores dos serviços de comunicações eletrónicas a conservarem dados cuja exploração torna possível "a cobertura cartográfica fiel e exaustiva dos comportamentos de uma pessoa abrangidos estritamente pela sua vida privada, ou até um retrato completo e preciso da sua identidade privada".[3]

Ora, uma obrigação geral de conservação de dados nestes termos permite ingerências individuais graves por via de uma vigilância direcionada mas também ingerências em massa porventura ainda mais preocupantes. Isto é, aquelas que afetam uma parte substancial ou mesmo toda a população relevante de um Estado-Membro, como a identificação de todos os indivíduos que sofrem de distúrbios psicológicos ou de todos os indivíduos que se opõem à política do

---

segurança dos dados (artigo 7.°), bem como aos requisitos para a sua armazenagem (artigo 8.°).

[3]Cfr. conclusões (Advogado-Geral Cruz Villalón) *Digital Rights Ireland*, de 12 de dezembro de 2013, proc. C-293/12, considerandos 72 a 74.

governo. Basta que se identifique instantaneamente todos os indivíduos que contataram um psicólogo durante o período de conservação dos dados ou todos os indivíduos inscritos em listas de distribuição de mensagens de correio eletrónico que criticam a política do governo.[4]

O TJUE foi então chamado a apreciar a validade da Diretiva 2006/24 à luz dos artigos 7.° (proteção da vida privada) e 8.° (proteção de dados pessoais) da Carta dos Direitos Fundamentais da União Europeia (CDFUE) e entendeu que a obrigação imposta pela Diretiva 2006/24 aos fornecedores de serviços de comunicações eletrónicas constituía uma ingerência nos referidos direitos fundamentais[5] – e para tanto, pouco importava que se tratasse (ou não) de dados sensíveis ou que os interessados tivessem (ou não) sofrido inconvenientes em razão dessa ingerência.[6]

O TJUE entendeu que, se é certo que a luta contra a criminalidade grave assume primordial importância para garantir a segurança pública – e que a sua eficácia pode depender da utilização das técnicas modernas de investigação –, tal objetivo de interesse geral, por muito fundamental que seja, não pode por si só justificar que uma medida de conservação como a que foi instituída pela Diretiva 2006/24 seja considerada necessária para os efeitos daquele combate.[7] Nesta medida, o TJUE concluiu que a Diretiva 2006/24 não previa garantias suficientes, como exige o artigo 8.° da CDFUE, que permitissem assegurar uma proteção eficaz dos dados conservados contra os riscos de abuso e contra qualquer acesso e utilização ilícita dos mesmos. Com efeito, a Diretiva 2006/24 não estabelecia regras que regulassem o alcance da ingerência nos direitos fundamentais dos titulares dos dados de modo a limitá-la ao estritamente necessário. Ao adotar a Diretiva 2006/24 o legislador da União teria excedido os limites impostos pelo princípio da proporcionalidade à luz dos artigos 7.°, 8.° e 52.°, n.° 1 da CDFUE – razão pela qual o TJUE declarou a invalidade da diretiva na sua totalidade, sem reservas quanto aos efeitos temporais da sua decisão (eficácia *ex tunc*).

A decisão do TJUE suscitou o problema dos efeitos daquela invalidade relativamente às disposições nacionais que transpuseram a diretiva entretanto declarada integralmente inválida. Alguns doutrinadores sugeriram que o impacto da decisão do TJUE sobre as medidas nacionais não era claro – pois o Tribunal não havia dado indicações neste específico caso –, contudo impunha-se o

---

[4]Cfr. conclusões *Tele2* (Advogado-Geral Henrik Saugmandsgaard Øe), de 19 de julho de 2016, processos apensos C-203/15 e C-698/15, considerandos 252 a 258.
[5]Cfr. acórdão *Digital Rights Ireland*, *cit.*, considerando 34.
[6]Cfr. acórdão *Digital Rights Ireland*, *cit.*, considerando 33.
[7]Cfr. acórdão *Digital Rights Ireland*, *cit.*, considerando 61.

princípio do primado e a consequente conformidade das normas nacionais com o direito da União (BOEHM; COLE, 2014, p. 28). Outros doutrinadores afinaram pelo diapasão tradicional segundo o qual a declaração de invalidade da diretiva não implicaria diretamente a invalidade da lei nacional que a transpôs – na medida em que as normas em causa seriam oriundas de distintas fontes ou ordenamentos jurídicos separados –, sendo todavia imperativo avaliar a conformidade das normas nacionais com o direito da União na sequência da decisão do TJUE (GUERRA; CALVÃO, 2015, p. 79). Diante da dificuldade do problema, não admira que, na sequência do acórdão *Digital Rights Ireland*, dois tribunais nacionais (um sueco e outro britânico) tenham colocado questões prejudiciais ao TJUE a fim de, em última análise, testar a conformidade de regimes nacionais que continuam a impor uma obrigação geral de conservação de dados a prestadores de serviços de comunicações eletrónicas acessíveis ao público – cujo acórdão foi recentemente publicado.[8] Ou seja, através das referidas questões prejudiciais, o TJUE foi instado a precisar as consequências da invalidade declarada no acórdão *Digital Rights Ireland* para as autoridades nacionais, assim como deslindar se uma obrigação geral de conservação de dados seria compatível com o artigo 15.°, n.° 1, da Diretiva 2002/58 (relativa ao tratamento de dados pessoais e à proteção da privacidade no setor das comunicações eletrónicas), à luz dos artigos 7.°, 8.° e 52.°, n.° 1, da CDFUE. O referido artigo 15.°, n.° 1, da Diretiva 2002/58 autoriza os Estados-Membros a adotar medidas legislativas de conservação de dados durante um período limitado, desde que respeitados os princípios gerais do direito da União e os direitos fundamentais por ela protegidos.

Diante do exposto, no presente texto pretendemos equacionar os efeitos da decisão de invalidade da Diretiva 2006/24 para as autoridades nacionais a partir da evolução da teoria dos direitos fundamentais na União Europeia[9] – e da igualdade de posições jurídicas dos cidadãos europeus em que ela assenta – e, nesta medida, demonstrar por que razão defendemos *i*) que a declaração de invalidade das disposições normativas constantes de uma diretiva europeia afeta inelutavelmente o ato legal de transposição da mesma para o ordenamento jurídico interno e *ii*) que um Estado-Membro não pode utilizar a faculdade conferida pelo artigo 15.°, n.° 1 da Diretiva 2002/58 para impor a manutenção

---

[8]Acórdão *Tele2*, de 21 de dezembro de 2016, processos apensos C-203/15 e C-698/15.

[9]Sobre o papel dos direitos fundamentais na ordem jurídica da União Europeia para os efeitos da decisão *Digital Rights Ireland* cfr. Elspeth Guild and Sergio Carrera, The political and judicial life of metadata: Digital Rights Ireland and the trail of the data retention directive, CEPS Papers in Liberty and Security in Europe, 2014 (http://www.ceps.eu); Niklas Vainio and Samuli Miettinen, Telecommunications data retention after Digital Rights Ireland: legislative and judicial reactions in the Member States, in International Journal of Law and Information Technology, 23, 2015.

de uma obrigação geral de conservação de dados na sequência da declaração de invalidade da Diretiva 2006/24.

Dos efeitos da declaração de invalidade de uma diretiva na ordem jurídica nacional

A declaração de invalidade de uma disposição europeia pelo TJUE em sede de reenvio prejudicial [artigo 267.º do Tratado sobre o Funcionamento da União Europeia (TFUE)] obriga não apenas o juiz nacional que suscitou a questão prejudicial (que não pode aplicar uma disposição europeia considerada inválida pelo TJUE sob pena de criar graves incertezas sobre o direito da União aplicável),[10] mas também todo e qualquer tribunal nacional dos Estados-Membros da União Europeia (pois a declaração de invalidade de uma disposição europeia pelo TJUE constitui razão suficiente para que qualquer outro órgão jurisdicional considere a disposição inválida para os efeitos da decisão que deva proferir).[11] Assim, resulta da jurisprudência assente do TJUE que as autoridades nacionais *i*) não devem aplicar, sob pena de incumprimento do direito da União, uma disposição normativa europeia considerada inválida pelo TJUE e *ii*) devem deduzir em seu ordenamento interno as consequências de uma declaração de invalidade de uma disposição europeia pelo TJUE,[12] podendo, justificadamente, submeter novas questões prejudiciais de validade caso subsistam dúvidas relativas aos motivos, ao alcance ou às consequências da invalidade declarada.[13] Da jurisprudência do TJUE também deriva que a declaração de invalidade produz efeitos retroativos – ou seja, remonta à data da entrada em vigor da norma e surte efeitos desde então (*ex tunc*), salvo se o TJUE entender que ponderosas razões de segurança jurídica justificam a limitação temporal dos efeitos do acórdão (artigo 264.º do TFUE, relativo ao recurso de anulação, aplicado por analogia em sede de reenvio de validade)[14].

Diante do exposto, não é propriamente árduo perceber que a declaração de invalidade das disposições constantes de uma diretiva afeta inelutavelmente o ato legal de transposição da mesma para o ordenamento jurídico interno. Assim o é por força do princípio da lealdade europeia [artigo 4.º, n.º 3 do Tratado da

---

[10]Cfr. acórdão *International Chemical Corporation*, de 13 de maio de 1981, proc. 66/80, considerando 12.
[11]Cfr. acórdão *International Chemical Corporation*, *cit.*, considerando 13.
[12]Cfr. acórdão *Rey Soda*, de 30 de outubro de 1975, proc. 23/75, considerando 51.
[13]Cfr. acórdão *International Chemical Corporation*, *cit.*, considerando 14.
[14]Cfr. acórdão *Roquette Frères*, de 15 de outubro de 1980, proc. 145/79, considerandos 50-53.

União Europeia (TUE)],[15] do princípio da igualdade e não discriminação em razão da nacionalidade (artigo 18.º do TFUE)[16], assim como da força juridicamente vinculativa das decisões do TJUE – que é a instituição competente para garantir o respeito do direito na interpretação e aplicação dos Tratados (artigo 19.º, n.º 1 do TUE). Isto significa que um juiz nacional, confrontado com a aplicação de um diploma legislativo interno que transpõe uma diretiva declarada inválida pelo TJUE, terá de o considerar desconforme com o direito da União e declará-lo inaplicável por força do princípio do primado daquele direito (que deriva do princípio da lealdade europeia). Para tal conclusão ainda relevam *i*) os princípios que presidem a repartição de competências entre União e Estados-Membros, máxime o princípio da preclusão (artigo 2.º, n.º 2 do TFUE),[17] mas também e sobretudo *ii*) a ausência de autonomização do direito interno no momento da transposição, pois o diploma legal que transpõe uma diretiva será sempre direito da União Europeia transposto, e não direito de fonte originariamente nacional. Assim, os critérios de interpretação e aplicação das disposições internas que transpõem uma diretiva europeia são definidos pelo direito da União – e vão continuar a sê-lo na sequência da declaração de invalidade de um ato jurídico emitido no exercício das suas competências –,[18] sob pena de comprometer-se a uniformidade/homogeneidade da aplicação do direito da União nos distintos Estados-Membros e, em última análise, a própria igualdade jurídica dos cidadãos europeus.

Ademais, quando a declaração da invalidade de um ato jurídico da União se baseia numa violação de direitos fundamentais, a ponderação dos diferentes interesses em presença deve ser objeto de uma avaliação muitíssimo atenta – impondo-se, sobretudo, a urgência da cessação da restrição aos direitos fundamentais em causa. Aqui relevam as obrigações que impendem sobre o juiz nacional relativas à apreciação da compatibilidade das medidas nacionais de

---

[15]Segundo o qual os Estados-Membros tomam todas as medidas gerais ou específicas adequadas para garantir a execução das obrigações decorrentes dos Tratados ou resultantes dos atos das instituições da União.

[16]Segundo o qual, no âmbito de aplicação dos Tratados, é proibida toda e qualquer discriminação em razão da nacionalidade, o que proíbe as diferenciações de tratamento entre cidadãos europeus sem justificação razoável.

[17]Segundo o qual, no domínio das competências partilhadas entre União e Estados-Membros, estes exercem a sua competência na medida em que a União não tenha exercido a sua, e apenas voltam a exercê-la na medida em que a União tenha decidido deixar de exercer a sua.

[18]Neste sentido, cfr. conclusões *Tele 2, cit.*, considerando 191, no qual o Advogado-Geral explica que é impossível interpretar as disposições da CDFUE de modo distinto consoante o regime em causa tenha sido estabelecido a nível da União ou a nível nacional, razão pela qual os critérios desenvolvidos pelo TJUE no acórdão *Digital Rights Ireland* são relevantes para efeitos da apreciação dos regimes nacionais sobre conservação de dados.

transposição de uma diretiva com as garantias previstas na CDFUE[19]. De resto, o TJUE já esclareceu que quando um órgão jurisdicional de um Estado-Membro é chamado a fiscalizar a conformidade jusfundamental de uma medida nacional que aplica o direito da União na aceção do artigo 51.°, n.° 1 da CDFUE,[20] *mas a ação dos Estados-Membros não é inteiramente determinada pelo direito da União*, as autoridades e os órgãos jurisdicionais nacionais podem aplicar os padrões nacionais de proteção dos direitos fundamentais, *desde que essa aplicação não comprometa o nível de proteção previsto pela Carta conforme interpretado pelo TJUE, nem o primado, a unidade e a efetividade do direito da União.*[21] Ora, diante da declaração de invalidade de uma diretiva com fundamento na violação de direitos fundamentais protegidos pela União, as normas nacionais que a transpõem não conseguem passar pelo teste de conformidade com o padrão de jusfundamentalidade resultante da CDFUE nos termos referidos *supra.*[22]

Não foi por outra razão que o TJUE não acolheu a sugestão do Advogado-Geral Cruz Villalón relativa à suspensão dos efeitos da declaração de invalidade da Diretiva 2006/24 até que o legislador da União tomasse as medidas necessárias para sanar a invalidade declarada.[23] No entendimento do Advogado-Geral, a Diretiva 2006/24 devia ser considerada inválida devido à inexistência de um enquadramento suficiente das garantias que regulam o acesso aos dados recolhidos e conservados e a sua exploração – mas tal vício poderia, porventura, ser corrigido no âmbito das medidas de transposição adotadas pelos Estados-Membros até que o legislador da União atuasse em conformidade com o acórdão.[24] Todavia, o TJUE rejeitou tal sugestão e declarou a diretiva inválida na sua totalidade, sem reservas quanto aos efeitos da sua decisão no tempo, seja para ressalvar efeitos já produzidos seja para manter a vigência do ato inválido até a sua substituição. De resto, o TJUE tem procurado esclarecer que o objetivo da proteção dos direitos fundamentais no direito da União é zelar por que tais direitos não sejam violados nos domínios de atividade da União, seja em razão

---

[19]Cfr. conclusões *Digital Rights Ireland*, *cit.*, considerando 153.

[20]Segundo o qual as disposições da Carta têm como destinatários os Estados-Membros quando apliquem o direito da União.

[21]Cfr. acórdão *Melloni*, de 26 de fevereiro de 2013, proc. C-399/11, considerando 60 e acórdão *Fransson*, de 26 de fevereiro de 2013, proc. C-617/10, considerando 29.

[22]Neste sentido cfr. Franziska Boehm and Mark D. Cole, *Data Retention after the Judgement of the Court of Justice of the European Union*, *cit.*: "It is therefore hardly imaginable that a Member State transposing act that follows the structure and content of the core provisions of the DRD can remain unchanged without itself being in violation of the fundamental rights standards set by the Court in its judgement."

[23]Cfr. conclusões *Digital Rights Ireland*, *cit.*, considerando 158.

[24]Cfr. conclusões *Digital Rights Ireland*, *cit.*, considerando 157.

da ação da União ou em razão da aplicação do direito da União pelos Estados-Membros.[25] No entendimento do TJUE, a prossecução deste objetivo justifica-se pela necessidade de evitar que o distinto nível de proteção dos direitos fundamentais, suscetível de variar consoante o direito nacional em causa, prejudique a unidade, o primado e efetividade do direito da União.[26] O TJUE estabelece, portanto, uma nítida conexão entre a proteção dos direitos fundamentais – tal como a CDFUE os contempla – e o imperativo de efetividade do direito da União. Está aqui patente a ideia de que as dissonâncias na proteção dos direitos fundamentais nos distintos Estados-Membros poderiam comprometer a igualdade jurídica dos cidadãos europeus – e, em última análise, a própria sobrevivência de uma União de direito. Por conseguinte, na sequência do acórdão *Digital Rights Ireland*, cumpre às autoridades nacionais não aplicar as normas internas de transposição da diretiva considerada inválida.

Ora, no exercício de competências partilhadas relativas ao mercado interno [artigo 4.°, n.° 2, alínea *a)* e artigo 114.° do TFUE] tanto a União como os Estados-Membros podem legislar e adotar atos juridicamente vinculativos. Mas decorre do artigo 2.°, n.° 2 do TFUE que a atuação da União preclude/inibe a atuação dos Estados-Membros. Ou seja, os Estados exercem a sua competência na medida em que a União não tenha exercido a sua – e apenas voltam a exercê-la na medida em que a União tenha decidido deixar de exercer a sua. Nada disso aconteceu para que os Estados-Membros passem a exercer as suas competências partilhadas no domínio da proteção de dados ignorando as disposições europeias, sobretudo porque a competência da União em matéria de proteção de dados pessoais (artigo 16.° do TFUE) vem sendo exercida/concretizada desde a Diretiva 95/46 (relativa o tratamento de dados e a sua circulação no espaço da União). Na realidade, a Diretiva 2006/24 (declarada inválida) impunha uma obrigação de recolha e de conservação dos dados de tráfego e de localização que se inscrevia no âmbito dos limites ao direito à proteção dos dados pessoais previstos no artigo 13.°, n.° 1 da Diretiva 95/46 (relativa o tratamento de dados e a sua circulação no espaço da União) e artigo 15.°, n.° 1 da Diretiva 2002/58 (relativa ao tratamento de dados pessoais e à proteção da privacidade no setor das comunicações eletrónicas), visto que estas diretivas consagram a confidencialidade das comunicações e dos dados relativos ao tráfego, bem como a obrigação de os eliminar ou tornar anónimos.[27] De resto, no acórdão *Irlanda contra Parlamento e Conselho* de 2009[28] o TJUE explica que, antes da adoção

---

[25]Cfr. acórdão *Siragusa*, de 6 de março de 2014, proc. C-206/13, considerando 31.
[26]*Idem.*
[27]Cfr. conclusões *Digital Rights Ireland, cit.*, considerandos 35-36.
[28]Cfr. acórdão *Irlanda contra Parlamento Europeu e Conselho da União Europeia*, de 10 de fevereiro de 2009, proc. C- 301/06, considerando 50.

da Diretiva 2006/24, diversos Estados-Membros tinham tomado, nos termos do artigo 15.°, n.° 1 da Diretiva 2002/58, medidas nacionais relativas à conservação de dados com diferenças significativas entre si, com períodos de conservação que variavam entre três meses, nos Países Baixos, e quatro anos, na Irlanda. Ora, as obrigações relativas à conservação de dados têm implicações económicas importantes para os fornecedores de serviços – e as divergências entre essas obrigações podem causar distorções no mercado interno europeu. Neste contexto, impôs-se a adoção da Diretiva 2006/24 com base no (atual) artigo 114.º do TFUE.

Assim, diante da invalidade da Diretiva 2006/24, foram afastadas as derrogações nela previstas ao artigo 5.º (confidencialidade das comunicações), ao artigo 6.º (dados de tráfego) e ao artigo 9.º (dados de localização) da Diretiva 2002/58 (GUERRA; CALVÃO, 2015, p. 79) – e o regime jurídico de conservação de dados (porventura) aplicável nos distintos Estados-Membros teria de ser necessariamente balizado pelos *standards* de proteção definidos no artigo 15.°, n.º 1, da Diretiva 2002/58[29], designadamente os princípios gerais do direito da União e os direitos fundamentais por ela protegidos, tal como interpretados pelo TJUE. Dentro de tais condicionantes, o artigo 15.°, n.º 1, da Diretiva 2002/58 prevê que os Estados-Membros podem adotar medidas legislativas que prevejam a conservação de dados durante um período limitado para efeitos de prevenção, investigação, deteção e repressão de infrações penais. Mas certamente *não* nos termos de uma obrigação geral de conservação de dados como aquela que resultava da Diretiva 2006/24 – que, de resto, aditou o artigo 15.°, n.° 1-A à Diretiva 2002/58, segundo o qual o artigo 15.°, n.° 1, da Diretiva 2002/58 seria inaplicável ao regime de conservação geral previsto na Diretiva 2006/24. Ou seja, para os efeitos de uma obrigação geral de conservação de dados, foi necessária a emissão de uma diretiva própria porque o artigo 15.°, n.º 1, da Diretiva 2002/58 não servia. A Diretiva 2006/24 surgiu

---

[29]Segundo o qual "Os Estados-Membros podem adotar medidas legislativas para restringir o âmbito dos direitos e obrigações previstos nos artigos 5.º e 6.°, nos números 1 a 4 do artigo 8.º e no artigo 9.º da presente diretiva sempre que essas restrições constituam uma medida necessária, adequada e proporcionada numa sociedade democrática para salvaguardar a segurança nacional (ou seja, a segurança do Estado), a defesa, a segurança pública, e a prevenção, a investigação, a deteção e a repressão de infrações penais ou a utilização não autorizada do sistema de comunicações eletrónicas, tal como referido no n.º 1 do artigo 13.º da Diretiva 95/46/CE. Para o efeito, os Estados-Membros podem designadamente adoptar medidas legislativas prevendo que os dados sejam conservados durante um período limitado, pelas razões enunciadas no presente número. Todas as medidas referidas no presente número deverão ser conformes com os princípios gerais do direito comunitário, incluindo os mencionados nos números 1 e 2 do artigo 6.º do Tratado da União Europeia."

precisamente para limitar, de forma harmonizada a nível europeu, as obrigações previstas na Diretiva 2002/58[30]. Daqui deriva que o artigo 15.°, n.° 1, da Diretiva 2002/58 não pode ser interpretado no sentido de permitir a subsistência de uma obrigação geral de conservação de dados que a declaração de invalidade da Diretiva 2006/24 afastou.

Da reação dos Estados-Membros na sequência da declaração de invalidade da Diretiva 2006/24

Contudo, na sequência do acórdão *Digital Rights Ireland* a reação dos Estados-Membros não foi consensual – o que acarretou uma diferenciação ilegítima de tratamento entre os cidadãos europeus. Conforme a Nota Prática n.° 7 emitida pelo Ministério Público português (GABINETE CIBERCRIME DO MINISTÉRIO PÚBLICO, 2015), dez dos Estados-Membros da União Europeia declararam inválidas as leis nacionais que transpunham a diretiva da retenção de dados, seja por decisão parlamentar ou dos seus tribunais constitucionais. Nos restantes Estados-Membros, de entre os quais Portugal, não aconteceu assim por entender-se que as exigências substanciais da decisão do TJUE estavam previamente satisfeitas (VAINIO; MIETTINEN, 2015, p. 301 e ss.). Segundo a referida Nota Prática, o entendimento comum, pacificamente partilhado pela comunidade judiciária e pelos operadores de telecomunicações portugueses, é o de que a Lei n.° 32/2008 está em vigor – e, aparentemente, não suscita dúvidas. Alegadamente porque, além da transposição da Diretiva 2006/24, aquela lei introduziu um mais alargado quadro de regulamentação do processo de retenção de dados (por exemplo, entre outras, as regras que devem ser observadas na retenção, as pessoas habilitadas a aceder aos dados, ou ainda as condições de armazenamento e de acesso aos dados). Por isso, no entendimento do Ministério Público português, a lei nacional teria ido muito além das exigências da diretiva e "a maior parte das exigências que vieram a ser feitas pelo acórdão do TJUE estariam já anteriormente consideradas no direito interno."[31]

Ocorre que a competência para corrigir os vícios e regular a matéria em conformidade com o acórdão do TJUE não é do legislador português – é do legislador europeu. E assim o é precisamente para evitar o resultado esquizofrénico segundo o qual, no âmbito de uma competência europeia, os

---

[30]Cfr. acórdão *Irlanda contra Parlamento Europeu e Conselho da União Europeia*, *cit.*, considerando 51.

[31]Para a análise das contradições da Lei n.° 32/2008 com o direito da União Europeia cfr. Clara Guerra e Filipa Calvão, Anotação acórdão do Tribunal de Justiça (Grande Secção) de 8 de abril de 2014, *cit.*, p. 81-82.

cidadãos de outro Estado-Membro que não Portugal, insuspeitos da prática de um crime, já não sejam alvo de retenção dos seus dados pessoais no seguimento do acórdão *Digital Rights Ireland*, e os portugueses ainda o sejam. Ora, isto mina a efetividade do direito da União, compromete a homogeneidade da sua aplicação nos distintos Estados-Membros, e provoca diferenciações de tratamento injustificadas entre os cidadãos europeus em matéria de proteção dos seus direitos fundamentais. A disparidade de soluções registadas entre os distintos Estados-Membros na sequência da declaração de invalidade da Diretiva 2006/24 sugere a existência de graves divergências quanto ao direito da União aplicável – o que resulta incompatível com a ideia de uma União de direito. Neste contexto, caso subsistissem fundadas dúvidas aos tribunais portugueses quanto à continuidade da aplicação da Lei n.º 32/2008, impunha-se o diálogo com o TJUE via reenvio prejudicial a fim de *i*) desvendar o alcance ou consequências da invalidade declarada e *ii*) afastar o risco de interpretação equivocada/violação do direito da União – de resto, passível de responsabilização por exercício da função jurisdicional.[32] Ou, no mínimo, impunha-se a suspensão da instância porquanto tramitavam no TJUE dois reenvios prejudiciais sobre a matéria[33] – relativamente aos quais as autoridades portuguesas não podiam alegar desconhecimento porque, nos termos do artigo 21.º, n.º 4 do Regulamento de Processo do Tribunal de Justiça, é publicada uma comunicação no *Jornal Oficial da União Europeia* dando conta das questões prejudiciais submetidas ao Tribunal, sendo o Estado português notificado para a apresentação de alegações ou observações escritas nos termos do artigo 96.º, n.º 1, *b)* do referido Regulamento.

Todavia, discordando da decisão do TJUE, a Nota Prática n.º 7 do Ministério Público português afirma que a decisão daquele Tribunal impõe "condições que não são viáveis ou que, sendo-o, tornam a retenção inútil." Neste sentido, é defendido que a retenção de dados, tal como é entendida no quadro da Diretiva 2006/24 e da Lei nº 32/2008, apenas é útil se os dados se referirem a todos os cidadãos, de forma indiscriminada, pois "no momento em que os dados são retidos e conservados, não é possível saber se, porventura, aqueles dados poderão vir a ser necessários, como prova de um crime. Somente após ter ocorrido um crime, os dados entretanto retidos de forma generalizada e indiscriminada assumirão valor probatório". Todavia, decorre do acórdão *Digital Rights Ireland* que o Governo português, nas observações escritas que apresentou ao TJUE, teria relativizado a eficácia do regime de recolha dos dados

[32]Cfr. acórdão *Ferreira da Silva*, de 9 de setembro de 2015, proc. C-160/14, considerando 44.
[33]Processos apensos C-203/15 e C-698/15.

de tráfego e de localização imposto pela Diretiva 2006/24, sobretudo no que se refere à criminalidade organizada e ao terrorismo, em função de existirem várias modalidades de comunicações eletrónicas que não estão abrangidas pelo seu âmbito de aplicação ou que permitem uma comunicação anónima, sendo perfeitamente possível escapar à sua influência – o que limita a adequação da medida de conservação dos dados à realização do objetivo prosseguido.[34] Ora, se assim é, por que motivo submeter os cidadãos portugueses insuspeitos da prática de um crime a uma vigilância permanente e indiscriminada? Com que justificativa gerar nos portugueses a sensação de que a sua vida privada é constantemente vigiada, visto que a conservação dos dados e a sua utilização posterior são efetuadas sem que o utilizador seja disso informado quer pelos fornecedores de serviço quer pelas autoridades públicas que acedem aos dados?[35]

A Diretiva 2006/24 impunha uma obrigação aos fornecedores de serviços de comunicações eletrónicas – qual seja, a de recolher e de conservar os dados de tráfego e de localização daquelas comunicações –, mas não previa as garantias que deviam regular o acesso aos referidos dados conservados e a sua exploração, remetendo o tratamento desta matéria, genericamente, para os Estados-Membros. Eis, portanto, o busílis identificado pelo TJUE[36]. Ora, quando a restrição de direitos fundamentais tem origem na legislação da própria União e, por conseguinte, esta lhe é imputável, é o legislador da União quem deve desempenhar um papel diretor na definição das referidas garantias – sob pena de esvaziar de sentido as disposições do artigo 51.º, n.º 1, da CDFUE –, competindo aos Estados-Membros, caso a matéria seja regulada através de uma diretiva, a pormenorização das garantias que devem regular a restrição dos direitos fundamentais.[37] Mas sempre a partir do padrão de jusfundamentalidade definido pela União, pois resulta da jurisprudência constante do TJUE que os direitos fundamentais garantidos pela ordem jurídica europeia são aplicáveis em todas as situações reguladas pelo direito da União – e a obrigação de respeitar os direitos fundamentais definidos no quadro europeu se impõe aos Estados-Membros quando estes atuam no âmbito de aplicação do direito da União. Assim, a aplicabilidade do direito da União implica necessariamente a aplicabilidade dos direitos fundamentais garantidos pela CDFUE.[38]

---

[34]Cfr. conclusões *Digital Rights Ireland, cit.*, considerando 50.
[35]Cfr. acórdão *Digital Rights Ireland, cit.*, considerando 37.
[36]Cfr. conclusões *Digital Rights Ireland, cit.*, considerando 113.
[37]Cfr. concusões *Digital Rights Ireland, cit.*, considerandos 117 e 120.
[38]Cfr. acórdão *Fransson*, de 26 de fevereiro de 2013, proc. C-617/10, considerandos 19-21.

Por conseguinte, a União não pode instituir uma medida como a obrigação duradoura de recolha e de conservação de dados sem, simultaneamente, a enquadrar através de garantias quanto às condições a que o seu acesso e exploração ficam sujeitos. É justamente este enquadramento das condições de acesso e de exploração dos dados recolhidos e conservados que permite apreciar o alcance que esta ingerência implica – e que pode torná-la (jus)fundamentadamente aceitável ou não.[39] Assim, no entender do TJUE, competia ao legislador europeu:

i) estabelecer regras claras e precisas que regulassem o âmbito e a aplicação da medida em causa[40] (descrevendo as atividades criminais suscetíveis de justificarem o acesso aos dados conservados com um maior grau de precisão do que através da expressão "infrações graves"),[41] assim como o alcance da ingerência nos direitos fundamentais consagrados nos artigos 7.° e 8.° da CDFUE;[42]

ii) estabelecer limites quanto aos dados conservados relativamente a um período de tempo, a uma zona geográfica, e/ou a um círculo de pessoas determinadas que possam estar implicadas numa infração grave;[43]

iii) estabelecer critérios objetivos (condições materiais e processuais) que permitissem delimitar o acesso das autoridades nacionais competentes aos dados e a sua utilização posterior para prevenir, detetar ou agir penalmente contra infrações suscetíveis de ser consideradas suficientemente graves;[44]

iv) estabelecer critérios objetivos que permitissem limitar o número de pessoas com autorização de acesso e de utilização posterior dos dados conservados e que sujeitassem dito acesso a um controle prévio efetuado por um órgão jurisdicional ou por uma entidade administrativa independente na sequência de um pedido fundamentado; [45]

v) estabelecer que a determinação do período de conservação deve basear-se em critérios objetivos tendo em conta a distinção entre as categorias de dados a conservar;[46]

---

[39]Cfr. conclusões *Digital Rights Ireland, cit.*, considerando 121.
[40]Cfr. acórdão *Digital Rights Ireland, cit.*, considerando 54.
[41]Cfr. conclusões *Digital Rights Ireland, cit.*, considerando 126 e acórdão *Digital Rights Ireland, cit.*, considerando 60.
[42]Cfr. acórdão *Digital Rights Ireland, cit.*, considerando 65.
[43]Cfr. acórdão *Digital Rights Ireland, cit.*, considerando 59.
[44]Cfr. acórdão *Digital Rights Ireland, cit.*, considerandos 60 e 61.
[45]Cfr. acórdão *Digital Rights Ireland, cit.*, considerando 62.
[46]Cfr. acórdão *Digital Rights Ireland, cit.*, considerandos 63 e 64.

vi) garantir a aplicação de um nível particularmente elevado de proteção e segurança pelos fornecedores e a destruição definitiva dos dados no termo do período de conservação dos mesmos;[47]

vii) impor que os dados em causa fossem conservados no território da União.[48]

O Advogado-Geral no processo *Digital Rights Ireland* ainda lembrou que o legislador da União devia ter instituído a obrigação de que as autoridades autorizadas a aceder aos dados informassem tal acesso aos titulares dos mesmos depois de afastado o risco de que tal informação afetasse a eficácia das medidas que justificaram a exploração dos dados.[49] Neste sentido, o artigo 13.º da (nova) Diretiva 2016/680 (relativa à proteção das pessoas singulares no que diz respeito ao tratamento de dados pessoais pelas autoridades competentes para efeitos de prevenção, investigação, deteção ou repressão de infrações penais ou execução de sanções penais, e à livre circulação desses dados) regula a matéria das informações a facultar ou a fornecer ao titular dos dados. Os Estados-Membros têm até 6 de maio de 2018 para adotar as disposições legislativas, regulamentares e administrativas necessárias ao cumprimento da diretiva. Todavia, sendo destinatários das disposições da diretiva desde a sua entrada em vigor (qual seja, o dia seguinte ao da sua publicação no *Jornal Oficial da União Europeia* em 4 de maio de 2016), as autoridades nacionais, máxime os seus órgãos jurisdicionais, são obrigados a prosseguir as finalidades da diretiva, empenhando-se na interpretação do direito nacional em conformidade com o espírito da mesma (princípio da interpretação conforme ao direito da União).

Da restrição ao exercício de direitos fundamentais previstos na CDFUE

De qualquer forma, e apesar de ser um marco na jurisprudência do TJUE sobre proteção de direitos fundamentais – comparável, segundo Steve Peers (2014), aos clássicos acórdãos sobre direitos civis da Suprema Corte dos EUA[50] –, o acórdão *Digital Rights Ireland* não pôs termo à retenção de dados no contexto da União (VAINIO; MIETTINEN, 2015, p. 308), sobretudo porque o

---

[47]Cfr. acórdão *Digital Rights Ireland, cit.*, considerando 67.

[48]Cfr. acórdão *Digital Rights Ireland, cit.*, considerando 68.

[49]Cfr. conclusões *Digital Rights Ireland, cit.*, considerando 129.

[50]De acordo com Steve Peers, The data retention judgment: the CJEU prohibits mass surveillance, in *EU law analysis*, 8 de abril de 2014: "Time will deal whether the *Digital Rights* judgment is seen as the EU's equivalent of classic civil rights judgments of the US Supreme Court, on the desegregation of schools (*Brown*) or criminal suspects' rights (*Miranda*). If the Charter ultimately contributes to the development of a 'constitutional patriotism' in the European Union, this judgment will be one of its foundations".

TJUE entendeu que, embora a conservação dos dados imposta pela Diretiva 2006/24 constituísse uma ingerência particularmente grave nos direitos fundamentais à proteção da vida privada e à proteção de dados pessoais, não era suscetível de afetar o conteúdo essencial de tais direitos. Ora, em conformidade com o artigo 52.°, n.° 1, da CDFUE, qualquer restrição ao exercício dos direitos e liberdades nela previstos deve *i*) ser prevista por lei, *ii*) respeitar o conteúdo essencial daqueles direitos, *iii*) respeitar o princípio da proporcionalidade, e *iv*) ser necessária à prossecução dos objetivos de interesse geral reconhecidos pela União ou à proteção de direitos e liberdades de terceiros. Todavia, tendo em conta que o artigo 1.°, n.° 2, da Diretiva 2006/24 não permitia que se tomasse conhecimento do conteúdo das comunicações eletrónicas, o TJUE entendeu que não havia comprometimento do núcleo essencial do direito à privacidade. Acresce, no entendimento do TJUE, que o artigo 7.° da Diretiva 2006/24 previa o respeito a princípios de proteção e de segurança dos dados pessoais, de acordo com os quais os Estados-Membros deviam assegurar a adoção de medidas técnicas e organizacionais contra a destruição acidental ou ilícita, a perda ou a alteração acidental dos dados – e por isso o núcleo essencial do direito fundamental à proteção de dados também estaria salvaguardado[51]. Todavia, ainda que o núcleo essencial estivesse salvaguardado, a legislação era desproporcionada – eis o entendimento do TJUE que esteve na base da declaração de invalidade da Diretiva 2006/24.

Ocorre que não é adquirido, à luz da jurisprudência do Tribunal Europeu dos Direitos do Homem (TEDH), que o caráter geral e indiferenciado da conservação de dados pessoais pelos fornecedores de serviços de comunicações eletrónicas (vigilância generalizada) respeite o núcleo essencial dos direitos em causa – sobretudo porque a suspeição não é um elemento necessário para a justificação da retenção dos dados. E tão pouco o é à luz das tradições constitucionais comuns aos Estados-Membros, tendo em conta as decisões de inconstitucionalidade de normas nacionais proferidas por vários tribunais constitucionais dos Estados-Membros na sequência da declaração de invalidade da Diretiva 2006/24 pelo TJUE. No acórdão do TEDH *S. e Marper contra Reino Unido,*[52] por exemplo, em que estava em causa a conservação de perfis genéticos (ADN) ou de impressões digitais de qualquer pessoa absolvida da prática de um crime ou cujo processo tenha sido arquivado sem condenação, o TEDH entendeu que a retenção em si mesma era contrária à Convenção Europeia dos Direitos do Homem (CEDH), independentemente da consideração

---

[51]Cfr. acórdão *Digital Rights Ireland, cit.*, considerandos 38-40.
[52]Cfr. acórdão *S. e Marper contra Reino Unido,* de 4 de dezembro de 2008, processos 30562 e 30566/04, considerando 125.

das salvaguardas previstas (WHITE, 2016). E no acórdão *Roman Zakharov contra Russia,*[53] em que estava em causa o sistema russo de intercetação de comunicações telefónicas, o TEDH decidiu que a conservação automática por seis meses de dados claramente irrelevantes não se justificava à luz do artigo 8.º da CEDH (respeito pela vida privada).[54] Este sentido decisório pode porventura contrastar com o entendimento do TJUE no acórdão *Digital Rights Ireland* sobre a não afetação do núcleo essencial dos direitos fundamentais em causa – e, numa futura apreciação, levar o TEDH a distanciar-se da doutrina da presunção de proteção equivalente que tem sido acolhida desde o acórdão *Bosphorus contra Ireland,*[55] segundo a qual um Estado signatário respeita as exigências da CEDH sempre que se limita a dar execução às obrigações jurídicas que resultam da sua adesão à União Europeia.

Nas suas Conclusões no processo *Tele 2*,, o Advogado-Geral afinou pelo mesmo diapasão do acórdão *Digital Rights Ireland* quanto à questão da não afetação do núcleo essencial.[56] Todavia, o Advogado-Geral entra manifestamente em contradição quando ressalta que "os riscos ligados ao acesso aos dados relativos às comunicações (ou «metadados») podem ser equivalentes, ou inclusivamente superiores, aos que resultam do acesso ao conteúdo destas comunicações, conforme salientaram a Open Rights Group e a Privacy Internacional, a Law Society of England and Wales, bem como um recente relatório do Alto Comissariado das Nações Unidas para os Direitos do Homem." Em particular, acrescenta o Advogado-Geral, "os «metadados» permitem catalogar quase instantaneamente uma população no seu conjunto, o que o conteúdo das comunicações não permite".[57] Mas então, se a justificativa para não afetar o núcleo essencial do direito à proteção da vida privada residia sobretudo na salvaguarda do conteúdo das comunicações, em que ficamos? O Advogado-Geral arremata afirmando que os riscos de acesso abusivo ou ilegal aos dados conservados nada têm de teórico, pois o risco de acesso abusivo pelas autoridades competentes deve ser relacionado com os números extremamente elevados de pedidos de acesso evocados nas observações apresentadas ao

---

[53]Cfr. acórdão *Roman Zakharov contra Russia*, de 4 de dezembro de 2015, proc. 47143/06, considerando 255.

[54]Comentando tal decisão do TEDH, o Advogado-Geral sublinhou, em *Tele 2*, considerando 243, que os Estados-Membros devem prever a obrigação de destruição definitiva de todos os dados conservados a partir do momento em que já não sejam estritamente necessários na luta contra as infrações graves. Acrescenta que esta obrigação deve ser respeitada não apenas pelos prestadores que conservam os dados, mas também pelas autoridades que tiveram acesso aos dados conservados.

[55]Cfr. acórdão *Bosphorus contra Irlanda*, de 30 de junho de 2005, proc. 45036/98.

[56]Cfr. conclusões *Tele2, cit.*, considerandos 156-159.

[57]Cfr. conclusões *Tele2, cit.*, considerando 259.

TJUE.[58] No âmbito do regime sueco, a *Tele2* indicou que recebia cerca de 10.000 pedidos de acesso por mês, número que não inclui os pedidos recebidos por outros prestadores ativos no território sueco. No que respeita ao regime do Reino Unido, foram reproduzidos excertos de um relatório oficial que refere 517.236 autorizações e 55.346 autorizações orais urgentes, isto só no ano de 2014. Ademais, reconhece o Advogado-Geral, "o risco de acesso ilegal, por qualquer pessoa, é consubstancial à própria existência de bases de dados conservadas em suportes informáticos".[59] Mas então, se a justificativa para não afetar o núcleo essencial do direito à proteção de dados residia sobretudo nas medidas contra a destruição acidental ou ilícita, a perda ou a alteração acidental dos dados, em que ficamos?

Não é propriamente árduo perceber que o Advogado-Geral evita admitir que a retenção generalizada e indiferenciada de dados pessoais é *per se* incompatível com os direitos fundamentais protegidos na CDFUE. Por isso concentra atenções nas garantias que devem enformar uma obrigação geral de conservação de dados a fim de que seja compatível com os direitos fundamentais previstos no direito da União – e não propriamente naquilo que os Estados-Membros estariam proibidos de fazer neste domínio (WHITE, 2016). Lamentavelmente, esta espécie de "fuga para a frente" começa a ser habitual no tratamento da matéria – e também teria orientado, segundo a opinião divergente do Juiz Paulo Pinto Albuquerque, o sentido decisório do TEDH no acórdão *Szabó e Vissy contra Hungria*, sobre vigilância generalizada por razões de inteligência e segurança nacional.[60] De qualquer forma, de entre as contradições do Advogado-Geral no processo *Tele 2*, porventura a que nos suscita maior perplexidade seria aquela que se prende com a análise da proporcionalidade em sentido estrito (ou justa medida) de uma obrigação geral de conservação de dados. Esta dimensão não foi apreciada pelo TJUE no acórdão *Digital Rights*

---

[58]Cfr. conclusões *Tele2, cit.*, considerando 260.

[59]*Idem.*

[60]Cfr. acórdão *Szabó e Vissy contra Hungria*, de 12 de janeiro de 2016, proc. 37138/14, sobretudo o considerando 20 da opinião divergente, no qual Paulo Pinto Albuquerque denuncia aquilo que considera «an illusory conviction that global surveillance is the *deus ex machina* capable of combating the scourge of global terrorism. Even worse, such delusory language obliterates the fact that the vitrification of society brings with it the Orwellian nightmare of *1984*. In practice, the Chamber is condoning, to use the words of the European Parliament, "the establishment of a fully-fledged preventive state, changing the established paradigm of criminal law in democratic societies whereby any interference with suspects' fundamental rights has to be authorised by a judge or prosecutor on the basis of a reasonable suspicion and must be regulated by law, promoting instead a mix of law-enforcement and intelligence activities with blurred and weakened legal safeguards, often not in line with democratic checks and balances and fundamental rights, especially the presumption of innocence"».

Ireland porque o Tribunal entendeu que o regime estabelecido pela Diretiva 2006/24 excedia o necessário para os efeitos da luta contra as infrações graves. Segundo o Advogado-Geral, a exigência de proporcionalidade *stricto sensu* decorre simultaneamente do artigo 15.°, n.° 1, da Diretiva 2002/58, do artigo 52.°, n.° 1, da CDFUE e de jurisprudência constante do TJUE – e implica que uma restrição de direitos fundamentais apenas seja considerada proporcionada se os inconvenientes por ela causados não forem desmesurados face aos objetivos prosseguidos. Assim, a exigência de proporcionalidade *stricto sensu* impõe a ponderação entre as vantagens resultantes da medida à luz do objetivo legítimo prosseguido (por um lado) e os inconvenientes que daí decorrem para os direitos fundamentais consagrados numa sociedade democrática (por outro). Ou seja, impõe a ponderação entre as vantagens e os inconvenientes de uma obrigação geral de conservação de dados aplicada a todos os utilizadores europeus sem que seja exigida qualquer suspeita de infração grave – o que, em última análise, daria origem a um debate sobre os valores prevalecentes e sobre o tipo de sociedade em que desejamos viver.[61] Todavia, sem tirar as devidas ilações da proporcionalidade em sentido estrito que enuncia, o Advogado-Geral lava as mãos – qual Pôncio Pilatos – e propõe a seguinte solução em detrimento da homogeneidade aplicativa do direito da União: que se devolva tal apreciação valorativa ao juiz nacional, à luz das garantias imperativas enunciadas pelo TJUE nos considerandos 60 a 68 do acórdão *Digital Rights Ireland*[62] – e salve-se quem puder...

Contrariando a sugestão do Advogado-Geral, no acórdão *Tele 2* o TJUE entendeu basear-se da proporcionalidade em sentido estrito para decidir que a CDFUE se opõe a uma normativa nacional que estabeleça, com a finalidade de lutar contra a delinquência, a conservação generalizada e indiferenciada de *todos* os dados de tráfego e de localização de *todos* os utilizadores registados relativamente a *todos* os meios de comunicação eletrónica.[63] Assim, respondendo mais concretamente às questões formuladas pelos tribunais nacionais em sede de reenvio prejudicial, o TJUE decidiu que o artigo 15.°, n.°1, da Diretiva 2002/58, à luz dos artigos 7.°, 8.°, 11.° e 52.°, n.°1, da CDFUE, deve ser interpretado no sentido de que se opõe a uma normativa nacional que regula a proteção de dados de tráfego e de localização, em particular o acesso das autoridades nacionais aos dados conservados, *i*) sem limitar tal acesso aos casos de delinquência grave, *ii*) sem submeter tal acesso ao controlo prévio de um órgão jurisdicional ou uma autoridade administrativa independente, bem como

[61]Cfr. conclusões *Tele2, cit.*, considerandos 246-248.
[62]Cfr. conclusões *Tele2, cit.*, considerando 262.
[63]Cfr. acórdão *Tele2, cit.*, considerando 112.

iii) sem exigir que os dados em causa se conservem no território da União.[64] O TJUE não alterou a sua posição quanto à ausência de violação do núcleo essencial dos direitos fundamentais em causa. Não obstante, procedeu a um exercício de ponderação via proporcionalidade em sentido estrito que o levou a admitir, inclusivamente, que a conservação dos dados de tráfego e localização poderia influir no uso dos meios de comunicação eletrónica e, por conseguinte, no exercício da liberdade de expressão por parte dos utilizadores de tais meios, garantida pelo artigo 11.º da CDFUE.[65]

De qualquer forma, no entendimento do TJUE a Diretiva 2002/58 não se opõe a que um Estado-Membro adote medidas de conservação seletiva (não generalizada e indiferenciada) de dados de tráfego e de localização para os efeitos da luta contra a delinquência grave, sempre que a conservação esteja limitada ao estritamente necessário quanto *i*) às categorias de dados a conservar-se, *ii*) aos meios de comunicação a que se referem, *iii*) às pessoas afetadas, *iv*) ao período de conservação previsto.[66] Mas então, se a conservação admissível tem de ser seletiva, como é que se delimita uma medida deste tipo quanto ao público e quanto às situações potencialmente afetadas? O TJUE esclarece que a normativa nacional deve basear-se em critérios objetivos que permitam identificar um público cujos dados possam *i*) apresentar uma relação pelo menos indireta com delitos graves, *ii*) contribuir de alguma forma com a luta contra a delinquência grave ou *iii*) prevenir um risco geral para a segurança pública. Tal delimitação pode garantir-se mediante um critério geográfico – isto quando as autoridades nacionais considerem, com base em elementos objetivos, que existe um risco elevado de preparação ou de consecução de tais delitos em uma ou várias zonas geográficas.[67]

Assim, do acórdão *Tele 2* é possível concluir que *i*) a declaração de invalidade das disposições constantes de uma diretiva afeta inelutavelmente o ato legal de transposição das mesmas para a ordem jurídica dos Estados-Membros e *ii*) um Estado-Membro não pode valer-se da Diretiva 2002/58 para impor a manutenção de uma obrigação generalizada e indiferenciada de conservação de dados de tráfego e de localização na sequência da declaração de invalidade da Diretiva 2006/24. Urge, portanto, retirar ilações desta recente decisão do TJUE, tão mais relevante porque, nos Estados-Membros em que a legislação transposta continuou a ser aplicada na sequência da declaração de

---

[64]Cfr. acórdão *Tele2, cit.*, considerando 125.
[65]Cfr. acórdão *Tele2, cit.*, considerando 101.
[66]Cfr. acórdão *Tele2, cit.*, considerando 108.
[67]Cfr. acórdão *Tele2, cit.*, considerando 111.

invalidade da Diretiva 2006/24, muitas condenações penais tiveram por base o acesso a dados conservados de modo potencialmente ilegítimo.

Referências

BOEHM, F.; COLE, M. **Data Retention after the Judgement of the Court of Justice of the European Union**, 2014. Disponível em: https://www.janalbrecht.eu/fileadmin/material/Dokumente/Boehm_Cole_-_Data_Retention_Study_-_June_2014.pdf

BOEHM, F.; COLE, M. **Data Retention after the Judgement of the Court of Justice of the European Union**, 2014. Disponível em: https://www.janalbrecht.eu/fileadmin/material/Dokumente/Boehm_Cole_-_Data_Retention_Study_-_June_2014.pdf

GABINETE CIBERCRIME DO MINISTÉRIO PÚBLICO. **Nota Prática n.º 7 sobre retenção de dados de tráfego e Lei n.º 32/2008**, 2015. Disponível em: http://cibercrime.ministeriopublico.pt/sites/default/files/documentos/pdf/nota_pratica_7_retencao_de_dados.pdf

GUERRA, C.; CALVÃO, F. Anotação ao Acórdão do Tribunal de Justiça (Grande Secção) de 8 de abril de 2014, ***Forum de proteção de dados***, Comissão Nacional de Proteção de Dados, **1**, p. 79–82, jul. 2015.

GUILD, E.; CARRERA, S. The political and judicial life of metadata: Digital Rights Ireland and the trail of the data retention directive. **CEPS Papers in Liberty and Security in Europe**, 65, 2014.

PEERS, S. **The data retention judgment: the CJEU prohibits mass surveillance**, 2014. Disponível em: http://eulawanalysis.blogspot.pt/2014/04/the-data-retention-judgment-cjeu.html

VAINIO, N.; MIETTINEN, S. Telecommunications data retention after *Digital Rights Ireland*: legislative and judicial reactions in the Member States. **International Journal of Law and Information Technology**, v. 23, n. 3, p. 290–309, set. 2015.

WHITE, M. **The new Opinion on data retention: does it protect the right to privacy?**, 2016. Disponível em:

http://eulawanalysis.blogspot.pt/2016/07/the-new-opinion-on-data-retention-does.html

SILVEIRA, A; FREITAS, P. M. *Implicações da declaração de invalidade da Diretiva 2006/24 na conservação de dados ("metadados") nos Estados-Membros da UE: uma leitura jusfundamental.* **Revista de Direito, Estado e Telecomunicações**, Brasília, v. 9, n. 1, p. 47-68, maio de 2017.

Entre a Arbitragem Brasileira e a Arbitragem Europeia: Um estudo acerca da Agência Nacional de Telecomunicações (ANATEL) e a Office of Comunications (OFCOM)

Between the Brazilian and European Arbitration: A study of the National Telecommunications Agency (ANATEL) and the Office of Communications (OFCOM)

Submetido(*submitted*): 30/04/2016
Parecer(*revised*): 04/05/2016
Aceito(*accepted*): 11/10/2016

José Albenes Bezerra Júnior*

Resumo

Propósito – A procura pela arbitragem como meio de resolução de litígios se mostra importante em função do grande volume de causas submetidas ao julgamento do Estado-juiz, em número inversamente proporcional ao preparo técnico daqueles que são investidos na função jurisdicional por ato estatal. Atualmente, falar em composição extrajudicial de conflitos no campo da regulação significa adentrar em um cenário de grandes discussões e debates. Dessa forma, o texto busca construir razões para a resolução de litígios no âmbito das telecomunicações por meio da arbitragem, inclusive, face a experiência europeia, a exemplo da OFCOM.

Metodologia/Abordagem/Design – Inicialmente será feita uma análise histórica acerca da arbitragem. Num momento posterior, discutir-se-á o fenômeno da regulação e a vinculação com o campo da arbitragem. Logo depois, será feita uma análise das experiências brasileira e europeia. Por fim, dados serão levantados para evidenciar os motivos que levam a diferenciar o modelo brasileiro do europeu.

Resultados – Uma das atribuições das agências reguladoras é, justamente, a solução de conflitos entre os agentes do setor, algo que na Agência Nacional de Telecomunicações (ANATEL), é realizado em sua maioria apenas em nível administrativo. Quando se analisam as formas de resolução de disputas na Comunidade Europeia, observa-se uma realidade peculiar. Em grandes disputas que ocorrem no continente, é mais comum utilizar-se a arbitragem do que o próprio Poder Judiciário. Em verdade, a arbitragem pode ser utilizada pela ANATEL como uma ferramenta importante na garantia de uma ampla, livre e justa concorrência entre as prestadoras de serviços de telecomunicações, na medida em que coíbe a morosidade do Poder Judiciário e a possibilidade de discussões meramente protelatórias, viabilizando a prolação célere de uma decisão que, muitas vezes, afetará a esfera jurídica de praticamente todos os usuários dos serviços de telecomunicações. Confere-se, assim, um grande prestígio a esses métodos de resolução de disputas, na medida em que eles propiciam uma neutralidade de foro. Não se confere a decisão ao Poder Judiciário ou ao órgão regulador de um país específico, mas escolhem-se árbitros a partir do comum acordo das partes ou, ainda, apontam-se instituições de âmbito internacional que prestam o serviço de arbitragem em disputas comerciais.

---

*Graduado em Direito pela Universidade de Fortaleza. Mestre em Direito pela Universidade Federal do Rio Grande do Norte. Professor da Universidade Federal Rural do Semiárido. E-mail: albenes.junior@ufersa.edu.br.

BEZERRA JÚNIOR, J. A. ***Entre a Arbitragem Brasileira e a Arbitragem Europeia:*** *Um estudo acerca da Agência Nacional de Telecomunicações (ANATEL) e a Office of Comunications (OFCOM)*. **Revista de Direito, Estado e Telecomunicações**, Brasília, v. 9, n. 1, p. 69-92, maio de 2017.

Palavras-chave: ANATEL, OFCOM, arbitragem, resolução de disputas, comparação.

Abstract

Purpose: The demand for arbitration as a dispute resolution is important due to the large volume of cases to be adjudicated at the Judiciary system and its lack of technical expertise to do so. The topic of alternative dispute resolution is clouded with debates of how far should it go before interfering in the core functions of the Judiciary. Thus, this paper seeks to support the use of arbitration in the Brazilian telecommunications sector, inspired by the experience of OFCOM.

Methodology/Approach/Design: The paper starts with a historical analysis on the institute of the arbitrage followed by its connection with the regulatory phenomenon in Brazil and Europe. The study format follows a comparative approach by identifying the main characteristics of arbitration in both Brazilian and European telecommunications models.

Results: One of the duties of the regulatory agencies is precisely the solution of conflicts between players in the sector at the administrative level. When analyzing the forms of dispute resolution in the European Union, a peculiar behavior can be highlighted. In major disputes that occur on the continent, it is more common to use arbitration than the judiciary. In fact, arbitration can be used by ANATEL as an important tool to ensure a broad, free and fair competition between providers of telecommunications services, as it dodges the slowness of the judiciary and the possibility of sham litigations, enabling the rapid adoption of a decision that often affects the rights of a great number of users of telecommunications services. The high prestige enjoyed by these methods of dispute resolution pays homage to their characteristic of being a neutral forum positioned far from a regulatory agency of a specific country and close to referees chosen by common agreement, or even connected to international institutions that provide the arbitration services in commercial disputes.

Keywords: ANATEL, OFCOM, arbitrage, dispute resolution, comparison.

Introdução

O artigo aborda, incialmente, a arbitragem como meio consensual de solução de conflitos que, cada vez mais, ganha força. Traz, também, uma crítica aos métodos de administração da justiça brasileira, fundamentados na morosidade e na complexidade do sistema. Seu custo, bem como sua facilidade para o ingresso, torna seu acesso indistinto a todos o que não necessariamente significa uma adequada prestação jurisdicional, muito menos a concretização satisfatória dos valores constitucionais.

Ainda no início do texto, observar-se-á que a função jurisdicional do órgão regulador brasileiro é ainda pouco debatida, em parte pelo fato de a Lei Geral de Telecomunicações não ter aberto possibilidades novas e significativas para a atuação da Administração Pública nesse sentido. Dessa forma, o artigo analisará os órgãos reguladores brasileiro e o europeu que exercem a função de dirimir conflitos entre operadoras de telecomunicações e, particularmente, como é usada a arbitragem para isso. Partindo dessa premissa, analisam-se criticamente os meios que a ANATEL e a OFCOM possuem para atuar na resolução dessas disputas, formulando-se questões para que esse papel do órgão regulador nacional possa ser aprimorado, face o órgão regulador europeu.

Em momento, posterior, tratar-se-á do fenômeno do Estado Regulador, levando em consideração a manifestação da atuação reguladora como uma atuação de poder político, caracterizando-a como um projeto de direito público.

O texto gravita em torno das agências reguladoras, quais sejam, a brasileira Agência Nacional de Telecomunicações (ANATEL) e a europeia *Office off Comunication* (OFCOM), detalhando os instrumentos jurídicos de sua criação, especificidades e natureza jurídica das mesmas. Por fim, o texto versa sobre litígios envolvendo agentes do setor regulado ou um deles e a agência reguladora.

Para isso, constata-se que a possibilidade de utilização dos meios consensuais de resolução de disputas consubstancia a adoção de uma ferramenta de superação dessa crise, reforçando a coerência do sistema. A atuação estatal no sentido de possibilitar os meios alternativos de resolução de controvérsias, entre eles a arbitragem, traduz-se em uma atuação regulatória do Estado.

Introdução à Arbitragem

O recurso à arbitragem como meio de solução de resolução de conflitos possui uma longa história. A arbitragem é um dos mais antigos meios de composição de conflitos pela heterocomposição, ou seja, a solução do conflito por um terceiro imparcial. Segundo DOLINGER (2005, p.23), a arbitragem já estava presente entre os hebreus na antiguidade, descrito no pentateuco (DOLINGER, 2005, p.24) que relata conflitos decididos por árbitro, a exemplo de Jacó e Labão.

A arbitragem remonta, também, à antiguidade grega, onde serviu para resolver conflitos entre cidades que estavam frequentemente em guerra. No Direito Romano, a arbitragem voluntária e facultativa era admitida e até estimulada; sempre foi aceita e até mesmo incentivada. A arbitragem obrigatória também existiu entre as fases das ações da lei - *legis actiones* - e do processo formulário - legis formulas (CARREAU, BICHARA, 2015, p. 673). Foi praticada também na Idade Média, quando o árbitro "supremo" era o papa, em razão da autoridade espiritual e moral (MELLO, 2004, p.1442).

Todavia, com o nascimento do Estado Moderno, a arbitragem passou a perder sua importância. Um renascimento brusco da arbitragem ocorreu com o Tratado de Amizade, de Comércio e Navegação, de 09 de novembro de 1794, celebrado entre os Estados Unidos e a Grã-Bretanha, conhecido como Tratado

Jay, que instituiu o recurso sistemático à arbitragem para resolver os conflitos decorrentes da independência americana, como, por exemplo, a fixação da fronteira com o Canadá, ou a avaliação de todas as sequelas financeiras das hostilidades militares (CARREAU, BICHARA, 2015, p. 674). Observa-se, assim, que a arbitragem passou a ganhar espaço, inclusive, em âmbito internacional.

A arbitragem passou a tomar contornos de um meio que, ao lado da jurisdição estatal, representa uma forma heterocompositiva de solução de conflitos. As partes capazes, de comum acordo, diante de um litígio, ou por meio de cláusula contratual, estabelecem que um terceiro, ou colegiado, terá poderes para solucionar a controvérsia, sem a intervenção estatal, sendo que a decisão terá a mesma eficácia que uma sentença judicial.

Na busca da melhor alternativa às partes, em sua essência temos na arbitragem o modelo mais adequado para diversas situações, como em conflitos complexos, envolvendo aprofundamento em matérias específicas, e exigindo estrutura e tratamento mais dedicado, difíceis de serem obtidos no Poder Judiciário pelas suas características e colossal volume de trabalho. No que tange às discussões sobre a arbitragem como meio "alternativo" de solução de conflitos, CARMONA (2009, p.31) prefere denominar a arbitragem como "meio adequado" de solução de controvérsias.

Em nosso país, a arbitragem estava prevista no Código Civil de 1916 entre os meios indiretos de pagamento, sob o título de "compromisso" (arts. 1.037 a 1.048), mas não encontrou larga utilização como meio de solução de conflitos, tendo em vista que, nos arts. 1.085 a 1.102, o Código de Processo Civil exigia a homologação do então denominado "laudo arbitral" (hoje equivalente à sentença arbitral), por sentença judicial com todos os recursos inerentes. Com isso, o Poder Judiciário se transformava em "segundo grau de jurisdição" da arbitragem.

A Lei 9.307, de 23 de setembro de 1996, acabou com a necessidade de homologação judicial da sentença arbitral e equiparou o árbitro ao juiz togado no desempenho da arbitragem (art. 18), logo afirmando que o árbitro é juiz de fato e de direito, e a sentença que proferir não fica sujeita a recurso ou a homologação pelo Poder Judiciário. Esclarecendo, dessa forma, que a sua decisão é sentença e, como tal, constitui título executivo judicial (CPC, art. 475-N, IV, incluído pela Lei 11.232/2005), fazendo coisa julgada material ao decidir o mérito do conflito.

A arbitragem, dessa forma, passou a resultar de negócio jurídico mediante o qual as partes optam pela solução arbitral, abdicando da jurisdição estatal em razão dos seus direitos patrimoniais e disponíveis. A solução do árbitro é denominada sentença arbitral e sua atividade é indubitavelmente jurisdicional. Como tal, possui a mesma força de uma sentença judicial transitada em julgado, até porque o Código de Processo Civil coloca a decisão arbitral no rol dos títulos executivos judiciais.

É válido acrescentar a informação que o novo código processual civil (2015) adota a dualidade jurisdicional, estabelecendo paralelamente a jurisdição estatal e a jurisdição arbitral, observada nos artigos 3° e 42. Observa-se no artigo 3° que não será excluída da apreciação jurisdicional ameaça ou lesão a direito, bem como será permitida a arbitragem na forma da lei. Já o texto do artigo 42 passa a ideia de que as causas cíveis serão processadas e decididas pelo juiz nos limites de sua competência, ressalvado às partes o direito de instituir juízo arbitral, na forma da lei.

Quanto aos limites impostos à possibilidade de solução arbitral, nos termos do art. 1° da Lei de Arbitragem (Lei 9.307/1996), a arbitragem se limita à capacidade de contratar e aos direitos patrimoniais e disponíveis. Vejamos: "As pessoas capazes de contratar poderão valer-se da arbitragem para dirimir litígios relativos a direitos patrimoniais disponíveis". Portanto, basta que a pessoa tenha personalidade jurídica para que possa se submeter à arbitragem. Lembre-se que, nos termos do art. 1° do CC, personalidade jurídica é a capacidade de ser titular de direitos e obrigações, adquirida pela pessoa natural com o nascimento com vida (art. 2° do CC).

Isto porque estamos no campo da capacidade de gozo dos direitos (capacidade de direito) e não do seu exercício pessoal (capacidade de fato), que depende da inexistência de incapacidades absolutas ou relativas, tal qual delineadas no Código Civil. O que se quer afirmar, diferentemente do que pensam alguns autores, é que as pessoas podem ser representadas ou assistidas na convenção de arbitragem, desde que respeitados os limites decorrentes da matéria, que deve versar sobre direitos patrimoniais disponíveis.

Entre os direitos de cunho patrimonial, encontramos as relações jurídicas de direito obrigacional, ou seja, aquelas que encontram sua origem nos contratos, nos atos ilícitos e nas declarações unilaterais de vontade. Os direitos não patrimoniais, por seu turno, são aqueles ligados aos direitos da personalidade, como o direito à vida, à honra, à imagem, ao nome e ao estado das pessoas, como, por exemplo, a capacidade, a filiação e o poder familiar, entre outros com a mesma natureza.

Todavia, para que possa ser adotada como meio de solução dos conflitos, além de se limitar aos direitos patrimoniais, a arbitragem ainda exige a existência de direitos disponíveis. A disponibilidade dos direitos se liga, conforme pensamos, à possibilidade de alienação e, demais disso e principalmente, àqueles direitos que são passíveis de transação. Assim, por exemplo, não é possível transacionar acerca do direito ao próprio corpo, à liberdade, à igualdade e ao direito à vida.

Entretanto, esses conceitos não são suficientes para que possamos entender os limites impostos à possibilidade de as partes adotarem a solução arbitral. Nessa medida, a afronta aos direitos indisponíveis, a exemplo dos direitos da personalidade, como é cediço, são indenizáveis e, quanto a essa indenização, cabe a arbitragem, tal qual delineada na Lei 9.307/1996.

Recentemente, a Lei 13.129/2015, veio a reformar a lei de arbitragem, para ampliar o âmbito de aplicação da arbitragem e dispor sobre a escolha dos árbitros quando as partes recorrem a órgão arbitral, a interrupção da prescrição pela instituição da arbitragem, a concessão de tutelas cautelares e de urgência nos casos de arbitragem, a carta arbitral e a sentença arbitral, revogando dispositivos da Lei n° 9.307/1996.

Uma Análise Acerca da Regulação

A regulação, em sua acepção mais fundamental, significa um processo de realimentação contínua da decisão pelos efeitos dessa decisão, reconformando a atitude do regulador em uma cadeia infinita caracterizada pelo planejamento e gerenciamento conjuntural da realidade. Há diversos elementos conceituais da regulação que especificam essa noção fundamental (ARANHA, 2015, p.28).

Um dos elementos é a manifestação da atuação reguladora como uma atuação de poder político, caracterizando-a como um projeto de direito público. Outro elemento é a consciência de que se regula algo que tem suas próprias leis e que, portanto, a regulação potencializa as forças da iniciativa privada em um ambiente parcialmente preexistente e parcialmente criado pela própria atividade reguladora. Por fim, um último elemento é a finalidade da regulação como o alcance de um equilíbrio dinâmico das interações dos atores setoriais em conformidade com um objetivo de interesse geral e não o de mera potencialização de um mercado regulado pretensamente indiferente ao contexto dos direitos políticos e sociais circundantes.

A literatura indicativa e inicial do olhar estatal regulador é ampla. Em seu núcleo de significado, a regulação não exige, nem dispensa a ideia de agências reguladoras e menos ainda a de agências reguladoras independentes. A identidade entre a regulação e tais estruturas estatais das agências reguladoras ocorreu mediante a interdependência construída pela literatura do século XX e início do século XXI entre regulação e Estado regulador, em que foi acoplado à definição de regulação o meio ou veículo de mediação entre o ser político e o setor regulado inaugurado pela prática institucional estadunidense. A íntima relação entre a construção conceitual da regulação e a história institucional do Estado Regulador dos modelos estadunidense e europeu permite falar-se de momentos regulatórios (ARANHA, 2015, p.32).

O denominado "Estado Regulador" não é uma antítese ou uma negação do Estado de Direito. Ao contrário, o pressupõe, à medida que as medidas de regulação nos mais diversos campos – econômico, social e ambiental – são, antes de tudo, medidas normativas. É evidente que o Estado sempre possuiu – e monopolizou, durante longo período – a regulação, entendendo este fenômeno como a direção das condutas entre indivíduos. O termo ganha, especialmente nas últimas décadas, nova conotação, traduzindo um fenômeno não apenas jurídico, mas socioeconômico de regulação heterônoma de setores específicos utilizando não apenas de meios convencionais (como a sanção negativa, por exemplo) bem como novas alternativas, como o fortalecimento da participação popular, da consensualidade e uma maior preocupação com a indução.

Todavia, este "Estado Regulador", que advém com a derrocada fiscal de um Estado providencialista ainda é fenômeno mais ideológico do que propriamente normativo, ao menos no tocante ao Estado Brasileiro. A Constituição da República Federativa do Brasil de 1988 veio para suplantar um regime ditatorial presente no Brasil desde 1964 até 1988, quando tiveram início os trabalhos constituintes, preocupando-se não apenas em implantar e solidificar a democracia no seio do Estado brasileiro mas, seguindo a tradição de outras constituições, também positivando diversos direitos fundamentais e sociais, os quais exigem, por natureza, ampla atuação estatal para sua implementação (DIMOULIS, MARTINS, 2006, p.129).

Implementou-se, assim, no Brasil, o chamado "Estado do bem-estar social", no qual o Estado assume funções de modelação da vida social, transformando-se de mero prestador de serviços públicos em empresário, desbravando setores comerciais e industriais, renovando estruturas sociais e econômicas (JUSTEN FILHO, p.2002) e se fazendo presente em áreas como o lazer, moradia, dentre outros que se afastam do clássico Estado Liberal.

Por positivar diversas melhorias à qualidade de vida da população, o *welfare state* proposto pela CF/88 alcançou, inicialmente, os resultados esperados: houve uma melhora gradativa nas condições de vida da sociedade brasileira e conferiu à Carta Constitucional a legitimidade necessária para se estabilizar socialmente e legitimar um novo regime, pondo por terra o perigo de uma volta de um governo ditatorial.

Este êxito trouxe consigo as causas de sua inviabilização. Ao passo que eram concedidos mais e mais direitos e vantagens à população, era necessária uma maior atuação do Estado e, consequentemente, um maior investimento deste. Sendo os recursos limitados, o montante de recursos vai se tornando insuficiente e a crise parece inevitável ao Estado. Apenas para exemplificar, a crise financeira vivida pelo Estado brasileiro, especialmente até 1999, com a moratória argentina, seguida da moratória do Estado de Minas Gerais tendo como causa (embora não unicamente) o fenômeno acima descrito. Entrando o

Estado em crise e não mais podendo assegurar (ou ampliar) as melhorias na qualidade de vida da população, ou mesmo dos serviços mais essenciais, a atuação estatal passa a perder legitimidade e a manutenção de sua base começa a ficar ameaçada (JUSTEN FILHO, 2002, p.19). O *welfare state* proposto pela CF/88 traz consigo as causas de sua própria derrocada.

Ao passo que houve uma profunda reforma na estrutura do Estado brasileiro, não ocorreram alterações constitucionais, de modo que temos novas estruturas, com legislação infraconstitucional adequada ao novo cenário sócio-econômico e um choque com uma Constituição ainda sob um modelo antigo, não totalmente compatível com a realidade atual.

O Estado Regulador se caracteriza por uma redução do Estado, em comparação com o *welfare state*, havendo uma concepção de subsidiariedade na atuação estatal, e, por outro lado, intervindo enfaticamente no mercado por intermédio de instrumentos verticais e horizontais. Embora o "Estado Regulador" seja conceito polissêmico, não admitindo apenas uma definição – por isso a impossibilidade de importarmos automaticamente "modelos" prontos – é fato que a Constituição Federal de 1988, tal qual se nos apresenta atualmente, após 92 (noventa e duas) emendas a seu texto, ainda não perdeu suas características de promoção do bem estar social, sendo híbrida, oscilando entre um Estado Regulador e um Estado do *welfare state*, possuindo, contudo, mais características deste último. Ainda que contenha elementos variados, não podemos perder de vista que tais nomenclaturas são, como afirmado anteriormente, mais frutos de ideologias do que de posições propriamente jurídicas.

Assim, devemos analisar o Estado não sob a forma de um "Estado Regulador", "Estado do Bem Estar Social" ou mesmo um "Estado *neoliberal*". Perfilhando ensinamentos de Alexandre Aragão, acreditamos que "a denominação mais adequada para uma manifestação jus-política tão complexa e dinâmica é a de 'Estado Democrático de Direito", denotadora da possibilidade do surgimento de diversos outros submodelos que detalhem o seu conteúdo (ARAGÃO, 2009, p.55).

O certo é que o conceito de regulação é um pressuposto do Estado Regulador, que se apoia no Estado garante dos direitos fundamentais, inclusive a igualdade de condições competitivas; no Estado de intervenção permanente e simbiótica; no Estado Administrativo, por sua apresentação de agigantamento da função de planejamento e gerenciamento das leis; no Estado legitimado na figura do administrador, do processo de gerenciamento normativo da realidade ou do espaço público regulador; no Estado de direitos dependentes de sua conformação objetiva em ambientes regulados; no Estado Subsidiário, em sua apresentação de potencialização da iniciativa privada via funções de fomento, coordenação e fiscalização de setores relevantes; e no conceito de regulação como processo de realimentação contínua da decisão pelos efeitos da decisão, reconformando a atitude do regulador em uma cadeia infinita caracterizada pelo planejamento e gerenciamento conjuntural da realidade (ARANHA, 2015, p.32-33).

Alguns traços são comuns às agências reguladoras, tais como a independência dos dirigentes frente ao poder político, sua setorização bem como a natureza jurídica de autarquia em regime especial. Incluímos aqui o poder normativo e o poder de dirimir conflitos, visto que sintetiza estes dois que são limitados aos setores que visam regular.

A independência, por evidente, não quer dizer que estas estão livre de controle ou de fiscalização. Visando a implantar políticas públicas propostas democraticamente pelo Poder Legislativo, as agências devem manter-se independentes frente a este e ao próprio Poder Executivo, para que possa implementá-las da forma mais eficiente possível. Assim, esta independência visa, na visão de Alexandre Santos de Aragão, a compensar alguns dos inconvenientes do princípio majoritário, corrigindo eventuais distorções para as parcelas da população que não estiverem de acordo com as posturas adotadas pela maioria (ARAGÃO, 2009, p.88).

Esta independência tem diversas facetas, quais sejam: a) independência dos dirigentes frente ao Poder Executivo, por intermédio de mandatos por tempo determinado, não coincidentes com os mandatos do Poder Executivo, sendo vedada a livre exoneração; b) independência econômica e administrativa, tendo as agências suas próprias receitas provenientes, geralmente, do próprio setor regulado, bem como liberdade para contratar seu pessoal, sob o regime estatutário e celetista (dependendo do cargo); c) independência *processual*, sendo inadmitido o recurso hierárquico impróprio.

Esta independência não pode ser tomada literalmente e entendida como se estas pudessem inovar primariamente a ordem jurídica. O poder normativo destas é inegável; contudo, apenas poderão exercê-lo visando a complementar as *normas-quadro* (ou *Standards*) impostos pelo Poder Legislativo. O princípio da legalidade deve ser entendido de maneira ampla – princípio da *juridicidade*, escrevem alguns (MORAES, 2004) de maneira que os atos da agência são compreendidos exercendo função administrativa, devendo respeitar não apenas à Constituição, mas a lei que autorizou a expedição destes atos. Ademais, a supremacia destes entes não é uma *supremacia geral*, tal qual a do Estado frente a seus administrados, mas uma *supremacia especial*, onde uma característica (ou um conjunto de características) reúne um grupo de pessoas sob uma mesma condição, demandando tratamento diferenciado de quem não detém tais características (FIGUEIREDO, 2005, p.285).

A setorização a que nos referimos resume a função judicante, normativa e administrativa que possuem as agências reguladoras para dirigir o respectivo setor. Devemos ressaltar que a tais poderes não se encontram livres de amarras, recebendo controle – embora um controle diferenciado do usual – quer do Poder Legislativo, Executivo e, principalmente, do Poder Judiciário, face ao princípio da inafastabilidade da jurisdição. Gustavo Binenbojm explica referido fenômeno afirmando que a clássica estrutural piramidal hierarquizada da Administração Pública está ruindo, dando lugar ao que ele denomina "Estado policêntrico", orientado pelo princípio da eficiência (BINENBOJM, 2006). A legitimidade de tais agências, para o autor, dar-se-ia não somente pela necessidade da eficiência na condução de alguns setores estratégicos, bem como no controle social exercido sobre tais agências e pelo procedimento.

As agências reguladoras exercem atividades de supremacia estatal, como práticas típicas de polícia, razão pela qual devem ingressar no ordenamento jurídico pátrio como sujeito de direito público, constantes da Administração indireta. Por demandarem uma certa autonomia, as agências reguladoras assumem *status* de autarquia que, conceitualmente, significam autogoverno, no sentido de pessoa jurídica administrativa com capacidade para gerir interesses próprios (CARVALHO FILHO, 2009, p.444). Não basta, todavia, a independência comum a toda autarquia, demandando as agências um grau mais intensificado de autonomia, como impossibilidade de demissão *ad nutum* dos dirigentes (com mandatos em tempo distinto dos mandatos dos chefes do Executivo), inexistência de recursos administrativo impróprio, dentre outras características. Assim, se fala que as agências reguladoras possuem, no direito brasileiro, natureza jurídica de *autarquia em regime especial*.

Embora a expressão "autarquia especial" ou "autarquia em regime especial" seja multifacetária, por comportar diversas possibilidades (a independência conferida pode ser maior ou menor, conforme a lei criadora da agência), faz-se mister ressaltar que apenas mediante a análise do instrumento legal específico de criação da agência, podemos verificar com maior precisão o grau de independência de determinada agência.

A Arbitragem e a Agência Nacional de Telecomunicações (ANATEL)

Recentemente, os métodos de administração da justiça brasileira vêm sendo alvo de diversas críticas, que se fundamentam, sobretudo, em sua morosidade e na complexidade do sistema. Seu custo, bem como sua facilidade para o ingresso, torna seu acesso indistinto a todos, o que não necessariamente significa uma adequada prestação jurisdicional, muito menos a concretização satisfatória dos valores constitucionais.

Diante do esgotamento e da morosidade do Poder Judiciário, cumpre encontrar alternativas à jurisdição estatal para a composição de controvérsias no âmbito das telecomunicações que sejam capazes de, diminuindo a litigiosidade e aumentado a legitimidade do resultado, oferecer respostas de forma mais rápida, técnica e eficaz, acompanhando os avanços da tecnologia que permeiam o setor. E a arbitragem se propõe à consecução de tais objetivos (SANTIAGO, 2014, p.177).

O uso da arbitragem em disputas envolvendo o Estado ainda encontra dificuldades fundadas no princípio da indisponibilidade do interesse público. A aplicação deste meio extrajudicial de resolução de disputas entre agência reguladora e concessionário e entre concessionários e usuários seria impossível, dado a natureza administrativa destas relações e o interesse público nelas envolvidos.

Dessa forma, a liberalização de mercados para a prestação de serviços de telecomunicações em âmbito mundial a partir da última década do século XX demandou a criação de órgãos reguladores do setor que buscassem resguardar o interesse público em meio a atuação dos entes privados. O Brasil procedeu à criação da Agência Nacional de Telecomunicações (ANATEL), que é um órgão autônomo cujo dever é regulamentar e fiscalizar o setor fundando-se em dois princípios de atuação: a universalização dos serviços básicos de telecomunicações e a ampla e justa concorrência na exploração de serviços (OLIVEIRA, 2009, p.112).

Entre os encargos oriundos do dever de garantir a competição, está o papel de resolver os conflitos entre operadoras. O papel do regulador é muito importante nesse sentido, principalmente quando se trata da necessidade de regulação concorrencial assimétrica, em que as operadoras já estabelecidas gozam de alto poder de mercado em virtude de possuírem a maior parte das redes de telecomunicações (OLIVEIRA, 2009, p.112).

Inicialmente, vale ressaltar que indisponível é o interesse público primário e não o interesse da administração (GRAU, 2016) Aquele é o resultado da união de complexos individuais em determinada sociedade ao passo que este é o interesse da estrutura organizacional da Administração Pública pautada pelo princípio da legalidade. Assim, uma vez que existe a possibilidade legal de qualquer pessoa capaz utilizar da arbitragem para dirimir litígios relativos a direitos patrimoniais disponíveis (art. 1° Lei 9.307/96, e seus parágrafos incluídos pela Lei 13.120/2015), abre-se espaço normativo para a Administração Pública utilizar-se desse mecanismo em proveito de seus próprios interesses.

Ao optar pela arbitragem, a Administração Pública não negligencia um interesse público; ao revés, opta-se por um modo mais célere e especializado de solucionar conflitos técnicos que fogem ao padrão dos conflitos sujeitos ao Poder Judiciário e que, por isso mesmo, estarão mais sujeitos a proferir decisões que não agradem nenhuma das partes (PEREIRA; CAVALCANTE, 2010).

Um litígio envolvendo agentes do setor regulado ou um deles e a agência reguladora representa uma contradição, um período de crise, verdadeiro disfuncionamento da ordem estabelecida. A possibilidade de utilização dos meios alternativos de resolução de disputas consubstancia a adoção de uma ferramenta de superação dessa crise, reforçando a coerência do sistema. A atuação estatal no sentido de possibilitar os meios alternativos de resolução de controvérsias, entre eles a arbitragem, traduz-se em uma atuação regulatória do Estado. Esse raciocínio se aplica à ANATEL e ao campo das telecomunicações (SANTIAGO, 2014, p.179).

O uso da arbitragem em setores econômicos regulados deverá vir expresso nos contratos firmados entre o Poder concedente e as empresas concessionárias, em cláusula compromissória. Portanto, salvo em casos de proibição expressa pela utilização deste meio, ou em casos de bens de uso comum do povo e de uso especial, quaisquer outras causas envolvendo direitos patrimoniais são arbitráveis (BINENBOJN, 2015).

Um dos pontos cruciais da arbitragem é o fato de ter como consequência a solução de litígios com maior celeridade, em um tempo menor se comparado ao processo judicial, marcado pela morosidade e pela possibilidade de se protelar o cumprimento da sentença. Esse ponto é importante, pois grandes operadoras de telecomunicações podem utilizar sua força econômica para impedir ao máximo a concretização de uma determinação judicial, ou até mesmo o sucesso de um acordo de que depende a operadora de menor porte para a prestação de seus serviços, violando a livre concorrência no setor.

A grande, talvez, celeuma por parte das telecomunicações é a maneira de se lidar com a controvérsia, notadamente em virtude da projeção de seus efeitos sobre a competição entre as operadoras e sobre a prestação de serviços. Qualquer atuação regulatória no setor deve, além de identificar esse desafio, priorizar novas formas de combatê-lo, o que passa pelo reconhecimento de que o Poder Judiciário não pode ser o único ator na composição desses conflitos.

Destarte, cumpre analisar o pano de fundo para a utilização dos meios extrajudiciais de solução de controvérsias na esfera das telecomunicações, de modo a verificar que alguns aspectos da regulação, o regime jurídico e as características do setor encontram plena harmonia com a composição extrajudicial de litígios e, consequentemente, com a arbitragem (SANTIAGO, 2014, p.183).

Um interesse social capaz de ser contemplado pela utilização da arbitragem nos litígios de telecomunicações diz respeito à maior probabilidade de justiça nas decisões arbitrais, visto que são prolatadas por pessoas especialistas nas matérias levadas ao seu convencimento. Além de haver a possibilidade de os árbitros serem auxiliados por peritos técnicos, o fato de eles serem especialistas em telecomunicações é capaz de propiciar uma decisão mais adequada aos agentes e usuários dos serviços, conferindo maior segurança jurídica e confiança à sociedade e às operadoras, o que solidifica a política regulatória e acaba por trazer maiores possibilidades de ampliação do investimento privado (SANTIAGO, 2014, p.173).

É cediço que as empresas deduzem os custos da imprevisibilidade, da morosidade e da ineficácia do Poder Judiciário em seus investimentos, de modo que a arbitragem pode ser uma das ferramentas utilizadas pela ANATEL para combater esse cenário. Ademais, o interesse social mais evidente se refere ao aumento da participação dos agentes nos processos de decisão (SANTIAGO, 2014, p.187).

A introdução do modelo de agências reguladoras na Administração Pública brasileira teria resultado da identificação de um déficit de regulamentação traduzido nos seguintes aspectos, cuja concretização persegue: política tarifária definida e estável; marcos regulatórios mais claros, que detalhem as relações entre os diversos atores de cada setor, seus direitos e obrigações; mecanismo ágil e eficiente para a solução de divergências e conflitos entre o poder concedente e a concessionária; garantias contra os riscos econômicos e políticos dos investimentos em setores econômicos (ARANHA, 2005, p.57).

Não existe, no Brasil, um procedimento único de resolução de disputas entre agências reguladoras que abarque todos os tipos de conflito. As características principais desse processo são: a impossibilidade de as partes escolherem os "árbitros", na medida em que o artigo 10 da Resolução Conjunta no 2/2001 estabelece que a Comissão é composta por dois representantes de cada agência (ANEEL, ANATEL e ANP); (natureza jurídica de um procedimento administrativo, assim expressamente definido no artigo 19 da aludida Resolução; da decisão da Comissão não cabe recurso apenas na esfera administrativa (art. 36 da Resolução no 2/2001), sendo, por conseguinte, possível a revisão judicial do mérito; e possibilidade de apenas uma das partes solicitar a atuação das agências (Resolução no 1/1999, art. 14, §2°).

No que se refere o conflito ser solucionado por meio da intervenção de um terceiro, em procedimento cujo início é facultativo, não há, em geral, a escolha por ambas as partes, e nem uma convenção prévia que afasta a jurisdição estatal, impossibilitando o recurso revisional de mérito ao Poder Judiciário.

Somado a tudo isso, inexiste a fundamental presença crucial do princípio da autonomia da vontade, seja na escolha do arbitro ou das regras procedimentais, para se concluir pela existência da arbitragem. Pelo contrário, as aludidas hipóteses se aproximam mais a uma espécie de manifestação de arbitramento administrativo por parte da ANATEL, como forma de exemplo.

O que acontece em boa parte é o caminho para uma negociação prévia acerca da interconexão de redes ou do compartilhamento de infraestrutura e as partes não conseguem chegar a um consenso em virtude da falta de algum elemento para a formação do negócio jurídico. A agência, então, é chamada por uma ou ambas as partes para, exercendo seu poder, integrar o conteúdo dessa negociação que, anteriormente, não obteve sucesso.

Vislumbra-se que a opção pela cláusula compromissória em setores econômicos reguláveis dependerá do desenho regulatório do setor, e poderá prever a arbitragem entre o Poder público e o concessionário, entre os agentes econômicos ou entre estes e seus consumidores, não interferindo com as competências das agências reguladoras setoriais (ARANHA, 2005, p.234). As agências reguladoras mantêm a mediação de conflitos entre agentes bem como seu poder de aplicar sanções às empresas, consistindo a arbitragem apenas em um outro meio extrajudicial de serem atingidos os fins regulatórios.

A cláusula compromissória pactuada pelas partes, assinalada por lei a algumas agências reguladoras que confere poder de arbitramento aos entes reguladores implica que as soluções deverão ser solucionadas por *arbitragem* em câmara arbitral. Embora o *nomen juris* utilizado por alguns dispositivos legais ("arbitramento") possa levar ao entendimento de que as agências reguladoras poderão diretamente arbitrar os conflitos dos agentes econômicos a elas submetidos, compete, em verdade, às agências somente proferir decisões administrativas, não gozando dos efeitos jurídicos que dispõe a decisão arbitral, conforme a Lei 9.307/96. Ademais, quando as partes convencionam a cláusula arbitral, estão renunciando qualquer outra instancia decisória, seja administrativa ou judicial (BINENBOJN, 2015, p.235).

As decisões emanadas no seio das agências reguladoras são, portanto, decisões administrativas acerca das questões que lhes sejam submetidas, não gozando de executividade e podendo ser judicializadas. As decisões provenientes de tribunais arbitrais, por seu turno, produzem os mesmos efeitos de sentença proferida pelo Poder Judiciário, consistindo em título executivo, sendo mais céleres e dotadas de maior legitimidade, em regra, dada a especialização dos árbitros e a confiança que estes gozam das partes.

O procedimento instituído pelo Regulamento Geral de Interconexão em muito carece de mecanismos-chave do procedimento de arbitragem, tal como construído tradicionalmente, bem como destoa das disposições da Lei n. 9.307/1996, que regula a arbitragem no Brasil. Nessa esteira, pode-se sustentar que, em verdade, esse procedimento não se trata de arbitragem, mas de um processo administrativo de resolução de disputas em interconexão.

Surgindo algum conflito que envolva operadoras de telecomunicações, concernente a compartilhamento de infraestrutura, o procedimento a ser seguido depende das partes que estiverem em conflito. Se uma delas for operadora de telecomunicações e a outra se submeter à disciplina regulatória da ANP ou da ANEEL, a competência passa, por força das resoluções conjuntas ANEEL-ANATEL-ANP n. 1/1999 e n. 2/2001, para a Comissão de Resolução de

Conflitos das Agências Reguladoras dos Setores de Energia Elétrica, Telecomunicações e Petróleo (REZIO, 2002).

As disputas surgidas entre operadoras de telecomunicações não se submetem ao Regulamento Conjunto anteriormente mencionado, mas às formas compositivas previstas no próprio regulamento de compartilhamento de infraestrutura, aprovado pela Resolução n. 274. Essas formas são a arbitragem e a mediação administrativas.

Para se usarem esses meios de resolução de disputas, a negociação entre as partes deve ter sido infrutífera. O Regulamento remete aos procedimentos de arbitragem e de mediação aprovados pela Agência. No entanto, não há procedimentos gerais para qualquer dessas RDs no âmbito da ANATEL: não existe procedimento de mediação aprovado pela Agência e o procedimento de "arbitragem" existente refere-se à "arbitragem em interconexão", sobre a qual já se discorreu.

Além desses meios de resolução de disputa, também se menciona a arbitragem e a mediação de conflitos entre operadoras pela ANATEL em seu Regimento Interno e nos contratos de concessão, carecendo da mesma regulamentação. Pelos contratos de concessão, as partes têm a faculdade de submeter à ANATEL, por meio de reunião de composição de conflitos, de processo de mediação ou de processo de arbitragem, quaisquer conflitos decorrentes da interpretação e da aplicação da regulamentação.

Conforme se demonstrou com o mapeamento feito na subseção anterior, não há um procedimento de arbitragem e um procedimento de mediação regulamentados na ANATEL que sejam amplamente aplicáveis. Assim, tratar-se-á, aqui, de utilização do direito comparado para iluminar a concepção de mediação e de arbitragem que a Agência brasileira carrega e, a partir disso, indicar caminhos possíveis e coerentes com a posição de um órgão regulador frente a um mercado liberalizado (OLIVEIRA, 2009, p. 143).

A Arbitragem e a *Office of Communications* (OFCOM)

Ao se observar a resolução de conflitos na Comunidade Europeia, percebe-se uma realidade favorável, qual seja, em inúmeros litígios que ocorrem na Europa, é comum a utilização da arbitragem do que o próprio Poder Judiciário. Isso ocorre porque as grandes disputas europeias, não apenas no setor de telecomunicações, mas no de energia elétrica, de transportes e nos setores comerciais em geral, frequentemente envolvem mais de um país, visto que a maioria das grandes empresas é transnacional.

Vislumbra-se um grande apreço aos métodos de resolução de disputas, na medida em que eles propiciam uma neutralidade de foro. Não se confere a decisão ao Poder Judiciário ou ao órgão regulador de um país específico, mas escolhem-se árbitros a partir do comum acordo das partes ou, ainda, apontam-se instituições de âmbito internacional que prestam o serviço de arbitragem em disputas comerciais. Isso é importante principalmente quando a disputa concerne a duas ou mais empresas com sede em diferentes países. Na resolução de disputas em telecomunicações pelas autoridades reguladoras, essa tradição não é desprezada.

Na Europa, há normas de âmbito continental promulgadas pelos respectivos DGs da União Europeia (*Europe Union Framework Directives*). O setor de redes e serviços de comunicação eletrônica é regido pela Diretiva 2002/21/EC, de 7 de março de 2002. Essa norma aborda, em seus artigos 20 e 21, a posição dos órgãos reguladores na resolução de disputas entre operadoras de telecomunicações em países regidos pela Diretiva (OLIVEIRA, 2009, p. 144).

Segundo esse instrumento normativo, a autoridade regulatória nacional deve decidir de forma vinculativa para as partes, no prazo máximo de quatro meses, quando uma delas requer solução a uma disputa referente a qualquer norma ou diretiva do setor – inclusive a própria Diretiva 2002/21/EC. No entanto, é dever dos Estados-Membros garantirem a capacidade de as autoridades regulatórias declinarem de resolver a disputa quando outros mecanismos – inclusive a mediação – existirem e contribuírem de maneira mais efetiva para a resolução da disputa em um prazo aceitável. Assim, sendo cabíveis a arbitragem ou a mediação no caso, a autoridade regulatória informa às partes que não solucionará a disputa. Se esses mecanismos de resolução de disputa não trouxerem resultado em quatro meses, a autoridade regulatória deve se comprometer a decidir a questão (OLIVEIRA, 2009, p. 145).

Na possibilidade de uma disputa surgir entre duas empresas domiciliadas em países distintos, pode-se requerer a decisão a qualquer das autoridades regulatórias nacionais envolvidas. Elas, entretanto, trabalharão em conjunto para se alcançar uma decisão ao caso. Nesse tipo de conflito, também se aplica a possibilidade de as autoridades regulatórias declinarem, se existirem outros métodos de resolução de disputa. Sendo este o caso, só decidirão depois de não se ter alcançado resultado com esses métodos após quatro meses (OLIVEIRA, 2009, p. 145).

As decisões dos órgãos reguladores são públicas, aliás, características comuns aos meios consensuais de solução de conflitos, respeitando-se, todavia, os requerimentos das partes pela confidencialidade de aspectos negociais das empresas. Essa decisão não faz o acesso das partes ao Poder Judiciário precluir, podendo elas ir à busca de uma revisão judicial do mérito já analisado.

Nas suas decisões, as autoridades regulatórias nacionais devem observar alguns princípios. São esses: garantir que os usuários beneficiem-se ao máximo em relação ao poder de escolha, ao preço e à qualidade, garantir que não haja distorções ou restrições no mercado, encorajar investimentos em infraestrutura e promover inovações, ensejar o uso eficiente de radiofrequências e de recursos de numeração, remover barreiras compartilhamento de infraestrutura e à prestação de serviços, encorajar a existência de redes, serviços e conectividade transnacionais, garantir que todos os usuários tenham acesso a um serviço universal, proteger os consumidores nas negociações com as operadoras, criando inclusive mecanismos próprios de resolução de disputas consumidor-operadora, ensejar a proteção de dados pessoais e da privacidade, promover a transparência das tarifas e das condições de uso de serviços de telecomunicações de interesse coletivo, suprir as demandas das minorias por acessibilidade e garantir a integridade e a segurança das redes públicas de telecomunicação (OLIVEIRA, 2009, p. 146).

Diante dessa diretiva europeia, o Reino Unido promulgou o *Communications Act* de 2003, criando o *Office of Communications* (*Ofcom*), órgão regulador do setor de telecomunicações, que trouxe novas atribuições à atividade regulatória. Entre tais atribuições, está a competência de resolver disputas entre operadoras de telecomunicações. O *Communications Act* é um documento extenso e trata pormenorizadamente desse papel do *Ofcom*.

Primeiramente, para que se tenha a resolução de uma disputa pelo *Ofcom*, basta que uma das partes a solicite. Na linha da diretiva da União Europeia, a disputa só será resolvida pelo órgão regulador se não houver meios alternativos para resolver a disputa, caso esses meios alternativos sejam cabíveis ao tipo de disputa. Seja qual for o posicionamento do órgão, as partes são notificadas. No caso de o *Ofcom* declinar e, depois de iniciado o procedimento alternativo de resolução de disputa, não se alcançar uma conclusão em quatro meses, uma das partes tem o direito de solicitar que o órgão resolva a disputa e este é obrigado a fazê-lo. Neste caso, o processo anterior será continuado (OLIVEIRA, 2009, p. 146).

No procedimento de resolução de disputa, o *Ofcom* tem o poder de: declarar os direitos e as obrigações das partes em disputa; firmar uma direção para as partes, fixando os termos e as condições das transações entre elas e obrigando-as a entrar em processo de negociação com base nessas condições; determinar que uma das partes cumpra o pagamento para com a outra; e/ou modificar ou revogar condições gerais, de universalização, condições de acessibilidade. O órgão regulador tem o poder de requerer das partes todas as informações necessárias e resolver se é apropriado que o *Ofcom* decida no caso ou se deve consultar outros estados-membros, e ainda pode exigir todas as informações que sejam importantes para a análise da disputa e para a decisão. O órgão tem o poder de realizar essas solicitações não só às partes, mas a terceiros que possuam informações relevantes nesse sentido.

Percebe-se que não há cobrança de pagamento por essa prestação de serviço do *Ofcom*, a não ser que a parte que solicitou a decisão do órgão o tenha feito em condições abusivas, vexatórias ou frívolas. A decisão deve ser entregue pelo órgão em até quatro meses. Uma cópia da decisão, com seus fundamentos, é enviada para cada uma das partes. Os trechos da decisão que o órgão considerar apropriados para ir a público serão publicados.

No que se refere a questão recursal, da decisão do *Ofcom* cabe apelação apenas para o Tribunal, em procedimento judicial próprio. Deve-se notificar o órgão regulador da apelação citando a decisão apelada e os fundamentos da apelação. Tais fundamentos devem permitir identificar se o que levou a parte a apelar foi um erro de fato ou de direito, ou ambos, e se a parte apela do exercício da discricionariedade pelo *Ofcom*.

Ao lidar com a apelação, o Tribunal deve, de acordo com normas editadas por ele próprio, remeter as questões que envolvem controle de preço à entidade reguladora da concorrência. A decisão do Tribunal também pode, por sua vez, ser recorrida, mas tal recurso passa por um juízo de admissibilidade e deve se restringir a questões de legalidade e não de fatos. Portanto, como se vê, o *Ofcom*, nos procedimentos de resolução de disputas, atua, de uma forma bastante singular, no papel análogo ao de uma primeira instância judiciária (OLIVEIRA, 2009, p. 147).

Observa-se, por fim, um maior grau de evolução, no continente europeu, um grande envolvimento com relação aos métodos de resolução de disputas. Não apenas pela neutralidade de foro, mas também pelo fato de não se conferir determinadas decisões ao Poder Judiciário ou ao órgão regulador de um país específico, mas sim aos árbitros, a partir do comum acordo das partes, sempre apontando instituições de âmbito internacional que prestam o serviço de arbitragem em disputas comerciais. Isso é importante, se comparado ao Brasil, pois demonstra que na resolução de disputas em telecomunicações pelas autoridades reguladoras, essa tradição não é desprezada.

Conclusões

Recentemente, os métodos de administração da justiça brasileira vêm sendo alvo de diversas críticas, que se fundamentam, sobretudo, em sua morosidade e na complexidade do sistema. Seu custo, bem como sua facilidade para o ingresso, torna seu acesso indistinto a todos, o que não necessariamente significa uma adequada prestação jurisdicional, muito menos a concretização satisfatória dos valores constitucionais.

O presente texto visou a discorrer sobre a utilização da arbitragem como técnica de resolução de litígios em setores econômicos regulados, ao lado das decisões emanadas pelas agências reguladoras e de decisões judiciais. As agências reguladoras no Brasil, em especial após o fenômeno da desestatização, gozam de crescente importância, servindo como um órgão de proteção do consumidor, de efetivação de políticas públicas setoriais e de fiscalização e indução do ambiente econômico regulado. Com isso, suas competências multiplicam-se à medida que cresce o setor regulado.

Uma das principais atribuições das agências reguladoras é *arbitrar* conflitos oriundos entre Poder Público e empresas concessionárias e entre estas entre si bem como entre concessionárias e consumidores, visando a proferir decisões mais céleres e especializadas, sobretudo em conflitos técnicos de grau elevado de complexidade que dificilmente seriam solucionadas a contento pelo Poder Judiciário. Tais decisões gozam ainda de maior legitimidade, uma vez que proferidas no interior do ordenamento jurídico setorial, em um ambiente seguro e conhecido pelas partes.

A utilização da arbitragem pelo Poder público, tal qual prevista pela Lei 9.307/96 foi alvo de severas objeções, fundamentando-se especialmente na indisponibilidade do interesse público. Isto porque os dois institutos – arbitragem no âmbito das agências reguladoras e *ex vi* da Lei 9.307/96 – conquanto terem a mesma nomenclatura jurídica, são essencialmente distintas; enquanto aquela trata-se de uma decisão administrativa, não gozando de executividade e sendo passível de ser judicializada, esta constitui título executivo e tem os mesmos efeitos da sentença proferida pelo Poder Judiciário.

O interesse público indisponível é aquele interesse primário, não se distinguindo do interesse público secundário, ou interesse da Administração. É inconteste a vontade do Poder Público de ver seus conflitos serem solucionados rapidamente e de maneira especializada, com uma maior probabilidade de uma decisão justa e legítima, face a um processo longo, demorado e dispendioso do Poder Judiciário e com uma maior probabilidade de findar com uma decisão que não atenda às partes.

Nesse sentido, a Lei 13.129 de 26 de maio de 2015 tenta resolver este entrevero, afirmando textualmente que a Administração Pública poderá utilizar-se da arbitragem para dirimir conflitos relativos a direitos patrimoniais disponíveis.

Pode-se observar que, no âmbito das agências reguladoras, vislumbram-se duas arbitragens, quais sejam, aquela emanada pela própria agência, que constitui decisão administrativa bem como aquela submetida a tribunal ou câmara arbitral, nos moldes da Lei 9.307/96, cuja decisão terá os mesmos efeitos daquela emanada pelo Poder Judiciário e, se condenatória, constituirá título executivo.

No que se refere a arbitragem europeia, a resolução de disputas pelo *Ofcom*, na Inglaterra, segue as diretrizes europeias não tratam analiticamente de todos os tipos de disputa que podem ser resolvidos administrativamente pelo órgão. Em vez disso, a regulação apenas informa principiologicamente que a disputa deve ser referente à norma ou diretiva do setor.

Podemos observar pontos em comum com o Brasil, um vez que ele segue a técnica europeia para definição de que matérias podem ser dirimidas pela ANATEL. Assim, a arbitragem deve tratar de pendências relativas ao reconhecimento ou atribuição de direitos entre as partes, e a arbitragem, de "conflito de interesses entre operadoras de telecomunicações. É uma forma válida, pois não se corre o risco de determinado caso demandar a intervenção da agência e isso não poder ocorrer pela disputa não se enquadrar na listagem taxativa de hipóteses.

É possível observar pontos negativos também. O principal deles é a possibilidade de desvio de finalidade na atuação da agência. Uma disputa que não versa propriamente sobre a matéria que é objeto de regulação pela agência pode passar a ter de ser resolvida por ela. Se uma operadora de TV a cabo expõe indevidamente, em uma propaganda sua, a marca de uma operadora de SMP, tem-se, aí, um conflito de interesses, que, em tese, pode ser posto perante a agência. Dessa forma, muito dificilmente um conflito como esse prejudicará a concorrência entre as partes a ponto de a Agência precisar intervir.

Portanto, a melhor maneira de previsão da atuação da Agência parece mesmo ser a listagem analítica de hipóteses. É importante, no entanto, também deixar a agência decidir discricionariamente se deve atuar ou não em algum outro caso não contemplado pelo rol de hipóteses, mas que venha a ser potencialmente prejudicial a uma ampla e justa concorrência.

A arbitragem na ANATEL é sempre faculdade das partes, que, antes de solicitar a atuação da agência, têm de entrar em consenso sobre isso. A regulamentação do procedimento na Inglaterra (Europa) não traz essa necessidade.

No Regimento Interno da ANATEL, há a exigência de consenso tanto para a instauração da arbitragem pela Agência quanto para o início da mediação. Faz sentido, como se demonstrou, exigir o consenso das partes para que a Agência proceda à mediação. Já, na arbitragem, exigir o consenso das partes pode significar a necessidade inequívoca de a empresa solicitante ter de ir ao Judiciário, frustrando-se a possibilidade de uma decisão rápida e bem fundamentada ao conflito.

Esse problema foi identificado pelo chamado procedimento de arbitragem em interconexão da ANATEL, porém a arbitragem prevista no Regimento Interno, que rege tudo o mais, não se atentou para isso. Se o conflito tiver implicações concorrenciais perniciosas para a parte solicitante, a agência deveria, em nome do interesse público, ser capaz de ingressar e dirimir o conflito, como uma espécie de regulação assimétrica.

Observa-se pontos positivos da realização da arbitragem por uma instituição regulatória oficial são a possibilidade de se iniciar o processo sem uma concordância prévia da outra parte e a restrição dada à revisão da decisão pelo Poder Judiciário. Esses pontos colaboram para que a decisão definitiva da causa ocorra de maneira célere, contemplando, assim, o interesse público de proteção da concorrência entre as operadoras.

A formação de procedimentos de arbitragem e mais eficazes e fiéis é uma necessidade cuja satisfação depende de grande vontade política e – mormente no caso da mediação – de recursos humanos bem preparados para isso. Isso parece ter sido captado pela ANATEL, que talvez crie, em sua reforma estrutural, uma área especializada em composição de conflitos entre prestadoras de serviços de telecomunicações.

Ainda assim, a partir da leitura da atuação da agência brasileira, comparando-a com outros países, vê-se a necessidade de uma previsão em lei da realização da arbitragem. Caso contrário, a ANATEL deverá submeter-se à Lei de Arbitragem ordinária. Em suma, sem uma previsão legal específica para a prática da arbitragem pela Agência, os dois trunfos apontados linhas acima não podem efetivar-se.

Uma observação nos leva ao entendimento de que o procedimento de arbitragem privada comum tem pressupostos distintos da arbitragem conduzida por um órgão regulador, e, para que se façam efetivamente presentes esses pressupostos, precisa-se ter um procedimento diferenciado, porém ainda fiel aos aspectos essenciais de uma arbitragem. É verdade que essa necessidade de um procedimento próprio, especial, não ocorre tanto com a mediação praticada pelo órgão regulador.

Por outra via, o investimento público que se tem de fazer para se formar um bom mediador é maior que o investimento feito para se ter um bom árbitro. O resultado da mediação é, por outro lado, mais legítimo que o da arbitragem.

Concluindo, a arbitragem é forma complementar de resolução de disputas. Um órgão regulador de telecomunicações deve praticar com eficiência essas duas resoluções de disputas (RDs) perante um mercado liberalizado, de sorte a permitir que os conflitos entre as operadoras causem o menor dano possível à concorrência entre as empresas, o que se consegue por meio de uma resolução definitiva, rápida e legítima das disputas.

Referências Bibliográficas

ARAGÃO, Alexandre Santos. **Agências Reguladoras e a Evolução do Direito Administrativo Econômico.** 2 ed. Rio de Janeiro: Forense, 2009.

ARANHA, Márcio Iorio. **Políticas públicas comparadas de telecomunicações (Brasila-EUA)**. Brasília, 2005. Tese de Doutorado. Centro de Pesquisa e Pós-graduação sobre as Américas. Universidade de Brasília.

ARANHA, Márcio Iorio. **Manual de Direito Regulatório**. 3ed. Londres: Laccademia Publishing, 2015.

BINENBOJN, Gustavo. **Arbitragem em Ambientes Regulados e sua relação com as competências das agências reguladoras.** *In* MORAES, Carlos Eduardo Guerra, RIBEIRO, Ricardo Lodi. **Direito Público Uerj**. Vol 8. Rio de Janeiro. Freitas Batos, 2015.

CARMONA, Carlos Alberto. **Arbitragem e Processo: Um comentário à Lei 9.307/96**. 3ed. São Paulo: Atlas, 2009.

CARREAU, Dominique. BICHARA, Jahyr-Philippe. **Direito Internacional**. Rio de Janeiro, Lumen Juris, 2015.

CARVALHO FILHO, José dos Santos. **Manual de Direito Administrativo.** 21 ed. Rio de Janeiro: Lúmen Júris, 2009.

DIMOULIS, Dimitri, MARTINS, Leonardo. **Teoria Geral dos Direitos Fundamentais.** São Paulo: Revista dos Tribunais, 2006.

DOLINGER, Jacob. Conciliação e Arbitragem no Direito Judaico, apud AYOUB, Luiz Roberto. **Arbitragem: o acesso à justiça e a efetividade do processo – uma nova proposta**. Rio de Janeiro: Lumen Juris, 2005.

FIGUEIREDO, Marcelo. **As agências reguladoras: O Estado Democrático de Direito no Brasil e sua atividade normativa.** São Paulo: Malheiros, 2005.

GRAU, Eros Roberto. **Arbitragem e contrato administrativo.** Disponível em:< http://www.epm.tjsp.jus.br/FileFetch.ashx?id_arquivo=20533> . Acesso em: 10 abr. 2016.

JUSTEN FILHO, Marçal. **O Direito das Agências Reguladoras Independentes.** São Paulo: Dialética, 2002.

MELLO, Celso D. de Albuquerque. **Curso de Direito Internacional Público**. Vol.II, 15ed. Rio de Janeiro: Renovar, 2004.

MORAES, Germana de Oliveira. **Controle Jurisdicional da Administração Pública.** 2 ed. São Paulo: Dialética, 2004.

OLIVEIRA, Artur Coimbra de. **O papel do órgão regulador na resolução de disputas entre operadoras de telecomunicações: a arbitragem e a mediação à luz das experiências japonesa, inglesa e americana.** Brasília: Revista de Direito, Estado e Telecomunicações, v. 1, n. 1, 2009.

SANTIAGO, Rafael da Silva. Arbitragem e regulação: uma análise da aplicação do juízo arbitral no setor das telecomunicações. In **Arbitragem e Regulação: Uma análise da aplicação do juízo arbitral.** 2014.

SOUTO, Marcos Juruena Villela. **Desestatização, Privatização, Concessões e Terceirizações.** 3 ed. Rio de Janeiro: Forense, 2012.

REZIO, Juliana Oliveira. *Resolução de Conflitos em Compartilhamento de Infra- Estrutura.* In: **Revista Teletime**, Ano 5, n. 41, fevereiro de 2002.

BEZERRA JÚNIOR, J. A. ***Entre a Arbitragem Brasileira e a Arbitragem Europeia**: Um estudo acerca da Agência Nacional de Telecomunicações (ANATEL) e a Office of Comunications (OFCOM).* **Revista de Direito, Estado e Telecomunicações**, Brasília, v. 9, n. 1, p. 69-92, maio de 2017.

O STF e a regulação dos meios de comunicação social: a metalinguagem adotada pela Corte na decisão da ADPF 130/DF

The Federal Supreme Court and the regulation of the social media: the metalanguage adopted by the court in the decision of the ADPF 130/DF

Submetido(*submitted*): 04/04/2016
Parecer(*revised*): 01/09/2016
Aceito(*accepted*): 23/01/2017

Oona de Oliveira Cajú*

Resumo

Propósito – Este artigo apresenta uma análise dos votos proferidos pelos ministros do Supremo Tribunal Federal no julgamento da ADPF 130/DF, quando foi declarada a não recepção em bloco da Lei de Imprensa, e, a partir dos elementos conceituais extraídos da construções argumentativas das decisões, revela a metalinguagem sobre a qual a Corte, majoritariamente, sustenta suas concepção acerca de regulação do setor da comunicação social.

Metodologia/abordagem/design – A primeira seção do trabalho apresenta os paradigmas teóricos mais influentes nas reflexões acerca da regulação do setor da comunicação social para, na segunda seção, confrontá-los com os votos apresentados no julgamento da ADPF 130/DF e extrair as sínteses conceituais orientadoras dos ministros, identificando o paradigma regulatório do campo comunicacional ao qual se alinham.

Resultados – Foi possível identificar que o discurso majoritário no STF sobre questões regulatórias referentes ao setor da comunicação social está mais próxima do paradigma libertariano e sua síntese de *free flow of information.*

Palavras-chave: regulação da comunicação social, teorias libertária e democrática, *free flow of information*, *self reliance*, liberdades de expressão e imprensa.

Abstract

Purpose – This article analyzes the votes uttered by the Federal Supreme Court justices at the trial of ADPF 130/DF, in which it was denied value to the Press Law. It also tackles the reasoning behind the Court's decision, which clarifies its conception of regulation of the social media.

Methodology/approach/design – The first section of the article presents the most influent theoretical paradigms on the social media regulation. The second section confronts them with votes presented at the trial of the ADPF 130/DF and extract the guiding conceptual syntheses of the justices, identifying the regulatory paradigm of communicational field to which they align themselves.

*Mestre em Ciências Jurídicas e Graduada em Direito pela Universidade Federal da Paraíba (UFPB). É professora da Universidade Federal Rural do Semiárido (UFERSA), no Rio Grande do Norte, desde 2014 e coordenadora do Centro de Referência em Direitos Humanos do Semiárido, vinculado à UFERSA. Email: oona.caju@ufersa.edu.br.

CAJÚ, O. de O. *O STF e a regulação dos meios de comunicação social: a metalinguagem adotada pela Corte na decisão da ADPF 130/DF*. **Revista de Direito, Estado e Telecomunicações**, Brasília, v. 9, n. 1, p. 93-124, maio de 2017.

Findings – It was possible to identify that the libertarian paradigm of free flow of informartion is the predominant mindset guiding the rulings concerning social media in the Federal Supreme Court.

Keywords: regulation of social media, libertarian and democratic theories, free flow of information, self reliance, freedom of speech and press.

1. Introdução

Em 2009, o Supremo Tribunal Federal (STF) realizou julgamento da Arguição de Descumprimento de Preceito Fundamental (ADPF) 130/DF, em que o Partido Democrático Trabalhista (PDT) requeria a declaração de não recepção da Lei nº 5.250/67 pela Constituição de 1988. A norma, conhecida como Lei de Imprensa, estabelecia regramentos referentes à atividade de imprensa, censura oficial, responsabilidades dos veículos jornalísticos e exercício do direito de resposta.

Embora a Lei de Imprensa não se tratasse de marco regulatório da comunicação social, os debates realizados na apreciação da ADPF 130/DF abordaram diversos temas referentes ao campo comunicacional. As manifestações dos ministros revelaram as compreensões sobre liberdades de expressão e de imprensa, esfera pública de debate, o papel dos meios de comunicação na sociedade e possibilidades regulatórias do Estado sobre a comunicação social, dentre outros elementos em que embasaram suas decisões.

Neste trabalho, temos o objetivo de demonstrar esses elementos a partir de um estudo analítico dos votos apresentados no julgamento. Iniciamos a primeira seção com a apresentação dos paradigmas libertário, democrático, o *free flow of information* e a *self reliance* como metalinguagem estruturante dos debates em torno da regulação da comunicação social.

Na parte seguinte, analisamos o voto-condutor da decisão, proferido pelo ministro Carlos Ayres Britto, e extraímos de suas construções argumentativas os elementos que evidenciam a aproximação ou afastamento dos paradigmas apresentados. O mesmo processo é realizado com os votos divergentes.

O julgamento da ADPF 130/DF foi a ocasião mais importante em que o STF debateu em plenário o tema da regulação dos meios de comunicação social e, do conjunto conceitual tratado nos votos, foi possível extrair a metalinguagem orientadora da decisão do Supremo e o paradigma regulatório do setor de comunicação ao qual a Corte se filiou majoritariamente.

2. Paradigmas influentes: a metalinguagem da regulação da comunicação social

O fenômeno regulatório se fundamenta na necessidade de manutenção constante do equilíbrio de atividades sociais em que se dão interações humanas. Essa compreensão pressupõe que a dinâmica das trocas humanas é afetada por fatores que podem gerar resultados não razoáveis e, dessa forma, afetar direitos fundamentais, bases sobre as quais se sustentam as democracias contemporâneas.

Nessa pretensão, a atividade regulatória do Estado tem se transformado desde as primeiras décadas do século XX, quando se inicia a implementação do modelo político de Estado de Bem Estar Social, aos dias de hoje, em que se delineia o perfil do Estado Regulador.

A definição do campo de atuação regulatória, bem como das políticas e instrumentos de regulação que devem ser construídos, dependerá da metalinguagem que informa a compreensão de mundo incorporada pelo ente regulador e pelo setor a ser regulado.

Desse modo, é possível vislumbrar os paradigmas aos quais as instituições estatais (ou seus membros) se filiam a partir da observação das medidas que adotam no exercício da atividade regulatória ou através da apreciação jurisdicional acerca dela (como é o objeto deste estudo).

Para a comunicação social, que comporta o conjunto de direitos e liberdades, individuais e coletivos, de manifestação do pensamento e expressão, os paradigmas que fundamentalmente tem influenciado o setor são o libertário (ou libertariano), derivado do liberalismo clássico; o democrático, elaborado a partir das visões comunitaristas; o *free flow of information*, que incorporou o paradigma libertário e o *laissez faire* como proposta para a regulação da comunicação global; e a *self reliance*, derivada de reivindicações sociais e da elaborações da economia política da comunicação. Passamos a definir cada um desses referenciais e suas principais proposições no tocante à atividade reguladora do Estado sobre o setor da comunicação.

2.1. Teoria libertária e teoria democrática

Especialmente partir da tradição político-filosófica estadunidense, duas correntes fundamentais[1] se dividem quanto às possibilidades de regulação e

---

[1]É conhecida a disputa política entre as concepções liberal e comunitarista, cujos desdobramentos não cabem no espaço deste trabalho. Cada uma das correntes comporta formulações específicas e, para uma visão mais detalhada, recomendamos a leitura do

interferência estatal no âmbito dos direitos de liberdade de expressão e de imprensa. A teoria libertária (ou libertariana) é "centrada na figura do autor da mensagem" (FISS, 2005, p. 5) e defende que a esfera de autonomia privada de quem realiza atividade expressiva de ideias não pode sofrer qualquer interferência.

Para essa vertente, a liberdade e a plenitude da personalidade são prerrogativas de fruição individual incompatíveis com interposições ou mediações. Nesse sentido, apenas normas de dimensão defensiva poderiam ser validamente criadas e a postura negativa do Estado e de terceiros seria condição suficiente para a fruição plena da liberdade.

As elaborações de John Stuart Mill (2001) são o principal referencial da acepção de liberdade de expressão como direito individual. Mill situou a expressão de ideias entre as três dimensões centrais que postulou para a liberdade do indivíduo: o livre pensamento e a livre expressão, o direito de definir o próprio estilo de vida e o direito de livre associação. As formulações do filósofo inglês contrapõem a autonomia individual aos perigos constantes do autoritarismo ou paternalismo dos governos e à interferência da coletividade, que chamou de "tirania da maioria".

Para Mill, a liberdade está atrelada à contenção do campo de interferência do Estado que, juntamente com as leis e a opinião pública, é visto como ameaça potencial à liberdade e à esfera de autonomia e interesses do indivíduo. O filósofo propôs o preceito do "dano intencional a terceiro" como parâmetro de controle da interferência estatal nas esferas de liberdade (GUIMARÃES; AMORIM, 2013, p. 29).

No contexto do século XIX, Mill (2001) associou a liberdade de expressão à liberdade de imprensa e transferiu para a esfera de manifestação pública os mesmos preceitos de proteção à esfera individual. A garantia da liberdade frente ao Estado demandava o estabelecimento de mecanismos de contenção de poder e a liberdade de imprensa foi associada por ele à necessidade de controle dos governos[2].

A teoria democrática, por sua vez, "coloca a figura do destinatário da mensagem no centro de gravidade das liberdades de expressão e imprensa" (FISS,

---

capítulo 3 da tese de doutoramento de Miriam Wimmer, Direito, Democracia e Acesso aos Meios de Comunicação de Massa (2012).

[2]O filósofo preocupou-se ainda com a influência opressiva que a coletividade poderia exercer sobre a esfera de autonomia individual. Observou que o padrão das relações sociais era cada vez mais uniformizado, determinado por "costumes" e pela opinião de uma massa amorfa e "medíocre". O avanço da "opinião pública" sobre o desenvolvimento individual representaria, assim como o poder oficial, um perigo de opressão e perda da identidade própria (MILL, 2001, p. 101). Nos EUA, essa conjectura confere embasamento teórico à interpretação literal da Primeira Emenda. Tal hermenêutica firma a proibição de se produzir qualquer lei restritiva da liberdade de expressão. Com será visto, o ministro Ayres Britto, no julgamento da ADPF 130/DF, utilizou de argumentação semelhante.

2005, p. 6). Seu fundamento é a autodeterminação organizativa dos cidadãos. A liberdade de expressão, tomada como instrumento necessário ao bom exercício do autogoverno coletivo, deve garantir um debate público qualificado. Para a teoria democrática, o procedimento deliberativo é crucial.

Baseada numa racionalidade discursiva, a democracia deliberativa seria capaz de promover o consenso na tomada de decisões políticas e legitimá-las (CANOTILHO, 2010, p. 182). Sem assim, a realização de escolhas democráticas exige que se atendam aos pré-requisitos do procedimento de tomada pública de decisão. Entre eles está a qualidade dos debates públicos, que só poderia ser atingida quando os cidadãos têm acesso a todas as visões, ideias e argumentos relevantes para as questões de interesse geral.

Se a multiplicidade de sujeitos e de pontos de vista existentes no contexto social não estiver presente na esfera deliberativa, a democracia restará comprometida. O procedimento democrático, portanto, é indissociável do pluralismo, no sentido de que todas as representações sociais devem ter acesso à esfera pública de debates. A ideia representativa desse pluralismo é o "mercado de ideias".

Nesse esteio, a teoria democrática considera que, quando a esfera pública de debates não incorpora todas as razões relevantes ou quando sujeitos e grupos tem dificuldade de acesso, o princípio democrático não é realizado.

Fiss (2005) e outros teóricos da vertente democrática, como Alexander Meiklejohn (1960), Robert Bork (1971) e Willian Brennan (1990), reconhecem que o mercado de ideias pode conter distorções que produzem um efeito silenciador do discurso. Tais distorções são causadas quando o processo de debates e escolhas públicas sofre a interferência de fatores externos à racionalidade discursiva, como a concentração de veículos, o poder econômico, os discursos de ódio e a dificuldade de acesso ao espaço da comunicação. Se a prevalência de uma ou poucas vozes for determinada por qualquer fator dessa natureza, a racionalidade do procedimento democrático será transgredida.

Nesses casos, o Estado poderia exercer atividade regulatória para ampliar a participação dos cidadãos, conferir acesso a pessoas e grupos e eliminar barreiras, promovendo a diversificação do debate. Fiss analisa que a democracia permite que as pessoas escolham a forma de vida que desejam viver e pressupõe que essa escolha se faça em um contexto no qual o debate público seja "[...] desinibido, robusto e amplamente aberto" (FISS, 2005, p. 30).

Logo, os limites da atuação positiva do Estado deveriam ser pensados a partir do confronto entre liberdade de expressão e direitos democráticos, sejam individuais ou coletivos, e da colisão entre as liberdades de expressão de sujeitos diferentes. Em ambos os casos, a função precípua da regulação estatal seria a de garantir as condições de pluralidade no "mercado das ideias", pois o princípio democrático só pode se realizar com o cumprimento desse pré-requisito.

Tomando-se democracia deliberativa como liberdade de autogoverno, a equação obtida é a aparente restrição de liberdade para, na verdade, aumentar a liberdade (FISS, 2005).

2.2. *Free flow of information* e *self reliance*: paradigmas em disputa na regulação da comunicação global

A descoberta e exploração do espectro audiovisual, a partir da década de 1930, provocou um incremento no trato jurídico-político dispensado ao campo comunicacional. Os novos meios de difusão elevaram consideravelmente o potencial midiático e o setor passou a ser considerado estratégico não apenas para a economia, mas para a soberania dos Estados.

Nas democracia liberais ocidentais, até se instituir como detentor de concessões da exploração do espectro audiovisual, o Estado atuava como um árbitro no campo comunicacional, basicamente apurando e reprimindo ofensas a direitos de personalidade, quando houvesse algum tipo de abuso por parte dos veículos[3]. Com as novas tecnologias da comunicação, especialmente rádio e televisão, o Estado passou a ter a prerrogativa estratégica de distribuir o acesso ao espectro radioelétrico, podendo orientar, de forma mais direta, o modo de exploração desse campo e a direção de suas atividades.

O desenvolvimento da tecnologia satelital, na década de 1960, provocou a discussão global sobre a regulação dos meios de comunicação e a síntese estabelecida sobre princípios libertarianos foi o *free flow of information*, ou livre fluxo de informações, postulação de que a transposição livre das fronteiras é exigência inerente e indissociável da liberdade de expressão[4]. No artigo 19 do Pacto Internacional Sobre Direitos Civis e Políticos, de 1966, observa-se a influência desse paradigma:

---

[3]O que revela a prevalência da vertente libertariana na conformação do perfil regulatório do Estado acerca da comunicação social.Entretanto, fazemos a ressalva de que, a despeito das discussões filosóficas sobre as liberdades de expressão e imprensa, no campo jurídico, essas prerrogativas permaneceram restritas ao reconhecimento formal. De fato, aquelas liberdades só obtiveram consideração jurídica mais consistente apenas no final do século XIX. Na França, os delitos de opinião por críticas ao governo foram abolidos somente em 1881 (TERROU, 1970, p. 44). No Brasil, durante o século XIX, a censura prévia, especialmente eclesiástica, foi extremamente rígida (ROLIM, 2011, p. 30).

[4]No contexto da Guerra Fria, o *free flow of information* foi defendido pelos EUA. Josep Grifeu (1986) refere-se ao paradigma como a síntese teórica que promoveu e justificou a progressiva ingerência dos EUA sobre a cultura, informação e propaganda internacionais, no mundo pós-guerra.

> Artigo 19
>
> 2. Toda pessoa terá direito à liberdade de expressão; esse direito incluirá a liberdade de procurar, receber e difundir informações e idéias de qualquer natureza, **independentemente de considerações de fronteiras**, verbalmente ou por escrito, em forma impressa ou artística, ou por qualquer outro meio de sua escolha (BRASIL,1992) (grifo nosso).

Ao estabelecer a garantia, o dispositivo não leva em conta quem, de fato,teria possibilidade de fazer com que seus pensamentos e opiniões transpassem fronteiras, nem os conteúdos que alcançam veiculação ou quem controla os meios de transmissão global.

O *free flow of information* estruturou o mercado global da comunicação e informação e é, até os dias de hoje, o paradigma hegemônico no setor. A informação é, ao mesmo tempo, uma mercadoria, que deve circular independentemente de fronteiras, e um direito humano fundamental, que deve ser posto a salvo da opressão dos Estados.

Esse modelo foi contestado por países, povos e grupos sociais submetidos a um papel passivo e secundário na atividade comunicacional global. Os questionamentos sobre a apropriação dos meios e tecnologias da comunicação, as reivindicações por voz e respeito a identidades reuniram países e movimentos sociais em torno de uma proposta alternativa para a regulamentação das relações de comunicação. Na década de 1970, por meio do Movimento de Países Não Alinhados[5], foi proposta uma Nova Ordem Mundial da Informação e da Comunicação (NOMIC), sustentada no paradigma da *self reliance*, que se colocou em disputa com o *free flow of information.*

O modelo da *self reliance* contesta a política da livre circulação de informações e bens simbólicos e

> "(...) atribui à informação papel que transbordou a área estritamente econômica ao demonstrar a necessidade de mobilizar todos os aspectos da vida social" (ROLIM, 2011, p. 61).

---

[5]No âmbito geopolítico, as chamadas nações subdesenvolvidas, ex-colônias asiáticas, africanas e latino-americanas, formaram o Movimento de Países Não Alinhados (MPNA), organização surgida em 1955, que reunia inicialmente nações em processo de descolonização. Por meio dela, um grupo dos países do então denominado Terceiro Mundo estruturou-se em função de pautas e interesses que não eram contemplados por nenhum dos dois blocos em que se divida a geopolítica internacional.

A comunicação é percebida como fenômeno indissociável do desenvolvimento, da autodeterminação e da identidade dos povos e como uma via de mão dupla, em contraposição ao modelo unidirecional hegemônico. A perspectiva de difusão livre e massificada do pensamento no *free flow* é eminentemente verticalizada e concentra a produção e a emissão de conteúdos num polo ativo, relegando aos destinatários uma assimilação passiva.

A reformulação proposta pela *self reliance* se estrutura teoricamente a partir de formulações críticas da economia política da comunicação e a partir do referencial pedagógico de Paulo Freire (1992), que, em sua obra, contrapõe os conceitos de extensão e comunicação. Esta última é entendida como uma instância dialógica da prática educacional e se realiza por meio de relações igualitárias, do intercâmbio entre os papéis de educador e educando e da negação de posições de superioridade e subordinação.

A *self reliance* também rompe com a visão economicista da informação e do campo comunicacional. Ela rejeita a identificação de informação e produção cultural como mercadorias, bem como a instrumentalização mercadológica dos meios de difusão. Ainda com em consonância com as contribuições de Paulo Freire (1992), a comunicação assume o sentido de atividade humana de afirmação e reconhecimento de si e do outro. Quaisquer veículos que promovam a comunicação devem servir prioritariamente a essa dimensão de promoção humana individual e coletiva.

Dessa forma, as liberdades de pensamento, expressão, imprensa, o direito à informação e o intercâmbio comunicativo entre indivíduos e povos constituem direitos fundamentais e não podem ser mercantilizados. Os meios de comunicação, por sua vez, são considerados bens públicos, logo não devem ser subordinados a um estatuto jurídico empresarial ou dirigidos pela lógica do mercado.

Pela mesma via, na *self reliance,* a propriedade e exploração dos meios de comunicação não poderiam ser exclusivas do Estado, pois fatalmente estariam submetidos a uma visão unidirecional, nem devem ser objeto apenas de atividade lucrativa. O paradigma propõe que a regulação dos meios de produção e difusão garanta o acesso de novos sujeitos, que atuem sem fins lucrativos no campo comunicacional, com vistas a promover a pluralidade de vozes e visões de mundo na comunicação social.

A despeito da semelhança, pluralismo proposto pela *self reliance* não se confunde com o pluralismo do mercado de ideias da corrente democrática. Mais do que o cumprimento da exigência procedimental, o incremento plural da comunicação pública, a partir da *self reliance*, deve se voltar também para autoafirmação dos sujeitos individuais e coletivos, dar espaço a demandas historicamente alijadas, evidenciar opressões, refletir sobre as estruturas da sociedade, apresentar formas de vida alternativas e novos modelos sociais. A importância maior não estaria na batalha travada na instância da esfera pública, que possibilita o debate, mas não permite a modificação estrutural das relações sociais, especialmente as relações sociais de produção. O potencial dos meios de comunicação reside no seu papel privilegiado na disputa pela hegemonia da sociedade e mudança profunda das estruturas materiais, valorativas e representações subjetivas.

A nova abordagem às liberdades de pensamento e expressão reformula o papel do Estado na comunicação. Sua função, na *self reliance,* de acordo com Renata Rolim (2011, p. 61):

> "(...) foi definida pela adoção e aplicação de políticas públicas de comunicação e de cultura que propiciem tal participação com ações que concretizem desde a universalização da educação e da cultura à repartição democrática das frequências radiolétricas."

O paradigma vai na contramão da lógica da não-intervenção e estabelece não só a possibilidade, mas a obrigação de o Estado atuar na promoção da comunicação democrática. Entre as medidas regulatórias que devem ser adotadas para o implemento de uma nova lógica comunicacional, estão a redistribuição dos meios, pautada pela diversidade de sujeitos e vozes; incentivos à participação plural; incremento de medidas que garantam o uso democrático dos veículos, o cumprimento do interesse público, desestimulem e punam ofensas aos direitos humanos.

O discurso internacional dos direitos humanos, tensionado entre o *free flow of information* e a *self reliance*, deixou de incorporar conceitos e medidas importantes para a implantação de uma nova ordem na comunicação. Os documentos internacionais positivaram os direitos humanos à liberdade de expressão, acesso à informação e proteção da privacidade, prerrogativas que expressam ações de busca, disseminação e proteção no campo da comunicação. Entretanto, a dimensão dialógica foi ignorada.

Cees J. Hamelink situa que o direito internacional dos direito humanos omite-se no tocante à dimensão de conversação no campo comunicacional e chama atenção para a forma equívoca que a ideia de comunicação adquire nesse âmbito:

> "Praticamente todos os dispositivos de direitos humanos referem-se à comunicação como 'transferência de mensagens'. Isto reflete uma interpretação da comunicação que se tornou bastante comum desde que Shannom e Weaver (1949) introduziram a teoria matemática da comunicação. O seu modelo descreve a comunicação de forma linear, como um processo de mão única. Isto é, contudo, uma concepção muito limitada e por vezes enganosa de comunicação, por ignorar o fato de que, na essência, 'comunicar' refere-se a um processo de compartilhar, tornar comum ou criar uma comunidade." (2005, p.143)

As discussões da NOMIC tentaram corrigir essa abordagem no âmbito do sistema internacional dos direitos humanos. A partir da década de 1970, a Organização das Nações Unidas para a Educação, a Ciência e a Cultura UNESCO passou a incorporar em suas resoluções muitos contributos teóricos e políticos da NOMIC e do paradigma da *self reliance* e, na 18ª Conferência Geral, realizada em 1974, em Paris, tem início os confrontos mais intensos pela definição de conceitos e políticas dirigentes na comunicação global (GOMES, 2007, p. 92).

Em 1976, a direção geral da UNESCO encomendou a uma Comissão Internacional da Comunicação (CIC), presidida por Sean MacBride, um estudo global dos problemas da comunicação. Esse estudo durou dez anos e culminou no relatório *Um Mundo, Muitas Vozes: comunicação e informação em nosso tempo* (1988).

Os resultados do relatório MacBride, como ficou conhecido, provocaram o ápice no acirramento da disputa pela direção conceitual e política na comunicação. Restaram evidenciados o alto grau de concentração dos meios de comunicação nas mãos de sujeitos privados e nos países mais ricos, seu uso restrito e excludente, o predomínio de visões de mundo limitadas no fluxo das informações, a influência dos interesses econômicos, o direcionamento político-ideológico, a subserviência ao mercado e seu papel na manutenção da pobreza e na descaracterização da identidade dos povos (UNESCO, 1983). Sua conclusão foi que "as diferenças na distribuição das riquezas criam disparidades entre os que estão bem munidos e os que carecem delas, em matéria de comunicação" (UNESCO, 1983, p. 278).

O paradigma do *free flow of information* tem sido hegemônico na comunicação global. No Brasil, a despeito de a Constituição de 1988 haver consagrado princípios voltados a uma comunicação democrática, que, para que se efetive, exige regulamentação infraconstitucional e ação regulatória do Estado, a ausência normativa e a utilização privada dos meios audiovisuais tem têm sido as características dominantes da comunicação social do país.

Como se verá, as referências conceituais manifestadas nos votos da ADPF 130/DF, majoritariamente, alinham-se a essa vertente político-regulatória.

3. A metalinguagem regulatória presente na decisão da ADPF 130/DF

Após a revisão conceitual dos principais paradigmas que se colocam no campo da atividade comunicacional e projetam os respectivos desenhos regulatórios, passamos à análise dos votos formulados na ADPF 130/DF, para extrair dos argumentos utilizados (ou omitidos) pelos ministros as sínteses conceituais que orientaram a decisão, especialmente no tocante aos entendimentos apresentados sobre regulação das atividades de comunicação social.

3.1. Análise do voto condutor: liberdade de imprensa como sinônimo de liberdade de expressão e comunicação pública como mercado autorregulado

A despeito de a decisão da ADPF 130/DF tratar da não recepção da Lei nº 5.250/67 (a Lei de Imprensa), a ação lida com elementos conceituais atrelados a paradigmas referentes ao campo da comunicação social. Dos raciocínios apresentados nos votos e decisões deles derivadas, é possível extrair a metalinguagem presente no entendimento dos ministros do STF sobre regulação das liberdade de expressão e de imprensa e, de modo geral, da comunicação social.

Dessa forma, além das repercussões judiciais geradas pela decisão proferida na ADPF 130/DF[6], a construção argumentativa dos votos dos ministros, especialmente do relator, ministro Carlos Ayres Britto, tem importância na medida em que se sustentam sobre formulações conceituais acerca de regulação jurídica, especificamente em torno das possibilidades regulatórias das liberdades de expressão e imprensa e da comunicação social.

O relator, seguido pela maioria do plenário[7], iniciou suas considerações delimitando os conceitos que utilizou em seu raciocínio decisório. O primeiro deles referiu-se à acepção de imprensa a partir de duas dimensões, uma objetiva e outra subjetiva. Objetivamente, a imprensa foi definida por Ayres Britto como a gama de todas as atividades jornalísticas, da produção à veiculação dos conteúdos

---

[6]Uma das maiores críticas à declaração de não recepção em bloco da Lei 5.250/67 foi a criação de um vazio normativo no tocante ao exercício do direito de resposta. A situação foi conscientemente assumida pelo STF, como consta nos registros dos votos e das discussões em plenário, e criticada, à época, pelo ministro Marco Aurélio Mello, que problematizou a ampla margem de discricionariedade que seria conferida aos juízes nos processos acerca de atos da imprensa, alertando para a insegurança jurídica que seria causada. De fato, desde o ano da decisão, 2009, as construções normativas em torno da efetivação do direito de resposta tiveram natureza eminentemente jurisprudencial, num típico exercício de ativismo judicial, e abriu-se espaço para a existência de soluções diversificadas – muitas vezes destoantes – em julgamentos acerca de abusos praticados pela atuação da imprensa. Essa lacuna foi sanada somente no final de 2015, com a entrada em vigor da Lei 13.188, de 11 de novembro de 2015, que disciplina o exercício do direito de resposta ou retificação por matéria divulgada, publicada ou transmitida por veículo de comunicação social. O pouco tempo de vigência da norma não nos permite ainda apresentar análise acerca de sua eficácia. Ainda em dezembro de 2015, a Associação Nacional de Jornais ingressou no STF com a ADI 5436, requerendo a declaração parcial de inconstitucionalidade da Lei 13.188/15.

[7]Os ministros Eros Grau, Menezes Direito, Cármen Lúcia, Ricardo Lewandowski, Cezar Peluso e Celso de Mello acompanharam o relator , votando pela procedência da ação – não recepção em bloco da Lei de Imprensa, portanto. Os ministros Joaquim Barbosa, Ellen Gracie e Gilmar Mendes manifestaram-se pela procedência parcial do pedido, defendendo a não recepção de dispositivos específicos. O ministro Marco Aurélio Mello foi o único a votar pela improcedência da ação.

comunicativos. A dimensão subjetiva consistiria no conjunto dos meios da comunicação através dos quais as produções de imprensa são transmitidas e difundidas. Desse modo, ao referir-se à imprensa, o ministro abrangeu as práticas de jornalistas e comunicadores em geral e os grupos midiáticos – jornais, revistas, canais televisivos, de rádio, entre outros.

Nessa primeira consideração do voto, é possível perceber que escapou ao relator a configuração empresarial das corporações midiáticas na atualidade. Sua projeção acerca da imprensa assemelha-se às características que a atividade possuía no século XVIII, anterior à massificação do alcance dos meios de comunicação social e aumento de sua importância econômica[8], fenômeno cuja compreensão é crucial à definição das práticas regulatórias para o setor. Da mesma forma, o ministro praticamente reduz a comunicação social à atividade de produção e emissão informacional por profissionais da comunicação e veículos midiáticos.

O segundo passo das reflexões do ministro foi pontuar a especificidade das práticas comunicativas da imprensa em relação aos demais sujeitos. Segundo Ayres Britto, o tipo de comunicação realizada pela imprensa, dirigida à divulgação da ocorrência de fatos, de pensamentos e da produção intelectual humana de forma pública, geral e indiferenciada, influencia as pessoas individualmente e forma a opinião pública. A relevância dessa atividade justificaria um tratamento normativo especial.

Nesse sentido, o ministro situou a imprensa no centro da comunicação social, de onde ela irradiaria ideias formadoras do pensamento geral, como segue:

> "(...) o mais acessado e por isso mesmo o mais **influente repositório de notícias** do cotidiano, concomitantemente com a veiculação de editoriais, artigos assinados, entrevistas, reportagens, documentários, atividades de entretenimento em geral (por modo especial as esportivas e musicais, além dos filmes de televisão), pesquisas de opinião pública, investigações e denúncias, acompanhamento dos atos do Poder e da economia do País, ensaios e comentários críticos sobre arte, religião e tudo o mais que venha a se traduzir em valores, interesses, aspirações, expectativas, curiosidades e até mesmo entretenimento do corpo societário (BRASIL, 2009, p. 25)" (grifo nosso).

---

[8]A imprensa teve seu desenvolvimento inicial atrelado às transformações revolucionárias de transição do regime absolutista para o Estado Liberal. Naquele momento, a funcionalidade política da atividade (de mobilização, contestação e organização) se sobrepunha à econômica. Entretanto, nos séculos XX e XXI, o jornalismo se consolidou especialmente como empreendimento econômico, ordenado segundo princípios corporativos e finalidades financeiras. Não se pode esperar que essa forma de organização comporte o mesmo perfil que o jornalismo incorporava no período revolucionário. Contudo, essa transformação na economia política da atividade de imprensa não é vislumbrada do voto do relator.

A imprensa configuraria, portanto, a instância que alimenta, media e reverbera o debate público, conformando as sínteses representativas da sociedade.

A relevância da comunicação promovida pela imprensa residiria no cumprimento da missão de observar o mundo e avaliar os fatos sociais importantes, ofertando à opinião pública juízos críticos. Ela seria, portanto "o olhar mais atento ou o foco mais aceso sobre o dia-a-dia do Estado e da sociedade civil" (BRASIL, 2009, p. 24).

Por esse viés, Ayres Britto sustenta que a imprensa funcionaria como instrumento de ressonância da realidade social, refletindo diretamente a instância da vida real das pessoas. A imprensa é descrita pelo relator como um ente que atuaria acima dos interesses e conflitos de classes, grupos e setores da sociedade e não há considerações sobre as estruturas sociais, econômicas, políticas e corporativas que atribuem viés à atividade de imprensa.

A comunicação dos órgãos de imprensa seria indiferenciada da comunicação dos cidadãos na instância pública, ou melhor, a imprensa seria a voz representativa dos cidadãos na instância pública do debate social. Nesse sentido, a liberdade de imprensa seria uma extensão da liberdade individual de expressão. Conforme o ministro:

> "Donde a imprensa, matriz por excelência da opinião pública, rivalizar com o próprio Estado nesse tipo de interação de máxima abrangência pessoal" (BRASIL, 2009, p. 24).

Opinião da imprensa e opinião pública são constantemente confundidos no voto-condutor do ministro e o Estado, colocado como seu opositor.

Essa relação entre veículos de comunicação social e opinião pública foi tratada por Habermas (1984) em termos bastante diversos. Analisando a interferência dos fatores econômicos sobre a linha editorial adotada pelos meios de comunicação, Habermas descreve a privatização da esfera pública como manifestação específica do fenômeno que denomina "colonização do mundo da vida pelos sistemas", causado pela adoção da razão instrumental no espaço que deveria ser guiado pela razão comunicativa, do que resulta a prevalência de interesses econômicos e ligados ao poder político sobre as decisões vinculantes da sociedade. No caso dos meios de comunicação, tornam-se veículos muito mais atrelados aos interesses de seus proprietários e do poder econômico do que ao debate público. Por essa razão, a opinião da imprensa não poderia ser tratada como opinião pública, reflexão que é crucial na definição de possibilidades regulatórias, e sua teleologia, no campo da comunicação.

Ayres Britto continua suas considerações sobre esfera pública de debates delimitando os três papéis que interagem e interferem na comunicação social: os sujeitos ativos, que seriam os jornalistas e órgãos de imprensa; passivos, os destinatários das notícias; e o Estado, compreendido no processo comunicativo como ente que deve ser fiscalizado e, ao mesmo tempo, representa constante ameaça às liberdades. De acordo com tal perspectiva, o Estado é a instância de poder político contraposta à sociedade civil, em que residem todas as contradições sociais e as ameaças às liberdades de manifestação do pensamento advém dele. Facilmente se percebe que a configuração subjetiva da relação comunicacional adotada por Ayres Britto é claramente divergente da proposta dialógica da *self reliance.*

Venício de Lima (2010) chama atenção também para o fato de que essa representação dos sujeitos e das relações de comunicação é insuficiente para a compreensão adequada do fenômeno comunicacional, pois exclui da análise elementos fundamentais. Especificamente quanto às liberdades de expressão e imprensa, essa visão obsta que fatores de censura além do Estado sejam enxergados. É o caso da censura privada praticada pelos veículos de comunicação. Organizados majoritariamente em empresas e orientados pela lógica de mercado, a tendência é que permitam apenas veiculações que favoreçam suas finalidades econômicas precípuas:

> "Dentro da realidade histórica globalizada do nosso tempo, a censura foi em parte privatizada e a origem do cerceamento da liberdade de expressão não pode mais ser atribuída somente ao Estado. Muitas vezes ela tem sua origem no poder econômico privado ou na autocensura." (LIMA, 2010, p. 126/127).

Como a análise do ministro não comportou a estrutura corporativa e empresarial dos órgãos de imprensa, os fatores de censura privada, de considerável magnitude nos dias atuais, não adentraram em suas considerações.

O mesmo pode ser observado na abordagem conferida à questão da monopolização[9] dos meios de comunicação, sobre o que Ayres Britto afirmou:

---

[9]A ADPF 130/DF não abordava, como parâmetro de controle, o dispositivo constitucional sobre a proibição de monopólios ou oligopólios dos meios de comunicação social – não era o caso. No entanto, como dito na introdução deste trabalho, as discussões em torno da ação tocaram em questões de interesse geral do campo comunicacional, bastante reveladoras da metalinguagem que subsidia as posições adotadas pela Corte. A menção ao Capítulo V do Título VIII da Constituição, assim como a referência específica ao art. 220, § 5°, surge no voto-condutor de Ayres Britto como fruto de sua proposta hermenêutica em tomar a referência constitucional à Comunicação Social como normatização do exercício da liberdade de expressão pelos meios de comunicação, cujo principal sujeito seria a imprensa.

> "A imprensa livre é, ela mesma, plural, devido a que são constitucionalmente proibidas a oligopolização e a monopolização do setor" (BRASIL, 2009, p. 7).

Conforme esse raciocínio, a simples proibição constitucional de formação de monopólios e oligopólios na exploração dos meios de comunicação social, por si só, tornaria a imprensa plural. É possível concluir que, no entendimento do ministro, o art. 220, § 5º[10], da CF/88, não careceria de regulamentação, concepção que se atrela a um paradigma não intervencionista – coerente com as demais ideias recorrentemente expressas no voto.

A postulação de que o art. 220, § 5º, da CF/88 é norma de eficácia plena[11] parece ser lugar comum nos debates jurídicos[12] contraposta, em geral, à sustentação da necessidade de regulamentação do dispositivo (e regulação econômica da exploração dos meios de comunicação audiovisual). Em 2010, o Senado Federal, apresentando informações no trâmite da Ação Direta por Omissão (ADO) nº 10/DF[13], expressou essa mesma tese:

> "Contudo, assim como o direito de resposta, tal norma é de eficácia plena, que enuncia proibição de que os meios de comunicação social sejam objeto de monopólio, sem que sua efetividade tenha sido condicionada à lei pelo texto constitucional.(BRASIL, 2010, doc. 21, p.17)

---

[10]CF/88. Art. 220. § 5º: Os meios de comunicação social não podem, direta ou indiretamente, ser objeto de monopólio ou oligopólio.

[11]Os dispositivos constitucionais são tradicionalmente classificados pela literatura jurídica, no tocante à sua potência e modo de produzir efeitos, em normas de eficácia plena, normas de eficácia contida e normas de eficácia limitada. As primeiras possuem uma aplicabilidade imediata e não dependem de regulamentação infraconstitucional para que venham a produzir efeitos plenamente. As normas de eficácia contida também possuem esse potencial de produzir efeitos imediatos, mas sua abrangência pode ser limitada ou condicionada, conforme a própria Constituição estabeleça especificamente tal possibilidade. As normas de eficácia limitada, por sua vez, só teriam possibilidade de produzir efeitos, em tese, após produção legislativa de norma infraconstitucional regulamentadora de sua aplicação. (SILVA, 2015)

[12]A própria petição inicial da ADPF 130/DF, bem como os argumentos dos votos de alguns dos ministros, notadamente o ministro Ayres Britto, sustentam parte de suas respectivas teses nesse pressuposto, embasado, por sua vez, na concepção mais liberal acerca do espectro e exercício do direito à liberdade de expressão, abordada ao longo deste artigo.

[13]A ADO nº 10 foi interposta em novembro de 2010, pelo PSOL, requerendo a declaração de omissão inconstitucional e mora do Poder Legislativo na regulamentação dos artigos 5º, V, 220, §3º, II, 220, §5º, e 222, §3º da Constituição e evidencia a ausência de um marco legal de regulação dos meios de comunicação social no país. Temos que a omissão em regular o exercício do direito de resposta foi encerrada em novembro de 2015, com a entrada em vigor da Lei.13.188/15.

No contexto normativo atual, a sustentação de que o parágrafo 5° do artigo 220 da CF/88 trata-se de norma de eficácia plena visa a combater a reivindicação pela regulamentação do dispositivo, reforçando, portanto, o paradigma de não regulação ou regulação mínima do campo da comunicação social.

O terceiro movimento conceitual relevante realizado pelo relator, obtido a partir das definições anteriores, foi aduzir que o capítulo V do título VIII da Constituição Federal de 1988, "Da Comunicação Social", corresponderia à extensão específica das liberdades fundamentais do artigo 5° da CF/88 para a atividade de imprensa [14]. A comunicação social, portanto, se confundiria com a comunicação realizada pela imprensa[15].

A quarta presunção assumida pelo ministro Ayres Britto é tratar comunicação social e empresas jornalísticas e de radiodifusão como sinônimos (BRASIL, 2009, p. 27). Para o ministro, a expressão "meios de comunicação" no texto constitucional não se refere aos instrumentos de produção e divulgação comunicacional, mas às empresas que deles se utilizam. Esse viés resulta que, em lugar de se aplicar aos instrumentos da comunicação social o regime jurídico de bens públicos, subordinando a ele as empresas que os exploram, ocorra o contrário e o regime economicista e privatista das empresas termine por ser aplicado aos meios de comunicação.

Essa tese parece contar com certa ressonância, ao menos no Senado Federal. Ainda na apresentação de razões na ADO n° 10/DF, a Advocacia do Senado sustenta que o campo da comunicação social está devidamente regulado por diplomas normativos que garantem o exercício de direitos aos particulares frente a práticas abusivas, como o Código de Defesa do Consumidor (BRASIL, 2010, doc. 21, p. 14). No tocante à regulação voltada à proibição de monopólios e oligopólios no controle dos meios de comunicação, a tese da desnecessidade de regulamentação específica é reforçada pela defesa de que:

> "(...) a Lei 8.884/94, que dispõe sobre a prevenção e repressão às infrações contra a ordem econômica e dá outras providências, viabiliza o pleno atendimento da norma do artigo 220, §5°, da Constituição Federal, proporcionando a repressão de eventual monopólio ou oligopólio nos meios de comunicação social pelo Conselho Administrativo de Defesa Econômica

[14]Tem lugar o argumento de que a liberdade de imprensa é uma projeção da liberdade individual de expressão e manifestação do pensamento, elaborado primeiramente por Stuart Mill (MILL, 2001)

[15]Diversamente a essa compreensão, o paradigma da *self reliance* concebe a comunicação social como um fenômeno de interação multilateral, que reúne participações e representações sociais múltiplos e procura englobar todos os sujeitos, ações e elementos componentes do fenômeno. Por essa via, a necessidade regulatória no campo da comunicação social precisaria incorporar instrumentos que garantissem a pluralidade de sujeitos e ampliação de acesso aos meios de comunicação.

(CADE), ante seu enquadramento nas infrações tipificadas nos incisos II e IV do seu artigo 20." (BRASIL, 2010, doc.21, p. 18).

Um ano após o julgamento da ADPF 130/DF, a Advocacia do Senado apresenta a síntese que se extrai da formulação do ministro Ayres Britto, vitoriosa no plenário do STF: o tratamento regulatório dos meios de comunicação a partir de regime jurídico empresarial.[16]

Continuando a análise do julgamento, também é perceptível que o ministro toma as relações de comunicação social como fluxos de um mercado perfeitamente autorregulado. Em sua descrição, as "transações" comunicacionais se estabelecem numa emanação do emissor/produtor ao receptor, a quem compete selecionar as emissões que lhe interessam e descartar as que julgar sem importância ou sem pertinência. Para o ministro, a liberdade do fluxo informacional produzido pela imprensa e recebido pela população seria o único – ou o principal – mecanismo de regulação e controle da qualidade da comunicação produzida.

Nesse sentido, o pretenso pensamento crítico que alimenta a imprensa seria fator de qualificação da opinião pública que o absorve. Ela, por sua vez, elevaria seus padrões críticos, rejeitando produções de baixa qualidade, sem confiabilidade, utilidade ou seriedade nos conteúdos. Conforme propôs o ministro:

> "Ele próprio, pensamento crítico ou libertador, a pedagogicamente introjetar no público em geral todo apreço pelo valor da verdade como categoria objetivamente demonstrável, **o que termina por forçar a imprensa mesma a informar em plenitude e com o máximo de fidedignidade.**
>
> 26. Convém insistir na afirmativa: por efeito dessa relação de mútua e benfazeja influência entre a imprensa e seus massivos destinatários, o caminho consequente ou como que natural a seguir só pode ser o da responsabilidade de jornalistas e órgãos de comunicação social. **Responsabilidade que torna**

[16]Em sua manifestação processual após as informações do Senado, o Partido Socialismo e Liberdade (PSOL) chama atenção para essa argumentação nos seguintes termos: "Aí, então, o Senado Federal põe as cartas na mesa. A comunicação social, para essa Casa do Congresso Nacional, é uma atividade empresarial como outra qualquer. Não ocorreu, aos ilustres subscritores da "informação" prestada ao Juízo, que a Constituição Federal contém duas disposições sobre abuso de poder econômico. A primeira está no Título VII – *Da Ordem Econômica e Financeira* (art. 170, inciso IV): o princípio da livre concorrência. A segunda é a que ora nos ocupa, ou seja, a norma do art. 220, § 5º. E onde se encontra esta última? No Título VIII – ***Da Ordem Social***. Como diz o Evangelho, o pior cego é o que não quer ver. A todas as luzes (quando não se é cego), os meios de comunicação social **não são uma espécie de atividade econômica**, mas sim, no preciso sentido etimológico da expressão, um **serviço público**, vale dizer, um **serviço ao povo**.
Por conseguinte, pretender que a legislação reguladora das atividades econômico-empresariais possa ser estendida aos meios de comunicação social é, justamente, esvaziar o seu **conteúdo social**." (BRASIL, 2010, doc. 25, p. 8) (grifos do original).

intrinsecamente meritórios uns e outros. (BRASIL, 2009, p. 30) (grifos do original)."

Do trecho, podemos perceber a descrição de um "mercado de ideias", com capacidade homeostática, independentemente de intervenções externas, o que é bastante elucidativo da aproximação das razões do voto de uma metalinguagem libertariana, não intervencionista. Essa percepção é reforçada pelo paralelismo que o ministro faz entre a relação de emissão e recepção de informações e uma relação de consumo:

> "Tudo a possibilitar a formação de uma confortável **clientela** ou **corpo de destinatários**, que vai eficazmente contrabatendo, com a incessante subida dos seus padrões de seletividade, o personalístico peso dos agentes públicos e dos empresários do ramo, ou mesmo desse ou daquele jornalista em apartado. Seletividade, de sua parte, que opera como antídoto social [...]". (BRASIL, 2009, p. 30) (grifos nossos).

Por essa via, o ministro chegou à ideia de autorregulação na comunicação social, a ser realizada pela própria imprensa, e sustenta seu raciocínio em excertos do jornal da Associação Brasileira de Imprensa (ABI) (edição 326): "Porque do regime da plena liberdade surge a responsabilidade, e o cidadão passa a não comprar porcaria" (BRASIL, 2009, p. 34) e de William Pitt: "à imprensa deve tocar o encargo de se corrigir a si própria" (BRASIL, 2009, p. 34).

O ministro Ayres Britto também realizou uma associação entre imprensa e democracia. Na acepção do ministro, a imprensa seria elemento imprescindível para a vigência do regime democrático, dado que seus questionamentos e revelações públicas garantiriam a transparência e a fiscalização dos poderes oficiais e, por outro lado, qualificariam os destinatários da informação para o debate democrático.

Os termos colocados pelo ministro, no entanto, não se aproximam das postulações da teoria democrática, conforme defendida por Fiss (2005). De acordo com o autor estadunidense, a relação entre liberdade de expressão e democracia se conforma a partir da instrumentalização do direito fundamental pelas demandas comunitárias de autogoverno. Desse modo, é necessário levar em conta a dimensão objetiva do direito à liberdade de expressão.[17]

---

[17]Konrad Hesse (1998) sustenta que os direitos fundamentais possuem natureza funcional dúplice, subjetiva e objetiva. A dimensão objetiva confere garantias estruturais ao próprio sistema jurídico e, por essa razão, molda o conteúdo e os limites da dimensão subjetiva dos direitos fundamentais, a partir d a convivência concomitante e igualitária entre os direitos fundamentais de múltiplos sujeitos e da estruturação do ambiente social que permita sua

No cenário traçado pelo ministro Ayres Britto, o vínculo da imprensa com a democracia residiria na realização plena do direito fundamental à liberdade de expressão por jornalistas e órgãos de imprensa, dado que o exercício desembaraçado desse direito por esses sujeitos teria como consequência natural o incremento do debate democrático.

> (...) a imprensa é o espaço institucional que melhor se disponibiliza para o uso articulado do pensamento e do sentimento humanos como fatores de defesa e promoção do indivíduo, tanto quanto da organização do Estado e da sociedade. *Plus* protecional que ainda se explica pela anterior consideração de que é pelos mais altos e largos portais da imprensa que a democracia vê os seus mais excelsos conteúdos descerem dos colmos olímpicos da pura abstratividade para penetrar fundo *na carne do real.* Dando-se que a recíproca é verdadeira: **quanto mais a democracia é servida pela imprensa, mais a imprensa é servida pela democracia** (BRASIL, 2009, p. 43) (grifos do original).

O ministro não considerou que a instrumentalização do direito fundamental à liberdade de expressão pela dimensão objetiva deve definir o conteúdo da dimensão subjetiva de fruição, a partir da estrutura global do ordenamento[18]. Sua reflexão comportou apenas a fruição plena da liberdade e imprensa, a ser moldada pela abstrata dinâmica do mercado de ideias.

Após estabelecer a associação entre liberdade de expressão[19] e os dispositivos do capítulo III do título VIII da Constituição Federal de 1988, tomados como bloco normativo direcionado à liberdade de imprensa, o ministro chegou à ideia de sobredireitos fundamentais. De acordo com sua apreciação, os sobredireitos seriam direitos fundamentais com proteção ampliada em dois aspectos. O primeiro tem natureza temporal e se trata da proibição de óbices prévios à sua fruição. Os conflitos ou afetações que os sobredireitos viessem gerar para outros direitos de patamar constitucional não poderiam ser alegados como impeditivos de seu gozo. Nesse sentido, o ministro Ayres Britto sustentou que:

---

própria existência. Em síntese, a fruição de direitos fundamentais só seria possível num ordenamento jurídico orientado de forma global pelos valores que eles resguardam. Essa visão fortalece a ideia de que a atividade regulatória é necessária para garantir a observância dos direitos fundamentais no setor da comunicação social.

[18] Também não considerou elementos da economia política da comunicação, que definem a instrumentalização dos veículos de mídia por interesses privados de quem os controla – o fenômeno descrito por Habermas (1984) como privatização da esfera pública e colonização do mundo da vida pelos sistemas.

[19] E demais direitos referentes à livre manifestação do pensamento.

> "Somente depois de qualquer dessas duas atuações em concreto é que se abre espaço à personalíssima reação dos eventuais prejudicados na sua intimidade, vida privada, honra e imagem." (STF, 2009, p. 50).

As ofensas a outros direitos só poderiam ser relevadas em momento posterior à fruição da liberdade de expressão[20] [21].

Em segundo lugar, o sobredireito estaria blindado contra quaisquer restrições de conteúdo. Seus limites seriam apenas aqueles que a própria Constituição tenha consignado. Em outras palavras, o sobredireito estaria descrito no texto constitucional de forma plena e não comportaria qualquer regulamentação do legislador ordinário ou do constituinte derivado[22]. Resgatando a aproximação, construída ao longo do voto, entre atividade de imprensa e comunicação social, poderíamos concluir que, nesses termos, a não regulamentação seria um comando aplicável a todo o campo comunicacional.

Em síntese, referir-se à liberdade de expressão como sobredireito significa defender que seu exercício deve preceder temporalmente o exercício de outros direitos fundamentais e que ela não poderia ser objeto de regulamentação, pois todos os seus elementos definidores já se encontrariam destacados no texto constitucional. O ministro Ayres Britto fundamentou esse posicionamento no §1°, artigo 220 da CF/88[23], que veda a produção de leis que criem embaraços à liberdade de informação jornalística.

Na expressão "nenhuma lei" do dispositivo, residiria a interdição a qualquer norma regulamentadora da liberdade de informação jornalística, sendo as prescrições de vedação do anonimato (art. 5°, IV[24]), exigência de qualificação profissional (art. 5°, XIII[25]) e resguardo do sigilo da fonte (art. 5°, XIV[26]) as únicas

---

[20]É importante frisar que, ao longo do voto, o ministro Ayres Britto trata liberdade de imprensa como a liberdade de expressão dos jornalistas e órgãos de mídia, tentando, em toda a sua argumentação, transferir o conjunto conceitual próprio do direito individual ao campo da comunicação social. Esse é um dos pontos principais de nossa análise, que demonstram a aproximação da postura adotada pelo STF de uma metalinguagem de regulação mínima – ou da não regulação.

[21]O ministro Ayres Britto defendeu que, ao estabelecer essa prevalência temporal, a Constituição teria realizado uma ponderação prévia de valores e atribuído maior peso em favor da liberdade de expressão.

[22]Neste segundo caso, porque o sobredireito fundamental seria também cláusula pétrea.

[23]CF/88, Art. 220, § 1°: Nenhuma lei conterá dispositivo que possa constituir embaraço à plena liberdade de informação jornalística em qualquer veículo de comunicação social, observado o disposto no art. 5°, IV, V, X, XIII e XIV.

[24]CF/88, Art. 5°, IV: é livre a manifestação do pensamento, sendo vedado o anonimato.

[25]CF/88, Art. 5°, XIII: é livre o exercício de qualquer trabalho, ofício ou profissão, atendidas as qualificações profissionais que a lei estabelecer

[26]CF/88, Art. 5°, XIV - é assegurado a todos o acesso à informação e resguardado o sigilo da fonte, quando necessário ao exercício profissional.

condicionalidades ao gozo desse direito. Esse bloco normativo corresponderia à blindagem de conteúdo do sobredireito.

O direito de resposta e indenização por dano material, moral e à imagem (art. 5º, V[27]) e a inviolabilidade da vida privada, da honra, da intimidade e imagem (art. 5º, X[28]), por sua vez, seriam condicionalidades exigíveis *a posteriori*, consignando a prevalência temporal do sobredireito de liberdade de imprensa.

O ministro realizou uma hermenêutica literal da expressão "nenhuma lei", compreendendo que o Estado não poderia exercer atuação positiva frente à liberdade de informação jornalística[29], sendo, por essa razão, interditado de elaborar qualquer norma regulamentadora do exercício desse direito, ante a "lógica impossibilidade de dispor sobre o seu próprio modo de se omitir" (BRASIL, 2009, p. 65). Essa acepção novamente reflete a aproximação do ministro à corrente libertária e se demonstra na seguinte passagem do seu voto:

> "49. (...) Preceito constitucional que chega a interditar a própria opção estatal por dispositivo de lei que venha a "constituir embaraço à plena liberdade de informação jornalística em qualquer veículo de comunicação social". **Logo, a uma atividade que já era "livre" foi acrescentado o qualificativo de "plena".**" (BRASIL, 2009, p. 54) (grifos do original).

Com essas considerações, o ministro concluiu que o direito à liberdade de imprensa seria absoluto, conforme se observa:

> "E concebido por modo absoluto como condição e garantia de *sobreeficácia* do querer normativo da Constituição em tema tão cultural e politicamente sensível como a liberdade de imprensa." (BRASIL, 2009, p. 66).[30]

---

[27]CF/88. Art. 5º. V: é assegurado o direito de resposta, proporcional ao agravo, além da indenização por dano material, moral ou à imagem.

[28]CF/88. Art. 5º. X: são invioláveis a intimidade, a vida privada, a honra e a imagem das pessoas, assegurado o direito a indenização pelo dano material ou moral decorrente de sua violação.

[29]Por extensão, ao campo comunicacional.

[30]Por essa via, qualquer atuação regulamentadora de tangenciasse o exercício da liberdade de imprensa (leia-se: além da liberdade de jornalistas, liberdade dos grupos de mídia) poderia ser declarada inconstitucional: da regulação econômica da atividade de comunicação social ao estabelecimento de princípios orientadores de programações e conteúdos e às garantias de acesso e pluralismo nos meios de comunicação. Foi o que aconteceu na Argentina, quando a constitucionalidade da *Ley de Medios* foi contestada. As empresas que interpuseram a ação sustentaram que, dentre outras alegações, a intervenção estatal no campo comunicacional (definição das formas de negociação e acumulação de permissões de uso de sinais audiovisuais, estabelecimento de limites de alcance mercadológico e a determinação da divisão da exploração dos veículos audiovisuais entre o poder público, agentes privados sem fins lucrativos e agentes privados com fins

Das definições apresentadas, o voto chegou a três conclusões decisórias. A primeira, conforme já mencionado, foi a afirmação de que as liberdades de pensamento e expressão *lato sensu* gozam de primazia ou precedência sobre os demais direitos de personalidade, aduzindo que a Constituição Federal de 1988 realizara ponderação prévia e atribuição de maior peso ao valor da liberdade de expressão. A saída teórica que o ministro Ayres Britto adotou para fundamentar sua conclusão foi afirmar que a Constituição Federal de 1988 estabeleceu uma hierarquização axiológica em favor da liberdade de expressão, classificando-as como norma-regra.

É possível opor uma dupla contestação à posição do ministro. Em primeiro lugar, não existem evidências ou indícios implícitos de que a Constituição Federal de 1988 tenha situado as liberdades de expressão e imprensa em um patamar hierárquico superior. Essa consideração vai de encontro à tese da unidade hierárquico-normativa da Constituição (CANOTILHO, 2003, p. 191). Em segundo lugar, a mera classificação das liberdades de expressão e imprensa como regras (em contraposição a princípios) não soluciona a questão da delimitação de seu conteúdo e de sua forma de aplicação.

As regras são comandos deontológicos de aplicação plena (eximida de ponderação) em razão da estrutura pela qual se expressam. Tanto sua hipótese de incidência, quanto o dever-ser que determinam são delimitados de modo a possibilitar o conhecimento do universo e a exclusividade de incidência sobre fatos concretos (ATIENZA; MANERO, 1991). Semelhante estrutura não pode ser atribuída à liberdade de expressão apenas pela imputação arbitrária de uma classificação.

A liberdade de expressão estrutura-se na forma de princípio, o que significa, dentre outras consequências, que sua hipótese de incidência é ampla e não regulamenta as situações fáticas com exclusividade, pois pode comportar intersecções com outros princípios ou regras. Nesse sentido, a realização de juízo de delimitação da incidência do princípio é indispensável, independentemente do método ou técnica que venha a ser adotada, e, ainda que se reconheça preferência em favor da liberdade de expressão, ela não será absoluta, mas apenas *prima facie* (ALEXY, 1993, p. 97).

Do mesmo modo, as soluções para choques entre as liberdades de expressão e imprensa e outros princípios constitucionais, não serão proporcionadas pela invalidação das normas em conflito. Diferentemente do que

---

lucrativos, entre outros dispositivos) consistia em ofensa à liberdade de expressão das empresas detentoras dos sinais. (ARGENTINA, 2009). O raciocínio também está presente em manifestações públicas de entidades representativas de grupos empresariais midiáticos no Brasil. Na ocasião de debate do PNDH III, a ABERT, ANJ e ANER (2010) publicaram nota de rechaço às discussões sobre regulamentação da mídia audiovisual, classificando-as como tentativas veladas de censura.

ocorre na eliminação de antinomias entre regras, demanda-se a realização de ponderação principiológica. Portanto, a hipótese de "ponderação prévia da Constituição" não encontra correspondência com os conceitos de princípios e regras referidos.

A segunda conclusão do voto foi a proibição ao Estado de elaborar uma "lei de imprensa". O ministro declarou que a possibilidade de regulamentação orgânica da atividade de imprensa foi interditada pela Constituição, conclusão consectária da concepção de liberdade de imprensa como "direito absoluto", pautada numa interpretação literal do parágrafo primeiro do artigo 220 da CF/88. Desse modo, as normas referentes à liberdade de imprensa foram classificadas como de eficácia plena e irregulamentáveis. A grande quantidade de dispositivos constitucionais referentes ao tema que, para adquirirem aplicabilidade, necessitam de regulamentação infraconstitucional, foi desconsiderada[31].Mais uma vez, percebe-se a aproximação das razões apresentadas pelo ministro Ayres Britto do paradigma libertariano.

Da acepção de interdição legislativa às matérias de imprensa, o ministro Ayres Britto inferiu que a estrutura estatutária da Lei nº 5.250/67, por si só, seria causa suficiente de inconstitucionalidade. Está presente, nesta conclusão, a ideia libertariana de não intervenção estatal e, portanto, vedação à atividade regulatória no campo da comunicação.

Para os objetivos deste trabalho, esses foram os aspectos decisórios e argumentativos mais relevantes do voto-condutor. Passamos, agora, a destacar os referenciais paradigmáticos presentes nos votos apresentados pelos demais ministros.

3.2. Análise dos votos apartados: algumas divergências e referências ao paradigma democrático

O único ministro a sustentar o indeferimento completo da ADPF 130/DF foi o ministro Marco Aurélio Mello, considerando que o conteúdo inconstitucional da lei de imprensa já havia passado por controle difuso de constitucionalidade[32].

---

[31]É o caso dos artigos 220, § 5º (proibição de monopólios diretos e indiretos); § 3º, II (estabelecimento de mecanismos de defesa contra práticas abusivas dos meios de comunicação) e 221 (princípios que devem reger a programação de emissoras de rádio e televisão), dentre outros.

[32]O ministro não tratou das possibilidades regulatórias no campo da comunicação social, como fez Ayres Britto. Suas considerações sustentaram que, desde a redemocratização, a lei impugnada não era mais óbice ao exercício livre da atividade de imprensa: "Não me consta que a imprensa do País não seja livre, e possíveis artigos à margem da Carta da República já foram e são diariamente afastados pelo Judiciário" (BRASIL, 2009, p. 130/DF). Nesse sentido, o controle de constitucionalidade sobre dispositivos da lei, em

Acatando a procedência parcial da ação, estabelecendo divergência, os ministros Joaquim Barbosa, Ellen Gracie e Gilmar Mendes[33]. Os demais votaram com o relator.

Os votos apartados dos demais ministros do STF revelam algumas divergências importantes para as apreensões que desejamos realizar neste trabalho. Em primeiro lugar, divergindo do relator, todos os demais ministros ressalvaram que, dentre os direitos fundamentais, nenhum valor, princípio ou prerrogativa poderia ser considerado absoluto.

Os ministros Menezes Direito, Joaquim Barbosa, Celso de Melo e Gilmar Mendes afastaram a proposição de interdição legislativa apresentada pelo ministro Ayres Britto, sustentando que a Constituição, no tocante à liberdade de imprensa, estabelecera uma reserva legal qualificada[34].

As considerações destoantes que sobressaíram nos debates vieram dos ministros Joaquim Barbosa, Celso de Mello e Gilmar Mendes. O ministro Joaquim Barbosa chamou atenção diretamente para a monopolização do discurso público por meio da concentração dos veículos de comunicação em poucas mãos privadas. O ministro foi o único a problematizar a liberdade de expressão para além dos conflitos com direitos de personalidade e, mesmo de forma tangenciada, tratou da abrangência da comunicação social, conforme se vê:

> Múltiplos fatores interferem nesse campo: a peculiaridade da história do país, a maneira como a sociedade é organizada, o modo de interação entre grupos sociais dominantes e grupos sociais minoritários, tudo pode influir na questão da liberdade de expressão e da liberdade de imprensa. [...] Penso que a liberdade de imprensa há de ser considerada também sob uma ótica a respeito da qual, aparentemente, o eminente Relator passou ao largo. É que a liberdade de imprensa tem natureza e função multidimensionais. Ela deve também ser examinada sob a ótica dos destinatários da informação e não apenas à luz dos interesses dos produtores da informação (BRASIL, 2009, p. 110).

---

mais de vinte anos da redemocratização, teria afastado todo o conteúdo autoritário da norma e o ministro considerou que o "vácuo normativo" a ser provocado pelo completo da Lei de Imprensa não seria benéfico à liberdade, mas, ao contrário, eliminaria parâmetros de fruição de direitos e de procedimento judicial, causando insegurança jurídica.

[33]Ellen Gracie e Joaquim Barbosa julgaram a ação improcedente quanto aos artigos 1°, § 1°; 2°, caput; 14; 16, I, 20, 21 e 22. Gilmar Mendes julgou improcedência quanto aos artigos 29 a 36.

[34]Como define Edilson Farias: "A autorização constitucional (competência destinada ao legislador ordinário) para a lei estabelecer restrições aos direitos fundamentais (tecnicamente denominada reserva de lei restritiva) pode ocorrer de duas formas: como reserva de lei restritiva simples e como reserva de lei restritiva qualificada. [...]. Sucede a reserva de lei restritiva qualificada quando a Constituição fixa requisitos ou objetivos para a lei restritiva, e, dessa forma, limita a discricionariedade do legislador ordinário para impor a restrição ao direito fundamental" (2004, p. 38).

A obra de Owen Fiss foi utilizada como referência e o ministro alinhou-se à corrente democrática, defendendo a possibilidade de o Estado atuar sobre as liberdades de expressão e de imprensa para promovê-las de forma geral e isonômica.

O ministro Celso de Mello remeteu à necessidade de ponderação de princípios constitucionais no ato de efetivação das liberdades de expressão e de imprensa, indo de encontro à hipótese de "ponderação constitucional prévia". O ministro adotou o pressuposto da dupla dimensão dos direitos fundamentais, conforme a lição de Konrad Hesse, situando que a Constituição de 1988 estabeleceu os critérios para a concretização não apenas da dimensão individual, mas também da dimensão transindividual (ou objetiva) da liberdade de imprensa, que incrementa o debate democrático. As considerações do ministro Celso de Mello, entretanto, mantiveram o foco da problematização restrito aos conflitos com direitos de personalidade.

O ministro Gilmar Mendes, por sua vez, combateu de forma mais minudente as proposições hermenêuticas do ministro Ayres Britto. Em primeiro lugar, afastou a tese do caráter absoluto da liberdade de expressão, sustentando que a interpretação do termo "nenhuma lei", expresso no parágrafo primeiro do artigo 220, não poderia ser literal.

O ministro Gilmâr Mendes fez um paralelo entre as semelhanças textuais do dispositivo e a Primeira Emenda da Constituição dos Estados Unidos da América (EUA) e, no tocante à regulamentação das liberdades de expressão e imprensa, expôs as duas correntes contrapostas nos EUA, a libertária e a democrática.

Adotando a concepção democrática, o ministro relacionou democracia e liberdade de expressão em termos diferentes dos do ministro Ayres Britto. Para o relator, a liberdade de expressão qualificaria a democracia essencialmente por estender a seu campo o livre exercício de direito de personalidade e, naturalmente (*sic*) melhorar o discurso. O ministro Gilmar Mendes, por seu turno, retratou o discurso livre como instrumento da democracia deliberativa e analisou a liberdade de imprensa a partir das dimensões objetiva e subjetiva desse direitos.

O ministro Mendes sustentou que os direitos fundamentais não apenas garantem posições individuais referentes à esfera de liberdade protegida contra o Poder Público, mas sua evolução histórica atingiu diferentes esferas protetivas e de exigências de prestação, até chegarem às sínteses valorativas que permeiam todo o ordenamento jurídico. Nesse sentido, a Constituição Federal de 1988, que é a sede dos direitos fundamentais:

> Não pretende ser um ordenamento neutro do ponto de vista axiológico (...). Esse sistema de valores, que tem como ponto central a personalidade humana e sua dignidade, que se desenvolve livremente dentro da comunidade social, precisa

> valer enquanto decisão constitucional fundamental para todas as áreas do direito; Legislativo, Administração Pública e Judiciário recebem dele diretrizes e impulsos'. Essa concepção formada pela Corte alemã evidencia que os direitos fundamentais são, a um só tempo, direitos subjetivos e elementos fundamentais da ordem constitucional objetiva (BRASIL, 2009, p. 218-219).

Com essa problematização, o ministro Gilmar Mendes reconduziu às discussões do processo a ideia de direitos fundamentais como princípios conformadores do fundamento axiológico do ordenamento jurídico. Diferentemente do ministro Ayres Britto, que declarou uma suposta escolha valorativa prévia da Constituição, o ministro Gilmar Mendes, indo além do ministro Celso de Mello, retomou o problema da aplicação de princípios constitucionais de conteúdos múltiplos e divergentes e da sua funcionalidade diante da coerência que deve ser mantida pelo ordenamento jurídico, concebendo os direitos fundamentais como a base do Estado Democrático de Direito (STF, 2009, p. 218).

Apoiando-se em Konrad Hesse, o ministro depreendeu que a fruição de liberdades fundamentais somente poderia acontecer num contexto de liberdade geral. Tal contexto seria proporcionado mediante espaços democráticos decisórios qualificados[35]. Os direitos fundamentais corresponderiam aos elementos garantidores desses espaços, resguardando o núcleo conceitual da democracia. Seriam, portanto, os princípios estruturantes do ordenamento constitucional e da democracia.

Nesse sentido, os direitos fundamentais não se orientariam apenas para a fruição por parte de sujeitos individuais, pois eles também corresponderiam à própria manutenção da ordem jurídica enquanto Estado Democrático de Direito. Por essa razão, seria legítimo que a tipificação, o conteúdo e o âmbito de incidência dos direitos fundamentais fossem orientados por essa funcionalidade.

Direitos fundamentais, portanto, seriam, ao mesmo tempo, posições subjetivas dos indivíduos (dimensão subjetiva) e base estruturante do ordenamento jurídico de um Estado Democrático de Direito (dimensão objetiva). Nesse sentido, a regulamentação da liberdade de imprensa seria perfeitamente adequada, e mesmo necessária, aos preceitos constitucionais. Podemos inferir que, por essa perspectiva, a atividade regulatória do Estado, além de permitida, deveria se voltar para a garantia da dimensão objetiva dos direitos relacionados à comunicação – ou seja, normas que garantam a plenitude de informações e a pluralidade de vozes e sujeitos.

Ademais, continua o ministro Gilmar Mendes em seu voto, seria impossível negar ou neutralizar artificialmente, por meio da hipótese de "ponderação prévia"

---

[35]Raciocínio que se assemelha à tese habermasiana da cooriginalidade do princípio democrático e dos direitos fundamentais (MELO, 2005, p. 70).

ou da classificação do direito como "norma-regra" (sustentadas pelo ministro Ayres Britto) os conflitos principiológicos e valorativos que se estabelecem no campo da realidade material e demandam soluções por parte do Judiciário. Assim considerou o ministro:

> "Como se vê, há uma inevitável tensão na relação entre a liberdade de expressão e de comunicação, de um lado, e os direitos da personalidade constitucionalmente protegidos, de outro, a qual pode gerar uma situação conflituosa, a chamada *colisão de direitos fundamentais (Grundrechtskollision).*" (BRASIL, 2009, p. 229)

O ministro Gilmar Mendes destacou ainda que o tratamento legislativo conferido ao tema deveria obedecer à reserva legal qualificada, como mencionamos anteriormente.

O ministro remete-se também à dimensão de poder da imprensa contemporânea, rompendo com o delineamento estabelecido pelo ministro Ayres Britto:

> "O poder da imprensa é hoje quase incomensurável. Se a liberdade de imprensa, como antes analisado, nasceu e se desenvolveu como um direito em face do Estado, uma garantia constitucional de proteção de esferas de liberdade individual e social contra o poder político, hodiernamente talvez a imprensa represente um poder social tão grande e inquietante quanto o poder estatal." (BRASIL, 2009, p. 253).

A partir dessa premissa, a tese da interdição legislativa para o direito à liberdade de imprensa foi afastada. Assim como o ministro Joaquim Barbosa, o ministro Gilmar Mendes alinhou-se à corrente democrática, aceitando que o Estado poderia estabelecer regulamentações sobre a liberdade de imprensa, com vistas a manter a liberdade de todos (dimensão objetiva do direito)[36].

Entretanto, as divergências destacadas focavam-se, eminentemente, nas possibilidades de colisão entre as liberdades de expressão e de imprensa com direitos individuais, ainda quando sustentavam a necessidade de proteção da dimensão objetiva da comunicação como necessária ao debate democrático. Não

---

[36]Gilmar Mendes votou pela não-recepção parcial da norma, julgando a ação improcedente quanto aos artigos 29 a 36. O ministro sustentou que a manutenção dos dispositivos seria necessária para evitar o vazio legislativo quanto ao direito de resposta. Assim como Marco Aurélio Mello, considerou que a amplitude dos danos causados pelos órgãos de imprensa exigiria matéria específica no tocante à reparação e seria um erro relegar a matéria ao procedimento civil ordinário. Como já mencionado, essa lacuna só foi suprida em novembro de 2015, com a entrada em vigor da Lei 13.188/15.

foram feitas maiores considerações acerca da economia política do campo da comunicação social.

4. Conclusões

As considerações argumentativas dos ministros do STF na decisão da ADPF 130/DF, especialmente o voto condutor, antes de pautarem propriamente a recepção da Lei de Imprensa pela Constituição Federal de 1988, apresentaram discursos acerca das possibilidades regulatórias no campo da comunicação social, reveladores da metalinguagem subjacente às compreensões que adotam sobre o setor.

O entendimento predominante, sustentado no voto do ministro Ayres Britto e acatado pela maioria do plenário, alinha-se com um minimalismo regulatório para o campo comunicacional, sustentado pela teoria libertariana e o *free flow of information*. A despeito da negativa expressa por todos os demais ministros da tese de interdição legislativa quanto à regulação da liberdade de imprensa (e, por extensão, da atividade dos meios de comunicação), os posicionamentos apresentados corroboraram o entendimento da comunicação social como um mercado com capacidade autorregulatória, que demandaria interferências estatais mínimas, voltadas eminentemente para a garantia de prerrogativas individuais personalíssimas, como os direitos à imagem, à honra e à privacidade.

Os votos divergentes dos ministros Gilmar Mendes e do então ministro Joaquim Barbosa manifestaram, por sua vez, aproximação com o paradigma democrático, afeito a uma regulação dos meios de comunicação a partir das exigências da democracia deliberativa.

A não ser em alguns trechos do voto do ministro Joaquim Barbosa, não se observaram nos debates considerações sobre a atividade regulatória como intervenção garantidora de condições equitativas aos sujeitos no debate público, dominado pelos meios de comunicação. A influência desses veículos na produção, repercussão e direcionamento no debate público, a hegemonização de discursos e seu poderio econômico não foram considerados enquanto elementos que afetam o processo democrático.

Desde o julgamento da ADPF 130/DF, o STF não teve outros momentos de discussão plenária sobre regulação da comunicação social. Ações posteriores que pautam a regulamentação de dispositivos do Capítulo V, Título VIII, da Constituição não chegaram ao pleno. A ADO nº 9 foi indeferida por ilegitimidade da parte proponente e a ADO nº 10/DF e ADO nº 11 ainda estão em tramitação.

Compreender os paradigmas que predominam no discurso jurídico, e em especial no STF, é crucial ante o contexto de vazio regulatório do setor, por um lado, e demandas sociais pela democratização dos veículos de comunicação, por outro. Os dois fatores levaram à propositura das ADOs e, novamente, o Supremo irá defrontar os temas debatidos na ADPF 130/DF e aqui analisados.

Espera-se que, na apreciação das ADOs, a Corte incorpore elementos analíticos além dos que foram manifestados naquele julgamento e atue pelo fortalecimento das reivindicações cada vez mais crescentes por democratização da mídia no Brasil, combatidas pelo discurso de não regulação defendido por grupos midiáticos empresariais. Essa atuação exige o entendimento de que a regulação do setor por parte do Estado é necessária e deve guardar coerência com os direitos fundamentais e a promoção da esfera pública de debate.

Referências Bibliográficas

ALEXY, R.. **Derecho y razón práctica.** Cidade do México: Fontanamara, 1993

ARANHA, M. I.. **Manual de Direito Regulatório (fundamentos de Direito Regulatório)**. Coleford: Laccademia Publishing, 2014.

ARGENTINA. Corte Suprema de Justícia de la Nación. Recurso Extraordinário de ação declaratório de inconstitucionalidade nº 439, 445, 451. Grupo Clarín S.A e outros c/ Poder Executivo e outro. Disponível em: < http://www.csjn.gov.ar/confal/ConsultaCompletaFallos.do?method=verDocumentos&id=706428>. Acesso em: 27 dez. 2015

ATIENZA, M.; MANERO, J. R.. Sobre Principios e reglas. **DOXA**, Alicante, n° 10, p. 101-120, 1991.

BRASIL. Supremo Tribunal Federal. Ação de Descumprimento de Preceito Fundamental nº 130/DF. Proponente: Partido Democrático Trabalhista. Disponível em: < http://redir.stf.jus.br/estfvisualizadorpub/jsp/consultarprocessoeletronico/ConsultarProcessoEletronico.jsf?seqobjetoincidente=12837>. Acesso em: 27 dez. 2015.

___________. Supremo Tribunal Federal. Ação Declaratória de Inconstitucionalidade por Omissão nº 10/DF. Proponente: Partido Socialismo e Liberdade. Disponível em: http://redir.stf.jus.br/estfvisualizadorpub/jsp/consultarprocessoeletronico/ConsultarProcessoEletronico.jsf?seqobjetoincidente=3984619. Acesso em: 27 mar. 2016.

CANOTILHO, J. J. G.. **Direito constitucional e teoria da Constituição.** Coimbra: Almedina, 2010.

FARIAS, E.. **Liberdade de Expressão e Comunicação:** teoria e proteção constitucional. São Paulo: Editora Revista dos Tribunais, 2004.

FISS, O. M. **A ironia da liberdade de expressão:** estado, regulação e diversidade na esfera pública. Rio de Janeiro; Renovar, 2005.

FREIRE, P.. **Extensão ou comunicação?** Rio de Janeiro: Paz e Terra, 1992.

GIFREU, J.. **O Debate Internacional da Comunicação.** Barcelona: Ariel Comunicação,1986.

GOMES, R. A. L.. **A comunicação como direito humano:** um conceito em construção. Dissertação de mestrado defendida junto ao Programa de Pós-graduação em Comunicação da Universidade Federal de Pernambuco, em 2007.

GUIMARÃES, J.; AMORIM, A. P.. **A corrupção da opinião pública:** uma defesa republicana da liberdade de expressão. São Paulo: Boitempo, 2013.

HABERMAS, J.. **Mudança estrutural da esfera pública**: investigações quanto a uma categoria da sociedade burguesa**.** Rio de Janeiro: Tempo Brasileiro, 1984.

HAMELINK, C.J. Direitos Humanos para a Sociedade da Informação. In: MARQUES DE MELO, José; SATHLER, Luciano (Orgs.). Direitos à Comunicação na Sociedade da Informação. São Bernado do Campo: UMESP, 2005

HESSE, K.. **Elementos de Direito Constitucional da República Federal da Alemanha**. Porto Alegre: Sérgio Antonio Fabris Editor, 1998.

LIMA, V. A.. **Liberdade de expressão x Liberdade de imprensa:** direito à comunicação e democracia. São Paulo: Publisher Brasil, 2010.

______. **Regulação das comunicações:** história, poder e direitos. São Paulo: Paulus, 2011.

MELO, R. S.. Habermas e a estrutura "reflexiva" do direito. **Revista Direito FGV**. V 1, p. 67-78, mai. 2005.

MILL, J. S.. **A Liberdade (1859)/ Utilitarismo (1861)**. São Paulo: Martins Fontes: 2001.

ROLIM, R. R.. **Direito à comunicação:** possibilidades, contradições e limites para a lógica dos movimentos sociais. Recife: 8 de Março, 2011.

SILVA, J. A. da. Curso de Direito Constitucional Positivo. São Paulo, 2015.TERROU, F.. **La información.** Barcelona: Oikos-tau, 1970.

UNESCO. **Um mundo e muitas vozes: comunicação e informação na nossa época**. Rio de Janeiro: Fundação Getúlio Vargas, 1983.

WIMMER, M.. **Direitos, democracia e acesso aos meios de comunicação de massa.** Tese de doutorado defendida junto ao Programa de Pós-graduação em Comunicação da Universidade de Brasília em 2012.

CAJÚ, O. de O. *O STF e a regulação dos meios de comunicação social: a metalinguagem adotada pela Corte na decisão da ADPF 130/DF.* **Revista de Direito, Estado e Telecomunicações**, Brasília, v. 9, n. 1, p. 93-124, maio de 2017.

Dispositivos Eletrônicos Portáteis: Interferências nos instrumentos de comunicação e navegação das aeronaves

Portable Electronic Devices: Interference in navigation and communication systems of aircrafts

Submetido (*submitted*): 27/06/2016
Parecer (*revised*): 30/07/2016
Aceito (*accepted*): 04/08/2016

João Pedro de França Santos*
Roberto Márcio Santos**

Resumo

Propósito – Analisar as interferências nos instrumentos de comunicação e navegação das aeronaves causadas por dispositivos eletrônicos portáteis.
Metodologia – Este artigo apresenta uma abordagem sobre o método de funcionamento dos dispositivos eletrônicos portáteis, uma pesquisa exploratória das regulamentações brasileiras e internacionais, bem como uma análise de quais são os instrumentos passíveis de interferência e quais os efeitos dessas interferências.
Resultados – As interferências existem e podem ser evitadas. Cada país possui as suas regras de utilização e também os responsáveis por permitir e fiscalizar o uso destes dispositivos abordo de aeronaves.
Implicações práticas – Os resultados nos mostram as diferentes formas de regulamentação no mundo apesar dos dispositivos serem iguais no mundo todo.

Palavras-chave: Telecomunicações; Interferências; Comunicação; Navegação; Dispositivos Eletrônicos Portáteis.

Abstract

Purpose *– To analyze interferences on navigation and communication systems caused by portable electronic devices.*
Methodology *– This article tackles the operation method of the portable electronic device, exploratory research of Brazil's regulation and other countries, as well as lists instruments that can be under the effect of those interferences.*
Findings *– Interferences exist and they can be avoided. Each country has its usage rules and those responsible for allowing and supervise the use of these devices onboard aircraft.*

*Piloto Comercial de Avião e Bacharel em Ciências Aeronáuticas pela Escola de Gestão e Negócios da Pontifícia Universidade Católica de Goiás. Email: joaopedrodefranca@hotmail.com.
**Professor Assistente no Curso de Ciências Aeronáuticas pela Escola de Gestão e Negócios da Pontifícia Universidade Católica de Goiás. Mestrado Profissional em Safety pelo Instituto Tecnológico de Aeronáutica (ITA). Mestrado em Psicologia pela Universidade Federal do Rio Grande do Sul (UFRGS). Especialização em Metodologia do Ensino da Educação Física pela Universidade Federal do Rio Grande do Sul (UFRGS). Licenciatura plena em Educação Física pela Escola Superior de Educação Física de Goiás (ESEFEGO). Capitão R1: Controlador de Tráfego Aéreo da Força Aérea Brasileira (FAB). Email: rob.marcio@hotmail.com.

Practical implications *– The findings show us the different ways of regulating worldwide the same portable electronic devices.*

Keywords: Telecommunication; Interferences; Communication; Navigation; Portable Electronic Devices.

Introdução

Comunicação é a troca de informações onde existe um emissor, uma mensagem, que é codificada de alguma maneira[1], e um receptor, que interpreta e faz uso dessas informações. É a ação de transmitir um dado e receber uma resposta. O sucesso de um processo de comunicação ocorre quando o receptor consegue captar completamente a mensagem e interpretá-la corretamente. Todos os dias, a todo momento e em todos os lugares, é comum identificar, na prática, como funciona o processo de comunicação, inclusive o método da comunicação por ondas eletromagnéticas, como por exemplo fazer uma ligação telefônica utilizando métodos de comunicação sem fio. Na navegação aérea, os meios de comunicação são muito utilizados tanto para a transmissão de voz quanto de dados.

Mas toda comunicação está sujeita a interferências diversas. O artigo tratará das interferências dos dispositivos eletrônicos portáteis sobre os instrumentos que as aeronaves utilizam para se comunicar e navegar. Este trabalho se justifica devido à preocupação com o crescente número de dispositivos eletrônicos levados a bordo por passageiros que podem causar interferências nos instrumentos de comunicação e navegação da aeronave, criando um risco potencial à segurança de voo. Esta pesquisa tem como objetivo identificar quais dispositivos podem causar anomalias nos equipamentos de comunicação e navegação das aeronaves e a regulamentação nacional e internacional quanto ao uso destes dispositivos a bordo desse meio de transporte.

Comunicação Aeronáutica

O crescimento da tecnologia de comunicação aperfeiçoou o uso do rádio para que este pudesse se tornar cada vez mais confiável a bordo de aeronaves, servindo também como auxílio de navegação utilizando as ondas eletromagnéticas, que são oscilações em fase de campos magnéticos e elétricos, que se propagam no espaço. Ou seja, essas ondas transmitem energia (que se codificam em informações) sem precisar de um fio, ou algum outro meio

---

[1]Através de sinais, palavras ou sons.

condutor. O uso das ondas eletromagnéticas não estão presentes apenas na aviação. Televisores, telefones celulares, aparelhos de radiografia, aparelhos de micro-ondas (que utilizam ondas eletromagnéticas em alta frequência, onde não são fontes de calor, mas de energia), entre outros, utilizam dessa tecnologia para trocar informações e conseguir estabelecer a comunicação entre as partes (TEIXEIRA, 2016).

A partir do crescimento da aviação, viu-se necessário regular o uso do espaço aéreo com regras comuns a todas as aeronaves. Uma das preocupações dessa regulamentação é a comunicação, que é fundamental até hoje para uma melhor utilização das áreas utilizadas para voo e que consequentemente contribui para garantir voos mais seguros. A tecnologia foi aprimorada desde o início dessa atividade e hoje é raro encontrarmos aeronaves sem equipamento de comunicação. É necessário ressaltar ainda que, de acordo com a regulação, aeronaves sem equipamento rádio não podem voar em determinados espaços aéreos e possuem algumas outras restrições de voo (LIBRANTZ; LIBRANTZ, 2006).

As interferências podem não permitir que a comunicação seja 100% efetiva, impedindo que a mensagem chegue para o receptor da maneira como foi emitida. Essas interferências podem ter várias causas como por exemplo o uso da mesma frequência de ondas eletromagnéticas por outros dispositivos. Isso é algo a ser levado em consideração, já que várias aeronaves e outras estações, autorizadas ou não, utilizam as ondas eletromagnéticas para transmitir diferentes informações simultaneamente. A interferência cria um risco potencial à segurança do voo e esse risco aumenta assim que novas tecnologias são desenvolvidas devido à interação entre elas, podendo gerar alguns conflitos (AZEVEDO, 2012).

De alguns anos para cá, o mundo se tornou extremamente conectado e isso só é possível por causa dos processos de comunicação. Existem vários aparelhos capazes de transmitir informações e isso pode ser um problema para a aviação. Quando uma aeronave se comunica com outra, ou com algum Órgão de Serviço de Tráfego Aéreo, informações importantes estão sendo transmitidas, e qualquer problema na comunicação pode se transformar em um risco real ao voo. Assim, quando uma aeronave estiver transmitindo, o ideal seria que não aconteça nenhuma interferência de forma que não houvessem dúvidas para cumprir as instruções recebidas ou em relação aos dados de navegação durante a execução de procedimentos (GIL, 2011).

Mas as interferências podem acontecer por inúmeras maneiras. Uma dessas maneiras é o uso dos dispositivos eletrônicos portáteis, que conectados, recebem e enviam informações utilizando as ondas eletromagnéticas (CUNHA, et al., 2012).

Ondas eletromagnéticas

Os dispositivos eletrônicos portáteis ou *Portable Eletronic Devices* (PED) são considerados os principais causadores de eventos anômalos durante o voo, isso porque estes dispositivos emitem sinais não controlados que podem interferir nos instrumentos do avião. Isso tudo ocorre porque as ondas eletromagnéticas são campos de interação variáveis que produzem um campo elétrico e podem se propagar até no vácuo, além de possuir suas próprias características (LIBRANTZ; LIBRANTZ, 2006).

De acordo com AGHDASSI (1999), no contexto da comunicação, a principal característica das ondas eletromagnéticas é a velocidade. No vácuo, uma onda como esta pode chegar a 300.000 km/s e consegue ultrapassar várias barreiras, inclusive os materiais que são utilizados para fabricar uma aeronave. Na comunicação por rádio, as informações são convertidas em sinais elétricos que são amplificados e emitidos para uma estação transmissora. A diferença de uma onda para a outra pode ser a frequência, a velocidade e a amplitude. Ao transmitir, uma aeronave passa informações ou solicita instruções aos controladores de tráfego aéreo e navegando, os instrumentos recebem e transmitem informações de/para estações para se localizar durante o voo.

Segundo CUNHA et al. (2012), além de fornecer informações por voz, as ondas podem transmitir dados de localização com precisão. Alguns receptores embarcados de auxílio à navegação (ADF[2], VOR[3], DME[4], por exemplo) transmitem para o piloto, informações que permitem a sua localização no espaço aéreo e percorrer trajetórias precisas, impedindo assim conflitos de tráfego aéreo ou mesmo incidentes, já que outras aeronaves dividem o mesmo espaço aéreo. Assim, quaisquer anomalias nesses instrumentos de navegação podem alterar a trajetória de uma aeronave podendo conflitar com a trajetória de outra aeronave.

Dispositivos Eletrônicos Portáteis (*PED*)

Telefones celulares, *smartphones*, *tablets*, *notebooks*, entre outros, são considerados dispositivos eletrônicos portáteis. Esses dispositivos estão cada vez mais presentes na vida dos seres humanos por facilitar o dia a dia e a comunicação entre emissores e receptores espalhados pelo mundo. Mas esses dispositivos podem alterar o comportamento das ondas de rádio que são enviadas e recebidas por uma aeronave, criando algum tipo de interferência, que

[2]*Automatic Direction Finder*: Instrumento de navegação embarcado que se resume em exibir a direção da estação de rádio auxílio sintonizada.
[3]*VHF Omnidirectional Range*: Instrumento capaz de receber ondas de rádio emitidas em todas as direções do rádio auxílio.
[4]*Distance Measure Equipment*: Equipamento que integra o VOR, sendo um medidor de distância, na maioria das vezes, em milha náutica, entre a aeronave e a estação desse rádio auxílio.

pode fazer com que uma instrução emitida por um órgão de controle, por exemplo, não seja compreendida pelos pilotos de uma aeronave. Devido à quantidade crescente, é cada vez mais difícil controlar o uso desses dispositivos nos aeroportos ou nas aeronaves, o que pode atrapalhar a comunicação e navegação aeronáutica (JAY, J. 2005).

Os dispositivos que transmitem ondas intencionais são aqueles que possuem antena transmissora de radiofrequência e irradiam intencionalmente sinais na sua faixa de frequência pré-estabelecida. São exemplos: telefone celular, dispositivos *Wi-Fi*, *Bluetooth*, entre outros. Já os dispositivos que não transmitem ondas intencionais não possuem circuitos e antenas transmissoras de radiofrequência, mas mesmo assim são fontes que utilizam do seu circuito interno para funcionamento. São exemplos: MP3 *player*, gravadores de áudio, câmeras fotográficas, entre outros. Para as agências reguladoras de comunicação, aqueles aparelhos que possuem a função para desabilitar a comunicação (modo *off-line*) são considerados transmissores não intencionais, desde que estejam com essas funções de transmissão desabilitadas (BRASIL, 2014).

Mesmo que um telefone celular opere em frequências diferentes das frequências aeronáuticas, existe o risco da interferência. Em modo de espera (quando nenhuma ligação está em andamento), o aparelho envia e recebe informações para uma estação (antena). Uma aeronave que esteja se aproximando para pouso ou decolando de um aeroporto, provavelmente estará próxima a uma dessas estações de telefonia celular. Quando um celular está próximo à antena, a rede automaticamente reduz a potência de saída e representa um pequeno risco de interferência eletromagnética ou *eletromagnetic interference* (EMI). Contudo, quando o aparelho se afasta da antena, a tendência é que a rede se ajuste a uma potência maior, que representa um risco potencialmente maior de interferência (BURREL, 2003).

De acordo com LIBRANTZ, LIBRANTZ (2006), em 1960 nos Estados Unidos, foi feito um teste com um receptor de rádio FM[5] a bordo de uma aeronave onde um instrumento de navegação indicava que a aeronave se encontrava 10 graus fora do curso correto para a navegação. Ao desligar o receptor de rádio, o curso de navegação voltou a se tornar preciso e confiável. Um ano depois, o governo dos Estados Unidos formalizou a proibição do uso de receptores de frequência modulada. Por causa desse fato, a FAA (*Federal Aviation Administration*), agência de aviação dos Estados Unidos, começou a se preocupar com o uso destes dispositivos a bordo, já que eram potencialmente perigosos, e escolheu proibir o uso destes dispositivos em aeronaves. (LIBRANTZ; LIBRANTZ, 2006).

---

[5]Processo que transmite informações utilizando modulação em frequência.

As empresas aéreas, por meio de suas tripulações, são as responsáveis por fiscalizar o uso de PED a bordo de seus aviões. Para essa tomada de decisão, é levado em consideração as recomendações das agências reguladoras de aviação de seu país e as recomendações das fabricantes aeronáuticas, para que esse uso seja liberado ou vetado. Diferentemente de hoje em dia, onde em algumas companhias o uso é permitido, antigamente o uso era estritamente proibido, porém isso tende a mudar com os avanços tecnológicos que a aviação está passando (BRASIL, 2014).

Em casos gerais, a manipulação dos dispositivos eletrônicos portáteis pode causar algumas alterações não programadas nos instrumentos das aeronaves. Como exemplo dessas alterações não programadas, há instabilidades de indicadores, redução da sensibilidade de instrumentos que auxiliam o pouso por instrumentos, erros de indicação da bússola bem como outros instrumentos de navegação e principalmente ruídos nas saídas de áudio do sistema de comunicação (LIBRANTZ; LIBRANTZ, 2006).

Os avanços da tecnologia de comunicação e navegação aeronáutica

A aviação começou a fazer história em 1906 na França, em Paris, quando Alberto Santos Dumont conseguiu pela primeira vez decolar uma aeronave, voar nivelado e pousar com sucesso um equipamento que se deslocava por meios próprios. Esse fato definiu um novo rumo para os transportes. No entanto, o grande feito de Santos Dumont não resultou de uma criação rápida. Consistiu numa série de estudos, tentativas e erros para que ele conseguisse finalmente decolar o 14-BIS. E isso aconteceu com cada equipamento importante da aviação, onde tudo foi fruto de muito estudo, muita pesquisa e estratégias para expandir a atividade aérea (COSTA,1982).

Ainda de acordo com CUNHA et al. (2012), com o passar do tempo, sempre surgia uma novidade, um novo instrumento ou uma nova tecnologia. Como os maiores riscos para a segurança dos voos eram as condições meteorológicas e o voo noturno, que reduzia a visibilidade, foi necessário expandir o uso da radiocomunicação e da radionavegação para que os pilotos pudessem se orientar e se localizar, já que estes são princípios básicos de um voo. Esse desenvolvimento da tecnologia promoveu a criação das estações de controle de tráfego aéreo e também a criação de auxílios que seriam decodificados pelos instrumentos, fornecendo informação necessária aos pilotos. (MANHÃES, 2006).

Regulamentação Nacional e Internacional

A aviação é uma das atividades mais reguladas do mundo. E isso leva a identificar a quantidade enorme de instruções e recomendações que essa área possui. No âmbito da aviação, a ICAO (*International Civil Aviation*

Organization) é uma agência especializada subordinada à ONU (Organização das Nações Unidas) cujo objetivo é organizar o progresso da aviação no mundo, e também desenvolver novas técnicas de navegação aérea internacional. Para que haja uma organização, cada país deve regular os padrões e as normas estabelecidas pela ICAO (INTERNATIONAL CIVIL AVIATION ORGANIZATION, 2016).

Regulação Nacional

A ANATEL (Agência Nacional de Telecomunicações) é a agência que regulamenta as telecomunicações no Brasil. Essa agência é a responsável por distribuir as faixas de frequência dos serviços que utilizam as telecomunicações no país e é responsável também por homologar os equipamentos que utilizam destas frequências. Para licenciar uma estação de aeronave, deve ser consultado o Serviço Móvel Aeronáutico, que é divulgado pela ANATEL (BRASIL, 2015).

> O serviço móvel aeronáutico é a categoria de serviço móvel em que as estações móveis deslocam-se por via aérea e comunicam-se com estações terrestres do serviço móvel aeronáutico, denominadas Estações Aeronáuticas. Os serviços de telecomunicações aeronáuticas são prestados em condições e em faixas de frequência dos serviços Fixo e Móvel Aeronáutico, de Radionavegação Aeronáutica e de Radiodeterminação, definidas no Regulamento de Radiocomunicações da União Internacional de Telecomunicações (UIT), no Plano de Atribuição, Destinação e Distribuição de Faixas de Frequências no Brasil, no Anexo 10 da ICAO, no Código Brasileiro de Aeronáutica, na Lei Geral de Telecomunicações e em outros que venham a ser assim considerados pela Legislação Brasileira (BRASIL, 2015).

Assim como no exterior, atualmente no Brasil existem companhias que permitem o uso de dispositivos eletrônicos portáteis durante todas as fases do voo e isso só foi possível por que esses operadores fizeram testes juntos com as fabricantes de suas aeronaves para identificar a possibilidade de falhas. Esses testes são supervisionados pela ANAC (Agência Nacional de Aviação Civil)[6] e segundo a agência, os dispositivos só podem ser operados quando estes não possuem a intenção de emitir sinais, ou seja, no "modo avião" ou "modo *off-line*". Devido a isso, as companhias estão investindo nos seus próprios canais de entretenimento para integrar os dispositivos levados a bordo pelos passageiros (RIBEIRO, 2004).

A utilização de dispositivos eletrônicos portáteis em aeronaves, no Brasil, foi abordada como assunto em uma instrução suplementar divulgada pela ANAC, em 2014. De acordo com BRASIL (2014), essa instrução tem como objetivo apresentar aos operadores aeronáuticos um método de expansão do uso

---

[6]Através de orientações divulgadas em instruções suplementares.

de PED durante as fases de voo. A ANAC veta o uso de dispositivos eletrônicos portáteis durante o voo, a menos que a empresa aérea tenha verificado através de testes que estes dispositivos não causam interferências nos sistemas de comunicação e navegação da aeronave. Ou seja, a ANAC delega aos operadores a responsabilidade de proibir ou não o uso de PED a bordo de suas aeronaves (BRASIL, 2014).

> Mesmo PED que não transmitem intencionalmente sinais podem não intencionalmente emitir energia eletromagnética. Esta energia pode afetar a segurança da aeronave, pois seus sinais podem ocorrer nas mesmas frequências utilizadas pelos sistemas de comunicação, navegação, controle de voo e equipamentos eletrônicos, devido a grande sensibilidade dos mesmos. A empresa aérea deve mostrar que ela pode prevenir a interferência potencial que possa apresentar riscos à segurança. (BRASIL, 2014).

A ANAC divulgou esta instrução suplementar com base na INFO 13013 divulgada anteriormente pela FAA. Já que no Brasil os operadores são os responsáveis por permitir ou não, a agência brasileira desenvolveu uma documentação, disponível para os operadores, que avalia o risco conforme as instruções operacionais, instruções de aeronavegabilidade e manuais para que as companhias demonstrem o cumprimento dessas instruções divulgadas na IS 91.21-001. Essa documentação passa pela análise da Gerência de Certificação de Operações de Transporte Aéreo que faz parte da Superintendência de Padrões Operacionais, onde as informações serão processadas, e a partir da aceitação vai permitir a expansão do uso de PED nas aeronaves dos operadores (BRASIL, 2014).

Regulamentação Internacional

Em outras partes do mundo, essa permissão de utilizar os dispositivos eletrônicos a bordo já é antiga e só foi possível devido a vários estudos. Em 2013, nos Estados Unidos a FAA liberou o uso de *smartphones* e outros dispositivos em voo desde que em modo avião. Já em 2014, na Europa, a Agência Europeia para a Segurança da Aviação (EASA) permitiu o uso de PED a bordo durante todo o voo mesmo que estes dispositivos não se encontrassem no "modo *off-line*", mas para isso as companhias deveriam provar que o uso não causaria interferência alguma nos sistemas das aeronaves. Para a EASA, essa decisão não é uma regra e sim uma permissão. Fica a cargo da companhia adotar ou não estes procedimentos (RIBEIRO, 2014).

Em 2014 nos Estados Unidos, o Departamento de Transportes também divulgou uma informação aos operadores cujo principal assunto é a proibição do uso pessoal de dispositivos eletrônicos dentro das cabines de comando por parte da tripulação.

> (...) proíbe os membros da tripulação de utilizarem dispositivos de comunicação sem fio pessoais ou notebooks para uso pessoal quando estiverem em seu posto de serviço na cabine enquanto a aeronave estiver sendo operada, a menos que esteja de acordo com a aprovação da FAA em procedimentos operacionais. Essa proibição existe para assegurar que atividades não essenciais afetem o gerenciamento de tarefas da cabine ou a perda de consciência situacional durante a operação da aeronave (FEDERAL AVIATION ADMINISTRATION, 2013).

A ICAO é a responsável por estabelecer alguns padrões da atividade aérea, e não ficou fora da discussão sobre a permissão de utilização dos dispositivos eletrônicos portáteis. Em 2014, a organização estabeleceu orientações quanto à expansão do uso de PED que se direcionavam para os países que desejavam permitir o uso destes dispositivos a bordo de suas aeronaves nas fases críticas do voo e divulgou uma nota onde apresenta uma série de considerações onde o país interessado deve participar por meio de regulações próprias e mudanças políticas nos procedimentos. A ICAO diz que essas mudanças devem ser aplicadas para qualquer operador e considerar essa expansão como uma forma de planejamento para usar os PED em suas aeronaves. A organização ainda mostra que é necessário executar considerações técnicas associadas a tolerância das aeronaves aos PED, além de criar políticas e procedimentos relacionados à operação de voo e segurança da cabine, assim como treinar a tripulação e principalmente conscientizar os passageiros (INTERNATIONAL CIVIL AVIATION ORGANIZATION, 2016).

Efeitos da Interferência

É relativamente pequeno o número de ocorrências relatadas sobre a interferência de dispositivos eletrônicos portáteis, se comparado ao número de aeronaves em operação no mundo todo. Apesar desse número ser pequeno, a BOEING[7], recebeu nos últimos anos relatórios dos operadores de suas aeronaves, reportando as interferências causadas pelos PED. (LIBRANTZ, LIBRANTZ 2006).

Essas interferências dizem respeito a alterações que ocorreram nos instrumentos das aeronaves por causa do uso desses dispositivos e podem ser relacionados em três situações, conforme quadro 1.

---

[7]Fabricante de aeronaves norte-americana criada em 1916, que também atua no desenvolvimento aeroespacial e de defesa.

Anormalidade ocorreu enquanto algum PED estava sendo operado
Anormalidade desapareceu quando PED foi desligado
Anormalidade ocorreu ao ligar o PED e desapareceu quando o PED foi desligado

Quadro 1: Situação de anormalidade de operação de PED a bordo (LIBRANTZ; LIBRANTZ, 2006).

A BOEING realizou testes em laboratórios e também dentro de suas aeronaves, utilizando uma quantidade de aparelhos celulares semelhantes aos levados a bordo com a finalidade de determinar cada tipo de emissão dos PED. Os resultados mostraram que os aparelhos produziam emissões na frequência de operação dos instrumentos de comunicação e navegação e também em outras frequências, incluindo nos instrumentos dos sistemas de pouso por instrumentos (LIBRANTZ, LIBRANTZ 2006).

Além da BOEING, a Autoridade de Aviação Civil da Inglaterra também testou alguns equipamentos. Os aviônicos testados apresentaram efeitos adversos em seu funcionamento prejudicando sua performance. Todo dispositivo possui um limite de interferência que não atrapalha seu funcionamento. Esse teste identificou que os instrumentos utilizados no teste suportaram as interferências provocadas acima dos limites para qual foram fabricados, porém não foram suficientes para se tornar totalmente blindados a essas interferências (CAA, 2003).

Ações Preventivas

Na aviação, quando existem perigos identificados, deve-se procurar uma forma para gerenciar os riscos decorrentes. No caso das interferências dos PED, existem iniciativas nesse sentido, como o treinamento da tripulação para a identificação das interferências e também no sentido de desenvolver equipamentos alternativos de comunicação.

Treinamento da tripulação

Boa parte da instrução de um piloto desde o começo da sua formação é voltada para o treinamento de situações anormais (JOHNSTON, 1998). As panes são comuns e podem acontecer a qualquer momento e o bom piloto é aquele que consegue colocar a máquina a seu favor para evitar o máximo de problemas. O treinamento é essencial para que, em momentos de falhas, o piloto, em seu papel de gerenciador de *cockpit,* possa contornar a situação e pousar sua aeronave com segurança. O gerenciamento de cabine, realizado pelo piloto, é também importante para que as falhas sejam bem administradas e sanadas. Além do desenvolvimento da tecnologia, a tripulação também deve ser treinada para utilizar novos sistemas a seu favor, como é o caso da comunicação baseadas em satélites. (JOHNSTON, 1998).

No Brasil, como a ANAC delega a função de liberar ou não o uso dos PED para as companhias aéreas (BRASIL, 2014), é fundamental que a tripulação seja treinada de modo a ser capaz de identificar as interferências causadas por esses equipamentos, bem como localizá-los para que sejam desligados.

Se, por exemplo, um instrumento de navegação estiver sofrendo interferência de dispositivos portáteis a bordo e modificar o rumo da aeronave, o comandante deve estar treinado para identificar essa anomalia e tomar a decisão para corrigir o erro e tentar solucionar esse problema. As instabilidades de indicações nos instrumentos, erros de indicação, e ruídos na comunicação são só alguns dos problemas que os PED podem causar (BRASIL, 2014).

Com a ajuda de simuladores de voo, os pilotos conseguem interagir com sistemas virtuais, possibilitando melhorar sua percepção em situações mais complexas ou não executáveis na realidade (GIL, 2011). Assim, o treinamento das situações de interferências causadas por PED configura-se numa excelente alternativa para a prevenção de acidentes ou incidentes causados pelo uso inadequado destes.

Formas alternativas de comunicação a bordo de aeronaves

CNS/ATM é um conceito que integra alguns elementos: comunicação aeronáutica, navegação aérea, vigilância e gerenciamento de tráfego aéreo. Essa é a maneira de enxergar o controle de tráfego aéreo de maneira integrada que propõe uma modernização das tecnologias utilizadas hoje.

Segundo o DECEA (Departamento de Controle do Espaço Aéreo Brasileiro), o CNS/ATM foi apresentado em 1991 e já está em funcionamento em alguns países e em implantação em outros (DECEA, 2011).

A comunicação aeronáutica hoje é feita através de comandos por voz utilizando-se de frequências de rádio. De acordo com INTERNATIONAL CIVIL AVIATION ORGANIZATION (2002), no conceito de CNS/ATM, a comunicação será realizada por meios digitais fornecendo uma melhor capacidade e qualidade no serviço, porém, vai exigir uma maior automação das aeronaves e dos órgãos de controle. No lugar dos rádios-auxílios utilizados hoje em dia, a navegação passaria a ser balizada por satélites que são mais precisos e possuem uma cobertura de área maior INTERNATIONAL CIVIL AVIATION ORGANIZATION (2002).

No que se refere à comunicação, o CPDLC é uma ferramenta que utiliza de mensagens instantâneas e é composto por equipamentos em solo e embarcados. No solo encontra-se a interface do controlador de tráfego aéreo, o servidor de comunicações e o transmissor. Na aeronave são embarcados o receptor e a interface do piloto (GIL, 2011). O quadro 2 exibe os tipos de mensagens e informações trocadas com esse método alternativo de comunicação.

Trocas gerais de informações
Autorizações → Solicitação → Resposta
Vigilância de altitude e identificação
Avisos → Solicitação → Resposta
Situações de Emergência

Quadro 2: Trocas gerais de informação via CPDLC (GIL, 2011).

O uso do CPDLC é totalmente interligado com os outros sistemas da aeronave. Por exemplo, após a confirmação do piloto, uma instrução transmitida pelo controle de tráfego aéreo pode ser aceita e o computador de bordo realiza automaticamente as ações solicitadas, diminuindo assim a carga de trabalho do piloto, gerando mais confiança (GIL, 2011).

Resultados

Se a companhia deseja permitir o uso dos dispositivos eletrônicos a bordo de suas aeronaves, ela deverá estar sujeita às regras da agência reguladora do seu país de origem.

Cumprindo essas regras e provando que é possível fazer o uso dos PED sem haver interferências nos instrumentos da aeronave, os operadores estarão autorizados a permitir o uso destes dispositivos pelos passageiros.

Analisando a regulamentação brasileira, os PED podem ser divididos em dois grupos. Aqueles que transmitem ondas intencionais, e os que não transmitem ondas intencionais, como indicados na tabela 1.

Transmissores Intencionais	**Transmissores Não Intencionais**
Pager receptor	Gravadores de Áudio
Telefones Celulares	Tocadores de Áudio
Smartphones	*Lasers*
Notebooks	*Palmtops*
Rádio Amador	

Tabela 1: Transmissores intencionais e não intencionais de ondas eletromagnéticas (BRASIL, 2014).

Foi possível apurar quais os principais problemas que os instrumentos de navegação e comunicação podem sofrer quando sob a interferência de ondas eletromagnéticas. De acordo com LIBRANTZ, LIBRANTZ (2006), esses principais problemas são identificados no quadro 3.

Instabilidade de indicadores
Bússola travada ou com valor excedente na indicação de rumo magnético
Erros de até 5 graus de indicação no *VOR*
Indicação invertida de navegação no *VOR* – "*TO/FROM*"
Redução da sensibilidade do receptor *ILS Localizer*
Ruído nas saídas de áudio

Quadro 3: Anomalias identificadas em instrumentos sob interferência eletromagnética (LIBRANTZ, A. F. H.; LIBRANTZ, H, 2006).

Todos esses problemas demonstrados acima podem interferir no sucesso de um voo ou ser um risco potencial à atividade aérea.

Para expandir o uso dos dispositivos eletrônicos portáteis nas várias fases do voo no Brasil, de acordo com regulação da ANAC, cada modelo deve cumprir cinco fases, como listado no quadro 4:

Primeira Fase: Buscar as instruções de aeronavegabilidade e avaliar a imunidade das aeronaves aos PED
Segunda Fase: Análise das instruções de aeronavegabilidade de cada modelo de aeronave
Terceira Fase: estabelecimento da utilização expandida de PED
Quarta fase: Criação de políticas e procedimentos operacionais adotados pela companhia
Quinta Fase: Verificação do programa de treinamento de pilotos e comissários

Quadro 4: Fases em que os operadores aeronáuticos estão submetidos para poder expandir o uso de PED em suas aeronaves (BRASIL, 2014).

A permissão do uso de PED a bordo gera discussão já que é perceptível que o uso incorreto pode causar danos tanto à navegação quanto à comunicação aeronáutica, sendo assim um risco potencial ao voo, mas que pode ser evitado. Na teoria, a interferência tem grandes chances de acontecer devido ao método de funcionamento dos dispositivos eletrônicos portáteis ser o mesmo método utilizado para o funcionamento dos instrumentos de comunicação e navegação. Mas na prática, as grandes aeronaves são blindadas contra esse tipo de interferência, o que diminui os riscos de um incidente relacionado a isso.

Conclusão

Com a divulgação, pela ANAC, das fases que devem ser cumpridas pelas companhias, para permitir a expansão do uso de PED, é possível identificar o benefício bilateral que essa medida trás. Para as companhias, pesquisa e tecnologia, para obter em suas aeronaves a imunidade contra os PED, é algo positivo para a segurança da operação dos seus equipamentos. Já para os passageiros, a permissão de uso, sabendo que os seus dispositivos pessoais não estão atrapalhando os sistemas da aeronave, gera confiança, segurança e também mais conforto ao poder utilizar do seu próprio sistema de comunicação e entretenimento enquanto estiverem voando.

De qualquer forma, percebe-se que, além de qualquer medida que regula o uso dos PED, o treinamento da tripulação é necessário para que, em casos de interferência, o piloto ou comissário consiga chegar à origem do problema e tentar eliminá-lo.

Para que haja total reciprocidade entre os envolvidos nesse sistema e para que não haja falhas, a tripulação deve estar totalmente treinada, pois os PED podem sim causar interferências nos equipamentos das aeronaves, principalmente nas aeronaves de pequeno porte, que não foram submetidas a testes para verificar se são imunes ou não aos PED. Apesar das aeronaves estarem se tornando cada vez mais automatizadas, isso pode ser um problema para a tripulação de um voo. A interação piloto-máquina deve continuar existindo para que o homem não seja refém da aeronave e para que este saiba lidar com os problemas e tomar a decisão correta em momentos de falhas sistêmicas, que seria o caso de uma interferência eletromagnética causada por dispositivo eletrônico portátil.

A efetividade de um novo sistema mais seguro e automatizado ainda leva tempo para atingir a aviação brasileira, e por causa disso, os tripulantes devem permanecer em treinamentos constantes de como atuar num momento de falhas dos sistemas de comunicação que podem atrapalhar também a navegação. É fato que as vantagens da automatização e melhoria dos sistemas não livram os tripulantes de assumir o controle em eventuais falhas e a falta de gerenciamento num momento como esses pode levar a causar problemas maiores como danos à vida ou propriedades.

Apesar da infraestrutura de telecomunicação brasileira ainda ser antiga, a aviação comercial brasileira já lida com aeronaves que dispõe de grande tecnologia, capazes de fornecer sistemas seguros de comunicação e navegação sendo menos passíveis de interferências. Na aviação não regular[8], a situação

---

[8]Modalidade de serviço aéreo onde os voos não ocorrem de forma regular como em uma linha aérea

muda um pouco, tendo em vista que a fiscalização é precária quanto ao uso de PED em pequenas aeronaves. Dessa forma, a tripulação que deve mensurar e tomar decisões corretas quanto à manipulação destes dispositivos pelos passageiros a fim de evitar transtornos e falhas nestas aeronaves.

O objetivo deste trabalho era identificar quais dispositivos poderiam causar anomalias nos equipamentos de comunicação e navegação das aeronaves e a regulação internacional e nacional quanto ao uso de PED.

Existem os dispositivos que são transmissores intencionais e dispositivos que são transmissores não-intencionais. E pudemos verificar que existem algumas regulamentações internacionais e algumas diferenças entre os países.

No Brasil, a ANAC regulamenta o uso de PED através da instrução suplementar de número 91.21-001 que foi divulgada no Diário Oficial da União em 29 de outubro de 2014, onde apresenta aos operadores aeronáuticos o método para expandir a utilização dos dispositivos eletrônicos portáteis durante as várias fases do voo.

A regulamentação brasileira difere muito pouco da regulamentação internacional e segue todos os padrões necessários da ICAO, mas o Brasil precisa ainda se adaptar à chegada das alternativas de comunicação que torna o ambiente mais seguro. Cabe à companhia, por meio de suas tripulações, saber identificar essas interferências e combater de uma maneira saudável e buscar utilizar as medidas que já existem. Essas alternativas já existem e são capazes de transformar o meio aéreo em um ambiente mais seguro e protegido contra as interferências que hoje são mais comuns de acontecer, devido a fragilidade do atual sistema.

Referências Bibliográficas

AGHDASSI, N. **An assessment of the use of PEDs on board of aircraft and their implications on flight safety** (MSc Thesis) Cranfield University College of Aeronautics, Cranfield, 1999.

ALKOV, Robert A. **Aviation Safety: the human factor.** McKinley, Casper, WY: Mountain States Lithographing, c1997. VI.

AZEVEDO, Frederico José Pinto. **As rádios clandestinas e sua influência nas comunicações aeronáuticas.** 2012

BRASIL, Agência Nacional de Aviação Civil. **Instrução Suplementar IS nº 91.21-001.** Brasília, 2014.

BRASIL, Agência Nacional de Telecomunicações. **Serviço Móvel Aeronáutico.** 2015. Disponível em:

<http://www.anatel.gov.br/setorregulado/index.php/servico-movel-aeronautico> Acesso em: 29 mar. 2016.

BURREL, James. **Disruptive Effects of Electromagnetic Interference on Communication and Electronic Systems.** 2003. Disponível em: <http://www.narcap.org/Associated_Research_docs/10.1.1.196.1450.pdf > Acesso em: 30 mar. 2016.

CAA PAPER. **Safety Relation Group. Effects of Interference from Cellular Telephones on Aircraft Avionic Equipment.** 2003;

CUNHA, F. B; TSUDA, F. C. T.; PEREIRA, G. M. A.; CAMARGO R. B. **Interferência de rádios piratas na comunicação e navegação do transporte aéreo.** 2012.

COSTA, Fernando Hippólyto da. **Alberto Santos-Dumont.** Ministério da Aeronáutica, 1982.

DECEA, Departamento de Controle do Espaço Aéreo Brasileiro. **Entenda o Conceito de CNS/ATM.** 2011. Disponível em: <http://www.fab.mil.br/noticias/mostra/8543/TR%C3%81FEGO-A%C3%89REO---Entenda-o-conceito-CNS/ATM-(Perguntas-Frequentes) >. Acesso em: 21 mar. 2016.

FEDERAL AVIATION ADMINISTRATION. **Aviation Regulations (FARs), part 91, section 21, Portable electronic devices**. Docket, Washington, n. 18.334-18.354, FR 34.292, 18 ago. 1989

FEDERAL AVIATION ADMINISTRATION. **Recommendations on expanding the use of portable electronic devices during flight.** 2013;

GIL, Fernando de Oliveira. **Metodologia de Avaliação de Segurança das Comunicações entre Controlador e Piloto via Enlace de Dados (CPDLC) aplicada em Áreas Terminais.** São Paulo, 2011.

HELFRICK, Albert D. **Principles of Avionics**. 8th ed. Leesburg: Avionics Communications, 2013. Xxii, 487p.

INTERNATIONAL CIVIL AVIATION ORGANIZATION. **Global Air Navigation Plan for CNS/ATM Systems.** Publicação nº 9750. 2 ed. 2002. Disponível em <http://www.icao.int/publications/Documents/9750_2ed_en.pdf> Acesso em 29 mar. 2016.

INTERNATIONAL CIVIL AVIATION ORGANIZATION. **Portable Electronic Devices.** 2013. Disponível em <http://www.icao.int/safety/airnavigation/OPS/CabinSafety/Pages/Portable-Electronic-Devices.aspx> Acesso em 24 abr. 2016

JAY, J. Ely, NASA Langley Research Center: **Eletromagnetic Interference to Flight Navigation and Communication Systems:** New Strategies in the Age of Wireles. San Francisco, 2005.

JOHNSTON, Joe. **Avionics for the pilot:** an introduction to navigational and radio systems for aircraft. Shrewbury: Airlife, 1998. 255p.

LAKATOS, Eva Maria; MARCONI, Marina de Andrade. **Fundamentos da Metodologia Científica.** 5 ed. São Paulo: Atlas, 2005.

LIBRANTZ, A. F. H.; LIBRANTZ, H. **Efeitos da interferência eletromagnética em aeronaves causados por dispositivos eletrônicos portáteis (PEDs).** São Paulo: Exacta, 2006;

MANHÃES, M. **Desmistificando as Interferências de radiodifusão FM em comunicações aeronáuticas.** 2006

RIBEIRO, Gustavo. **Europa libera telefone celular nos aviões; Brasil ainda tem restrições.** 2014. Disponível em: <http://www.gazetadopovo.com.br/blogs/avioes-em-foco/europa-libera-telefone-celular-nos-avioes-brasil-ainda-tem-restricoes/> Acesso em 29 mar. 2016.

RIBEIRO, J. A. J. **Propagação das Ondas Eletromagnéticas:** Princípios e Aplicações. ERICA, 2004.

TAVEIRA, Nelson de Souza. **Além dos manuais:** uma conversa sobre segurança de voo. São José dos Campos: Somos, c2011. 263 p. ISBN 9785892261036 (broch).

TEIXEIRA, M. M. **ONDAS ELETROMAGNÉTICAS.** Disponível em: <http://mundoeducacao.bol.uol.com.br/fisica/o-que-sao-ondas-eletromagneticas.htm> Acesso em: 13 mar. 2016.

SANTOS, J. P. F; SANTOS, R. M. *Dispositivos Eletrônicos Portáteis: Interferências nos instrumentos de comunicação e navegação das aeronaves.* **Revista de Direito, Estado e Telecomunicações**, Brasília, v. 9, n. 1, p. 125-142, maio de 2017.

Regulação dos setores em rede para além dos valores econômicos: uma análise das políticas de interconexão IP para suporte a serviços de voz na União Europeia a partir das Teorias do Interesse Público

Regulating Network Industries beyond Economic Theories: An Analysis of IP Interconnection Policies to Support Voice Services in the EU from the perspective of Public Interest Theories

Submetido(*submitted*): 15/12/2016
Parecer(*revised*): 15/01/2017
Aceito(*accepted*): 27/03/2017

Victor Oliveira Fernandes*

Resumo

Propósito – O artigo analisa de que forma teorias de regulação econômica dos setores em rede podem antecipar o comportamento das autoridades reguladoras no setor de telecomunicações contemporâneo, especificamente no que concerne à adoção de políticas de acesso e interconexão de redes.

Metodologia/abordagem/design – Inicialmente, o trabalho examina os principais argumentos econômicos de regulação de setores em rede sustentados pela literatura especializada, destacando estudos recentes que consideram que o dinamismo tecnológico inerente ao setor de telecomunicações tornaria desnecessária uma intervenção estatal mais efetiva na imposição de obrigações de interconexão de redes. Em seguida, são exploradas algumas das críticas feitas pelas Teorias do Interesse Público às abordagens regulatórias baseadas exclusivamente na perseguição de valores econômicos, destacando-se de que forma tais críticas podem ser endereçadas às teorias examinadas na primeira parte do trabalho. Por fim, será examinado o quadro normativo comum europeu aplicável às políticas de acesso e interconexões de redes, bem como decisões recentes de Agências Reguladoras Nacionais de dois países da União Europeia (França e Alemanha), investigando-se como as abordagens econômicas de regulação dos setores em rede podem antecipar o comportamento dessas entidades reguladoras.

Resultados – A partir das decisões examinadas, é possível inferir que, nessas jurisdições, a imposição de obrigações de interconexão IP fundamenta-se em princípios como o da concorrência efetiva e o da neutralidade tecnológica, que não se reduzem ao ideal econômico neoclássico de eficiência alocativa. Assim, nesse contexto, pode-se dizer que a intervenção regulatória perseguiu objetivos substantivos de regulação para além dos valores econômicos invocados pelas tradicionais teorias de regulação dos setores em rede.

Palavras-chave: regulação – interconexão IP – Teorias do Interesse Público da Regulação

*Mestrando em Direito, Estado e Constituição pela Universidade de Brasília (UnB) e graduado em Direito pela mesma instituição de ensino. Professor de Direito Constitucional do curso de graduação em Direito do Instituto Brasiliense de Direito Público (IDP). É Especialista em Regulação de Serviços Públicos de Telecomunicações da Agência Nacional de Telecomunicações (Anatel) e atualmente ocupa o cargo de Assessor Técnico na Subchefia para Assuntos Jurídicos da Casa Civil da Presidência da República. Destaca-se que as opiniões do autor expressas nesse artigo não representam posicionamentos das instituições mencionadas. Email: victorolfernandes@gmail.com.

FERNANDES, V. O. *Regulação dos setores em rede para além dos valores econômicos: uma análise das políticas de interconexão IP para suporte a serviços de voz na União Europeia a partir das Teorias do Interesse Público*. **Revista de Direito, Estado e Telecomunicações**, Brasília, v. 9, n. 1, p. 143-166, maio de 2017.

Abstract

Purpose *– The study aims to analyze the extent to which economic theories of network industries could anticipate the behavior of regulators regarding the promotion of network access and interconnection policies in telecommunication markets.*

Methodology/approach/design *– The paper first analyzes the main economic arguments for regulating network industries, in order to highlight the regulatory metalinguistics they contain. Then, the study indicates some critiques to economic rationality addressed by Public Interest Theories of Regulation. At last, it verifies how well economic theories of network industries explain IP interconnection policies recently developed in two European countries, namely, France and Germany.*

Findings *– European regulator's decisions of imposing IP interconnection obligations on fixed network operators suggest that regulatory intervention on such fields is strongly influenced by non-economic values, such as effective competition and technological neutrality.*

Keywords: Regulation, IP interconnection, Public Interest Theories of Regulation.

Introdução

As principais teorias de regulação dos setores em rede, desenvolvidas a partir de trabalhos clássicos como os de KATZ e SHAPIRO (1994 e 1996) e ECONOMIDES (1996), identificam como características distintivas desses segmentos a existência de condições propícias à formação de monopólios naturais e a tendência de proliferação de efeitos positivos de rede cujos custos podem não vir a ser adequadamente internalizados por produtores e consumidores. Especificamente no âmbito do setor de telecomunicações, estudos recentes que também analisam a necessidade de correção dessas falhas de mercado consideram que, no contexto atual, o dinamismo tecnológico relacionado à busca por inovação seria capaz de, por si só, assegurar níveis elevados de concorrência intra e intersistêmica. Assim, a simples preservação da liberdade negocial seria suficiente para dissipar as externalidades negativas nos mercados, sendo desnecessária uma intervenção estatal mais efetiva na imposição de políticas de acesso e interconexão de redes. (SPULBER; YOO, 2009)

Essas prescrições de liberalização do setor, todavia, contrastam com decisões recentes de Agências Reguladoras Nacionais europeias que têm imposto a operadores de redes fixas e móveis, incumbentes ou não, a obrigação de oferecer interconexão *Internet-Protocol* (IP) a prestadores de serviços de voz, em condições transparentes e não discriminatórias, a fim de garantir interoperabilidade na transição para o regime de Redes de Próxima Geração (*Next Generation Networks – NGN*). Tais decisões se baseiam em um quadro normativo comum formado por Diretrizes do Parlamento Europeu e do Conselho da União

Europeia que consagram como princípios orientadores da atuação das entidades reguladoras nacionais a promoção da concorrência efetiva e a preservação da neutralidade tecnológica das redes.

Considerando esse cenário, o presente artigo objetiva questionar em que medida os postulados econômicos fundantes das teorias de regulação dos setores em rede podem, por si só, antecipar o comportamento de autoridades reguladoras no setor de telecomunicações contemporâneo. A hipótese a ser defendida é a de que, especificamente no contexto examinado, as proposições regulatórias que atribuem o fundamento de legitimidade da intervenção estatal exclusivamente na necessidade de correção de falhas de mercado não seriam capazes de explicar adequadamente a imposição de obrigações de interconexão *Internet-Protocol* (IP) nas jurisdições europeias. Isso porque a atuação da Agência Reguladoras Nacionais nesses países é informada por um conjunto de princípios normativos que não se reduzem à simples perseguição do ideal econômico neoclássico de eficiência alocativa. A demonstração dessa hipótese será feita tendo como referencial teórico as Teorias de Interesse Público da Regulação, especificamente as abordagens delineadas nas obras de FEINTUCK (2010) e PROSSER (1999), as quais postulam, em síntese, que a racionalidade mercadológica é demasiadamente restrita para contemplar os valores políticos e sociais que orientam a atuação do Estado Regulador nas democracias contemporâneas.

Para atingir o objetivo proposto, o presente trabalho será dividido em 3 (três) seções, além da sua introdução e conclusão. Na primeira seção, serão examinados os principais argumentos que compõem as teorias de regulação econômica de setores em rede, destacando a metalinguagem regulatória que lhes é afeta. Na segunda seção, serão expostas as críticas feitas pelas Teorias do Interesse Público às abordagens regulatórias baseadas exclusivamente na perseguição de valores econômicos. Na terceira seção, serão feitas breves considerações sobre o quadro normativo comum europeu aplicável às políticas de acesso e interconexões de redes e, em seguida, serão analisadas decisões recentes relacionadas a políticas de interconexão IP de duas influentes Agências Reguladoras Nacionais europeias, a *Autorité de Régulation des Communications Électroniques et des Postes* (França) e a *Bundesnetzagentur* (Alemanha).[1] Nosso objetivo será investigar como as abordagens teóricas exploradas nas seções anteriores podem explicar a atuação dessas entidades. Por fim, será feita uma breve conclusão, com o objetivo demonstrar a hipótese de pesquisa delineada.

---

[1]Conforme será exposto na Seção III do presente artigo, a análise das decisões dessas duas Agências Reguladoras Nacionais afigura-se pertinente pelo fato de elas consignarem, de forma bastante explícita, a aplicação de princípios jurídicos de natureza não puramente econômica positivados no âmbito do chamado Quadro Regulamentar para as Comunicações Eletrônicas da União Europeia (*Regulatory framework for Electronic Communications*).

I - Setores em Rede: características econômicas e especificidades regulatórias

Embora a estabilização científica da teoria econômica das redes tenha se dado em período relativamente recente, é possível afirmar que os setores em rede são identificados por um conjunto de características estruturais e econômicas, a seguir descritas, que se inter-relacionam, seja condicionando o comportamento dos agentes envolvidos na prestação de serviços, seja conformando as decisões desses agentes. Do ponto de vista estrutural, esses setores são habitualmente explicados a partir dos conceitos e das terminologias da Teoria dos Grafos (*Graph Theory*). Idealmente, um grafo consiste em um conjunto de nós (vértices) que são interconectados por arestas (lados). Nessa configuração, os nós representam as empresas ou os produtos e as arestas representam as transações econômicas que se estabelecem nos setores em rede. Em mercados como o de transportes terrestres, as rodovias ou ferrovias podem ser consideradas como arestas enquanto que as estações e os pontos de troca entre vias podem ser considerados nós (GOTTINGER, 2003, p. 5). Já no setor tradicional de telecomunicações, os consumidores finais e as estruturas de comutação podem ser identificados como nós, enquanto que todas as formas de comunicação podem ser representadas pelas respectivas arestas (SPULBER e YOO, 2009, p. 19).

Há inúmeras possibilidades de organização dos setores em rede. Alguns dos exemplos mais comuns foram apresentados por ECONOMIDES (1996) em um dos estudos pioneiros sobre o tema e encontram-se abaixo reproduzidos:

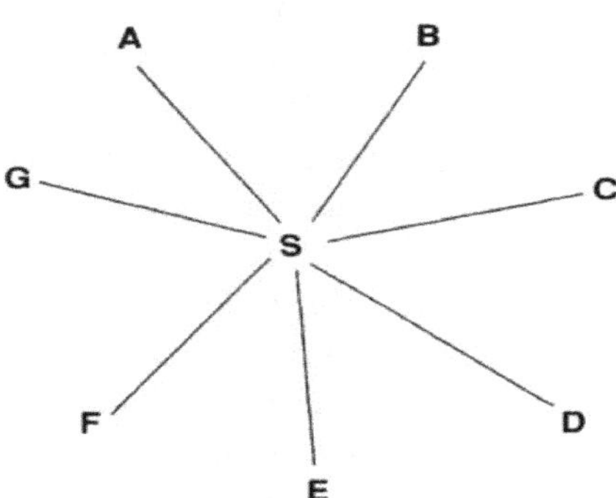

Figura 1 – modelo de setor em rede no formato estrela simples

Fonte: (ECONOMIDES, 1996)

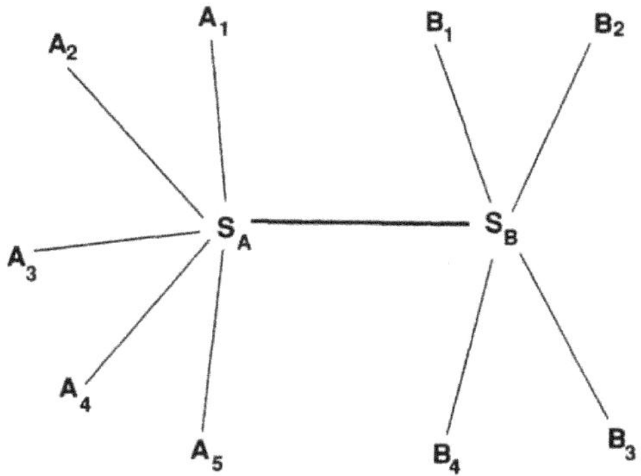

Figura 2 – Modelo de setor em rede no formato estrela dupla (ECONOMIDES, 1996)

Fonte: (ECONOMIDES, 1996)

Os modelos apresentados permitem evidenciar como os produtores e os consumidores finais se relacionam. A Figura 2 acima, por exemplo, pode representar uma rede de telefonia fixa de longa distância (ECONOMIDES, 1996). Os pontos "S_A" e "S_B" seriam centrais de comutação que conectariam os consumidores indicados pelos pontos "A_1" a "A_5" aos consumidores representados pelos pontos "B_1" a "B_4". Uma ligação telefônica do ponto "A_3" a "B_3", por exemplo, envolveria necessariamente três ligações: uma do consumidor "A_3" para central "S_A", uma da central "S_A" para a central "S_B" e outra da central "S_B" para o consumidor "B_3". Percebe-se que essa mesma estruturação poderia servir para ilustrar malhas ferroviárias ou rodoviárias, onde os pontos "S_A" e "S_B" representariam estações ou pontos de troca e os pontos "A_1" a "A_5" representariam destinos finais.

A partir dessas ilustrações serão explicadas, a seguir, algumas das principais características econômicas dos setores em rede que repercutem sobre a necessidade de adoção de políticas regulatórias e concorrências específicas. É importante ressaltar que referidas características podem ser isoladamente encontradas em outras formações de mercado não abrangidas pela presente análise. Todavia, o traço distintivo dos setores em rede consiste na identificação conjunta e contextualizada de tais elementos.

I.1 - Existência de condições propícias de formação de monopólios naturais e presença de externalidades de rede (*network externalitites*)

No âmbito dos setores em rede, é comum se observar a presença de estruturas que se afiguram imprescindíveis para a ligação dos nós que compõem a rede. Na Figura 2, por exemplo, para que os consumidores finais representados por "A_1" a "A_5" possam se conectar aos consumidores representados por "B_1" a "B_4", não há como se prescindir da ligação "S_A-S_B". Nas hipóteses em que a utilização de composição desse tipo for imprescindível para o acesso ao mercado complementar e a sua duplicação não for economicamente viável, o segmento da rede poderá ser caracterizado como uma infraestrutura essencial (*essential facility*) ou um engarrafamento monopolista (*monopolistic bottleneck*), nos termos da tradicional teoria econômica (AREEDA e HOVENKAMP, 1988).

A presença dessas infraestruturas essenciais, associada à existência de significativas economias de escala e de escopo na prestação dos serviços faz com que os setores em redes sejam comumente identificados como monopólios naturais (SHY, 2004, p. 7). O reconhecimento de condições propícias à formação de monopólios naturais no âmbito dos setores em rede, por sua vez, fundamenta a imposição de duas políticas regulatórias tradicionalmente empregadas em setores como os de telecomunicações, energia elétrica e transportes: o controle de tarifas e o controle da entrada de novos agentes no mercado (POSNER, 1969).

Outra característica econômica bastante peculiar dos setores em rede diz respeito à existência dos chamados efeitos de rede (*networks effects*) e das externalidades de redes (*network externalitites*). Em um dos clássicos trabalhos sobre o tema, KATZ e SHAPIRO (1985) observam que "a utilidade que um consumidor atribui a certos bens ou serviços varia conforme o número de outros agentes que o consomem" (tradução livre) (p. 424). Pressupondo a existência desse fenômeno, a teoria econômica define que, quando tal utilidade marginal do bem ou serviço cresce em função da procura de outros consumidores, estar-se diante de efeitos externos positivos de rede.

Quando o setor apresenta consideráveis efeitos de rede, por conseguinte, há uma forte tendência de surgimento de uma externalidade negativa específica, chamada de externalidade de rede. Essa externalidade se desenvolve porque o consumidor adicional da rede não é recompensado pelo aumento da utilidade marginal que a sua adesão provoca em relação aos demais usuários (KATZ; SHAPIRO, 1985). A presença dessas externalidades, a seu turno, modifica sensivelmente a análise de eficiência econômica nos setores submetidos a efeitos de rede. Como destaca GOTTINGER (2003, p. 9), enquanto nos mercados tradicionais o resultado do processo competitivo depende principalmente de preços e qualidades dos serviços transacionados, nos ambientes em que os efeitos de rede e as externalidades de rede são significativos, os conflitos entre concorrentes se desenvolvem em outras dimensões, particularmente nas estratégias que as empresas adotam para estabelecer, manter e controlar os padrões (*standarts*) dentro da indústria.

Em geral, pressupõe-se que as firmas dominantes tenderiam a estabelecer os seus produtos ou serviços como *standarts* para a prestação do maior número possível de serviços adicionais no mercado complementar. Nesse contexto, o agente dominante que primeiro estabelecer seus padrões técnicos no mercado deterá uma importante vantagem competitiva, fechando o sistema à recepção de novas tecnologias (KATZ e SHAPIRO, 1994). Essa situação, chamada pela teoria econômica de "*tipping*", pode configurar uma falha de mercado com efeitos anticoncorrenciais relevantes, na medida em que, idealmente, os consumidores podem ficar presos à determinada tecnologia vigente no sistema ("*locked-in*") Como adverte ECONOMIDES (1996), nessas hipóteses, é possível que os consumidores deixem de migrar para uma nova tecnologia, ainda que essa seja mais avançada. Assim, na ausência de medidas regulatórias que efetivamente enderecem tais externalidades de rede, as possibilidades de evolução tecnológica no mercado podem ser limitadas pelas escolhas feitas pelos consumidores no momento em que esses adotaram tal ou qual sistema padronizado ("*path dependence*").

I.2 - A regulação dos setores em rede no contexto de convergência tecnológica: a relativização dos riscos de fechamento de mercado

Como ressaltamos, trabalhos recentes têm investigado de que forma as principais características econômicas dos setores em redes analisadas no tópico anterior podem justificar a adoção de políticas regulatórias no setor de telecomunicações contemporâneo. Conforme será destacado nessa seção, estudos como os de SPULBER e YOO (2009 e 2015), tem considerado que, no contexto atual de convergência tecnológica e de crescimento significativo da demanda por serviços de internet, a força propulsora da inovação tenderia a diminuir os riscos de fechamento de mercado provenientes da formação de monopólios naturais e dos efeitos positivos de rede.

O processo de convergência tecnológica consiste numa mudança na forma de prestação de serviços sobre as redes de telecomunicações, ocasionada por uma crescente transmissão de dados digitais através de diferentes plataformas (GARCIA-MURILLO e MACINNES, 2003, p. 57). A principal consequência desse processo é uma ruptura da tradicional relação biunívoca que se estabelecia entre o serviço que é prestado sobre a rede e a tecnologia que lhe dá suporte.[2] A convergência está essencialmente relacionada ao aumento da demanda de consumidores por serviços de dados, à crescente penetração da banda larga para além dos grandes centros comerciais e, sobretudo, ao desenvolvimento de novas

---

[2]As primeiras leis de liberalização e privatização do setor de telecomunicações foram idealizadas a partir do pressuposto de separação rígida dos serviços de telecomunicações entre si e destes em relação à internet. Esses marcos regulatórios concebiam barreiras regulatórias que tinham que ser transpostas pelos entrantes nos mercados em cada um desses segmentos. Tal arquitetura jurídica amoldava-se ao contexto contemporâneo, já que, do ponto de vista técnico, limitações tecnológicas impediam que uma mesma rede fosse empregada na prestação de mais de um serviço.

tecnologias baseadas no uso de protocolos IP que propiciam o surgimento de negócios no meio digital.

Diante dessa mudança de paradigma, o sentido de várias políticas regulatórias historicamente empregadas no setor de telecomunicações é profundamente ressignificado. A pesada regulação das redes de telefonia fixa, por exemplo, mostra-se anacrônica considerando que grande parte da demanda atual dos usuários se volta a serviços de voz prestados sobre uma rede móvel ou ainda sobre protocolos IP (NUECHTERLEIN e WEISER, 2013, p. 19). Além disso, as políticas de defesa da concorrência ordinariamente desenvolvidas no setor também são desafiadas pelo crescimento significativo da demanda por aplicativos de internet que, em certa medida, afiguram-se substitutivos em relação aos tradicionais serviços de telecomunicações.

É considerando essas transformações econômicas e institucionais provenientes da convergência tecnológica que estudos como os de SPULBER e YOO (2009 e 2015) consideram que dois dos fundamentos tradicionais de regulação dos setores em rede – a teoria dos monopólios naturais e a teoria dos efeitos de rede – não mais seriam capazes de legitimar a intervenção regulatória no setor de telecomunicações contemporâneo. Em primeiro lugar, os autores argumentam que o modelo de monopólio natural somente se configura quando a prestação dos serviços envolve custos excessivamente elevados e capazes de gerar economias de escala que não se exaurem no ciclo ordinário de produção. No entanto, a tendência de esses custos fixos se caracterizarem como típicos custos afundados (*sunk costs*) passa a ser significativamente mitigada no setor pelo crescimento da demanda por serviços prestados em diferentes redes fixas ou móveis. Em segundo lugar, a aplicabilidade da teoria dos efeitos de redes também passa a ser questionada. Em especial, critica-se a noção de que esses efeitos necessariamente conduziriam a uma situação de fechamento tecnológico ("*technological lock-in*"). Ao contrário, defende-se que, mesmo quando os efeitos de redes se fazem presentes, as externalidades negativas deles provenientes podem ser dissipadas pelas preferências heterogêneas dos consumidores e, sobretudo, pelos incentivos à adoção de novas tecnologias sistêmicas no contexto de uma concorrência dinâmica.

O principal argumento contraposto ao determinismo da teoria das externalidades de redes se relaciona à necessidade de se pensar as políticas regulatórias a partir da perspectiva de concorrência pelo mercado, ao invés do paradigma de concorrência no mercado. Nesse sentido, SPULBER e YOO (2009, p. 148) sustentam que as externalidades de redes comumente identificadas nos setores em rede poderiam ser compensadas caso a propriedade da rede fosse atribuída a um único detentor que, na sua relação direta com o consumidor, poderia internalizar os benefícios da adesão marginal dos usuários. Essa atribuição da propriedade da rede a um único operador, por sua vez, não necessariamente ensejaria uma situação de monopólio. Principalmente nos casos em que houvesse um significativo crescimento do mercado, haveria incentivos para que uma nova tecnologia surgisse, instaurando-se então uma relação de concorrência entre múltiplas redes (p.139).

Ainda segundo os autores, a situação de concorrência em perspectiva dinâmica mostra-se especialmente plausível no setor de telecomunicações contemporâneo, tendo em vista as intensas transformações tecnológicas a que ele tem sido submetido. Nesse contexto, a imposição de barreiras regulatórias à entrada – tipicamente empregada no âmbito de monopólios naturais – traria claros prejuízos ao bem estar dos consumidores. Do mesmo modo, também não mais se justificariam a adoção de políticas de compartilhamento de infraestrutura, como as tradicionais regras de interconexão empregadas no mercado de telefonia fixa. Em relação a essas medidas, os autores argumentam que a obrigatoriedade de interconexão esvaziaria os incentivos ao desenvolvimento de novas tecnologias que aumentariam a capacidade da rede (SPULBER e YOO, 2009, p. 149) (grifos nossos):

> "In addition, denying providers of complementary services guaranteed access to the existing network gives them powerful incentives to enter into strategic partnerships with firms interested in constructing alternative network capacity in competition with the existing network. [...] **As a result, compelled access can have the perverse effect of entrenching any supposed bottleneck facility by forestalling the emergence of the substitute network technologies**. This is particularly problematic in technologically dynamic industries, in which the prospects of developing new ways either to circumvent or to compete directly with the alleged bottleneck are greatest".

Todos esses argumentos embasam a defesa de uma prescrição normativa de regulação do setor de telecomunicações que rejeita quase que em absoluto a possibilidade de intervenção estatal para fins de imposição de obrigações de acesso e interconexão no setor de telecomunicações contemporâneo.

II - Regulação para além de valores meramente econômicos: reflexões a partir das Teorias do Interesse Público

Na presente seção, nosso objetivo será demonstrar que as abordagens teóricas descritas na seção anterior – mesmo que possam conduzir a respostas divergentes quanto à necessidade ou não de intervenção estatal a partir do reconhecimento de falhas de mercado – são típicas de uma metalinguagem que busca na perseguição de objetivos microeconômicos neoclássicos o fundamento universalmente válido de legitimação do Estado regulador. Essa perspectiva, no entanto, negligencia a existência de valores metaeconômicos capazes de orientar a atuação dos agentes reguladores no contexto das democráticas constitucionais contemporâneas, conforme demonstrado pelas Teorias do Interesse Público da Regulação.

As primeiras teorias substantivas de regulação que adquiram notoriedade no contexto político norte-americano na primeira metade do Século XX justificavam a intervenção do Estado no âmbito econômico a partir da tese de que a atuação estatal serviria para corrigir imperfeições naturais dos mercados. Como destaca POSNER (2004), essas teorias tradicionais se baseavam em duas premissas fundamentais: a de que a correção de falhas de mercado levaria ao atingimento de um bem comum econômico e a de que a intervenção regulatória seria "virtualmente gratuita", isto é, imune aos seus próprios.

Embora a referência à necessidade de correção de falhas de mercado seja recorrente em abordagens regulatórias de diversas vertentes,[3] é possível generalizar que essas proposições se alicerçam na crença de que as autoridades reguladoras devem, ao máximo possível, aproximar as condições de mercados à situação ideal de eficiência de Pareto (STIGLITZ, 2009, p. 6). Assim, em última análise, a intervenção estatal serviria para proporcionar a eficiência alocativa, traduzida na noção de bem-estar social, a partir da instrumentalização de políticas públicas que reduzam custos de transação existentes nos mercados. Nesse paradigma, uma vez que o bem estar social é idealizado em termos de utilidades individuais, o Direito seria operacionalizado para atender à composição de interesse eminentemente privados (OGUS, 2004, p. 25).

Em contraposição ao caráter privatista dessas abordagens, autores como FEINTUCK (2010) e PROSSER (1999) sustentam a necessidade de se fundamentar a legitimidade do Estado regulador em um objetivo maior de proteção do interesse público. Na visão do primeiro autor, essa mudança de paradigma seria necessária, uma vez que a racionalidade mercadológica afigura-se restrita demais para englobar uma série de valores políticos e sociais estabelecidos nas democracias liberais e que podem ser vistos, em sua essência, como garantias de ordem constitucional (p. 43).

Tais proposições de legitimação do Estado regulador a partir da defesa do interesse públicos, encontram, no entanto, dois grandes obstáculos. O primeiro deles se relaciona às críticas endereçadas pelas chamadas Teorias Econômicas da Regulação, no sentido de que haveria evidências suficientes de que o bom funcionamento dos setores econômicos seria constantemente comprometido por

---

[3]Acerca das diversas proposições teóricas que invocam a correção de falhas de mercado como fundamento da atuação regulatória, cf. BALDWIN et. al. (2012, p. 15–16).

falhas de governo resultantes da atuação de grupos de interesse que influenciam a elaboração legislativa[4]. Assim, a incapacidade do Estado regulador em atingir objetivos socialmente desejáveis, portanto, estaria relacionado não apenas à sua má-administração, mas principalmente a um jogo de oferta e demanda por regulação no qual os interesses privados constantemente se sobrepõem aos interesses públicos (POSNER, 2004).

Já o segundo obstáculo ao desenvolvimento das Teorias do Interesse Público relaciona-se à falta de precisão semântica do próprio conceito de "interesse público". Essa carência de delimitação terminológica é identificada como um dos principais focos de vulnerabilidade dessas teorias, já que, na omissão de uma definição do conteúdo de interesse público, não haveria parâmetro adequado para se avaliar o êxito de uma intervenção regulatória (FEINTUCK, 2010, p. 43).

Segundo os defensores das Teorias do Interesse Público, a superação dessas críticas exige uma exige uma mudança de perspectiva na compreensão dos fundamentos que legitimam o Estado regulador. Em primeiro lugar, a existência de políticas regulatórias consideradas "mal sucedidas" não necessariamente demonstra que uma intervenção estatal baseada exclusivamente na perseguição de valores econômicos seria capaz de proporcionar melhores resultados do ponto de vista social e democrático (SUSTEIN, 1991). Nesse ponto, as críticas feitas pelas Teorias Econômicas da Regulação se mostram frágeis, pois a compreensão de que as decisões feitas com base no ideal de eficiência alocativa seriam "técnicas" enquanto que as deliberações em matéria de justiça social seriam "políticas" esconde uma falácia de suposta neutralidade e isenção da política econômica (PROSSER, 1999).

Já no que tange à suposta indeterminação do conceito de interesse público, FEINTUCK (2010) defende que a legitimidade da regulação orientada à proteção desse interesse pode ser buscada em valores e princípios assentados na ordem democrática. Nessa perspectiva, considerando de pluralismo da sociedade contemporânea, a definição do interesse público não pode ser feita de forma apriorística; ela deve ser buscada na contínua institucionalização e incorporação desses valores democráticos às práticas regulatórias vigentes.

Tendo em vista essas considerações teóricas, é possível aproximar que as abordagens teóricas sobre setores em rede analisadas na Seção I do presente artigo baseiam-se no pressuposto de que a imposição de medidas regulatórias nesses setores se justifica estritamente diante da presença de falhas de mercado, sejam

---

[4]Embora se reconheça peculiaridades em cada uma das abordagens tratadas, é possível afirmar que os autores vinculados à Teoria da Regulação Econômica em geral se baseiam na clássica afirmação de STIGLER (1971, p. 3) de que "em regra, a regulação é adquirida pela indústria, além da concebida e operada fundamentalmente em seu benefício".

elas associadas à formação de monopólios naturais ou à presença de efeitos externos positivos de rede que induzem externalidades negativas de rede.

Essa metalinguagem regulatória, todavia, desconsidera importantes valores constitucionais que orientam a atuação do Estado regulador no contexto das democracias contemporâneas. Nesse sentido, conforme será analisado na próxima seção, alguns valores de regulação não necessariamente albergados sob o ideal de eficiência alocativa – como os princípios da concorrência efetiva e da neutralidade tecnológica – têm influenciado significativamente a atuação das Agências Reguladoras Nacionais europeias na condução políticas de interconexão IP no âmbito dos estados membros.

III - Análise das regras de interconexão IP na União Europeia: desvendando os fundamentos da intervenção regulatória

Na presente seção, serão examinadas políticas de interconexão IP que vêm se desenvolvendo na União Europeia nos últimos anos. Nosso objetivo será identificar em que medida as proposições examinadas nos tópicos anteriores podem de fato antecipar resultados sobre a atuação das entidades reguladoras no contexto investigado.

Em diversas jurisdições, o sistema de telefonia fixa se desenvolveu tendo como base a vigência de normas que obrigavam os detentores de redes consideradas de interesse público ("*common carrires*") a se interconectarem com outros operadores que dela dependiam para prestar seus serviços. A imposição dessas obrigações de interconexão, por sua vez, passou a exigir das autoridades reguladoras o estabelecimento de mecanismos de compensação financeira para que um operador de rede fosse devidamente ressarcido pelos custos adicionais em que incorria ao interconectar usuários de outra rede. No contexto norte-americano, por exemplo, essas políticas de "*intercarrier compensation*" passaram por sucessivas reestruturações e intensas disputas políticas (NUECHTERLEIN e WEISER, 2013, p. 245).

Com o crescimento da demanda por serviços prestados a partir da internet, iniciou-se um processo de migração das redes de telefonia baseadas na tecnologia de circuito comutado (*circuit-switched network*), ou de *Time Division Multiples* (TDM), para um regime de redes baseado na tecnologia de comutação de pacotes (*packet-switched network*), com grande capacidade de tráfego. A perspectiva é de que, nos próximos anos, essa migração ocorra voluntariamente, de sorte que os serviços de voz sejam inteiramente trafegados na forma de dados a partir de protocolos IP no âmbito das chamadas Redes de Próxima Geração (*Next Generation Networks – NGN*).[5]

Nesse contexto de transição, a adequada prestação de serviços de voz depende do estabelecimento de interconexões que possibilitem a troca de dados entre as redes baseadas na tecnologia de TDM e as redes de tecnologia IP. Em especial, essa necessidade de interconexão é acentuada pelo crescimento da demanda por serviços de voz prestados a partir de protocolos IP, os chamados *Voice-Over-IP Services* (VoIP). Para que usuários desses serviços possam se conectar a usuários de redes de telefonia fixa ou móvel, por exemplo, é necessário que a empresa prestadora do serviço VoIP estabeleça contratos de interconexão com as operadoras daquelas redes. A fim de que a interconexão seja bem sucedida, os dados inicialmente trafegados sobre a rede IP na internet precisam ser convertidos para um formato compatível com a rede de circuito comutado. Somente então a comunicação poderá ser estabelecida com o usuário final de telefonia fixa.

A figura abaixo exemplifica como é prestado o serviço de voz a partir de aplicativos VoIP até um usuário da rede de telefonia fixa comutada tradicional:

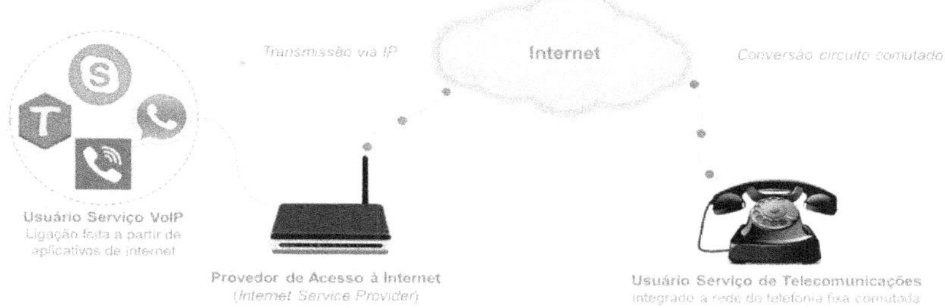

Figura 3 – Exemplo de ligação VoIP feita a partir de uma rede IP a um usuário do serviço de telefonia fixa comutada

Fonte: elaboração própria

Nessa configuração, considerando que os serviços VoIP por vezes se apresentam como substitutivos em relação aos tradicionais serviços de telecomunicações, é factível que os operadores das redes fixas e móveis tenham

---

[5]Conforme esclarecido pela Recomendação nº 2010/572/UE de 20 de setembro de 2010, as redes de próxima geração (NGA) podem ser entendidas como "redes de acesso cabeadas que são constituídas na totalidade ou em parte por elementos de fibra óptica, e que são capazes de fornecer serviços de acesso de banda larga com características mais avançadas (como maior capacidade de transmissão) em relação às dos fornecidos pelas redes de cobre já existentes. Na maior parte dos casos, as redes NGA resultam de melhorias introduzidas numa rede de acesso de cobre ou coaxial já existente".

incentivos para recusar a interconexão das suas redes. [6] Ademais, mesmo quando essa interconexão é oferecida a tradicionais serviços de voz, é possível que a ausência de especificações técnicas ou a divergência de interesses comerciais comprometa a pactuação dos acordos de interconexão.

É com o intuito de dissipar os riscos de recusa à interconexão que Agências Reguladoras Nacionais dos países membros da União Europeia têm proferido decisões administrativas obrigando operadores de redes fixas e móveis a firmar esses acordos em condições não discriminatórias. Antes de analisarmos a atuação dessas autoridades reguladoras, é cabível uma breve exposição acerca do arcabouço normativo europeu comum que orienta a atuação dessas entidades.

III.1 - Contexto normativo comum europeu relativo às políticas de acesso e de interconexão de redes

No âmbito da União Europeia, a regulamentação dos serviços de telecomunicações é feita pelas Autoridades Reguladoras Nacionais com fundamento na legislação interna dos países membros e também a partir de diretrizes gerais estabelecidas pelo Parlamento Europeu em conjunto com o Conselho da União Europeia. A edição dessas normas de caráter supranacional insere-se no âmbito da política de harmonização da regulamentação dos serviços de comunicações eletrônicas, definida pela Diretiva nº 2002/21/CE do Parlamento Europeu e do Conselho da Comissão da União Europeia, de 7 de março de 2002.

Especificamente em relação às políticas de acesso e interconexão, duas diretivas aprovadas pelo Parlamento Europeu e pelo Conselho atribuem às Agências Reguladoras Nacionais competência ampla para a imposição de medidas regulatórias destinadas a garantir a interoperabilidade das redes. Nesse sentido, a Diretiva nº 2002/19/CE de 7 de março de 2002, com a redação dada pela Diretiva nº 2009/140/EC, de 25 de novembro de 2009, define, em seus artigos 4º e 5º, que (grifos nossos):

> Artigo 4
> Direitos e obrigações das empresas
>
> Os operadores das redes de comunicações públicas têm o direito e, quando solicitados por outras empresas autorizadas para o efeito, a obrigação, de negociar a interligação entre si com vista à prestação dos serviços de comunicações electrónicas acessíveis

---

[6] Na Europa, por exemplo, estudo apresentado em 2012 pela Body of European Regulators of Electronic Communications (BEREC) e pela Comissão Europeia chegou a revelar que mais de 50% (cinquenta por cento) dos operadores de redes móveis atuantes no continente praticavam ou já teriam praticado algum tipo de degradação do tráfego de dados de empresas que oferecem serviços de voz sobre IP. (BEREC - BODY OF EUROPEAN REGULATORS FOR ELETRONIC COMMUNICATIONS, 2012)

ao público, de modo a garantir a oferta e interoperabilidade de serviços em toda a Comunidade. **Os operadores oferecerão o acesso e a interligação a outras empresas nos termos e nas condições compatíveis com as obrigações impostas pela autoridade reguladora nacional nos termos dos artigos 5., 6, 7 e 8**

Artigo 5

Poderes e responsabilidades das autoridades reguladoras nacionais relativamente ao acesso e à interligação

As autoridades reguladoras nacionais devem, agindo em conformidade com os objectivos estabelecidos no artigo 8 da Directiva 2002/21/CE (directiva-quadro), incentivar e, sempre que oportuno, garantir, em conformidade com as disposições da presente directiva, o acesso e a interligação adequados, bem como a interoperabilidade de serviços, exercendo a sua responsabilidade de modo a promover a eficiência e a concorrência sustentável e a proporcionar o máximo benefício aos utilizadores finais.

Em especial, e sem prejuízo das medidas que possam ser tomadas em relação às empresas que detenham poder de mercado significativo nos termos do artigo 8, as autoridades reguladoras nacionais devem ter a possibilidade de:
a) Na medida do necessário para garantir a ligação de extremo-a-extremo, impor obrigações às empresas que controlam o acesso aos utilizadores finais, incluindo, em casos justificados, a obrigação de interligarem as suas redes quando ainda não estiverem interligadas;
b) Na medida do necessário para garantir a acessibilidade dos utilizadores finais aos serviços de radiodifusão digital de rádio e televisão especificados pelo Estado-Membro, impor aos operadores a obrigação de oferecerem acesso aos outros recursos mencionados no anexo I, parte II, em condições justas, razoáveis e não discriminatórias.

2. Ao imporem a um operador obrigações de oferta de acesso em conformidade com o artigo 12, as autoridades reguladoras nacionais podem fixar condições técnicas ou operacionais, a serem cumpridas pelo fornecedor e/ou beneficiários de tal acesso, de acordo com o direito comunitário, quando necessário para garantir o funcionamento normal da rede. As condições que incidam na aplicação de normas ou especificações técnicas específicas deverão obedecer ao disposto no artigo 17.o da Directiva 2002/21/CE (directiva-quadro).

3. As obrigações e as condições impostas nos termos dos nos 1 e 2 deverão ser objectivas, transparentes, proporcionadas e não discriminatórias, e ser aplicadas em conformidade com o

> procedimento previsto nos artigos 6.o e 7.o da Directiva 2002/21/CE (directiva-quadro).

Conforme referido pelo artigo 5° acima destacado, a adoção de políticas de interconexão de rede por parte das Agências Reguladoras Nacionais se fundamenta principiologicamente no conteúdo do artigo 8° da Diretiva nº 2002/21/CE de 7 de março de 2002, que estabelece o princípio da neutralidade tecnológica enquanto objetivo que deve orientar a intervenção regulatória, principalmente quando a finalidade for promover a concorrência efetiva nos mercados:

> Artigo 8
> Objectivos de política geral e princípios de regulação
>
> 1. (...) Os Estados-Membros deverão assegurar que as autoridades reguladoras nacionais, no desempenho das funções de regulação constantes da presente directiva e das directivas específicas, e nomeadamente das destinadas a assegurar uma concorrência efectiva, tomem na máxima conta que é desejável garantir a neutralidade tecnológica da regulamentação.

Além das referidas diretivas, em 20 de setembro de 2010, a Comissão Europeia aprovou a Recomendação nº 2010/572/UE, que estabelece orientações específicas sobre o acesso regulamentado às redes de próxima geração (*Next Generation Networks*). Nesse ato, considerou-se que as Agências Reguladoras Nacionais deveriam examinar atentamente as novas condições de concorrência resultantes da implantação de redes NGA e avaliar, no âmbito do procedimento de análise de mercados relevantes, a necessidade de imposição de medidas específicas de compartilhamento de redes aos agentes econômicos detentores de Poder de Mercado Significativo (PMS), bem como aos agentes que controlam infraestruturas cuja duplicação não seja econômica ineficiente ou fisicamente impraticável.

Segundo a Recomendação, nas hipóteses em que fosse constatada a existência de PMS ou condição análoga, as Agências Reguladoras Nacionais deveriam garantir o acesso à chamada "infraestrutura física da rede" a terceiros, com base em preços orientados para os custos e respeitando o princípio da equidade. Quando à fixação de preços, o Anexo I da Recomendação estabelece que as Agências Reguladoras Nacionais devem avaliar se a duplicação das infraestruturas de acesso às redes NGN é economicamente viável e eficiente. Caso não o seja, as entidades reguladoras devem atuar para "criar condições de concorrência verdadeiramente equitativas entre a componente a jusante do operador com PMS e outros operadores de rede". Já quanto à aplicação do princípio da equivalência no acesso à infraestrutura de rede, o Anexo II da Recomendação deixa claro que (grifos nossos):

> ANEXO II da Recomendação nº 2010/572/UE, de 20 de setembro de 2010
>
> Aplicação do princípio da equivalência no acesso à infra-estrutura de engenharia civil do operador com poder de mercado significativo (PMS) para efeitos de instalação de redes NGA
>
> As ARN devem exigir que o operador com PMS forneça acesso à sua infra-estrutura de engenharia civil nas mesmas condições a internos a terceiros interessados. Em particular, o operador com PMS deve divulgar todas as informações necessárias sobre as características da infra-estrutura e aplicar os mesmos procedimentos para o pedido e para o fornecimento de acesso. As ofertas de referência e os acordos sobre o nível de serviço são fundamentais para garantir a correcta aplicação do princípio da equivalência.

Vê-se, portanto, que o quadro normativo comum europeu e a Recomendação nº 2010/572/UE, de 20 de setembro de 2010 acentuam expressamente o poder/dever das Agências Reguladoras Nacionais de impor obrigações de interconexão de redes no contexto de transição de redes de próximas geração, tendo como base princípios como o da concorrência efetiva e o da neutralidade tecnológica.

É considerando esse pano de fundo normativo que serão analisadas decisões de duas das mais influentes Agências Reguladoras Nacionais europeias, a fim de se verificar em que medida se pode dizer que esses valores de natureza não puramente econômica de fato orientaram a atuação dessas entidades nos contextos analisados.

III.2 -Políticas de interconexão IP para suporte a serviços de voz no contexto da União Europeia (UE): uma análise de decisões recentes de duas Agências Reguladoras Nacionais

Até o início da década de 2000, os acordos de interconexão IP firmados no âmbito da União Europeia não se sujeitavam a interferências consideráveis por parte dos Estados membros (MARCUS, 2008). Como mostra o resultado de Consulta Pública feita pelo Grupo de Reguladores Europeus (*European Regulators' Group*), nos anos de 2007 e 2008, embora os problemas da migração para redes NGN já fossem considerados pelas autoridades, somente um pequeno número de Agências Reguladoras Nacionais reconhecia as políticas de interconexão IP como prioritárias (EUROPEAN REGULATORS GROUP, 2007)

Esse cenário se alterou significativamente nos últimos anos. Em 2015, a *Body of European Regulators for Eletronic Communications* (BEREC) apresentou o *report* intitulado "*Case Studies on IP-based Interconnection for Voice Services in the European Union*", no qual se avaliou o estágio atual de migração para redes *all-IP* no âmbito dos países membros da União Europeia. A publicação apontou que, até o final daquele ano, Agências Reguladoras Nacionais de 9 (nove) países já haviam imposto aos operadores de redes fixas, incumbentes ou não incumbentes, e de redes móveis obrigação de fornecer interconexão IP de suas redes para tráfego de dados de serviços de voz. Em 3 (três) desses países, as autoridades impuseram essa obrigação aos operadores de redes fixas incumbentes também para a originação de chamadas (BEREC - BODY OF EUROPEAN REGULATORS FOR ELETRONIC COMMUNICATIONS, 2015).

Com o intuito de explorar os contornos dessas políticas de interconexão IP, nas próximas subseções serão feitas breves descrições sobre os resultados apresentados pelo estudo da BEREC (2015) em relação a dois países específicos, França e Alemanha. O objetivo da nossa análise será desvendar em que medida valores não econômicos cristalizados nas diretivas da União Europeia em matéria de interconexão e acesso de rede – como o princípio da concorrência efetiva e da neutralidade tecnológica – foram determinantes para a construção das decisões das Agências Reguladoras Nacionais.

III.2.a - França

Na Franca, a obrigatoriedade de oferta de interconexões IP foi primeiramente firmada pela *Autorité de Régulation des Communications Électroniques et des Postes* (ARCEP) na *Décision* n° 2011-0926, de 26 de julho de 2011. A decisão foi tomada no âmbito do processo de revisão dos mercados relevantes de telefonia fixa, no qual se considerou que a empresa incumbente *France Télécom* dispunha de PMS em todos os mercados relevantes de telefonia de varejo e atacado. A Agência Reguladora considerou que, no contexto de transição para um regime de redes NGN, seria necessário que a *France Télécom* analisasse com razoabilidade os pedidos de acesso e readequação da sua arquitetura de interconexão feitos por terceiros, de modo a não distorcer o jogo competitivo (*jue concurrentiel*). (FRANÇA, 2011, p. 68)

A ARCEP considerou que o grande tamanho da rede da *France Télécom* poderia gerar externalidades negativas significativas no mercado e ressaltou que as decisões da empresa quanto ao número e à localização dos seus pontos de interconexão poderiam gerar consequências significativas nos negócios de outras operadoras de redes fixas e móveis. A agência examinou ainda manifestações de operadoras como a *Bouygues Telecom*, a *Colt* e a *Verizon*, que se queixaram da arquitetura de interconexões da *France Télécom*, principalmente em relação às interconexões IP, relatando dificuldades no acesso à rede da incumbente. (p. 70).

Considerando esses fatos, a Autoridade Reguladora entendeu, especificamente em relação às interconexões IP, que a *France Télécom* deveria realizar, naquilo que fosse possível, adaptações na sua infraestrutura de rede, a fim de oferecer uma interconexão eficiente para transporte de dados em ligações de voz, independente da natureza geográfica ou não do número chamado. Com o intuito de evitar a descontinuidade imediata das interconexões TDM, a AERCEP também definiu que a *France Télécom* deveria continuar a ofertar interconexões baseadas na tecnologia TDM por pelo menos 18 (dezoito) meses, a contar de dezembro de 2014.

Nos termos do art. 13 da parte dispositiva da decisão, estabeleceu-se que a *France Télécom* seria obrigada a conceder os pedidos razoáveis de terceiros de acesso para elementos de rede, ou a meios associados. Nesse ponto, o próprio comando normativo expressa que essa medida tem por finalidade assegurar uma concorrência leal e efetiva (*concurrence effective et loyale*) (grifos nossos):

> Article 13 France Télécom est tenue de faire droit aux demandes raisonnables d'accès à des éléments de réseau, ou à des moyens qui y sont associés, relatives aux prestations des marchés pertinents définis aux articles 4 et 5 ainsi qu'aux prestations imposées au titre des articles 11 et 12, ou nécessaires à l'exercice, au bénéfice des utilisateurs, **d'une concurrence effective et loyale sur les marchés de détail aval**.

O dispositivo também estabelece que a incumbente deveria, dentre outros: (i) negociar de boa-fé com os operadores que requerem acesso; (ii) abster-se de retirar o acesso de operador a que já se tenha concedido, a menos que seja feito acordo prévio entre a Autoridade Reguladora e o operador; (iii) conceder acesso aberto a interfaces técnicas, protocolos ou outras tecnologias que são indispensáveis para a interoperabilidade dos serviços ou serviços de rede virtual; (iv) prestar serviços específicos necessários para garantir interoperabilidade dos serviços de ponta a ponta, em particular no que respeita à significa referentes aos serviços de rede inteligentes e (v) fornecer acesso a sistemas de apoio operacional ou a sistemas de software.

Desse modo, é possível afirmar que a decisão da Autoridade Reguladora francesa demonstra uma preocupação com os riscos de fechamento de mercado e com os riscos de comprometimento da interoperabilidade de redes no contexto de transição para o regime de redes NGN.

II.2.b - Alemanha

Na Alemanha, em agosto de 2013, a *Bundesnetzagentur*, no âmbito do procedimento de análise dos mercados relevantes de chamadas de voz em redes móveis individuais, determinou que a incumbente de telefonia fixa *Deutsche Telekom AG* estaria obrigada a fornecer interconexão IP a outros operadores de redes fixas e móveis (Decisão BK3d-12/009, da *Beschlusskammer* 3, de 30 de agosto de 2013). (ALEMANHA, 2013).

A avaliação feita pela Agência Reguladora concluiu que a *Deutsche Telekom AG* e suas subsidiarias continuavam a apresentar PMS nos mercados nacionais de originação de chamadas na rede telefônica fixa publica. A questão controvertida era se esse PMS, que já fundamentava a imposição de obrigações de interconexão PSTN, também poderia servir justificar a imposição de obrigações de interconexão IP. (p. 6)

A Agência Reguladora destacou que, em 2011, a *Deutsche Telekom AG* começou a realizar interconexões IP, com o intuito de transformar suas redes em redes de próxima geração (NGN). Por meio de uma comunicação formal encaminhada à empresa, a *Bundesnetzagentur* já havia informado a intenção de estender as obrigações de interconexão PSTN para a interconexão IP. A incumbente de telefonia fixa, no entanto, rejeitava essa possibilidade, argumentando que o processo de transição para redes NGN ainda se encontrava nos seus estágios iniciais e que, por isso, não seria possível cumprir eventual obrigação de interconexão IP, senão de forma gradual. Além disso, a *Deutsche Telekom AG* também destacava o potencial de conflito com outros operadores de rede, relacionado às dificuldades de fixação de referências técnicas para as interconexões. (p. 8).

A *Bundesnetzagentur* apreciou manifestações de outras operadoras de redes fixas que alegavam a impossibilidade de a *Deutsche Telekom AG* fornecer conexões IP suficientemente rápidas por falta de capacidade. As empresas sustentavam também que decisões importantes no processo de migração para redes NGN não poderiam ser deixadas ao arbítrio da *Deutsche Telekom AG*, sob pena de violação do princípio da neutralidade tecnológica, motivo pelo qual deveriam ser predefinidos cenários de migração para os próximos anos. .(p. 9-10). Com base nesses fundamentos, empresas como a *01051 Telecom*, a *Callax Telecom* e a *MEGA Communications* pleiteavam, dentre outros pedidos, a imposição de parâmetros para a oferta de interconexões IP por parte da *Deutsche Telekom AG*, inclusive com a publicação de referências técnicas de sua rede. (p. 13).

Interpretando que a existência de PMS da *Deutsche Telekom AG* no segmento de serviços de telefonia fixa também se estendia à provisão de interconexões, a agência reguladora entendeu que a obrigação de fornecer acesso à sua rede para fins de trânsito interno a outros operadores deveria não apenas ser mantida nas interconexões PSTN, mas também estendida às interconexões IP. A decisão considerou real o risco de a interoperabilidade e a concorrência efetiva no mercado virem a ser comprometidas por eventuais recusas de interconexão por parte da *Deutsche Telekom AG* (p. 29). A *Bundesnetzagentur* deixou claro ainda que a incumbente deveria ofertar interconexões IP não apenas para outras operadoras de redes fixas, mas também para operadoras de redes móveis, tanto nas terminações quanto nas originações de chamadas. Também se reforçou a necessidade de que, durante o processo de transição para redes de próxima geração, fossem mantidas as ofertas de interconexões PSTN em conjunto com as de interconexões IP. (p. 35).

Assim como na decisão da Autoridade Reguladora francesa, a força normativa do preceito da concorrência efetiva se mostrou fundamental para a imposição de obrigações de interconexão IP por parte da *Bundesnetzagentur*. É a partir desse diagnóstico que será delineada a conclusão do presente artigo.

Conclusão

Conforme analisado, as teorias de regulação dos setores em rede tradicionalmente racionalizam a possibilidade de intervenção regulatória a partir de uma metalinguagem de correção de falhas de mercado. Estudos recentes têm entendido que, especificamente no âmbito do setor de telecomunicações contemporâneo, o dinamismo tecnológico relacionado à busca por inovação seria capaz de, por si só, assegurar a superação dessas falhas, sendo desnecessária, portanto, a adoção de políticas mais efetivas de acesso e interconexões de redes por parte de agências reguladoras setoriais.

As discussões quanto à necessidade de adoção de políticas desse gênero se tornam ainda mais relevantes na atualidade, tendo em vista, na maioria dos países, o andamento do processo de transição para o regime de redes de próxima geração (redes NGN). Nesse sentido, no âmbito da União Europeia, expediu-se a Recomendação nº 2010/572/UE, de 20 de setembro de 2010, que reforça o poder/dever das Agências Reguladoras Nacionais de impor obrigações de interconexão de redes, com base nos valores de concorrência efetiva e de neutralidade tecnológica.

Considerando a necessidade de se investigar de forma mais aprofundada a atuação de Autoridades Reguladoras Nacionais europeias em relação ao tema, foram analisadas decisões recentes da *Autorité de Régulation des Communications Électroniques et des Postes* (ARCEP) e da *Bundesnetzagentur* que impuseram aos operadores de redes fixas incumbentes a obrigação de fornecer interconexões IP a outros operadoras de redes fixas e móveis. Conforme observamos na seção anterior, tais decisões conferem bastante relevo ao princípio da neutralidade tecnológica e ao princípio da concorrência efetiva, compreendendo-se, em relação a esse último, a necessidade de se preservar o equilíbrio competitivo sob uma perspectiva estática e intrassistêmica nos mercados de acesso à infraestrutura de telefonia fixa, garantindo-se o acesso às redes por parte de terceiros a preços justos e em condições não discriminatórias.

Esses resultados de intervenção regulatória, por sua vez, afiguram-se significativamente distoantes das postulações de autores como SPULBER e YOO (2009), que compreendem que os riscos de fechamento de mercado no setor de telecomunicações seriam naturalmente dissipados no longo prazo. Considerando os apontamentos feitos pelas Agências Reguladoras Nacionais quanto à imprescindibilidade da imposição de obrigações de acesso e interconexão de redes, parece pouco plausível que, nas jurisdições examinadas, a concentração temporária das redes nas mãos de um único agente monopolista possa gerar incentivos à adoção de novas tecnologias sistêmicas num ciclo de concorrência destrutiva.

Essas constatações nos permitem afirmar que as teorias analisadas da Seção I do presente trabalho não seriam capazes de antecipar o comportamento dos agentes reguladores no contexto examinado. Isso porque elas se lastreiam numa metalinguagem regulatória que aponta como fundamento exclusivo da intervenção estatal a perseguição de valores econômicos neoclássicos, como a correção de falhas de mercado e a maximização do bem-estar social e da eficiência alocativa. Tal qual analisado na Seção II deste trabalho, essas abordagens econômicas mostram-se insuficientes para abarcar a pluralidade de valores substantivos que orientam e legitimam a atuação do Estado Regulador no contexto das democracias constitucionais, como os princípios da neutralidade tecnológica e da concorrência efetiva, tão determinantes para a estruturação das políticas de interconexão IP no contexto europeu.

Ainda que de forma precária e com todas as limitações afetas à presente análise, este artigo objetivou demonstrar a hipótese de pesquisa proposta, com o intuito de contribuir para o aprimoramento de uma reflexão crítica acerca dos pressupostos teóricos que legitimam a intervenção regulatória nos setores em rede.

Referências Bibliográficas

ALEMANHA. **Bundesnetzagentur. Beschluss wegen der Beibehaltung, der Auferlegung und des Widerrufs von Verpflichtungen auf den Märkten „Verbindungsaufbau im öffentlichen Telefonnetz“ und**

„Anrufzustellung in einzelnen öffentli- chen Telefonnetzen an festen Standorte. p. 1–85, 2013.

BALDWIN, R.; CAVE, M.; LODGE, M. **Understanding Regulation**. 2ª ed. Nova Iorque: Oxford University Press, 2012.

BEREC - BODY OF EUROPEAN REGULATORS FOR ELETRONIC COMMUNICATIONS. A view of traffic management and other practices resulting in restrictions to the open Internet in Europe. p. 1–39, 2012.

BEREC - BODY OF EUROPEAN REGULATORS FOR ELETRONIC COMMUNICATIONS. **Case Studies on IP-based Interconnection for Voice Services in the European Union**, p. 1-75, 2015.

ECONOMIDES, N. The Economics of Networks. **International Journal of Industrial Organization**, v. 14, p. 673–699, 1996.

EUROPEAN REGULATORS GROUP. **ERG Common Statement on Regulatory Principles of IP-IC/NGN Core - A work program towards a Common Position**, 2007.

FEINTUCK, M. Regulatory Rationales Beyond The Economic: In Search of The Public Interest. In: **The Oxford Handbook of Regulation**. Nova Iorque: Oxford University Press, 2010. p. 39–63.

FRANÇA. **Décision n° 2011-0926 en date du 26 juillet 2011 - Décision portant sur la définition des marchés pertinents de la téléphonie fixe, la désignation d'opérateurs exerçant une influence significative sur ces marchés et les obligations imposées à ce titre**, 2011.

GARCIA-MURILLO, M.; MACINNES, I. The Impact of Technological Convergence on The Regulation of ICT Industries. **International Journal on Media Management**, v. 5, n. March 2013, p. 57–67, 2003.

GOTTINGER, H.-W. **Economies of Network Industries**. London and New York: Routledge Taylor and Francis Group, 2003.

KATZ, M. L.; SHAPIRO, C. Network Externalities, Competition, and Compatibility. **The American Economic Review**, v. 75, n. 3, p. 424–440, 1985.

KATZ, M. L.; SHAPIRO, C. Systems Competition and Network Effects. **The Journal of Economic Perspectives**, v. 8, n. 2, p. 93–115, 1994.

MARCUS, J. S. IP-based NGNs and interconnection: the debate in Europe. **Communications & Strategies**, v. 1, n. 72, p. 17–32, 2008.

NUECHTERLEIN, J. E.; WEISER, P. J. **Digital Crossroads: Telecommunications Law and Policy in The Internet Age**. 2. ed. Cambridge, Massachusetts: The MIT Press, 2013.

OGUS, A. **Regulation: Legal Form and Economic Theory**. Oxford e Portland, Oregon: Hart Publishing, 2004.

POSNER, R. A. Teorias da Regulação Econômica. In: **Regulação Econômica e Democracia: o debate norte-americano**. São Paulo: Editora 34, 2004. p. 301.

PROSSER, T. Theorising Utility Regulation. **The Modern Law Review**, v. 62, n. 2, p. 196–217, 1999.

SHY, O. **The Economics of Network Industries**. Cambridge: Cambridge University Press, 2004.

SPULBER, D. F.; YOO, C. S. **Networks in Telecommunications**. New York: Cambridge University Press, 2009.

Regulação da Internet como Administração da Privacidade

Internet Regulation as Governance of Privacy

Submetido(*submitted*): 13/12/2016
Parecer(*revised*): 14/01/2017
Aceito(*accepted*): 21/01/2017

Patricia Yurie Dias*

Resumo

Propósito – Análise dos elementos da teoria responsiva da regulação como mecanismos utilizados pelas empresas como administração do direito à privacidade na internet.
Metodologia/abordagem/design – Estudo da teoria responsiva de regulação de Ayres e Braithwaite e das normas e leis relacionadas com direito à privacidade e internet. Além disso, será abordado um caso jurídico e regulamentos dos Estados Unidos e União Europeia.
Resultados – A auto-regulação, o diálogo, a colaboração e a responsabilidade da regulação responsiva podem contribuir para a edição de padrões mínimos a serem seguidos pelas empresas ou regulados como administração da privacidade no âmbito da internet.

Palavras-chave: direito à privacidade, internet, regulação, marco civil da internet e regulação responsiva.

Abstract

Purpose – *Analysis of the elements of responsive regulation as mechanism used by companies as a governance of the right to privacy on the internet.*
Methodology/approach/design – *Study of the responsive regulation theory of Ayres and Braithwaite and the rules and laws related to the right to privacy on the internet. In addition, a legal case and regulations of the United States and European Union will be addressed.*
Findings – *Self-regulation, dialogue, collaboration and accountability of responsive regulation can contribute to the edition of minimum standards to be followed by companies or regulated as a governance of privacy on the internet.*

Keywords: right to privacy, internet, regulation, Brazilian Civil Rights Framework for the Internet, responsive regulation.

Introdução

No Brasil, o marco civil da internet (MCI) ocorreu com a publicação da Lei nº 12.965/2014 que estabeleceu princípios, garantias, direitos e deveres para

*Analista em Ciência e Tecnologia desde 2010 no Ministério da Ciência, Tecnologia, Inovações e Comunicações (MCTIC). Atualmente lotada na Coordenação-Geral de Assuntos Jurídicos de Comunicação (CGJC) da Consultoria Jurídica do MCTIC. Antes de ingressar no MCTIC, foi advogada na DATAPREV e analista na FUNASA. Graduada em Direito e Relações Internacionais pelo UniCeub e em Ciências Sociais pela UnB. Email: patriciaydias@gmail.com.

o uso da internet no Brasil. Contudo, quando ocorre uma violação ao direito à privacidade, em muitos casos a justiça brasileira encontra dificuldades em executar uma sentença judicial brasileira. Isso acontece, pois na maioria das vezes, não se identifica o violador ou a jurisdição brasileira não alcança o sujeito ou a empresa localizada em outro país, como por exemplo, a Google e o Facebook que possuem sede nos Estados Unidos. Este é um tema que tem sido discutido no âmbito da justiça brasileira, como pode ser visto no caso do RESP nº 712.456 interposto no STJ acerca da responsabilidade civil por conteúdo gerado na internet por terceiros. Dessa forma, tendo em vista que a internet é um fenômeno que abarca fronteiras transnacionais, a questão da regulação da internet é importante uma vez que se buscará estabelecer normas e princípios mínimos que protejam os direitos à privacidade em âmbito mundial.

O artigo utilizará a teoria responsiva de regulação de Ayres e Braithwaite a que sustenta que a regulação que o Estado pode proporcionar é limitada, por isso, propõe-se, uma auto-regulação dos entes privados com uma cooperação com diálogo entre os regulados em conjunto com uma regulação estatal na qual o Estado, por meio de leis e instrumentos normativos, estabelecerá punições casos haja transgressões legais. Ainda, o Estado também pode recompensar os regulados quando eles desempenharem comportamentos desejáveis. Com base nesta teoria, os regulados são motivados por um senso de responsabilidade onde os agentes são aptos a cooperarem. Para Braithwaite, dependendo de como o sistema regulatório se comporta, ele passa o sistema de normas para dentro do sistema de negócios. A pesquisa se utilizará de normas primárias (Constituição Federal e leis), bem como jurisprudência e doutrina, além da coleta de materiais disponíveis em sites de órgãos públicos nacionais e internacionais. Primeiro, serão abordados os principais conceitos teóricos da teoria de Ayres e Braithwaite e sua aplicabilidade na regulação da internet como administração da privacidade. Segundo, será analisado o direito à privacidade no âmbito da internet. Por fim, analisar-se-ão os instrumentos jurídicos existentes para a proteção do direito à privacidade na internet.

A estrutura do artigo será composta por: 1) Introdução; 2) Teoria responsiva de regulação de Ayres e Braithwaite; 3) Direito à privacidade; 4) Instrumentos normativos (leis e jurisprudência) relacionados à internet; e 5) Conclusão.

O enunciado da hipótese de pesquisa que se pretende comprovar no artigo é que o direito à privacidade potencialmente se beneficia dos resultados positivos de comportamento desejável quando a regulação da internet adota um desenho regulatório responsivo caracterizado pelos seguintes elementos: auto-regulação, diálogo, colaboração e responsabilidade.

Teoria responsiva de regulação de Ayres e Braithwaite

A teoria responsiva de regulação de Ayres e Braithwaite foi construída com base na ideia de quando se deve punir ou quando se deve persuadir os regulados de forma que eles adotem os comportamentos desejados pelos reguladores. A ideia é de que punir é caro, enquanto que a persuasão é mais barata, por isso, propõe-se a ideia de colaboração. Dessa forma, os autores criaram instrumentos regulatórios com base na pirâmide regulatória na qual a conduta do regulado irá determinar: se é preciso uma regulação mais ou menos intervencionista a depender de como a entidade age, se como um ator virtuoso, racional ou irracional. Ou seja, aumenta-se o grau de intervencionismo à medida que agrava as penalidades.

A pirâmide regulatória é formada basicamente com os seguintes elementos: auto-regulação (privada), auto-regulação forçada, regulação de comando com punição discricionária e regulação de comando com punição não discricionária (figura 1). A auto-regulação é a base da pirâmide, ou seja, é onde está maior parte das normas regulatórias que os regulados devem seguir sem serem coagidos por meios de punições. No topo da pirâmide estão os dispositivos legais que implicam infrações e punições no caso das entidades que não respeitaram as normas estabelecidas nas esferas abaixo do topo. Ayres e Braithwaite explicam que a base da pirâmide é ampla, pois é mais inclusiva, colaborativa e com uma abordagem regulatória baseada no 'diálogo'. Em cada um dos sucessíveis níveis a pirâmide tem cada vez mais 'intervenções punitivas', ou seja, se houver transgressões às normas tem que ter punições (AYRES e BRAITHWAITE, 1992, p. 39).

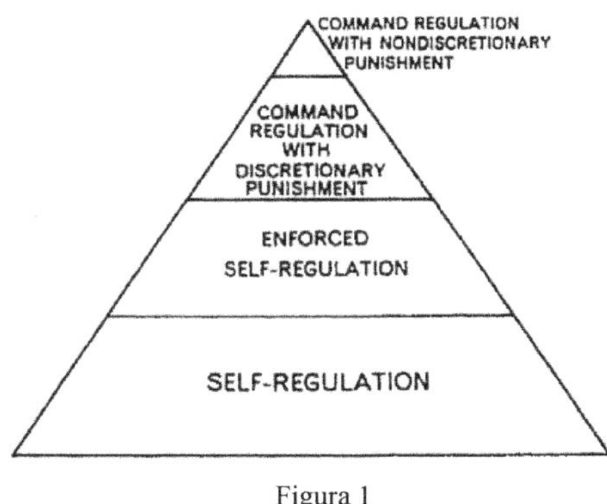

Figura 1

A ideia da pirâmide regulatória é desejável uma vez que classifica, em um primeiro momento, os regulados como sendo atores virtuosos, ou seja, eles são considerados atores que agem de forma colaborativa com o setor que está sendo regulado. Somente se eles descumprirem as normas estabelecidas na base da pirâmide, o seu status de ator virtuoso vai sendo alterado para ator racional até ser considerado ator irracional. O modelo piramidal proposto por Ayres e Braithwaite busca aumentar a aderência dos regulados às regras e aos padrões mínimos, buscando favorecer o ator virtuoso, dissuadir o ator racional e incapacitar o ator irracional. Dessa forma, é preciso estabelecer punições caso a entidade não colabore com todo o sistema de regulação, e quanto mais se aproxima do topo, as punições vão ficando mais severas, até a pena máxima de cassação, ou seja, retirada da licença da entidade para atuar no setor regulado (BRAITHWAITE, 2006, p. 887).

Assim, verifica-se que Braithwaite apoia a auto-regulação, pois o melhor regulador é o próprio regulado, ou seja, é preciso proporcionar um ambiente onde os regulados atuam de forma própria. Contudo, o essencial na teoria da pirâmide regulatória é que gera a responsabilidade social uma vez que se busca construir um conjunto de normas no qual o sistema de normas funcionará, buscar-se-á uma construção das normas dentro da sociedade. Por isso, quando a regulação é mais legítima e justa, a aderência dos regulados à Lei é maior.

Por exemplo, considerando o contexto da regulação da internet como administração da privacidade, percebe-se que é possível que as empresas estabeleçam padrões mínimos que cada entidade precisa seguir para evitar que a privacidade dos cidadãos seja violada. As empresas podem criar manuais de procedimentos de forma que preservem mais as informações pessoais e protejam a privacidade dos seus usuários. De acordo com a teoria responsiva de regulação de Ayres e Braithwaite, esses padrões mínimos seriam a auto-regulação localizada na base da pirâmide, baseada no diálogo, na cooperação e na responsabilidade. Claro que, caso as empresas não adotem ou sigam tais padrões mínimos, os Estados, por meio de leis e normas, podem estabelecer regras de condutas básicas a serem seguidas e, se estas leis forem violadas, serão aplicadas as punições para cada caso.

No Brasil, o primeiro instrumento legal específico com relação a intervenção estatal na regulação da internet foi Lei nº 12.965, de 23 de abril de 2014, conhecida como marco civil da internet (MCI). Além disso, é importante notar que, apesar de o MCI ter sido a primeira lei específica sobre a rede mundial, antes já havia diversos instrumentos normativos que lidavam com o tema, a exemplo da Norma 004/1995[1], do Ministério das Comunicações – aprovada pela

---

[1]Norma 004/1995: "Uso de meios da rede pública de telecomunicações para acesso à internet aprovada por meio da Portaria MC nº 148, de 31 de maio de 1995 e publicada no Diário Oficial da União nº 104, seção 1, de 01/06/1995, p. 7875/7876.

Portaria nº 148 de 31/05/95 – e de Regulamentos da Anatel, como a Resolução nº 614/2013[2], que aprovou o Regulamento do Serviço de Comunicação Multimídia, mais conhecido como Internet fixa. A verdade é que o MCI foi o primeiro a estabelecer direitos para os usuários da Internet de forma clara e não esparsa, apesar de estes já terem proteção constitucional, a exemplo do direito à privacidade, neutralidade de rede – que é uma expressão do princípio da isonomia.

Direito à privacidade

Quando se trata de privacidade na internet, percebe-se que essa tecnologia tem permitido o monitoramento do comportamento das pessoas de forma contínua a um baixo custo. Um desafio constante aos formadores de políticas públicas é responder qual seria a quantidade de lei e tecnologia necessária para restaurar o nível adequado de controle da privacidade uma vez que esse nível deve equilibrar os interesses privados e públicos (LESSIG, 2006, p. 200).

A privacidade apesar de ser um conceito amplo, pode ser analisada a partir de dois aspectos, um voltado para o âmbito privado e outro para o público. No ambiente privado, a tradicional questão de "privacidade" está relacionada com o limite que a lei impõe para que uma pessoa ou governo possam invadir o espaço privado de outra; dessa forma, foram estabelecidas imposições legais como as leis e instrumentos normativos. No Brasil, a Constituição Federal de 1988 diz ser ilegal entrar na casa de alguém sem o seu consentimento. No espaço público a privacidade é vista mais no sentido de "vigilância", pois é o ambiente onde o indivíduo exerce relações sociais e atividades que são públicas. Geralmente, nesse ambiente não se tem proteção legal com relação à privacidade, pois, ao exercer as atividades rotineiras em âmbito público como caminhar, ir ao shopping, em tese, o indivíduo está renunciando o seu direito ao sigilo, uma vez que os outros conseguem monitorar e/ou controlar suas atividades que estão sendo realizadas no espaço público (LESSIG, 2006, p. 201).

Como o direito à privacidade não é absoluto, caso uma pessoa sinta que houve a violação de algum direito é possível ajuizar ação de reparação de dano, seja no âmbito público ou privado. Quando se trata de internet, percebe-se que as pessoas têm recorrido ao Judiciário quando sentem que teve algum direito violado na rede, como pode ser verificado no caso do RESP nº 712.456 interposto no STJ, no qual o autor, sacerdote da Igreja Católica, foi vítima de falsário que criou e-mail e perfil falsos no Gmail e Facebook e divulgou mensagens inverídicas com afirmações enganosas, inclusive sobre seu engajamento em uma associação de promoção da homossexualidade. O autor, após verificar o fato, entrou em contato

[2]Resolução Anatel nº 614/2013, publicada no Diário Oficial da União nº 103, seção 1, de 31/05/2013, p. 86/90.

com as rés Google e Facebook para a remoção do perfil falso, contudo, não obteve êxito. Dessa forma, a desídia das empresas em bloquear os perfis falsos, contribuiu para que permanecesse sendo divulgado o conteúdo jocoso e inverídico, abalando a imagem do sacerdote perante a sociedade e seus superiores eclesiásticos. Na sentença, o juiz condena as rés ao pagamento de R$ 10.000,00, a título de indenização por dano moral.

Em que pese a justiça brasileira ter condenado a Google e o Facebook, a execução da sentença se torna mais difícil tendo em vista que as empresas têm nacionalidade estrangeira e, ainda, há casos em que as violações cometidas no âmbito da internet extrapolam os limites territoriais de um país, dificultando assim, a aplicação do princípio da territorialidade que dispõe ser aplicável a lei brasileira ao crime cometido no território nacional, conforme o art. 5° do Código Penal. Dessa forma, empresas sediadas em diversos pontos do mundo têm gerado impactos sobre direitos de pessoas fora de sua jurisdição, assim, seria mais interessante que as empresas adotassem padrões mínimos de preservação da privacidade como forma de evitar futuras ações judiciais internacionais.

É importante frisar que, geralmente, a privacidade tende a ser renegada frente a valores que envolvem segurança nacional, terrorrismo, eficiência ou empreendedorismo. De acordo com a teoria política liberal a privacidade é conceituada como uma forma de proteger a liberdade individual, mas para Cohen essa privacidade não existe. Contudo, a liberdade das práticas de vigilância pública ou privada é fundamental para a prática de informação e reflexão da cidadania. Ou seja, nos dias de hoje, as tecnologias das informações têm permitido o monitoramento das atividades pessoas para que as empresas e/ou governo manipulem as informações disponíveis ao público por meio da utilização de ferramentas de pesquisas, filtros, plataformas sociais e propagandas. Isto quer dizer, se a cidadania envolve votar, participar de debates públicos e opinar; estes direitos somente são exercidos de forma plena quando as informações disponíveis ao público não são manipuladas de acordo com determinado interesse público ou privado. Privacidade é uma característica estrutural indispensável dos sistemas político democrático liberal. O entendimento dos propósitos de privacidade demanda uma abordagem estrutural para a regulação da privacidade. A proteção efetiva da privacidade requer uma atenção compreensiva aos atributos das práticas de vigilância privada e pública, e os caminhos que a vigilância privada e pública suplementa e reenforça uma a outra. A regulação efetiva da privacidade deve render sistemas de vigilância pública e privada significantemente transparente e responsável (COHEN, 2012, p. 2).

Instrumentos normativos (leis e jurisprudência) relacionados à internet

Por muitos anos, os Estados Unidos e Europa têm estudado quais são as medidas necessárias para assegurar uma proteção adequada de privacidade aos cidadãos. Com base nestes estudos, por volta de 1998, o *Federal Trade Commission – FTC*[3], que é agência federal dos Estados Unidos responsável pela defesa do consumidor americano e por manter a competição do mercado, tem sido responsável pelas políticas de privacidade desde 1970. A FTC elaborou um Relatório no qual estabeleceu os cinco princípios básicos para a proteção da privacidade, tais princípios ficaram conhecidos como sendo o *Fair Information Practice Principles – FIPPs.*[4]

Enquanto o governo americano não apresenta a legislação de privacidade, o FTC urge que as indústrias adotem medidas de auto-regulação para garantir a proteção à privacidade dos consumidores. Com isso, ressalta-se que em 2012, o FTC elaborou o Relatório sobre *"Protecting Consumer Privacy in an Era of Rapid Change"*[5] apresentando as melhores práticas para as empresas protegerem a privacidade dos consumidores americanos e darem aos consumidores o controle sobre a coleta e uso dos seus dados pessoais por meio de escolhas simples e aumento da transparência. O Relatório é como se fosse um manual de boas práticas para as empresas comercias e também servirá de base para a formulação da legislação de privacidade pelo Congresso americano.

Segundo o Relatório dos FIPPs elaborado pela FTC, os cinco princípios básicos para a proteção da privacidade são: 1) Aviso/Conhecimento: conhecimento prévio das práticas utilizadas antes da coleta de qualquer informação (identificação da entidade que coleta os dados, qual será o uso dos dados, natureza dos dados, destinatário dos dados); 2) Escolha/Consentimento: dar ao consumidor as informações de como os dados são coletados e serão usados, mas sem se limitar, a "cláusulas de *opt-in/opt-out*" que são ações afirmativas realizadas pelos usuário para permitir ou para impedir o uso dos dados; 3) Acesso/Participação: possibilidade do consumidor ter acesso aos dados sobre ele

---

[3]Federal Trade Commission – FTC. Disponível em: https://www.ftc.gov/. Acesso em: 27/11/2016.

[4]Federal Trade Commission – FTC. Privacy Online: A Report to Congress – Junho 1998. Disponível em: https://www.ftc.gov/reports/privacy-online-report-congress . Acesso em: 27/11/2016.

[5]Federal Trade Commission – FTC. Protecting Consumer Privacy in an Era of Rapid Change. FTC Report – Março 2012. Disponível em: https://www.ftc.gov/sites/default/files/documents/reports/federal-trade-commission-report-protecting-consumer-privacy-era-rapid-change-recommendations/120326privacyreport.pdf . Acesso em: 20/11/2016.

e também contestar a exatidão dos dados, a qualquer momento e sem custo; 4) Integridade/Segurança: assegura a integridade dos dados, bem como protege contra a perda dos dados e acesso não autorizado, destruição, uso ou divulgação dos dados, além da "anonimização"; 5) Execução/Reparação: mecanismos efetivos para aplicação dos FIPPs e também a reparação ao uso indevido dos dados (CARLONI, 2013).

O Relatório dos FIPPs baseou-se nos princípios defendidos em outras jurisdições, como o *Guidelines on the Protection of Privacy and Transborder Flows of Personal Data* (1980)[6] da *Organization for Economic Cooperation and Development* (OECD) e o *European Union Directive on the Protection of Personal Data* (1995)[7].

A União Europeia utilizou, por muitos anos, a Diretiva de Proteção de Dados da União Europeia 95/46 EC (DPD) como instrumento composto por uma série de regras que fornecem aos cidadãos europeus o controle sobre seus dados pessoais. Em 2012, a Comissão Europeia propôs uma reforma às regras de proteção dos dados dentro da União Europeia e; em 2016, a referida Diretiva foi substituída pelo Regulamento da União Europeia 2016/679 e pela Diretiva (EU) 2016/680[8]. Enquanto o Regulamento entrou em vigor em maio de 2016, somente deverá aplicado maio de 2018. A Diretiva entrou em vigor em maio de 2016 e todos os Estados Membros da União Europeia deverão adotar as regras às leis nacionais até maio de 2018. Por fim, ressalta-se que a Diretiva 2002/58/CE que dispõe sobre o tratamento de dados pessoais e à proteção da privacidade no setor das comunicações eletrônicas no âmbito da União Europeia terá que ser revista a fim de assegurar a coerência com o Regulamento da União Europeia 2016/679.

Os Estados Unidos, apesar de não ter um regime único de privacidade como o Regulamento da União Europeia, têm diversas leis de privacidade estabelecidas por setores como saúde, finanças, educação. Essas leis setoriais são estabelecidas com base em princípios e regras do FTC. Ainda, os Estados têm suas próprias leis de privacidade e segurança (KALYVAS, 2015, p. 34).

---

[6]Organization for Economic Cooperation and Development (OECD). Disponível em: https://www.oecd.org/sti/ieconomy/2013-oecd-privacy-guidelines.pdf . Acesso em: 18/01/2017.

[7]European Commission. Disponível em: http://eur-lex.europa.eu/LexUriServ/LexUriServ.do?uri=CELEX:31995L0046:en:HTML . Acesso em: 18/01/2017.

[8]European Commission. Disponível em: http://ec.europa.eu/justice/data-protection/ . Acesso em: 28/11/2016.

O último relatório da FTC é sobre *"Protecting Consumer Privacy in an Era of Rapid Change"*[9] e sugere que as empresas adotem as seguintes práticas, além das FIPPs: 1) Privacidade por design: construir a privacidade em cada estado do desenvolvimento do produto. A empresa deve adotar os princípios substantivos (segurança dos dados, limites razoáveis para coleta, sons para práticas de retenção de dados, precisão nos dados) e procedimentos para implementar a proteção. 2) Escolha simples: permitir que os consumidores decidam sobre o uso dos dados em qualquer tempo e contexto, incluindo o mecanismo de "não rastrear". De acordo com o Relatório, as práticas que não requerem o consentimento para coletar e usar os dados são aqueles voltados para o uso primário da transação ou requerida por lei. Contudo, quando se tratar de dados utilizados para fins diferentes daqueles coletados ou coleta de dados sensíveis para certos propósitos é necessário obter o consentimento expresso e afirmativo antes da utilização. 3) Transparência: práticas de coleta e uso transparentes. Os avisos de privacidade devem ser claros, curtos e mais padronizados; o consumidor deve ter o acesso aos dados que as empresas mantêm, além dos esforços em educar os consumidores sobre as práticas de privacidade acerca dos dados comercializados.

Com relação ao Brasil, a legislação dispõe sobre a proteção da privacidade de forma dispersa e não específica e pode ser encontrada nos seguintes instrumentos normativos: Constituição Federal; Código Civil; Política Nacional de Informática e marco civil da internet. Ressalta-se que, com relação aos "dados pessoais" está tramitando no Congresso Nacional o Projeto de Lei (PL) nº 5.276/2016[10] para regulamentar a matéria. Esse PL está apensado ao PL da Câmara nº 4060/2012 que dispõe sobre o tratamento de dados pessoais. Além desse PL, tem o PL do Senado nº 330/2013[11] que dispõe sobre a proteção, o tratamento e o uso dos dados pessoais.

A Constituição da República (CF) incluiu a privacidade no rol dos direitos fundamentais, como pode ser visto a proteção de forma direta no art. 5º, X:

> "São invioláveis a intimidade, a vida privada, a honra e a imagem das pessoas, assegurado o direito a indenização pelo dano material ou moral decorrente de sua violação."

---

[9]Federal Trade Commission – FTC. Protecting Consumer Privacy in an Era of Rapid Change. FTC Report – Março 2012. Disponível em: https://www.ftc.gov/sites/default/files/documents/reports/federal-trade-commission-report-protecting-consumer-privacy-era-rapid-change-recommendations/120326privacyreport.pdf . Acesso em: 20/11/2016.

[10]Projeto de Lei nº 5.276/2016 – Câmara dos Deputados. Disponível em: http://www.camara.gov.br/. Acesso em: 17/01/2017.

[11]Projeto de Lei do Senado nº 330/2013 – Senado Federal. Disponível em: http://www25.senado.leg.br/web/atividade/materias/-/materia/113947 . Acesso em: 17/01/2017.

Outros direitos a privacidade também foram garantidos de forma indireta pela CF como: proteger a inviolabilidade do domicílio (artigo 5º, XI) e da correspondência e das comunicações telegráficas (artigo 5º, XII). Dessa forma, verifica-se que a Carta Maior contém dispositivos que visam proteger a privacidade pessoal, seja da vida íntima do indivíduo ou de suas comunicações. Assim, entende-se que tal entendimento deve ser estendido aos instrumentos normativos que tratem da privacidade no âmbito da internet.

O Código Civil brasileiro menciona, ainda que de forma ampla, que a vida privada é inviolável, conforme pode ser visto no art. 21 do Capítulo II – Dos direitos da personalidade:

> "A vida privada da pessoa natural é inviolável, e o juiz, a requerimento do interessado, adotará as providências necessárias para impedir ou fazer cessar ato contrário a esta norma".

Ressalta-se que foi ajuizada uma Ação Direta de Inconstitucionalidade no Supremo Tribunal Federal – STF (ADI nº 4815), tendo em vista o aparente conflito entre princípios constitucionais: liberdade de expressão (art. 5º IV, IV, XIV; 220, §§ 1º e 2º) e inviolabilidade da intimidade (art. 5º, X). O STF no dia 10/06/2015 julgou procedente a ADI nos seguintes termos:[12]

> "O pedido formulado na ação direta para dar interpretação conforme à Constituição aos artigos 20 e 21 do Código Civil, sem redução de texto, para, em consonância com os direitos fundamentais à liberdade de pensamento e de sua expressão, de criação artística, produção científica, declarar inexigível o consentimento de pessoa biografada relativamente a obras biográficas literárias ou audiovisuais, sendo por igual desnecessária autorização de pessoas retratadas como coadjuvantes (ou de seus familiares, em caso de pessoas falecidas)."

O interessante dessa decisão do STF é que demonstra que a proteção da privacidade não é absoluta, uma vez que existem outros direitos envolvidos que podem estar sendo violados como o direito de pensamento e a liberdade de expressão. No caso citado, o STF buscou proteger o direito à liberdade de pensamento ao permitir a publicação de obras biográficas sem o consentimento da pessoa biografada. Contudo, vale ressaltar que não foi excluído o direito à privacidade ou intimidade da pessoa, então, se o autor extrapolar seus limites na obra biografada e a pessoa biografada se sentir lesada, é possível buscar reparação judicial.

A Política Nacional de Informática dispôs no art. 43º que as matérias relacionadas aos direitos relativos à privacidade e direitos da personalidade serão

---

[12]ADI 4815. Relatora Min. CÁRMEN LÚCIA, Tribunal Pleno, julgado em 10/06/2015, PROCESSO ELETRÔNICO DJe-018 DIVULG 29-01-2016 PUBLIC 01-02-2016). Supremo Tribunal Federal. Disponível em: http://www.stf.jus.br/. Acesso em: 29/11/2016.

objeto de leis específicas, a serem aprovadas pelo Congresso Nacional. Além disso, estabeleceu no art. 2° os seguintes princípios:

> Art. 2° A Política Nacional de Informática tem por objetivo a capacitação nacional nas atividades de informática, em proveito do desenvolvimento social, cultural, político, tecnológico e econômico da sociedade brasileira, atendidos os seguintes princípios:
>
> (...) VIII - estabelecimento de mecanismos e instrumentos legais e técnicos para a proteção do sigilo dos dados armazenados, processados e veiculados, do interesse da privacidade e de segurança das pessoas físicas e jurídicas, privadas e públicas;
>
> (...)
>
> IX - estabelecimento de mecanismos e instrumentos para assegurar a todo cidadão o direito ao acesso e à retificação de informações sobre ele existentes em bases de dados públicas ou privadas; (...)"

Em que pese aos diversos instrumentos normativos brasileiros tratarem de forma genérica acerca dos direitos à privacidade; foi com o marco civil da internet (Lei n° 12.965/2014) que esse direito foi tratado de forma um pouco mais específica no ambiente da internet.

De acordo com os incisos II do art. 3° do MCI, são princípios ao uso da internet do Brasil: II - proteção da privacidade, na forma da lei.

Assim, as inovações trazidas pelo marco civil da internet podem ser encontradas no decorrer do seu texto legal. O art. 7° da Lei n° 12.965/2014, assegura aos usuários os seguintes direitos e garantias: inviolabilidade da vida privada e indenização pelo dano material ou moral; não fornecimento de dados a terceiros; informações sobre coleta, uso, armazenamento, tratamento e proteção; finalidade da coleta; consentimento expresso e exclusão definitiva dos dados pessoais.

Além disso, o art. 8° da Lei n° 12.965/2014 dispõe que a garantia da privacidade nas comunicações é condição para o pleno acesso à internet, sendo nulas de pleno direito as cláusulas contratuais que violem essa regra, tais como aquelas que impliquem ofensa à inviolabilidade e ao sigilo das comunicações privadas, pela internet.

A Seção II da Lei n° 12.965/2014 contém os arts. 10 ao 12 que dispõem acerca da "Da Proteção aos Registros, aos Dados Pessoais e às Comunicações Privadas", no qual trouxe dispositivos acerca do respeito à preservação da intimidade, da vida privada, da honra e da imagem na guarda e na disponibilização dos registros e de acesso; respeito aos direitos de privacidade, à proteção de dados e ao sigilo das comunicações privadas e dos registros em qualquer operação de coleta, armazenamento, guarda e tratamento de registros. A seção também trata das sanções cíveis, criminais ou administrativas no caso de violação das normas anteriores.

Vale frisar, que o art. 15 do MCI abriu uma brecha legal para monitoramento uma vez que permite a guarda de registros de acesso e aplicações de internet pelo prazo de seis meses ou mais, podendo ser estendidos em caso de pedido judicial. Para Silvio Rhatto, tal determinação respeita menos os limites de privacidade do que os já previstos na Lei do Grampo (Lei nº 9.296, de 24 de julho de 1996) uma vez que: "na balança dos direitos individuais 'versus' interesses supostamente coletivos, o ganho de agilidade em investigações civis e criminais seria muito baixo em comparação à gravidade da drástica diminuição da privacidade de toda a população do país". Para Eduardo Neger fixar um prazo para guarda de dados foi um avanço da legislação, pois muitos provedores guardavam logs de acesso por tempos maiores do que foi determinado pelo MCI (PASSOS, 2014).

O art. 21 da Lei nº 12.965/2014 dispõe sobre a responsabilidade de danos decorrentes de conteúdo que violem a intimidade; e o art. 23º aborda os casos de segredo de justiça, inclusive acerca dos pedidos de guarda de registro.

Dessa forma, percebe-se que o MCI, se por um lado, protegeu o direito à privacidade, estabeleceu direitos aos usuários e criou regras para o acesso aos dados pessoais e registros de comunicações; por outro, estabeleceu regras que permitem o monitoramento do registro de acesso na internet. Assim, de acordo com a teoria de Ayres e Braithwaite, essas normas poderiam ser classificadas como sendo aquelas localizadas no topo da pirâmide regulatória chamadas de comando e controle do Estado. Quando estas regras são descumpridas o Estado aplica as sanções.

Tendo em vista o conhecimento dessas normas e com o objetivo de preservar a privacidade dos indivíduos, as empresas poderiam criar padrões mínimos a serem seguidos por elas, se quiserem podem até incorporar essas normas legais dentro das regras da própria empresa. Se isso ocorresse, seria uma forma de auto-regulação criada a partir da colaboração e diálogo entre as empresas.

Por fim, verifica-se que tanto a União Europeia quanto os Estados Unidos estão buscando formas e princípios que resguardem mais a proteção da privacidade dos cidadãos. Contudo, muitas vezes, os Estados, em defesa da segurança nacional (como a guerra contra o terrorismo), buscam justificar a excepcionalidade no tratamento de direitos fundamentais como a vida, a liberdade e a privacidade. O caso Snowden, que envolveu o vazamento de informações acerca da espionagem global feita pela Agência Nacional de Segurança dos Estados Unidos, abarca a questão dos limites à invasão da privacidade na internet (PILATI e OLIVO, 2014, p. 282).

Por outro lado, o Brasil, apesar de ainda não ter um documento específico para a proteção da privacidade, tem esforçado em criar instrumentos normativos com o objetivo de delinear os direitos e obrigações no âmbito da internet, como pode ser visto com o marco civil da internet.

Conclusão

Diante dos argumentos apresentados, após a exposição da teoria responsiva de Ayres e Braithwaite, do conceito de privacidade e dos instrumentos normativos, verificou-se que o direito à privacidade potencialmente se beneficia dos resultados positivos de comportamento desejável quando a regulação da internet adota um desenho regulatório responsivo caracterizado pelos seguintes elementos: auto-regulação, diálogo, colaboração e responsabilidade.

A teoria responsiva de Ayres e Braithwaite pode ser aplicada na regulação da internet como forma de administração da privacidade por meio da auto-regulação e normas de comando e controle. A auto-regulação, que é a base da pirâmide regulatória, pode ser encontrada em normas internas das empresas que visam estabelecer padrões mínimos para proteger a privacidade dos usuários. O diálogo é outra ferramenta que a empresa pode utilizar com o Estado ou outros atores envolvidos com a internet, com o objetivo de se criarem ambientes mais protegidos e que garantam uma maior privacidade aos usuários da rede. A colaboração é um importante instrumento para o funcionamento da regulação da internet uma vez que os atores que colaboram sofrem menos punições do Estado pelo descumprimento das leis, pois estão colaborando com todo o sistema da internet. A responsabilidade dos atores envolvidos com a proteção da privacidade no âmbito da internet leva a uma maior segurança jurídica na rede, uma vez que quando a regulação é mais legítima e justa, a aderência dos regulados à lei é maior. Por fim, por outro lado, se os elementos acima não resguardarem a proteção da privacidade dos indivíduos, o Estado, por meio das normas de comando e controle, também pode criar um conjunto de normas legais que estabelece condutas básicas a serem respeitadas e se elas não forem seguidas pelas empresas serão aplicadas as punições para cada caso.

Com relação ao direito à privacidade na internet, verificou-se que a tecnologia tem permitido o monitoramento e a vigilância das pessoas. Dessa forma, tendo em vista que o direito à privacidade não é absoluto e para evitar a violação desse direito, é necessário estabelecer padrões mínimos e instrumentos legais que visem conceder uma maior proteção à privacidade. As empresas e os governos precisam atuar de forma transparente e responsável no tratamento dos assuntos relacionados com a privacidade dos indivíduos na internet.

Por fim, no que tange aos instrumentos normativos, verificou-se que tanto os Estados Unidos como a Europa têm publicado Relatórios, manuais de boas práticas e documentos para que as empresas observem os princípios e as regras a serem seguidos para proteger de forma mais efetiva questões ligadas a privacidade dos indivíduos no âmbito da internet. Além disso, esses instrumentos visam conceder aos indivíduos um maior controle sobre a coleta e uso dos seus dados pessoais. O documento mais atual é o Regulamento 2016/679 e a Diretiva 2016/680, ambos da União Europeia. Com relação ao Brasil, apesar de existir projetos de lei acerca da regulamentação dos dados pessoais na internet, hoje o instrumento normativo mais conhecido é a Lei nº 12.965/2014 que estabeleceu o marco civil da internet e criou direitos e garantias aos usuários de internet.

Referências Bibliográficas

ADI 4815. Relatora: Min. CÁRMEN LÚCIA, Tribunal Pleno, julgado em 10/06/2015, PROCESSO ELETRÔNICO DJe-018 DIVULG 29-01-2016 PUBLIC 01-02-2016). Supremo Tribunal Federal. Disponível em: http://www.stf.jus.br/. Acesso em: 29/11/2016.

AYRES, Ian e BRAITHWAITE, John. ***Responsive Regulation: Transcending the Deregulation Debate***. Oxford, UK: Oxford University Press, 1992.

BRAITHWAITE, John. ***Responsive Regulation and Developing Countries***. World Development 34(5): 884-898, 2006.

CARLONI, Giovana Louise Bodin de Saint-Ange Comnène. ***Privacidade e Inovação na Era do Big Data.*** Trabalho de conclusão de curso em Direito apresentado à FGV DIREITO RIO, 2013.

COHEN, Julie E. ***What Privacy Is For.*** 2013, Harvard Law Review, Vol. 126. Disponível em: http://papers.ssrn.com/sol3/papers.cfm?abstract_id=2175406 . Acesso em: junho de 2016.

COMMISSION, European. Disponível em: http://ec.europa.eu/justice/data-protection/ . Acesso em 28/07/2016.

COMMISSION, Federal Trade – FTC. Disponível em: https://www.ftc.gov/ . Acesso em: 27/07/2016.

COMMISSION, Federal Trade – FTC. Privacy Online: A Report to Congress – Junho 1998. Disponível em: https://www.ftc.gov/reports/privacy-online-report-congress . Acesso em: 27/11/2016.

COMMISSION, Federal Trade – FTC. Protecting Consumer Privacy in an Era of Rapid Change. FTC Report – Março 2012. Disponível em: https://www.ftc.gov/sites/default/files/documents/reports/federal-trade-commission-report-protecting-consumer-privacy-era-rapid-change-recommendations/120326privacyreport.pdf . Acesso em: 20/11/2016.

FOUNTAIN, Jane E. ***Building the virtual state : information technology and institutional Change***. The brookings institution, Washington, D.C., 2001, p. 205.

KALYVAS, James R.; OVERLY, Michael R. ***Big Data – A business and legal guide.*** CRC Press, 2015.

LESSIG, Lawrence. ***Code and other laws of cyberspace.*** Basic Books, 2006.

PASSOS, Juliana. ***O que os dados podem dizer sobre nós***. ComCiência n.158, Campinas, 2014.

PILATI, José Isaac e OLIVO, Mikhail Vieira Cancelier de. ***Um novo olhar sobre o Direito à Privacidade: caso Snowden e pós-modernidade jurídica***. Seqüência (Florianópolis), n. 69, p. 281-300, dez. 2014. Disponível em: http://www.scielo.br/pdf/seq/n69/12.pdf . Acesso em: 19/01/2017.

RUBINSTEIN, S. Ira. ***Big Data: The End of Privacy or a New Beginning?*** New York University School of Law, International Data Privacy Law, 2013, Working Paper nº 12-56, p. 74.

A Regulação Responsiva das Telecomunicações: Novos horizontes para o controle de obrigações pela Anatel

Responsive Regulation in Telecommunications: New horizons for the Anatel's Enforcement

Submitted: 17/12/2016
Revised: 14/01/2017
Accepted: 16/03/2017

João Marcelo Azevedo Marques Mello da Silva*

Resumo

Propósito – O propósito deste trabalho foi avaliar a aplicação de estratégias características de regulação responsiva na discussão do novo modelo de telecomunicações brasileiro.
Metodologia/abordagem/design – Valendo-se da teoria da regulação responsiva de Ayres e Braithwaite, foram avaliadas as revisões do modelo de gestão de qualidade e de acompanhamento e controle em andamento na Anatel.
Resultados – A pesquisa demonstrou que a Agência vem utilizando, ainda que de maneira embrionária, técnicas de regulação responsiva nos novos instrumentos que serão aplicadas no novo modelo de prestação de serviços de telecomunicações brasileiro.
Implicações práticas – A análise presente neste trabalho pode subsidiar as discussões em andamento e aprimorar a atuação regulatória da Agência.
Originalidade/relevância do texto – A presente pesquisa indica que a Anatel vem buscando se valer deliberadamente de estratégias de regulação responsiva na sua atuação.

Palavras-chave: telecomunicações, regulação, responsiva, evolução, *enforcement*.

Abstract

Purpose – The purpose of this article is to assess the use of responsive regulation strategies in the debate about the new Brazilian telecommunications framework.
Methodology/approach/design – The Responsive Regulation Theory proposed by Ayres and Braithwaite is used as lenses to evaluate Anatel's quality management and command and control model.
Findings –The research showed that Anatel is using, even though in an embryonic manner, responsive regulation techniques in the new regulation that will be applied in the new Brazilian telecommunications framework.
Practical implications – The result of this work can be used to improve the regulation by Anatel.
Originality/value – The research showed that Anatel tends do use responsive regulation strategy in a regular manner.

Keywords: telecommunications, responsive, regulation, evolution, enforcement.

*Mestre em Engenharia Elétrica pela Université Laval em Québec, Canadá. Graduado em Engenharia Elétrica e Direito pela Universidade de São Paulo. Atua como Especialista em Regulação de Serviços Públicos de Telecomunicações da Agência Nacional de Telecomunicações (ANATEL) desde 2005. E-mail: joaomarcelomello@gmail.com.

MELLO DA SILVA, J.M A. M. *A Regulação Responsiva das Telecomunicações: Novos horizontes para o controle de obrigações pela Anatel.* **Revista de Direito, Estado e Telecomunicações**, Brasilia, v. 9, n. 1, p. 183-208, maio de 2017.

Introdução

O objetivo deste trabalho é apresentar aspectos de regulação responsiva que estão sendo considerados na reformulação do modelo de prestação dos serviços de telecomunicações no Brasil. Baseando-se na teoria apresentada por Ayres e Braithwaite (1992) e naquelas que dela se originaram, buscar-se-á identificar a utilização de ferramentas compatíveis com a pirâmide regulatória, pilar da referida teoria, nos diferentes instrumentos que darão uma nova face à regulação do setor.

O emprego pela Agência de técnicas modernas e alternativas de regulação, que não consistem simplesmente na aplicação sanções em caso de descumprimento de regras, tais como a regulação responsiva, é de relevante importância, pois demonstra o amadurecimento da instituição e dos métodos empregados para obter os resultados obtidos. Além disso, a consideração de outros *inputs* no processo de criação, definição e aplicação de regras revela a procura pela regulação de alta qualidade, mais compatível com os anseios da sociedade e mais aderente à estrutura do mercado de telecomunicações. Neste sentido, a regulação deve expandir sua área de atuação, buscando, sempre que possível, apurar as diferentes motivações e complexidades inerentes ao cenário atual e compreender a estrutura do setor regulado, de forma a atingir o objetivo de agir da maneira mais apropriada frente às diversas situações. Tal necessidade é ainda mais necessária em situações de mudança, como aquelas pelas quais o mercado regulado está passando.

O presente trabalho é dividido em três partes. A primeiras delas apresenta os principais pressupostos da Teoria da Regulação Responsiva, as críticas a ela direcionadas e as alternativas que emergiram posteriormente. A segunda parte traz uma breve contextualização do atual cenário de mudanças na regulação dos serviços de telecomunicações, que envolve a própria reformulação do modelo de prestação, bem como dos demais instrumentos regulatórios relacionados. Por fim, serão analisadas as estratégias de regulação responsiva empregadas na revisão dos modelos de gestão da qualidade do serviço e do acompanhamento e controle das obrigações das entidades reguladas.

A Teoria da Regulação Responsiva

A teoria da Regulação Responsiva foi concebida da necessidade de se superar o debate entre aqueles que entendem ser necessária uma forte regulação estatal da atividade econômica e os defensores da desregulação. Apresentada no início dos anos 90 do século passado por Ayres e Braithwaite (AYRES e BRAITHWAITE, 1992), tal teoria ofereceu desenhos regulatórios flexíveis e adaptativos, que estabelecem sinergia entre punição e persuasão, possibilitando o estabelecimento de formas de regulação compatíveis com a realidade vislumbrada e os objetivos buscados. Para tanto, ela preconiza a necessidade de se conhecer a fundo a estrutura do mercado regulado, suas normas internas e as motivações dos atores.

Umas das ideias originais e centrais da Regulação Responsiva é a chamada pirâmide regulatória, que prevê medidas crescentes de intervenção estatal, a depender do comportamento dos regulados. De acordo com o modelo criado, a autorregulação é a técnica inicial a ser empregada, aplicável na base da pirâmide, quando as condutas estão em conformidade e ocorre pouca ou nenhuma ingerência governamental. Na hipótese de serem identificadas irregularidades, sem a devida correção pelos infratores, a pirâmide é escalada, passando-se por medidas e estágios intermediários, até se chegar a punições extremas, quando as irregularidades são persistentes, podendo resultar altos valores de multa ou mesmo a incapacitação da empresa regulada.

Os adeptos de tal teoria defendem que a simples possibilidade de se escalar as medidas regulatórias previstas na pirâmide já seria capaz de impulsionar as empresas reguladas a adotarem todas as medidas para que isso não aconteça, de modo a se evitar um aumento da intervenção estatal na conduta da empresa. Além de mencionar diversos estudos empíricos sobre o tema, que avaliaram, por exemplo, o mercado de abrigos para idosos na Austrália, os autores apresentam análise econômica aprofundada que envolve a teoria dos jogos e auxilia na fundamentação de seu ponto de vista (AYRES et al. 1992. p. 61-70).

Outra característica de tal teoria é inexistência de qualquer tipo de definição ou prescrição da medida regulatória a ser tomada em determinada situação. A melhor estratégia dependerá do contexto e da própria cultura regulatória, baseando-se também no comportamento histórico dos regulados.

Assim, diante da necessidade de se estabelecer estratégias regulatórias que permitam a obtenção de resultados efetivos, no sentido de reduzir a incidência de prejuízos sociais, e eficientes, com o menor custo aos reguladores e regulados, a Regulação Responsiva busca justamente identificar e disponibilizar aos órgãos governamentais as melhores técnicas para cada situação particular. Para tanto, devem ser desenhados e utilizados os comandos legais disponíveis e apropriados, que normalmente demandam a inclusão de técnicas de *enforcement*, pois são raras as regras que atinjam seus objetivos sem o devido enforcement (GUNNINGHAM, 2010, p. 120).

Na definição de tais técnicas de *enforcement*, os órgãos reguladores podem escolher entre dois grandes gêneros de técnicas de *enforcement*, quais sejam, a dissuasão[1] e a persuasão[2].

A primeira, largamente utilizada na regulação brasileira, caracteriza-se por ser uma técnica de *enforcement* de confronto, que se utiliza de punições todas as vezes que são identificadas infrações às regras. Além de ser acusatória e envolver partes adversárias, grande parte da energia é canalizada para detectar violações, estabelecer a culpa e penalizar os ofensores pelo comportamento irregular. Utiliza-se nesse caso a premissa de que os regulados são atores racionais, que somente respondem a incentivos econômicos, devendo ser aplicadas punições severas para dissuadi-los da prática de violações futuras.

Por outro lado, a outra técnica, conhecida por persuasão ou aconselhamento, enfatiza a cooperação e a conciliação, ao invés do confronto e da coerção. Ela busca prevenir prejuízos, antes mesmo de tentar punir o mau comportamento, tendo como foco o atingimento do objetivo buscado pela norma e não simplesmente punir os infratores após o seu descumprimento. Ao contrário da estratégia de dissuasão, é rara a utilização de processos legais, sendo ela caracterizada principalmente pela negociação. Não obstante, permanece a ameaça de punição, como um pano de fundo, sendo utilizada somente quando a todo o resto falha e o regulado continua a não cooperar após a conclusão do processo negocial.

Como mencionado por Ayres e Braithwaite (1992, p. 19), a punição é cara e persuasão é barata. Consequentemente, a utilização de estratégias majoritariamente punitivas termina desperdiçando recursos em litígios que poderiam ser mais bens gastos em monitoramento e persuasão. Nas palavras dos autores supracitados, tomando como exemplo fictício a fiscalização de minas, "*A highly punitive mining inspectorate will spend more time in court than in mines*" (AYRES, et al. p. 20).

Ambas técnicas - dissuasão e persuasão - possuem pontos positivos e negativos e evidências empíricas que reforçam sua aplicabilidade[3]. Uma estratégia unicamente baseada em técnicas de persuasão será explorada por atores motivados unicamente por razões econômicas, enquanto que estratégias fundamentadas somente em dissuasão poderão reduzir a boa vontade dos

---

[1]Comumente, utiliza-se o termo "*deterrence*" para designar a técnica regulatória de persuasão. O *Miriam Webster Dictionary* traz a seguinte definição: "*the inhibition of criminal behavior by fear of punishment*". As grafias em inglês e em português serão utilizadas indiscriminadamente neste trabalho.

[2]O termo usualmente utilizado em inglês para persuasão é "*persuasion*".

[3]Em Gunningham (2010, p. 122-125), há uma apresentação de alguns estudos conduzidos por diversos autores que demonstram o potencial de cada uma das estratégias.

regulados imbuídos de motivações que não sejam unicamente econômicas, como um senso de responsabilidade de seus executivos.

Como já mencionado, a regulação responsiva sustenta a aplicação de uma composição de estratégias de dissuasão e persuasão, permitindo, assim, que os ofensores sejam dissuadidos a prosseguir praticando irregularidades, encorajando os atores virtuosos a cumprir as regras voluntariamente e, em evoluções posteriores da teoria, recompensando os regulados que se superam e vão além das normas previamente estabelecidas.

A grande dificuldade é definir qual das técnicas aplicar, uma vez que tal escolha demanda a identificação da motivação dos regulados. Justamente para tentar superar este obstáculo foi concebida a pirâmide regulatória que busca explanar, de maneira simples e de fácil compreensão, que tipo de ação deve ser tomada pelos reguladores em cada situação. O próprio nome da teoria já indica a necessidade de os reguladores serem responsivos às ações dos regulados, permitindo a adoção das medidas corretas e que propiciem efetividade à regulação.

Na pirâmide regulatória original, criada por Ayres e Braithwaite em 1992, os reguladores devem sempre iniciar pela técnica regulatória localizada na base, assumindo a virtude dos regulados. Assim, por exemplo, se for identificado o cometimento de uma infração por um ator, ele será advertido por tal fato pelo órgão regulador, sem maiores consequências. Se esta primeira resposta regulatória não surtir o efeito desejado, a pirâmide será escalada e outras técnicas mais intervencionistas serão aplicadas, ainda sem grandes efeitos. A partir do momento em que se verifique que as medidas iniciais mais brandas não estão surtindo os efeitos desejados, a pirâmide será escalada até que sejam aplicadas medidas regulatórias cada vez mais intervencionistas e de caráter punitivo crescente, podendo atingir até penas que incapacitem o ator a atuar no mercado regulado. Do mesmo modo, se for constatado que as medidas tomadas resultaram em mudança no comportamento do regulado e ele deixou de praticar as condutas indesejadas, ocorrerá o caminho oposto, ou seja, as próximas medidas tomadas terão caráter punitivo e intervencionista inferior àquelas utilizadas previamente.

É criado, portanto, um modelo dinâmico, no qual o comportamento dos regulados vai determinar se uma resposta mais ou menos intervencionista e punitiva é necessária. De acordo com os defensores desta teoria, a atuação regulatória nestes termos força os infratores a cumprirem as regras, ao mesmo tempo em que motiva os atores virtuosos a continuar agindo da maneira correta. Em outras palavras, o desenho regulatório em questão traz à tona os pontos fortes das formas de regulação existentes, de tal maneira que eles compensam os pontos fracos das outras (BRAITHWAITE, 2011. p. 485) e possibilitam aplicar uma ou outra técnica mais adequada ao comportamento verificado (KOLIEB, 2015. p.139).

Além disso, através de interações entre os regulados e reguladores, nas diferentes camadas da pirâmide, torna-se possível apurar as motivações das empresas, identificar quais delas são exemplares ou líderes, relutantes em cumprir as regras, reincidentes ou incompetentes e, o mais importante, permite-se elaborar uma resposta regulatória no mesmo tom (GUNNINGHAM, 2010. p. 126).

A representação da pirâmide regulatória, conforme exemplo que Ayres e Braithwaite (1992, p. 35) trazem em sua obra inaugural da teoria e reproduzida na figura 1, traz a ideia de que a maioria das ações ocorrem na base da pirâmide, que possui uma área maior, onde são utilizadas medidas de persuasão para se obter a conformidade com as normas vigentes. A partir do momento em que se apure que tais medidas não estão sendo suficientes para modificar o comportamento dos regulados, o nível de intervenção aumenta, porém a sua aplicação será menos frequente. Níveis ainda superiores podem ser utilizados, com uma frequência menor, até que se atinja o seu ápice, que possui uma área reduzida, onde se prevê uma medida rara e extrema, que pode até incapacitar o agente.

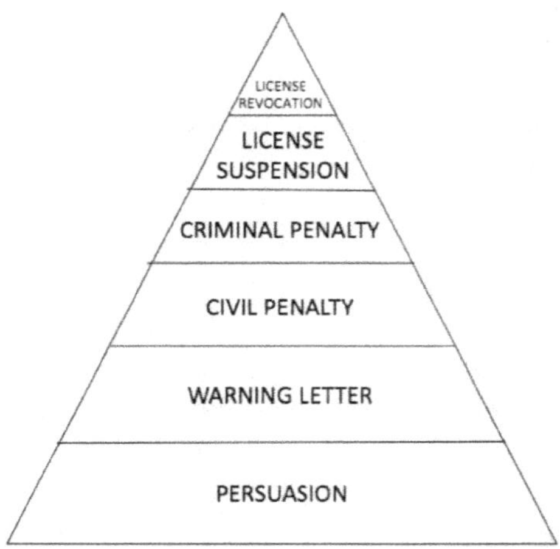

Figura 1 – Pirâmide Regulatória (AYRES e BRAITHWAITE, 1992 – pg. 35)

Como mencionado pelos autores, a pirâmide fictícia, acima reproduzida, tem possível aplicação na regulação de casas de repouso, porém seriam incompatíveis com o mercado bancário, por exemplo. Eles destacam, ainda, que o foco da discussão não é o conteúdo da pirâmide de *enforcement*, mas sua forma, e afirmam que diferentes tipos de sancionamento são apropriados para diferentes arenas regulatórias (AYRES et al, 1992. p. 36), ou seja, as ações regulatórias devem ser elaboradas de acordo com a estrutura do mercado regulado e os atores neles presentes.

Deste modo, diante da inexistência de métodos ótimos regulatórios, aplicáveis em toda e qualquer situação, a pirâmide regulatória tenta criar uma estrutura dinâmica, na qual podem ser utilizadas diferentes técnicas, porém com foco no espaço mais flexível existente em sua base. Com isso, busca-se concentrar os esforços dos reguladores em opções mais baratas e colaborativas, deixando as demais opções, caras, demoradas e complexas para serem utilizadas em situações extremas, localizadas no topo da pirâmide.

Além disso, diante da fluidez do comportamento dos regulados e dos reguladores, a pirâmide busca modular respostas apropriadas para cada um deles, em um dado momento. Como mencionado por Ayres e Braithwaite, a maioria dos regulados são contraditórios e comprometidos, a depender do momento e do contexto, com a busca de valores econômicos, o cumprimento da lei ou a responsabilidade social do negócio. Do mesmo modo, os agentes reguladores também possuem diferentes personalidades e os desastres regulatórios ocorrem justamente quando a personalidade do regulador exigente, não profissional e confusa se encontra com a personalidade irresponsável e na busca do lucro a todo custo do empresário (AYRES et al., 1992. p. 36). A utilização da pirâmide regulatória, prevendo as medidas persuasivas em sua base, busca exatamente evitar tais desastres e possibilitar que as personalidades cooperativas se sobressaiam e que o cumprimento das regras seja realizado da maneira menos custosa para os envolvidos. Qualquer indício de falta de cooperação por parte dos regulados possibilita a identificação de motivações diversas e dispara as medidas mais apropriadas para aquela situação.

Em resumo, portanto, a regulação responsiva se diferencia das demais estratégias de regulação em relação ao que dispara as respostas regulatórias e qual esta resposta será (AYRES et al., 1992. p. 5), permitindo a utilização das técnicas de *enforcement* mais adequadas a cada caso, aumentando, assim, a probabilidade do atingimento dos objetivos elencados pelo Estado.

As ideias e conceitos da Regulação Responsiva já foram e continuam sendo aplicados em entidades governamentais e organismos internacionais (KOLIEB, 2015, p. 142; BRAITHWAITE, 2011, p. 482). Ainda de maneira embrionária, percebe-se o início de discussões a respeito de técnicas responsivas pelas agências reguladoras brasileiras, a exemplo do que ocorre na ANEEL, no âmbito do Projeto de Fiscalização Estratégica[4], e na Anatel (JESUS, 2015 e ARANHA, 2016).

Apesar disso, são diversas as críticas e as propostas de aprimoramentos à teoria, de modo que um dos autores propôs alguns aperfeiçoamentos posteriores,

---

[4] ANEEL - Fiscalização Estratégica: A nova metodologia de fiscalização dos serviços de distribuição e transmissão de energia elétrica. Disponível em http://www2.aneel.gov.br/arquivos/PDF/ficalizacao_estrategica-evento-03-03-2016.pdf. Acesso em 10/12/2016.

introduzindo novas ideias relevantes sobre o tema em obras mais recentes (BRAITHWAITE, 2007 e 2011). O presente trabalho não tem como objetivo analisar estes novos conceitos, tampouco fazer uma análise exaustiva das críticas recebidas. Não obstante serão revisitados os principais pontos controversos compilados em duas obras de estudiosos do tema (GUNNINGHAM, 2011; BALDWIN, CAVE E LODGE, 2012, p. 259-279), assim como um trabalho mais recente que trata do tema (KOLIEB, 2015).

Dentre as críticas apontadas, destacam-se aquelas relacionadas aos aspectos operacionais envolvidos com a subida ou descida das camadas da pirâmide. Questiona-se, por exemplo, a adequação da escalada passo a passo em situações que envolvem riscos catastróficos, tais como acidentes nucleares, onde a utilização de técnicas de persuasão, localizadas na base da pirâmide, pode não ser a estratégia mais indicada. De maneira semelhante, quando já se possui uma caracterização muito clara do comportamento dos regulados e dos papéis que eles desempenham, o mais apropriado seria partir diretamente para técnicas de *enforcement* mais duras, situadas em níveis superiores da pirâmide regulatória, sem percorrer os níveis inferiores. Os efeitos que as subidas e descidas das respostas regulatórias teriam na relação entre reguladores e regulados também são alvo de questionamentos, uma vez que elas podem gerar perda de confiança entre as partes, trazendo prejuízos diretos à aplicação de medidas menos punitivas.

Outra categoria de deficiências apontadas diz respeito ao fluxo de informações entre reguladores e regulados, tão necessário para que a regulação responsiva tenha sucesso. Assim, caso não exista harmonização entre os objetivos regulatórios e as normas empresariais ou caso as mensagens entre reguladores e regulados não tenham um fluxo efetivo, causado, por exemplo, por interações pouco frequentes ou ruidosas, certamente haverá um prejuízo à atuação por meio da regulação responsiva, tornando-a até inviável em determinadas situações.

Existem também dúvidas relacionadas à legalidade da abordagem responsiva, isso porque normalmente as normas determinam que a infração por determinada conduta implica uma certa punição previamente estipulada. Logo, qualquer tipo de tratamento diverso pode ser considerado ilegal e inviabilizar a utilização das medidas alternativas. De maneira semelhante, a utilização de respostas individualizadas e adaptadas para cada ator carrega um elevado nível de discricionariedade, o que pode ser interpretado como atuação pouco transparente, parcial e benéfica a determinados atores em detrimento de outros. Por fim, nem sempre estão disponíveis as medidas ou sanções necessárias para que a escalada da pirâmide seja aplicável, já que a regulação responsiva requer um número relevante para que seus efeitos sejam percebidos.

Como solução a tais questionamentos, são apresentadas alternativas e evoluções à regulação responsiva, que vão desde pequenos ajustes que possibilitariam contornar as deficiências detectadas, tais como a Smart Regulation (GUNNINGHAM e GRABOSKY, 1998) e o Diamante Regulatório (KOLIEB, 2015), até uma significativa reformulação da ideia, como a Problem-centered Regulation (SPARROW, 2000) ou a Meta-Regulation (PARKER, 2002). Não obstante, todas as soluções apresentadas guardam profunda correspondência com a teoria original de 1992, e buscam levá-la além, o que reforça o seu potencial e aplicabilidade aos casos concretos.

Dentre as propostas apresentadas, destacam-se a Really Responsive Regulation (BALDWIN e BLACK, 2008), a Problem-centered Regulation e o recente trabalho de Kolieb (2015) que introduziu o conceito de Diamante Regulatório.

A primeira teoria - Really Responsive Regulation ou Regulação Realmente Responsiva - apresenta um framework que aborda a regulação responsiva de uma maneira mais geral e endereça uma série de questões não abordadas pela teoria original.

Em essência, esta teoria apresenta duas principais mensagens. A primeira delas é que os reguladores, quando desenharem, aplicarem e desenvolverem os sistemas regulatórios, devem adaptar suas estratégias a algo a mais que o comportamento dos regulados. De acordo com os autores, os reguladores:

> "devem ser atentos e responsivos a quatro fatores principais: o comportamento, atitudes e cultura dos atores regulados; o arranjo institucional do regime regulatório; as interações entre as diferentes lógicas de ferramentas e estratégias regulatórias; o desempenho do próprio regime com o passar do tempo; e, finalmente, as mudanças em cada um desses elementos"[5].

A segunda mensagem é no sentido de que:

> "o desenho, o desenvolvimento e a operação regulatória deve levar em consideração a maneira com que os desafios regulatórios variam entre as principais tarefas que os reguladores devem praticar, tanto em respeito às empresas individuais, quanto no desenvolvimento de estratégias mais gerais, quais sejam: detecção de comportamento indesejáveis ou irregulares, resposta a estes comportamentos através do desenvolvimento de estratégias e ferramentas, imposição destas ferramentas e estratégias de fato, avaliação do sucesso ou estratégias, e modificação quando necessário"[6].

A complexidade e diversidade das tarefas que são tratadas nesta teoria representam justamente o seu maior desafio, uma vez que a sua abordagem demanda requisitos de informação, de análise e de recursos que nem sempre

---

[5]Baldwin et al., 2012, p. 269 - tradução livre.
[6]Ibid p. 271-272 – tradução livre.

podem ser obtidos. Não obstante, o framework que tal teoria apresenta é bastante interessante e pode ser utilizado para endereçar diversas questões regulatórias.

A *Problem-centered Regulation*, ou Regulação Baseada em Problemas, que pode ser considerada uma versão da Regulação Baseada em Risco (*Risk-based Regulation*[7]), é uma teoria que posiciona a solução de problemas no centro da estratégia regulatória (BALDWIN, 2010.p.267). Ao contrário das teorias até aqui apresentadas, que se baseiam nos processos, ferramentas e instituições que podem ser utilizados, a Problem-centered Regulation primeiro elenca os principais problemas e depois decide quais as estratégias serão utilizadas para resolvê-lo. Além de colocar em destaque as tarefas que os reguladores devem executar em suas atividades, esta teoria possui relevante importância porque enfatiza a importância da avaliação de desempenho e desafios da mudança e concentra seus esforços nos resultados finais, ao invés de se limitar à avaliação do cumprimento das regras (*compliance*). Contudo, assim como as demais teorias até aqui apresentadas, ela possui fragilidades que se relacionam principalmente às dificuldades de implantação e a possível simplificação excessiva de problemas que podem se revelar mais complexos que inicialmente identificados.

Por fim, a última teoria a ser apresentada no presente trabalho é chamada de Diamante Regulatório, divulgada em artigo recente cujo título traz uma dimensão a mais à onipresente pergunta "Quando punir? Quando Persuadir". De acordo com o autor, a teoria da regulação responsiva falha ao concentrar suas ações somente na minimização dos prejuízos e na busca do cumprimento das regras pelos regulados, o que seria apenas uma das facetas da regulação. A fim de explorar todo o potencial, o autor defende que as técnicas regulatórias também podem ser utilizadas para se superar os padrões legais e atingir o que se chama de "*beyond compliance*", ou seja, o atingimento de patamares superiores àqueles que as normas estabelecem. Deste modo, ele adiciona a questão "Quando recompensar?" às duas perguntas anteriormente mencionadas, o que, eu seu entender poderia garantir uma melhoria contínua na atividade regulatória e promover os regulados virtuosos.

A principal inovação desta teoria é a incorporação de duas atividades regulatórias, quais sejam, a regulação de *compliance*, que são os mecanismos utilizados para garantir o cumprimento de certos padrões, e a regulação aspiracional, que são as técnicas empregadas para encorajar os regulados a atingirem níveis superiores aos padrões comportamentais mínimos estabelecidos.

Como afirmado pelo próprio autor, "the regulatory diamond is an evolutionary, not revolutionary proposal" (KOLIEB, 2015. p. 150). Na verdade,

---

[7]A Risk-based Regulation pode ser definida como o conjunto de técnicas por meio das quais se priorizam de ações regulatórias, de acordo com a avaliação dos riscos incidentes sobre os objetivos buscados. (BALDWIN et al., 2012. p. 281).

o modelo foi construído sobre as bases do trabalho de Braithwaite e das demais teorias dele decorrentes, sendo aderente à responsividade e ao dinamismo que são centrais à teoria da regulação responsiva.

A figura 2 possibilita a visualização do modelo proposto que pode ser entendido como uma visualização alternativa e aprimorada da pirâmide regulatória.

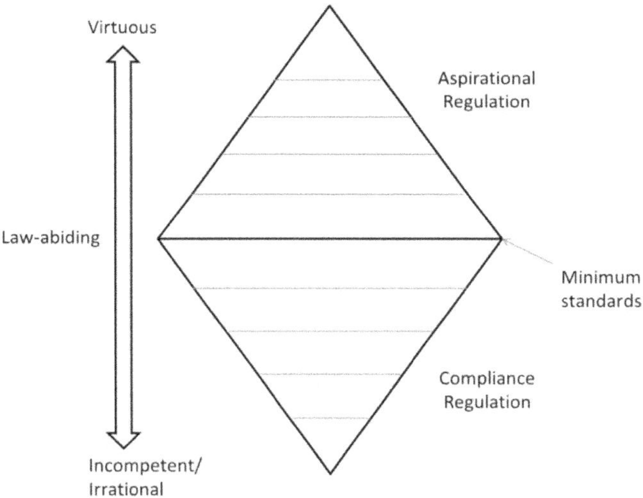

Figura 2 – Diamante regulatório (KOLIEB, 2015, p. 150)

O autor sustenta que a regulação deve incluir não só padrões mínimos comportamentais, mas também objetivos idealizados de conduta, bem como os mecanismos que busquem atingi-los. De acordo com a representação gráfica do diamante, os padrões mínimos comportamentais ("minimum standards") são a linha que reparte o diamante do meio; os mecanismos que conferem *enforcement* a estes padrões mínimos são representados pela regulação de conformidade ("*compliance regulation*") na porção inferior da figura; e os mecanismos que encorajam e incentivam os regulados a excederam os padrões mínimos e busquem atingir objetivos aspiracionais mais elevados são representados pela regulação aspiracional ("*aspirational regulation*") na porção superior da figura.

De maneira semelhante ao que ocorre com a regulação responsiva, à medida que se caminha em direção às duas extremidades do diamante, há uma redução da área, o que representa também uma diminuição da frequência de utilização dos mecanismos ali situados. Assim, quanto mais próximo à linha mediana, maior a frequência dos mecanismos. À medida que nos distanciamos dela, eles tornam-se mais raros, ao mesmo tempo em que eles passam a ser mais punitivos, por um lado, e mais compensadores, por outro.

Apesar das inovações trazidas por essa teoria, ela possui grande semelhança com as evoluções trazidas por um dos autores da própria Regulação Responsiva. Em trabalhos mais recentes, Braithwaite (2007 e 2011) introduziu o conceito de *pyramid of supports,* paralela à pirâmide de sanções original, que elenca uma série de recompensas que poderão ser dadas aos regulados se superarem os níveis estabelecidos. O próprio autor da teoria do Diamante Regulatório reconhece tal fato, todavia defende que a utilização de duas pirâmides separadas seria uma contradição, por trazer descontinuidade às técnicas empregadas.

Concluída a singela exposição sobre teoria que a suporta, passa-se a avaliação do uso das técnicas de Regulação Responsiva– e das que delas se originaram – nas propostas de modificações do arcabouço legal e regulamentar das telecomunicações em discussão.

O modelo vigente de prestação dos serviços de telecomunicações e as modificações em discussão

O atual modelo de prestação dos serviços de telecomunicações foi um dos produtos da chamada Reforma de Estado, empreendida pelo Governo Federal em meados da década de 90. Em processo de ampla reformulação do papel estatal nas atividades econômicas, entendeu-se, à época, que o Estado tinha se desviado de suas funções básicas e ampliado em demasia sua presença no setor produtivo, o que teria gerado como consequência uma deterioração dos serviços públicos (Presidência da República, 1995). Deste modo, em busca da estabilização e do crescimento sustentado da economia, foi elaborado um plano, que possuía como um dos aspectos centrais o fortalecimento do Estado, de modo a privilegiar sua ação reguladora em uma economia de mercado.

De fato, o quadro da prestação dos serviços públicos de telecomunicações que se apresentava no país naquele momento não era dos mais favoráveis aos seus usuários. Prestado sob o regime de monopólio Estatal, por meio das empresas do Sistema Telebrás[8], e regido pelo Código Brasileiro de Telecomunicações, Lei nº 4.117/52, os notáveis avanços obtidos pelas empresas estatais até aquele momento não foram suficientes para se atender à demanda da sociedade, principalmente pela incapacidade de manutenção do nível de investimentos necessários. A

[8]Além das empresas integrantes do Sistema Telebrás, existiam quatro empresas independentes: CRT controlada pela Governo do Estado do Rio Grande do Sul, Sercomtel, controlada pelo Prefeitura de Londrina; a CETERP, controlada pela Prefeitura de Ribeirão Preto e a Cia de Telecomunicações do Brasil Central - CTBC, de capital privado.

ausência de estatísticas confiáveis não nos permite quantificar exatamente a demanda reprimida que existia à época, porém, na Exposição de Motivos da Lei Geral de Telecomunicações (Exposição de Motivos n. 231/MC, 1996), os usuários potenciais foram estimados como sendo um número entre 18 e 25 milhões, enquanto que somente 14,5 milhões eram efetivamente atendidos.

Para superar este cenário, foram realizadas profundas reformas no setor de telecomunicações, que envolveram Emenda Constitucional para se extinguir o monopólio estatal nas telecomunicações, estabelecimento de um novo marco regulatório, principalmente por meio da LGT, e a privatização das empresas componentes do Sistema Telebrás[9].

O modelo proposto à época, e ainda vigente, buscava colocar o usuário em primeiro lugar e possuía como principais pilares a competição e a universalização dos serviços. Para tanto, criou assimetrias regulatórias aplicáveis à prestação dos serviços pelos diferentes atores, que basicamente se dividiam entre os *incumbents*, que adquiriram as estatais no processo de privatização e já possuíam uma vantagem significativa na prestação do serviço fixo de telefonia, e os novos entrantes, que deveriam montar suas infraestruturas praticamente da estaca zero.

De acordo com a LGT, os primeiros passariam a prestar o serviço fixo de telefonia, cujo nome técnico é Serviço Telefônico Fixo Comutado (STFC), em regime público, com obrigações de universalização e continuidade e sujeitos a controle tarifário, enquanto que os últimos deveriam prestá-lo em regime privado, livres de tais obrigações ou controles[10], além de ainda poderem prestar outros serviços neste mesmo regime, como os serviços de telefonia móvel.

A escolha pela prestação do STFC em regime público foi motivada por sua importância à época e pela indisponibilidade de qualquer outra alternativa que pudesse atender os anseios da sociedade de maneira satisfatória. A assunção das redes legadas das empresas privatizadas e o caráter de essencialidade de tal serviço justificavam o regime público de prestação e, consequentemente, a imposição de um maior número de obrigações às empresas operando neste regime, com o objetivo principal de atender o interesse público e expandir a prestação do serviço ao maior número de pessoas possível.

As obrigações impostas no Plano Geral de Metas para a Universalização (PGMU)[11], incluídas no Contrato de Concessão firmado pelas empresas, levaram o país a vivenciar, no final da década de 90 e no início dos anos 2000, uma

---

[9]O detalhamento do processo de privatização, bem como de todos o histórico envolvido na transição, pode ser encontrado em Marques Neto e Coscione (2011).

[10]Para uma avaliação completa da diferenciação entre os regimes público e privado, vide Marques Neto e Coscione (2011, p. 54).

[11]O primeiro PGMU foi aprovado pelo Decreto nº 2.592, de 15 de maio de 1998.

verdadeira revolução na prestação dos serviços de telecomunicações. O número de usuários de telefonia fixa, que na época da elaboração da LGT era de pouco mais de 14 milhões, ultrapassou a quantidade de 30 milhões, no ano de 2000 e continuou crescendo até atingir aproximadamente 45 milhões de usuários no ano de 2014[12]. Todos os municípios e localidades com mais de 300 habitantes foram atendidos, com instalações de terminais individuais ou coletivos (orelhões) por todo o país, o que possibilitou em tese o atendimento integral da população que desejasse se conectar.

Os dados acima dizem respeito somente à telefonia fixa. Se for levada em conta a quantidade de usuários do Serviço Móvel Pessoal (SMP), nome técnico do serviço de telefonia móvel, o número de usuários de telefones no país atingiu o total de 325,7 milhões no ano de 2014, número bastante expressivo e que supera a própria população brasileira.

Apesar dos números acima demonstrarem a assertividade da LGT e a evolução das telecomunicações por ela proporcionada, há uma demanda constante de mudanças que tem como motivação principal o profundo desenvolvimento das tecnologias de telecomunicações e informação desde o estabelecimento do marco regulatório. Vivenciou-se, neste período, o surgimento de alternativas de serviços mais interessantes que a tradicional telefonia fixa, tais como o Serviço Móvel Pessoal – SMP, que possuía em 2015 257,8 milhões de usuários e o Serviço de Comunicação Multimídia – SCM, por meio do qual é fornecido acesso fixo à internet, com 25,4 milhões de usuários no mesmo ano[13]. Além de tais serviços serem considerados, em determinados cenários, substitutos do STFC, eles são prestados por diversas empresas, em regime de acirrada competição.

Diante disso, existem aqueles que defendem que os dois pilares estabelecidos na LGT, universalização e competição, ainda que de maneira diversa da esperada, foram atendidas de maneira quase integral[14].

Independentemente de entendimento a favor ou contrário a esta tese, é inegável que o cenário existente à época do estabelecimento do marco regulatório é substantivamente diverso do atual, seja devido à perda de essencialidade de STFC, seja pelo aparecimento de serviços alternativos mais interessantes que a simples telefonia fixa. Consequentemente, passou-se a se exigir modificações no

---

[12] Fonte Anatel – Relatórios Consolidados – Indicadores de 2012 a 2015. Disponível em http://www.anatel.gov.br/dados/2015-02-04-18-43-59. Acesso em 14/12/2016.

[13] Ibid.

[14] O Conselheiro Igor Vilas Boas de Freitas, em sua Análise nº 25/2016/GCIF, de 12/2/2016, assim expôs seu entendimento sobre a matéria: "4.*2.67. (...) Assim, como fundamento para propor a reformulação da aplicação do regime público para o STFC, é que busco demonstrar ao longo desta Análise que, no caso da telefonia, ambos os objetivos – universalização e competição – foram alcançados quase de maneira integral, embora de uma forma diferente do que fora planejado originalmente, em razão das rápidas e imprevisíveis transformações por que passou o setor em vinte anos*".

marco regulatório que buscassem, minimamente, refletir a nova realidade que se apresenta, dando continuidade ou até impulsionando o desenvolvimento do setor.

Contudo, passadas quase duas décadas do estabelecimento do marco regulatório, as regras de prestação dos serviços não se modificaram na medida necessária. O STFC continua sendo prestado no regime público pelas concessionárias, com obrigações de universalização, continuidade e controle tarifário, em que pese sua inserção em um mercado onde seu caráter de essencialidade esteja cada vez mais reduzido. A competência atribuída ao Poder Executivo em instituir ou eliminar, por meio de Decreto, a prestação de modalidade de serviço no regime público (art. 18, I da LGT) não foi exercida uma única vez neste período.

Além disso, outras obrigações que faziam sentido à época do estabelecimento do marco regulatório, mas não possuem qualquer tipo de utilidade atualmente, ainda são impostas às concessionárias do serviço, o que contribuiu para o descompasso entre as regras vigentes e a realidade do mercado de telecomunicações no país.

Tal realidade, acompanhada da crescente falta de atratividade de um serviço de telefonia fixo, da importância que assumiram serviços prestados em regime privado, com os quais o STFC compete, e da atual falta de sentido das assimetrias regulatórias estabelecidas na LGT, torna premente a necessidade de se rever de maneira profunda as atribuições de regime inicialmente estabelecidas, bem como as demais regras envolvidas na prestação dos serviços.

São demandadas alterações substanciais para desonerar, ou até mesmo extinguir, a prestação do STFC em regime público e trazer a regulação mais próxima à realidade do setor, uma vez que o modelo arquitetado em finais do século passado não mais se ajusta ao cenário atual.

Portanto, à semelhança do que ocorreu em meados dos anos 90 do século passado, quando se identificou que as normas existentes não mais se adequavam às demandas da sociedade, o momento atual exige mudanças de magnitude semelhante, a fim de se compatibilizar as regras aos diversos interesses envolvidos, sobretudo aqueles provenientes da sociedade. De acordo com o Professor Celso Antônio Bandeira de Mello (2010, p. 1067), "*o mundo do direito não vive em suspensão alheio contexto socioeconômico que lhe serve de engaste*", consequentemente, é preciso utilizar a matéria-prima oferecida pelas concepções atualmente dominantes com as regras que regem o setor de telecomunicações.

Em amplo processo de revisão, ainda não concluído, a Agência Nacional de Telecomunicações, o extinto Ministério das Comunicações, atualmente Ministério da Ciência, Tecnologia, Inovações e Comunicações, e o Poder Legislativo iniciaram debate baseado em resultados do Planejamento Estratégico da Agência, Relatórios de Consultorias internacionais contratadas pela União

Internacional das Telecomunicações – UIT e Avaliação de Impacto Regulatório – AIR feito pela Agência.

Como resultados diretos de tal debate, podem ser mencionados a Portaria nº 1.455, de 8 de abril de 2016, do Ministério das Comunicações, que determina que seja buscada a simplificação do atual modelo de outorgas de serviços de telecomunicações, a desburocratização, dotando os procedimentos de licenciamento da maior celeridade; e o Programa Brasil Inteligente, aprovado pelo Decreto nº 8.776, de 11 de maio de 2016, do mesmo ente ministerial, que estabeleceu diretrizes específicas à Anatel no tratamento das concessões atualmente vigentes, de modo que se possibilite a migração das atuais concessões do STFC para serviços de maior liberdade, condicionando a migração ao atendimento de metas relativas ao provimento de serviços em banda larga.

De maneira semelhante, no âmbito do Poder Legislativo, deu-se início a esta discussão, por meio do Projeto de Lei nº 3.453/2015, da Câmara dos Deputados, disciplinando a migração dos regimes e o tratamento dos bens das concessionárias, gravados com o ônus da reversibilidade.

A compilação de tais informações está sendo realizada pela Agência em processo de revisão dos contratos de concessão e do Plano Geral de Metas de Universalização (PGMU), no exercício de sua competência estabelecida na Lei nº 9.472/97. Após o necessário exame da Agência, os detalhes da proposta de modificação ainda serão submetidos a Consulta Pública da sociedade e demandarão aprovação pelo Poder Executivo, por meio de novo Plano Geral de Outorgas, conforme estabelece o art. 18, II da Lei Geral de Telecomunicações. Contudo, a discussão dos conceitos, resultados e métodos de tratamento extrapola os objetivos do presente trabalho, até porque o debate ainda não se encerrou.

Além das questões relativas ao regime de prestação, matéria de abrangência geral e superior, outras discussões relacionadas a detalhes das regras aplicadas também se desenvolvem na Agência. A Agenda Regulatória do biênio 2015-2016, aprovada pela Portaria nº 1003, de 11 de dezembro de 2015, posteriormente modificada pela Portaria nº 750, de 29 de junho de 2016, elenca as ações regulatórias prioritárias da Agência e estabelece as prioridades e prazos para os projetos de regulamentação.

Dentre as ações incluídas na agenda, destacam-se a própria revisão do modelo de prestação, brevemente mencionado anteriormente, mas também outras ações como a reavaliação do modelo de gestão de qualidade de serviços de telecomunicações e dos procedimentos de acompanhamento e controle das obrigações. Tais matérias possuam importância ímpar na regulação das telecomunicações, pois são elas que definem as regras finais aplicadas à prestação do serviço bem como a maneira de acompanhamento e controle da prestação dos serviços.

Nas seções seguintes, serão avaliadas as aplicações dos conceitos de regulação responsiva nas ações regulatórias mencionadas acima, a fim de se identificar uma tendência da utilização da responsividade no desempenho das atividades pela Anatel. Em trabalhos anteriores, já foram identificadas algumas utilizações embrionárias destes conceitos pela Agência, na regulação da portabilidade numérica, das vendas no atacado e nos leilões de radiofrequência destinadas à tecnologia 4G (JESUS, 2015 e ARANHA, 2016).

A revisão do modelo de gestão da qualidade dos serviços

A prestação de serviços de qualidade é uma demanda constante da sociedade, sobretudo diante da importância e da constância que as telecomunicações tomaram no cotidiano das pessoas. As possibilidades que se abriram com o desenvolvimento da internet, permitindo a troca de informações em tempo real, inicialmente, fizeram que os microcomputadores, equipamentos que antes eram usados esporadicamente e somente para fins específicos, sobretudo profissionais, se tornassem praticamente onipresentes. Além disso, em um momento posterior, os chamados smartphones, que possibilitam acesso à internet e viabilizaram o desenvolvimento de inúmeras aplicações que, até pouco tempo atrás, eram inimagináveis, se tornaram companheiros inseparáveis de seus usuários. Estes dois fenômenos podem ser considerados como a face mais visível da revolução causada pelo franco desenvolvimento das telecomunicações, porém não são as únicas. Inúmeras outras aplicações, imperceptíveis aos olhos do grande público, são profundamente dependentes da troca de informações entre servidores espalhados por todos os cantos do mundo, seja no setor privado, como em bancos, ou no setor público, por exemplo, na apuração de impostos pela receita federal. O crescimento vertiginoso do intercâmbio de informações por redes de telecomunicações fez com que o tráfego de voz fosse superado pelo de dados, com tendência de se acentuar a distância nos anos vindouros com a evolução de novas tecnologias, tais como a Internet das Coisas (IoT), o que demonstra que tal caminho é sem volta.

Obviamente, a explosão do uso destes equipamentos foi acompanhada da exigência de que os serviços que suportam sua utilização fossem prestados com qualidade compatível à sua importância. A quantidade expressiva de usuários, o caráter pessoal e essencial que esses serviços tomaram acabaram reforçando a preocupação com a qualidade do serviço. É possível, inclusive, afirmar que, se no momento do estabelecimento do marco regulatório, os dois pilares do modelo eram a universalização e a competição, atualmente, a prestação de serviços de qualidade é a meta principal, aquela que exige maiores esforços do poder público e das empresas, para que se cumpra o estabelecido no art. 2°, III e no art. 3°, I da LGT[15], *in verbis*:

> Art. 2° O Poder Público tem o dever de: (...)
> III - adotar medidas que promovam a competição e a diversidade dos serviços, incrementem sua oferta e propiciem padrões de qualidade compatíveis com a exigência dos usuários; (...)
> Art. 3° O usuário de serviços de telecomunicações tem direito:
> I - de acesso aos serviços de telecomunicações, com padrões de qualidade e regularidade adequados à sua natureza, em qualquer ponto do território nacional;

Tal realidade se reflete na estabilização e até no decréscimo da quantidade de usuários, seja de telefonia fixa, seja de telefonia móvel. De acordo com dados da Anatel, a quantidade de usuários de telefonia vem demonstrando um decréscimo acentuado, tendo registrado uma perda de cerca de mais de 24 milhões de usuários entre 2014 e 2015[16]. Embora tais números também tragam reflexos da crise econômica vivida pelo país nos últimos anos, há indícios de que o número total de usuários de telefonia tenha atingido o nível de saturação, e que aumentos, se ocorrerem, serão marginais.

Tal constatação talvez indique que todos os interessados em contratar serviços de telecomunicações já o possuem, cabendo às empresas agora, ao invés de buscar aumentar sua base a todo custo, por meio de promoções e reduções nos preços dos serviços, tentar melhorar a qualidade dos serviços prestados e, indiretamente, obter mais usuários e aumentar o seu faturamento.

O controle da qualidade dos serviços já vem sendo feito pela Agência praticamente desde sua criação, no final da década de 90, em atendimento aos dispositivos da LGT supracitados. A obrigação de cumprimento de metas de qualidade já constava nos contratos de concessão firmados em 1998, tendo sido regulamentada pela Resolução n° 30/98, que aprovou o Plano Geral de Metas de Qualidade para o STFC. Este instrumento foi desenvolvido com base nos aspectos mais relevantes à época, que abrangiam sobretudo aspectos técnico-operacionais da prestação do serviço, como taxa de completamento de chamadas ou a taxa de digitalização de rede, dentre outros.

Com o passar do tempo, estes instrumentos foram sendo remodelados para considerar aspectos adicionais aos já mencionados, tais como os indicadores de atendimento e de reação dos usuários[17], e também para medir a qualidade de

---

[16] Fonte Anatel: Vide item nota 12 supra.

[17] Vide Regulamento de Gestão de Qualidade de Prestação do Serviço Telefônico Fixo Comutado, aprovado pela Resolução n° 605/2012 e Regulamento de Gestão da Qualidade da Prestação do Serviço Móvel Pessoal, aprovado pela Resolução n° 575/2011.

outros serviços criados posteriormente, como o Serviço de Comunicação Multimídia – SCM[18] ou os Serviços de Televisão por Assinatura[19].

No modelo vigente, as prestadoras devem cumprir metas estabelecidas na regulamentação e, caso elas não sejam atingidas, instaura-se um Procedimento específico para apuração das irregularidades e, via de regra, são aplicadas sanções de multa pelos descumprimentos. Verifica-se, portanto, que as técnicas utilizadas são meramente punitivas, baseadas em estratégias de *enforcement* de dissuasão (*deterrence*), já descritas anteriormente neste trabalho.

Em que pese tenham sido feitas algumas adaptações, o foco dos indicadores se manteve nos aspectos operacionais originais, que consideram um rol exaustivo de parâmetros e que, muitas vezes, não refletem a real percepção da qualidade dos usuários do serviço. Ademais, a medida que regras mais detalhadas foram sendo estabelecidas, com a definição precisa de quais eventos incluir ou excluir do cálculo dos indicadores, mais energia foi sendo dispendida com tal controle por parte da Agência, ao mesmo tempo em que novos questionamentos na regulamentação foram sendo apontados pelas prestadoras. Deste modo, em diversas situações, a controvérsia final sobre um determinado indicador de qualidade terminava por se concentrar demasiadamente em um determinado aspecto que tinha pouco ou nenhum reflexo na percepção da qualidade de serviço pelos usuários, o que terminava prejudicando o atingimento do objetivo para o qual ele tinha sido criado[20]. Como mencionado por Ayres e Braithwaite (1992, p. 26), regras essencialmente punitivas podem gerar um jogo de "gato-e-rato" que terão como resultado final um sistema de normatização por acréscimos que origina um grupo de regras incoerente e um legalismo sem sentido que se concentra em violações específicas, simples e visíveis e que negligenciam problemas sistêmicos.

Diante de tal realidade, a Agência iniciou discussão de um novo Modelo de Gestão da Qualidade que buscasse criar mecanismos para estimular a melhoria efetiva da qualidade do serviço, de modo que fosse totalmente compatível com as expectativas da sociedade e adaptável a eventuais mudanças ocorridas.

Uma das principais premissas que orientou o desenvolvimento do trabalho foi a unificação das regras de qualidade aplicáveis a todos os serviços, salvo quando existirem especificidades inerentes à natureza de cada um deles, como a mobilidade da telefonia móvel e o controle de velocidade de tráfego de dados do Serviço de Comunicação Multimídia. Além disso, buscou-se concentrar a análise em uma quantidade menor de indicadores estratégicos de maior sensibilidade aos

---

[18]Vide Regulamento de Gestão da Qualidade do Serviço de Comunicação Multmídia (RGQ-SCM), aprovado pela Resolução nº 574/2011.

[19]Vide Plano Geral de Metas de Qualidade para os serviços de televisão por assinatura (PGMQ – televisão por assinatura), aprovado pela Resolução nº 411/05.

consumidores, que seriam posteriormente examinados por meio de avaliação de satisfação e qualidade percebida.

Para o presente trabalho, a premissa que nos interessa diz respeito à utilização de estratégias características da Regulação Responsiva para o desenho regulatório, como expressamente mencionado pela área técnica da Agência responsável pela elaboração[21], que propôs até a inclusão de um dispositivo na minuta proposta do Regulamento em elaboração, nos seguintes termos:

> Art. 7º A Gestão da Qualidade é regime pelos princípios e regras contidos na Constituição Federal, na Lei nº 9.472, de 16 de julho de 1997 - Lei Geral de Telecomunicações – LGT), na Lei nº 8.078, de 11 de setembro de1990, na regulamentação da Anatel e em especial, pelos seguintes princípios:
> (...)
> IV -Atuação de forma responsiva;

Pela proposta da área técnica, em um primeiro momento os resultados dos indicadores serão monitorados para se apurar o nível em que eles estarão, para somente a partir daí se estabelecerem as metas a serem cumpridas. Tal estratégia foi considerada necessária, pois os indicadores propostos são, em geral, inéditos e não seria possível definir, de antemão os níveis que deveriam ser atingidos pelas prestadoras. Corria-se o risco, como já ocorreu em versões anteriores do controle de qualidade, de serem fixadas metas extremamente restritivas, tornando impossível ou pouco provável seu atendimento, ou demasiadamente tênues, o que retiraria a necessidade de esforço das empresas para atingi-las. Tal período terá a duração de um semestre e os níveis serão definidos em quatro diferentes grupos de municípios, que levam em consideração o nível de competição neles existentes.

No período seguinte, no qual já se conhecerão as metas para cada grupo de municípios, os indicadores serão monitorados, durante o chamado "*Ciclo de Avaliação*", porém não serão adotadas medidas pela Agência caso se verifique que eles estão abaixo das metas desejadas. Neste momento, estão sendo utilizadas as técnicas regulatórias situadas na base da pirâmide de Braithwaite.

Ainda de acordo com a proposta da área técnica da Agência, ao final do período, caso se constate que os níveis realmente ficaram abaixo das metas previamente definidas, inicia-se o chamado "*Período de Vigilância*", ou seja, inicia-se a escalada da pirâmide. Durante tal período, que pode durar até 18 (dezoito) meses, serão tomadas medidas com crescente caráter intervencionista e punitivo, que seriam as camadas superiores da pirâmide regulatória. No primeiro semestre, os usuários das áreas onde foi constatada deterioração da qualidade

[21]Vide Informe nº 62/2016/SEI/PRRE/SPR, nos autos do Processo nº 53500.006207/2015-16, em trâmite na Anatel.

deverão ser avisados pelas prestadoras do ocorrido e informados sobre as medidas que poderão ser tomadas caso a qualidade não volte ao patamar anterior. Além disso, a depender do nível de competição dos municípios, as prestadoras deverão realizar contrapropaganda ou então iniciar um processo de compensação de valores aos usuários localizados nestas regiões.

Caso as ações tomadas pela empresa não tenham o resultado desejado e a qualidade prossiga inferior aos níveis estabelecidos, a prestadora deverá, no semestre seguinte, compensar os usuários ali localizados em um patamar maior, desembolsando uma quantia superior por sua conduta inadequada.

No semestre subsequente, os níveis de qualidade serão novamente apurados e, se a qualidade ainda não estiver em níveis apropriados, poderá ocorrer a suspensão de vendas nos municípios onde há competição adequada ou o aumento do nível de compensação aos usuários, onde ela não esteja presente.

Na hipótese de as irregularidades permanecerem e a qualidade do serviço ainda não atingir os níveis adequados, serão instaurados processos regulares de apuração de descumprimento de obrigações, do qual poderão resultar sanções de multa. Além disso, o não atendimento dos requisitos mínimos de qualidade de um município possibilita a troca de operadora sem eventual exigência do pagamento de quebra de cláusula de fidelidade.

Em qualquer momento, durante o período de vigilância, o atingimento das metas implicará a suspensão do período de vigilância e o retorno ao Ciclo de Avaliação.

Fica evidente, portanto, a utilização de técnicas de Regulação Responsiva no presente caso. Iniciando-se na base da pirâmide, onde não existe qualquer ação regulatória, desde que os níveis estabelecidos sejam cumpridos, passa-se a níveis superiores de intervenção regulatória, até que se chega ao ápice da pirâmide, com a sanção de multa, em processo de apuração de descumprimento de obrigações ordinário. Em todas estas situações, é possível o retorno à base da pirâmide, desde que os indicadores atinjam os valores definidos anteriormente.

Em que pese a clareza na utilização destes conceitos, não houve a utilização de técnicas de melhoria contínua ou de recompensa nas situações em que os regulados atingiram resultados superiores às metas definidas. Conforme defendido por Kolieb (2015), somente parte do potencial das ações regulatórias estão sendo utilizadas neste caso.

A revisão do modelo de acompanhamento e controle

Como reguladora do setor de telecomunicações, a Anatel acompanha inúmeras obrigações estabelecidas em dispositivos legais, regulamentares e contratuais de todas as empresas atuantes no mercado. Além das questões relacionadas à qualidade do serviço prestado, tratadas na seção anterior, as regras vigentes envolvem aspectos que dizem respeito a universalização e massificação do acesso, a direitos e garantias dos usuários, a parâmetros técnicos e licenciamento de estações e equipamentos, a proteção à competição, dentre outros.

Dado o vasto rol e a complexidade das obrigações, a grande quantidade de regulados, a difusão dos serviços de telecomunicações por todos o país, e a escassez de recursos humanos, financeiros e tecnológicos da Agência, nem todas as obrigações podem ser permanentemente monitoradas e controladas da maneira como se espera. Além disso, a diferença de relevância entre as diferentes obrigações, que envolvem riscos e impactos inerentes a determinados descumprimentos, implica a necessidade de se planejar e priorizar as ações da Agência, a fim de se conceder tratamento prioritário aos temas mais relevantes, ao mesmo tempo em que se garante que os demais não sejam desconsiderados na atuação regulatória.

No âmbito do projeto de revisão dos procedimentos de acompanhamento e controle da Agência[22], ainda em andamento na Agência, buscou-se proporcionar a eficiência de atuação por meio da alocação de recursos e esforços onde eles são mais necessários, utilizando-se estratégias características de regulação responsiva.

Baseando-se em diretrizes da OCDE (2014), que trazem recomendações expressas para que o *enforcement* seja baseado em princípios de regulação responsiva (p. 33), a proposta da Agência envolve a definição de três níveis de atividades de fiscalização, a depender do grau de intervenção da Agência na atividade do fiscalizado. O primeiro envolve a atuação regulatória em escopo mais abrangente e possui foco na automatização de maior parte do processo. A depender dos resultados obtidos da atuação do primeiro nível, de acordo com a proposta em discussão, a intervenção poderá ser incrementada, com um aprofundamento da análise e a solicitação de dados adicionais para se apurar as irregularidades. Se após esta análise os resultados continuarem indicando descumprimentos, seriam tomadas ações específicas para a coleta de informações complementares, que poderiam envolver inspeções presenciais, a expedição de medidas cautelares ou a aplicação de multas.

Portanto, pela proposta em discussão, no primeiro nível, que pode ser considerado como a base da pirâmide, as atuações da Agência são principalmente baseadas no acompanhamento das informações prestadas pelos regulados e se baseia no cumprimento voluntário das obrigações.

[22] Vide Processo nº 53500.205186/2015-10 da Anatel.

No segundo nível, camada intermediária da pirâmide, as intervenções regulatórias se tornam mais incisivas e podem envolver direcionamentos e avisos aos entes envolvidos no acompanhamento.

Por fim, no terceiro e último nível, cume da pirâmide, o acompanhamento atinge seu ápice e o resultado pode ser a tomada de ações direcionadas, que podem envolver multas, cautelares e outras penalidades previstas na regulamentação.

A escalada da intervenção regulatória é muito clara na proposta da área técnica, a depender do comportamento do regulado e dos resultados coletados. A interação entre a Agência e as empresas vai determinar que tipo de ação regulatória que deve ser tomada, baseando-se no custo, no risco e no comportamento do regulado, o que reflete a responsividade da proposta em debate.

O nível do risco das condutas apuradas também será utilizado, o que termina por tornar o desenho proposto uma estratégia de regulação baseada em risco (BALDWIN et al., 2012. pp. 281-295).

Aqui cabe a mesma ressalva feita para o modelo de gestão da qualidade, no sentido de que não há qualquer proposta de técnicas de melhorias contínuas ou recompensas em situações de *overcompliance*.

Conclusão

A demanda crescente da sociedade pelo aprimoramento da atuação regulatória do Estado muitas vezes traz à tona questionamentos sobre o que seria exatamente uma melhor regulação, como ela pode ser atingida e como medir se ela é realmente melhor (BALDWIN, 2012). Diante da complexidade da matéria e das possíveis tensões e contradições envolvidas, tal resposta não pode ser facilmente obtida e requer análises e exames que superaram em muito o escopo do presente trabalho. Não obstante, existem estratégias regulatórias, baseadas em evidências teóricas e empíricas, que indicam caminhos a tomar e quais evitar.

A teoria da Regulação Responsiva, aqui tratada, pode ser considerada como uma dessas estratégias. Valendo-se de uma análise holística do setor regulado, na qual é concedida atenção especial ao mercado e ao comportamento dos agentes que nele atua, busca-se identificar os interesses envolvidos e as respostas possíveis para se impedir ou encorajar determinada conduta, a fim de se atingirem objetivos definidos pelo Estado. Muitas vezes, como demonstrado por Thornton, Kagan e Gunningham (2009) e sustentado por Ayres e Braithwaite (1992), o comportamento dos regulados não é direcionado somente por questões econômicas. Existem aspectos diversos da racionalidade puramente financeira que podem motivar condutas em determinada direção e desencorajar em outras. A Regulação Responsiva busca justamente encontrar tais motivações, revelando-se uma estratégia interessante, na medida em que ela possibilita a aplicação da melhor alternativa de *enforcement* dentre as diversas disponíveis e utilizá-la de acordo com a especificidade da situação.

Obviamente, tal teoria está sujeita a críticas e elas existiram em abundância. Contudo, ao invés de diminuírem a importância de tal teoria, as fraquezas apontadas por diversos autores serviram para oxigenar o seu desenvolvimento e deram origem a diversas teorias alternativas, inclusive elaboradas por um de seus autores, que possuem como fundamento principal a pirâmide regulatória característica da teoria original.

Diante do potencial do uso da responsividade na atuação das agências reguladores no Brasil, observa-se o emprego de tais técnicas em alguns procedimentos já executados pela Anatel (ARANHA, 2016) e ANEEL[23]. Além disso, técnicas de regulação responsiva estão presentes de maneira expressa na discussão da evolução de itens de suma importância no novo modelo de prestação dos serviços no país: gestão da qualidade da prestação dos serviços de telecomunicações e acompanhamento e controle das obrigações pela Anatel, objeto de avaliação no presente trabalho.

Embora os instrumentos avaliados no presente artigo ainda estejam sujeitos a modificações, a simples presença de ferramentas características da regulação responsiva nas discussões da evolução do modelo regulatório brasileiro indica a busca pelo aprimoramento da atuação regulatória, por meio de técnicas mais avançadas que já estão sento utilizadas em outros países. É necessário continuar avançando, por meio do emprego de estratégias mais avançadas de responsividade, a fim de se extrair o máximo de tais regras e obter um real aprimoramento da atuação regulatória no país.

Referência Bibliográficas

ARANHA, Márcio Iorio. *Telecommunications Regulatory Design in Brazil: Networking around State Capacity Deficits.* Economia Pubblica, v. 27, p. 83-105, 2016.

AYRES, I., & BRAITHWAITE, J. *Responsive Regulation: Transcending the Deregulation Debate. Oxford: Oxford University Press, 1992.*

BALDWIN, R. and BLACK, J. *Really Responsive Regulation.* LSE Law, Society and Economy Working Papers 15/2007 (disponível em: https://www.lse.ac.uk/collections/law/wps/WPS15-2007BlackandBaldwin.pdf).

[23] Vide Nota 4 supra.

BALDWIN, Robert. Better Regulation: The Search and the Struggle. In: BALDWIN, R.; CAVE, M.; LODGE, M. (Eds.). *The Oxford Handbook of Regulation*. Oxford: Oxford University Press, 2010.

BALDWIN, R.; CAVE, M.; LODGE. *Understanding Regulation*. 2. Ed. Oxford: Oxford University Press, 2012.

BANDEIRA DE MELLO, Celso Antônio, *Curso de Direito Administrativo*, 27a Ed., São Paulo: Malheiros, 2010

BRAITHWAITE, J., MAKKAI, T., BRAITHWAITE, V. *Regulating Aged Care: Ritualism and the New Pyramid*. Chentelham, UK: Edward Elgar, 2007

BRAITHWAITE, John. *The Essence of Responsive Regulation* (Fasken Lecture): UBC Law Review, Vancouver, v.44, n. 3, p. 475-520. 2011.

GUNNINGHAM, N.; GRABOSKY, P. *Smart Regulation: Design Environmental Policy*, Oxford: Oxford University Press, 1998.

GUNNINGHAM, Neil. Enforcement and Compliance Strategies. In: BALDWIN, R.; CAVE, M.; LODGE, M. (Eds.). *The Oxford Handbook of Regulation*. Oxford: Oxford University Press, 2010.

JESUS, Carlos Moraes de. *Teoria Responsiva na Regulação pela Anatel sobre o Serviço Móvel Pessoal 4G*. Tese (Bacharel em Direito) – Faculdade de Direito. Universidade de Brasília, Brasília, 2015.

KOLIEB, Jonathan. *When to Punish, When to Persuade, When to Reward: Strengthening Responsive Regulation with the Regulatory Diamond*. Monash University Law Review 41(1), p. 136-162, 2015.

MARQUES NETO, Floriano de Azevedo. *Regulação Estatal e Interesses Públicos*. São Paulo: Atlas, 2002.

MARQUES NETO, Floriano de Azevedo; COSCIONE, Milene Louise Renée. *Telecomunicações: doutrina, jurisprudência, legislação e regulação setorial*. São Paulo: Saraiva, 2011.

MINISTÉRIO DAS COMUNICAÇÕES. E.M. n. 231/MC. Brasília. 1996

OCDE. *Regulatory Enforcement and Inspections, OECD Best Practice Principles for Regulatory Policy*, OECD Publishing, 2014

PARKER, C., *Meta-Regulation: Legal Accountability for Corporate Social Responsibility?* In: MACBARNET, D.; VOICULESCU, A.; CAMPBELL, T. The New Corporate Accountability: Corporate Social Responsibility and the Law. Cambrige: Cambridge University Press, 2007.

PRESIDÊNCIA DA REPÚBLICA. *Plano Diretor da Reforma do Aparelho do Estado*. Brasília. 1995.

QUINALIA, Cristina Leão. *Regime Público e Privado no Setor de Telecomunicações: análise de uma diferença e de uma semelhança*. Revista de Direito, Estado e Telecomunicações, Brasília, v. 7, n. 1, p.73-116, maio, 2015.

SPARROW, M. *The Regulatory Craft*. Washington: Brookings Institution Press, 2000.

THORNTON, Dorothy, KAGAN, Robert A., & GUNNINGHAM, Neil. *When Social Norms and Pressures Are Not Enough: Environmental Performance in the Trucking Industry*. Law & Society Review 43(2): 405-435. (2009).

Regulação do Setor de Telecomunicações em 2016

2016 Statutes and Regulations of the Telecommunication Sector

Márcio Iorio Aranha
João Alberto de Oliveira Lima
Renata Tonicelli de Mello Quelho

Sumário

Normas e Atos de 2016

Fundamentos

Conceitos Fundamentais

Era da Informação

Normatização

Portaria MC nº 2.115, de 11 de maio de 2016 - Estabelece diretrizes para a Agência Nacional de Telecomunicações relativas à comercialização de planos de banda larga fixa.

✔ As diretrizes ministeriais definidas na Portaria MC nº 2.115/2016, provocada pelo anúncio comercial do novo presidente da Telefônica, após a aquisição da empresa espelho GVT, de que não comercializaria planos de franquia ilimitada e a reação social gerada por essa manifestação e por declaração à imprensa pela aparente concordância do então presidente da ANATEL, foram as seguintes: a) determinar à ANATEL que estabeleça mecanismos para promover, dentre as ofertas de planos de serviço de SCM, a existência de pelo menos um plano por empresa, com franquia de dados ilimitada; b) determinar à ANATEL que atue de modo a permitir a realização de de escolhas informadas pelo consumidor de serviços de telecomunicações, zelando para que as ofertas de serviços sejam transparentes, não enganosas, comparáveis, mensuráveis e adequadas ao perfil de consumo do cliente.

Atos

Acórdão do Conselho Diretor da ANATEL, de 22 de abril de 2016 (Ref. nº 151/2016) - DESPACHO DECISÓRIO Nº 1/2016/SEI/SRC. MEDIDA CAUTELAR. REPERCUSSÃO SOCIAL. AVOCAÇÃO DO PROCESSO Nº 53500.008501/2016-35 PELO CONSELHO DIRETOR. SUSPENSÃO DA PRÁTICA DE REDUÇÃO DE VELOCIDADE, SUSPENSÃO DE SERVIÇO OU DE COBRANÇA DE TRÁFEGO EXCEDENTE APÓS O ESGOTAMENTO DA FRANQUIA, POR PRAZO INDETERMINADO, ATÉ ULTERIOR DELIBERAÇÃO DO CONSELHO DIRETOR. 1. Despacho Decisório nº 1/2016/SEI/SRC (SEI nº 0414329) determinou, cautelarmente, que as prestadoras do Serviço de Comunicação Multimídia - SCM (banda larga fixa) se abstivessem de adotar, no âmbito das ofertas comerciais do serviço de banda larga fixa, práticas de redução de velocidade, suspensão de serviço ou de cobrança de tráfego excedente após o esgotamento da franquia. 2. Proposta de avocação do Processo nº 53500.008501/2016-35 pelo Conselho Diretor em virtude de grande repercussão social, de modo a permitir ao Conselho Diretor analisar diretamente todas as manifestações a respeito do tema, bem como deliberar sobre o cumprimento pelas prestadoras das condições fixadas no Despacho Decisório nº 1/2016/SEI/SRC (SEI nº 0414329). 3. Como consequência da presente avocação, as prestadoras abrangidas pelo referido Despacho Decisório ficam impedidas de adotar práticas de redução de velocidade, suspensão de serviço ou de cobrança de tráfego excedente após o esgotamento da franquia, ainda que tais ações encontrem previsão em contrato de adesão ou em plano de serviço, por prazo indeterminado, até ulterior decisão do Colegiado.

Liberdade de Expressão

Normatização

Decreto nº 8.771, de 11 de maio de 2016 - Regulamenta a Lei no 12.965, de 23 de abril de 2014, para tratar das hipóteses admitidas de discriminação de pacotes de dados na internet e de degradação de tráfego, indicar procedimentos para guarda e proteção de dados por provedores de conexão e de aplicações, apontar medidas de transparência na requisição de dados cadastrais pela administração pública e estabelecer parâmetros para fiscalização e apuração de infrações.

Direito à Privacidade

Tema Conexo: Políticas de Telecomunicações : Sigilo em Telecomunicações.

Normatização

Decreto nº 8.771, de 11 de maio de 2016 - Regulamenta a Lei no 12.965, de 23 de abril de 2014, para tratar das hipóteses admitidas de discriminação de pacotes de dados na internet e de degradação de tráfego, indicar procedimentos para guarda e proteção de dados por provedores de conexão e de aplicações, apontar medidas de transparência na requisição de dados cadastrais pela administração pública e estabelecer parâmetros para fiscalização e apuração de infrações.

Estado Regulador

Infraestrutura e Recursos do Setor de Telecomunicações

Redes de Telecomunicações

Meio Físico (Cabo / Fibra)

Atos

Acórdão do Conselho Diretor da ANATEL, de 5 de janeiro de 2016 (Ref. nº 2/2016) - EMENTA: COMPROMISSOS ADICIONAIS EM TERMO DE COMPROMISSO DE AJUSTAMENTO DE CONDUTA (TAC). FATOR DE REDUÇÃO DE DESIGUALDADES SOCIAIS E REGIONAIS E DE EXECUÇÃO DE PROJETOS ESTRATÉGICOS. MANUAL DE FISCALIZAÇÃO DE TAC. PROPOSTA DE ATO. PELA APROVAÇÃO. 1. Proposta de Ato com rol de opções de projetos estratégicos, que poderão ser acolhidos na forma de compromissos adicionais na eventual celebração do Termo de Compromisso de Ajustamento de Conduta (TAC) no âmbito da Anatel. 2. Proposta de fator de redução de desigualdades sociais e regionais e de execução de projetos estratégicos. 3. Elaboração de Manual de Fiscalização para monitoramento da execução de TAC. 4. Elaboração de proposta de revisão da tabela que contém o fator de redução de desigualdades sociais e regionais e de execução de projetos estratégicos para abranger a granularidade de setor censitário.

✔ Caso que deu origem ao Ato 50.004/2016, que estabelece o rol de opções de projetos que poderão ser executados como compromissos adicionais no âmbito de Termos de Compromisso de Ajustamento de Conduta (TAC).

Ato do Conselho Diretor da ANATEL nº 50.004, de 5 de janeiro de 2016 - Estabelece o rol de opções de projetos que poderão ser executados como compromissos adicionais no âmbito de Termo de Compromisso de Ajustamento de Conduta (TAC), nos termos do art. 18, I, do RTAC.

➡ **Anexo** - Anexo – Fator de Redução de Desigualdades Sociais e Regionais e de Execução de Projetos Estratégicos por Município

Neutralidade de Rede

Normatização

Decreto nº 8.771, de 11 de maio de 2016 - Regulamenta a Lei no 12.965, de 23 de abril de 2014, para tratar das hipóteses admitidas de discriminação de pacotes de dados na internet e de degradação de tráfego, indicar procedimentos para guarda e proteção de dados por provedores de conexão e de aplicações, apontar medidas de transparência na requisição de dados cadastrais pela administração pública e estabelecer parâmetros para fiscalização e apuração de infrações.

Equipamentos de Telecomunicações

Jurisprudência

Supremo Tribunal Federal - Repercussão Geral no Recurso Extraordinário nº 776.594 (STF - RE 776594 RG / SP - São Paulo) - Relator: Min. Luiz Fux - Plenário do STF - Maioria - j. 06-10-2016 - Diário da Justiça Eletrônico, 20-10-2016. [Catalogação de Márcio Iório Aranha]

Constitucionalidade da questão sobre a taxa municipal de fiscalização de licença para o funcionamento das torres e antenas de transmissão e recepção de dados e voz - estações rádio-base de telecomunicações.

Antenas

Jurisprudência

Supremo Tribunal Federal - Repercussão Geral no Recurso Extraordinário nº 776.594 (STF - RE 776594 RG / SP - São Paulo) - Relator: Min. Luiz Fux - Plenário do STF - Maioria - j. 06-10-2016 - Diário da Justiça Eletrônico, 20-10-2016. [Catalogação de Márcio Iório Aranha]

Constitucionalidade da questão sobre a taxa municipal de fiscalização de licença para o funcionamento das torres e antenas de transmissão e recepção de dados e voz - estações rádio-base de telecomunicações.

Terminais

Jurisprudência

Supremo Tribunal Federal - Ação Direta de Inconstitucionalidade 4.761/PR (STF - ADI 4761 / PR - Paraná) - Relator: Min. Luís Roberto Barroso - Plenário do STF - Unânime - j. 18-08-2016 - Diário da Justiça Eletrônico, 14-11-2016. [Catalogação de Márcio Iório Aranha]

Inconstitucionalidade, por invasão de competência privativa da União para legislar sobre telecomunicações e sobre propaganda comercial (art. 22, IV e XXIX), de lei estadual que impõe dever às operadoras de telefonia celular e aos fabricantes de aparelhos celulares e acessórios de incluir em sua propaganda advertência cancerígena pelo uso excessivo.

Certificação / Homologação

Normatização

Resolução da ANATEL nº 662, de 8 de março de 2016 - Altera o Anexo III e o art. 39 do Regulamento para Certificação e Homologação de Produtos para Telecomunicações, aprovado pela Resolução nº 242, de 30 de novembro de 2000

Espectro de Radiofrequência

Normatização

Resolução da ANATEL nº 671, de 3 de novembro de 2016 - Aprova o Regulamento de Uso do Espectro de Radiofrequências e altera o Regulamento de Cobrança de Preço Público pelo Direito de Uso de Radiofrequências e o Regulamento de Aplicação de Sanções Administrativas.

➥ **Anexo 1** - Anexo I - Regulamento de Uso do Espectro de Radiofrequências

➥ **Anexo 2** - Anexo II – Alteração do Regulamento de Cobrança de Preço Público pelo Direito de Uso de Radiofrequências

➥ **Anexo 3** - Anexo III – Alteração do Regulamento de Aplicação de Sanções Administrativas

Atribuição, Destinação e Distribuição de Radiofrequência

Atos

Ato do Conselho Diretor da ANATEL nº 2.193, de 11 de julho de 2016 - Aprova a Edição 2016 do Plano de Atribuição, Destinação e Distribuição de Faixas de Frequências no Brasil.

➥ **Anexo** - Anexo - Edição 2016 do Plano de Atribuição, Destinação e Distribuição de Faixas de Frequências no Brasil.

Condições de Uso de Radiofrequência e Canalização (Distribuição de Canais)

Normatização

Resolução da ANATEL nº 669, de 11 de julho de 2016 - Altera o Regulamento sobre Canalização e Condições de Uso da Faixa de 15 GHz, aprovado pela Resolução nº 129, de 26 de maio de 1999.

Resolução da ANATEL nº 672, de 16 de dezembro de 2016 - Altera o Regulamento sobre Condições de Uso de Radiofrequências nas Faixas de 800 MHz, 900 MHz, 1.800 MHz, 1.900 MHz e 2.100, aprovado pela Resolução nº 454, de 11 de dezembro de 2006, e alterado pela Resolução nº 562, de 9 de fevereiro de 2011.

Fins Exclusivamente Militares

Normatização

Decreto nº 8.741, de 4 de maio de 2016 - Revoga o Decreto nº 3.210, de 14 de outubro de 1999, e o Decreto nº 3.817, de 14 de maio de 2001, que dispõem sobre a Comissão de Desenvolvimento do Projeto e da Implantação do Sistema de Comunicações Militares por Satélite - Ciscomis.

Órbita e Satélite

Atos

Acórdão do Conselho Diretor da ANATEL, de 23 de maio de 2016 (Ref. nº 181/2016) - SOLICITAÇÃO DE DIREITO DE EXPLORAÇÃO DE SATÉLITE ESTRANGEIRO. REQUISITOS LEGAIS E TÉCNICOS ATENDIDOS. INEXIGIBILIDADE DE LICITAÇÃO. DEFERIMENTO DO PEDIDO. 1. Solicitação de Direito de Exploração de Satélite Estrangeiro referente ao sistema de satélites não-geoestacionários iridium. Atendidos todos os requisitos para o deferimento do pleito.

Administração do Setor de Telecomunicações

Fiscalização das Telecomunicações

Jurisprudência

Superior Tribunal de Justiça - Agravo Interno no Agravo em Recurso Especial nº 497670 (STJ - AgInt no AREsp 497.670/BA - Bahia) - Relator: Min. Joel Ilan Paciornik - Quinta Turma do STJ - Unânime - j. 24-05-2016 - Diário da Justiça Eletrônico, 03-06-2016. [Catalogação de Márcio Iório Aranha]

A operação de transmissor de radiodifusão sonora de baixa potência (24,5W) não afasta a condição de delito de natureza formal de perigo abstrato ao desenvolvimento de atividade clandestina de telecomunicação prevista no art. 183 da Lei 9.472/97.

Supremo Tribunal Federal - Agravo Regimental na Reclamação 19541/MG (STF - AgR Rcl 19541/ MG - Minas Gerais) - Relator: Min. Luís Roberto Barroso - Primeira Turma do STF - Unânime - j. 07-06-2016 - Diário da Justiça Eletrônico, 21-06-2016. [Catalogação de Márcio Iório Aranha]

Inaplicável a transcendência dos motivos determinantes para fins de justificativa de reclamação perante o STF, da ADI 1.668-MC, que havia suspendido a eficácia do art. 19, XV da Lei 9.472/97 (LGT), que autorizava a ANATEL a realizar busca e apreensão independentemente de ordem judicial, com a apreensão de equipamentos de telecomunicações de rádio clandestina, com esteio no art. 3°, parágrafo único da Lei 10.871/2004, com a redação dada pela Lei 11.292/2006, que reconhece como atribuição dos cargos da carreira de regulação e fiscalização e de suporte à regulação e fiscalização de serviços públicos de telecomunicações as prerrogativas de promoção de interdição de estabelecimentos, instalações ou equipamentos e apreensão de bens ou produtos, dentre outras manifestações de polícia administrativa dotada de auto-executoriedade. A lacração e apreensão de equipamento transmissor de telecomunicação com esteio na Lei 10.871/2004 não apta a violar o paradigma -- ADI 1.668-MC -- para justificar reclamação ao STF em virtude de ofensa à autoridade de suas decisões. A reclamação, neste caso, somente se justificaria no caso de decisão posterior à ADI 1.668-MC que reconhecesse a eficácia do art. 19, XV da Lei 9.472/97 em ofensa ao referido paradigma, pois a eficácia vinculante dos acórdãos em controle abstrato de constitucionalidade somente atingem o objeto examinado pela Corte. Inaplicável a teoria da transcendência dos motivos determinantes.

Superior Tribunal de Justiça - Agravo Regimental no Recurso Especial nº 1546511 (STJ - AgR Resp 1546511 - RJ/ Rio de Janeiro) - Relator: Min. Félix

Fischer - Quinta Turma do STJ - Unânime - j. 16-02-2016 - Diário da Justiça Eletrônico, 24-02-2016. [Catalogação de Márcio Iório Aranha]

O termo "atividades de telecomunicação" utilizado no tipo penal do art. 183 da Lei 9.472/97 (Lei Geral de Telecomunicações) o é em sentido amplo, englobando a operação de radiodifusão clandestina. O crime previsto no art. 183 da Lei 9.472/97 é categorizado como crime formal, de perigo abstrato, bastando para sua consumação o desenvolvimento ilegal do serviço de telecomunicação e, portanto, é irrelevante a ocorrência de dano concreto ocasionado pela conduta do agente, inaplicável o princípio da insignificância, pois, por si só, é suficiente para comprometer a segurança e a regularidade do sistema de telecomunicações do país, ausente o requisito básico da lesão inexpressiva (STJ, AgRg nos EREsp 1.177.484/RS), conforme entendimento harmonizado pela 3ª Seção do STJ. Por sua vez, jurisprudência do STF concluiu que a conduta tipificada no art. 70 da Lei 4.117/62 (Código Brasileiro de Telecomunicações) constituiu tipo penal distinto do previsto no art. 183 da LGT pelo critério da habitualidade (STF, HC 128.567/MG). Caracterizada a habitualidade no caso de proprietário de rádio comunitária na operação de estação clandestina de radiofrequencia, há dois anos, sem a autorização do Poder Público, fica configurada, em tese, a conduta apenável.

Supremo Tribunal Federal - Ação Direta de Inconstitucionalidade 4.603/RN (STF - ADI 4603 / RN - Rio Grande do Norte) - Relator: Min. Dias Toffoli - Plenário do STF - Unânime - j. 01-07-2016 - Diário da Justiça Eletrônico, 12-08-2016. [Catalogação de Márcio Iório Aranha]

Inconstitucionalidade de lei estadual que veda a cobrança de tarifas de assinatura básica pelas prestadoras de serviços de telefonia fixa e móvel, por invasão de competência privativa da União para legislar sobre telecomunicações (art. 22, IV da CF/88).

Supremo Tribunal Federal - Ação Direta de Inconstitucionalidade 4.761/PR (STF - ADI 4761 / PR - Paraná) - Relator: Min. Luís Roberto Barroso - Plenário do STF - Unânime - j. 18-08-2016 - Diário da Justiça Eletrônico, 14-11-2016. [Catalogação de Márcio Iório Aranha]

Inconstitucionalidade, por invasão de competência privativa da União para legislar sobre telecomunicações e sobre propaganda comercial (art. 22, IV e XXIX), de lei estadual que impõe dever às operadoras de telefonia celular e aos fabricantes de aparelhos celulares e acessórios de incluir em sua propaganda advertência cancerígena pelo uso excessivo.

Supremo Tribunal Federal - Habeas Corpus nº 135.148/ BA (STF - HC nº135.248/BA - Bahia) - Relator: Min. Carmen Lúcia - Segunda Turma do STF - Unânime - j. 23-08-2016 - Diário da Justiça Eletrônico, 05-09-2016. [Catalogação de Márcio Iório Aranha]

Quando não há, nos autos, comprovação, por parte das autoridades competentes, de inexistência de lesividade da conduta de atividade clandestina de telecomunicação, mesmo que a potência do transmissor seja baixa (25W), a demonstração do potencial lesivo afasta a incidência do princípio da insignificância.

Superior Tribunal de Justiça - Habeas Corpus nº 340692 (STJ - HC nº 340.692/RJ - Rio de Janeiro) - Relator: Min. Reynaldo Soares da Fonseca - Quinta Turma do STJ - Unânime - j. 18-02-2016 - Diário da Justiça Eletrônico, 23-02-2016. [Catalogação de Márcio Iório Aranha]

Quando caracterizada a conduta de transmissão televisiva de programa eleitoral, por meio de inserção de divilgações políticas em canais da TV aberta no sinal de programação de TV por assinatura, *in casu*, da SKY, não assiste razão à desclassificação do delito do art. 183 da LGT, de desenvolvimento de atividade clandestina de telecomunicação, para o delito de furto de dinal de TV).

Supremo Tribunal Federal - Recurso Ordinário em Habeas Corpus nº 119.828/GO (STF - RHC119828/GO - Goiás) - Relator: Min. Marco Aurélio - Primeira Turma do STF - Unânime - j. 04-10-2016 - Diário da Justiça Eletrônico, 24-10-2016, pág. 226. [Catalogação de Márcio Iório Aranha]

A baixa frequencia de emissora de radiodifusão clandestina não se presta a afastar a tipicidade do delito de desenvolvimento de atividade clandestina de telecomunicação, repercutindo, somente, na fixação da pena-base em virtude das conquências da prática criminosa.

Supremo Tribunal Federal - Repercussão Geral no Recurso Extraordinário nº 776.594 (STF - RE 776594 RG / SP - São Paulo) - Relator: Min. Luiz Fux - Plenário do STF - Maioria - j. 06-10-2016 - Diário da Justiça Eletrônico, 20-10-2016. [Catalogação de Márcio Iório Aranha]

Constitucionalidade da questão sobre a taxa municipal de fiscalização de licença para o funcionamento das torres e antenas de transmissão e recepção de dados e voz - estações rádio-base de telecomunicações.

Normatização

Portaria MC nº 2.006, de 10 de maio de 2016 - Altera a Portaria nº 1.420, de 8 de outubro de 2014, incluindo representantes da Câmara dos Deputados e do Senado Federal na composição da Câmara de Gestão e companhamento do Desenvolvimento de Sistemas de Comunicação Máquina a Máquina, bem como altera o nome da Câmara em questão.

Portaria MC nº 2.115, de 11 de maio de 2016 - Estabelece diretrizes para a Agência Nacional de Telecomunicações relativas à comercialização de planos de banda larga fixa.

✔ As diretrizes ministeriais definidas na Portaria MC nº 2.115/2016, provocada pelo anúncio comercial do novo presidente da Telefônica, após a aquisição da empresa espelho GVT, de que não comercializaria planos de franquia ilimitada e a reação social gerada por essa manifestação e por declaração à imprensa pela aparente concordância do então presidente da ANATEL, foram as seguintes: a) determinar à ANATEL que estabeleça mecanismos para promover, dentre as ofertas de planos de serviço de SCM, a existência de pelo menos um plano por empresa, com franquia de dados ilimitada; b) determinar à ANATEL que atue de modo a permitir a realização de de escolhas informadas pelo consumidor de serviços de telecomunicações, zelando para que as ofertas de serviços sejam transparentes, não enganosas, comparáveis, mensuráveis e adequadas ao perfil de consumo do cliente.

Portaria MC nº 5.774, de 16 de dezembro de 2016 - Altera o Regulamento de Sanções Administrativas aplicáveis a entidades prestadoras dos serviços de radiodifusão, seus ancilares e auxiliares.

Atos

Acórdão do Conselho Diretor da ANATEL, de 20 de maio de 2016 (Ref. nº 711/2016) - PROCEDIMENTO PARA APURAÇÃO DE DESCUMPRIMENTO DE OBRIGAÇÕES. SUPERINTENDÊNCIA DE SERVIÇOS PÚBLICOS.

RECURSO. REGULAMENTO DO SERVIÇO TELEFÔNICO FIXO COMUTADO, APROVADO PELA RESOLUÇÃO Nº 426, DE 9 DE DEZEMBRO DE 2005 (RSTFC). INCLUSÃO, NOS DOCUMENTOS DE COBRANÇA, DE VALORES RELATIVOS À PRESTAÇÃO DE SERVIÇOS DE VALOR ADICIONADO E/OU DE OUTROS VALORES NÃO DECORRENTES DA PRESTAÇÃO DE STFC, SEM AUTORIZAÇÃO EXPRESSA DOS ASSINANTES. INFRAÇÃO CARACTERIZADA. RECURSO CONHECIDO E IMPROVIDO. 1. A infração ao art. 82, § 1º, do RSTFC é caracterizada em razão da verificação de que a Prestadora inseriu cobrança de serviços de terceiros sem a devida constatação da autorização expressa dos assinantes. 2. Os argumentos manejados pela Prestadora não se mostraram aptos e suficientes para a revisão da sanção imposta. 3. Recurso Administrativo conhecido e, no mérito, não provido. 4. Pelo não conhecimento das petições denominadas "Manifestação" e "Memorial para Decisão" apresentadas após o escoamento do prazo recursal, em face da ocorrência da preclusão consumativa.

Acórdão do Conselho Diretor da ANATEL, de 21 de junho de 2016 (Ref. nº 232/2016) - SUPERINTENDÊNCIA DE CONTROLE DE OBRIGAÇÕES. CONCESSIONÁRIAS DO STFC. GRUPO OI. ACOMPANHAMENTO ECONÔMICO ESPECIAL. CONTINUIDADE DOS SERVIÇOS DE TELECOMUNICAÇÕES. MEDIDAS EXCEPCIONAIS, INCLUSIVE DE CARÁTER CAUTELAR. ACOMPANHAMENTO PELO CONSELHO DIRETOR. 1. Acompanhamento Especial das Concessionárias do GRUPO OI. 2. Conveniência e oportunidade de adoção das medidas excepcionais sugeridas pela SCO. 3. Conveniência e oportunidade de adoção de medidas adicionais, nos termos da Conclusão da Análise nº 56/2016/SEI/IF.

- ✔ Medidas de vedação de vendação de venda de bens integrante do patrimônio das concessionárias do Grupo Oi e determinação de realização de trabalho de fiscalização abrangente, tendo em vista o pedido de recuperação judicial em andamento.

Acórdão do Conselho Diretor da ANATEL, de 22 de abril de 2016 (Ref. nº 151/2016) - DESPACHO DECISÓRIO Nº 1/2016/SEI/SRC. MEDIDA CAUTELAR. REPERCUSSÃO SOCIAL. AVOCAÇÃO DO PROCESSO Nº 53500.008501/2016-35 PELO CONSELHO DIRETOR. SUSPENSÃO DA PRÁTICA DE REDUÇÃO DE VELOCIDADE, SUSPENSÃO DE SERVIÇO OU DE COBRANÇA DE TRÁFEGO EXCEDENTE APÓS O ESGOTAMENTO DA FRANQUIA, POR PRAZO INDETERMINADO, ATÉ ULTERIOR DELIBERAÇÃO DO CONSELHO DIRETOR. 1. Despacho Decisório nº 1/2016/SEI/SRC (SEI nº 0414329) determinou, cautelarmente, que as prestadoras do Serviço de Comunicação Multimídia - SCM (banda larga fixa) se abstivessem de adotar, no âmbito das ofertas comerciais do serviço de banda larga fixa, práticas de redução de velocidade, suspensão de serviço ou de cobrança de tráfego excedente após o esgotamento da franquia. 2. Proposta de avocação do Processo nº 53500.008501/2016-35 pelo Conselho Diretor em virtude de grande repercussão social, de modo a permitir ao Conselho Diretor analisar diretamente todas as manifestações a respeito do tema, bem como deliberar sobre o cumprimento pelas prestadoras das condições fixadas no Despacho Decisório nº 1/2016/SEI/SRC (SEI nº 0414329). 3. Como consequência da presente avocação, as prestadoras abrangidas pelo referido Despacho Decisório ficam impedidas de adotar práticas de redução de velocidade, suspensão de serviço ou de cobrança de tráfego excedente após o esgotamento da franquia, ainda que tais ações encontrem previsão em contrato de adesão ou em plano de serviço, por prazo indeterminado, até ulterior decisão do Colegiado.

Acórdão do Conselho Diretor da ANATEL, de 5 de janeiro de 2016 (Ref. nº 2/2016) - EMENTA: COMPROMISSOS ADICIONAIS EM TERMO DE COMPROMISSO DE AJUSTAMENTO DE CONDUTA (TAC). FATOR DE REDUÇÃO DE DESIGUALDADES SOCIAIS E REGIONAIS E DE EXECUÇÃO DE PROJETOS ESTRATÉGICOS. MANUAL DE FISCALIZAÇÃO DE TAC. PROPOSTA DE ATO. PELA APROVAÇÃO. 1. Proposta de Ato com rol de opções de projetos estratégicos, que poderão ser acolhidos na forma de compromissos adicionais na eventual celebração do Termo de Compromisso de Ajustamento de Conduta (TAC) no âmbito da Anatel. 2. Proposta de fator de redução de desigualdades sociais e regionais e de execução de projetos estratégicos. 3. Elaboração de Manual de Fiscalização para monitoramento da execução de TAC. 4. Elaboração de proposta de revisão da tabela que contém o fator de redução de desigualdades sociais e regionais e de execução de projetos estratégicos para abranger a granularidade de setor censitário.

✔ Caso que deu origem ao Ato 50.004/2016, que estabelece o rol de opções de projetos que poderão ser executados como compromissos adicionais no âmbito de Termos de Compromisso de Ajustamento de Conduta (TAC).

Ato do Conselho Diretor da ANATEL nº 50.004, de 5 de janeiro de 2016 - Estabelece o rol de opções de projetos que poderão ser executados como compromissos adicionais no âmbito de Termo de Compromisso de Ajustamento de Conduta (TAC), nos termos do art. 18, I, do RTAC.

➡ **Anexo** - Anexo – Fator de Redução de Desigualdades Sociais e Regionais e de Execução de Projetos Estratégicos por Município

Tributação no Setor de Telecomunicações

Jurisprudência

Superior Tribunal de Justiça - Agravo Regimental no Recurso Especial nº 1.262.987 (STJ - RESP 1139844 AgR / AC- Acre) - Relator: Min. Sérgio Kukina - Primeira Turma do STJ - Unânime - j. 21-06-2016 - Diário da Justiça Eletrônico, 28-06-2016. [Catalogação de Márcio Iório Aranha]

O Tema 541 dos Recursos Repetitivos, firmado pela Primeira Seção do Superior Tribunal de Justiça, no julgamento do REsp 1.201.635/MG, esclarece que "O ICMS incidente sobre a energia elétrica consumida pelas empresas de telefonia, que promovem processo industrial por equiparação, pode ser creditado para abatimento do imposto devido quando da prestação de serviços.

Supremo Tribunal Federal - Repercussão Geral no Recurso Extraordinário nº 776.594 (STF - RE 776594 RG / SP - São Paulo) - Relator: Min. Luiz Fux - Plenário do STF - Maioria - j. 06-10-2016 - Diário da Justiça Eletrônico, 20-10-2016. [Catalogação de Márcio Iório Aranha]

Constitucionalidade da questão sobre a taxa municipal de fiscalização de licença para o funcionamento das torres e antenas de transmissão e recepção de dados e voz - estações rádio-base de telecomunicações.

Prestação de Serviços

Espécies de Outorga

Concessão (regras aplicáveis)

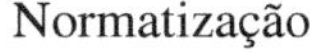

Normatização

Portaria MC nº 5.774, de 16 de dezembro de 2016 - Altera o Regulamento de Sanções Administrativas aplicáveis a entidades prestadoras dos serviços de radiodifusão, seus ancilares e auxiliares.

Resolução da ANATEL nº 664, de 29 de abril de 2016 - Aprova a alteração dos Anexos I, II, III e IV da Resolução nº 552, de 10 de dezembro de 2010.

Atos

Acórdão do Conselho Diretor da ANATEL, de 21 de junho de 2016 (Ref. nº 232/2016) - SUPERINTENDÊNCIA DE CONTROLE DE OBRIGAÇÕES. CONCESSIONÁRIAS DO STFC. GRUPO OI. ACOMPANHAMENTO ECONÔMICO ESPECIAL. CONTINUIDADE DOS SERVIÇOS DE TELECOMUNICAÇÕES. MEDIDAS EXCEPCIONAIS, INCLUSIVE DE CARÁTER CAUTELAR. ACOMPANHAMENTO PELO CONSELHO DIRETOR. 1. Acompanhamento Especial das Concessionárias do GRUPO OI. 2. Conveniência e oportunidade de adoção das medidas excepcionais sugeridas pela SCO. 3. Conveniência e oportunidade de adoção de medidas adicionais, nos termos da Conclusão da Análise nº 56/2016/SEI/IF.

✔ Medidas de vedação de vendação de venda de bens integrante do patrimônio das concessionárias do Grupo Oi e determinação de realização de trabalho de fiscalização abrangente, tendo em vista o pedido de recuperação judicial em andamento.

Ato do Conselho Diretor da ANATEL nº 50.169, de 22 de janeiro de 2016 - Disciplina a anuência prévia à reorganização societária do GRUPO TELEFÔNICA BRASIL, compreendendo a incorporação das empresas GVT PARTICIPAÇÕES S/A e GLOBAL VILLAGE TELECOM S/A pela TELEFÔNICA BRASIL S/A

Permissão (regras aplicáveis)

Normatização

Portaria MC nº 5.774, de 16 de dezembro de 2016 - Altera o Regulamento de Sanções Administrativas aplicáveis a entidades prestadoras dos serviços de radiodifusão, seus ancilares e auxiliares.

Autorização (regras aplicáveis)

Normatização

Portaria MC nº 2.115, de 11 de maio de 2016 - Estabelece diretrizes para a Agência Nacional de Telecomunicações relativas à comercialização de planos de banda larga fixa.

✔ As diretrizes ministeriais definidas na Portaria MC nº 2.115/2016, provocada pelo anúncio comercial do novo presidente da Telefônica, após a aquisição da empresa espelho GVT, de que não comercializaria planos de franquia ilimitada e a reação social gerada por essa manifestação e por declaração à imprensa pela aparente concordância do então presidente da ANATEL, foram as seguintes: a) determinar à ANATEL que estabeleça mecanismos para promover, dentre as ofertas de planos de serviço de SCM, a existência de pelo menos um plano por empresa, com franquia de dados ilimitada; b) determinar à ANATEL que atue de modo a permitir a realização de de escolhas informadas pelo consumidor de serviços de telecomunicações, zelando para que as ofertas de serviços sejam transparentes, não enganosas, comparáveis, mensuráveis e adequadas ao perfil de consumo do cliente.

Portaria MC nº 5.774, de 16 de dezembro de 2016 - Altera o Regulamento de Sanções Administrativas aplicáveis a entidades prestadoras dos serviços de radiodifusão, seus ancilares e auxiliares.

Resolução da ANATEL nº 668, de 27 de junho de 2016 - Altera o Regulamento do Serviço Telefônico Fixo Comutado, aprovado pela Resolução nº 426, de 9 de dezembro de 2005, e revoga a Resolução nº 283, de 29 de novembro de 2001.

➥ **Anexo 1** - Anexo I – Documentação Necessária ao Requerimento de Autorização

➥ **Anexo 2** - Anexo II – Do Projeto Técnico

➥ **Anexo 3** - Anexo III – Da Documentação Necessária à Efetivação de Transferências de Autorização e Modificações Societárias

Atos

Acórdão do Conselho Diretor da ANATEL, de 21 de junho de 2016 (Ref. nº 232/2016) - SUPERINTENDÊNCIA DE CONTROLE DE OBRIGAÇÕES. CONCESSIONÁRIAS DO STFC. GRUPO OI. ACOMPANHAMENTO ECONÔMICO ESPECIAL. CONTINUIDADE DOS SERVIÇOS DE TELECOMUNICAÇÕES. MEDIDAS EXCEPCIONAIS, INCLUSIVE DE CARÁTER CAUTELAR. ACOMPANHAMENTO PELO CONSELHO DIRETOR. 1. Acompanhamento Especial das Concessionárias do GRUPO OI. 2. Conveniência e oportunidade de adoção das medidas excepcionais sugeridas pela SCO. 3. Conveniência e oportunidade de adoção de medidas adicionais, nos termos da Conclusão da Análise nº 56/2016/SEI/IF.

✔ Medidas de vedação de vendação de venda de bens integrante do patrimônio das concessionárias do Grupo Oi e determinação de realização de trabalho de fiscalização abrangente, tendo em vista o pedido de recuperação judicial em andamento.

Acórdão do Conselho Diretor da ANATEL, de 22 de abril de 2016 (Ref. nº 151/2016) - DESPACHO DECISÓRIO Nº 1/2016/SEI/SRC. MEDIDA CAUTELAR. REPERCUSSÃO SOCIAL. AVOCAÇÃO DO PROCESSO Nº 53500.008501/2016-35 PELO CONSELHO DIRETOR. SUSPENSÃO DA PRÁTICA DE REDUÇÃO DE VELOCIDADE, SUSPENSÃO DE SERVIÇO OU DE COBRANÇA DE TRÁFEGO EXCEDENTE APÓS O ESGOTAMENTO DA FRANQUIA, POR PRAZO INDETERMINADO, ATÉ ULTERIOR DELIBERAÇÃO DO CONSELHO DIRETOR. 1. Despacho Decisório nº 1/2016/SEI/SRC (SEI nº 0414329) determinou, cautelarmente, que as prestadoras do Serviço de Comunicação Multimídia - SCM (banda larga fixa) se abstivessem de adotar, no âmbito das ofertas comerciais do serviço de banda larga fixa, práticas de redução de velocidade, suspensão de serviço ou de cobrança de tráfego excedente após o esgotamento da franquia. 2. Proposta de avocação do Processo nº 53500.008501/2016-35 pelo Conselho Diretor em virtude de grande repercussão social, de modo a permitir ao Conselho Diretor analisar diretamente todas as manifestações a respeito do tema, bem como deliberar sobre o cumprimento pelas prestadoras das condições fixadas no Despacho Decisório nº 1/2016/SEI/SRC (SEI nº 0414329). 3. Como consequência da presente avocação, as prestadoras abrangidas pelo referido Despacho Decisório ficam impedidas de adotar práticas de redução de velocidade, suspensão de serviço ou de cobrança de tráfego excedente após o esgotamento da franquia, ainda que tais ações encontrem previsão em contrato de adesão ou em plano de serviço, por prazo indeterminado, até ulterior decisão do Colegiado.

Ato do Conselho Diretor da ANATEL nº 50.169, de 22 de janeiro de 2016 - Disciplina a anuência prévia à reorganização societária do GRUPO TELEFÔNICA BRASIL, compreendendo a incorporação das empresas GVT PARTICIPAÇÕES S/A e GLOBAL VILLAGE TELECOM S/A pela TELEFÔNICA BRASIL S/A

Preço Público e Preço Privado

Jurisprudência

Supremo Tribunal Federal - Ação Direta de Inconstitucionalidade 4.603/RN (STF - ADI 4603 / RN - Rio Grande do Norte) - Relator: Min. Dias Toffoli - Plenário do STF - Unânime - j. 01-07-2016 - Diário da Justiça Eletrônico, 12-08-2016. [Catalogação de Márcio Iório Aranha]

> Inconstitucionalidade de lei estadual que veda a cobrança de tarifas de assinatura básica pelas prestadoras de serviços de telefonia fixa e móvel, por invasão de competência privativa da União para legislar sobre telecomunicações (art. 22, IV da CF/88).

Supremo Tribunal Federal - Ação Direta de Inconstitucionalidade 4.649/RJ (STF - ADI 4649 / RJ - Rio de Janeiro) - Relator: Min. Dias Toffoli - Plenário do STF - Unânime - j. 01-07-2016 - Diário da Justiça Eletrônico, 12-08-2016. [Catalogação de Márcio Iório Aranha]

> Inconstitucionalidade de lei estadual que impõe a possibilidade de utilização, no mês subsequente, dos minutos da franquia não utilizados no mês anterior, por invasão da competência privativa da União para legislar sobre telecomunicações (art. 22, IV da CF/88).

Normatização

Resolução da ANATEL nº 671, de 3 de novembro de 2016 - Aprova o Regulamento de Uso do Espectro de Radiofrequências e altera o Regulamento de Cobrança de Preço Público pelo Direito de Uso de Radiofrequências e o Regulamento de Aplicação de Sanções Administrativas.

➥ **Anexo 1** - Anexo I - Regulamento de Uso do Espectro de Radiofrequências

➥ **Anexo 2** - Anexo II – Alteração do Regulamento de Cobrança de Preço Público pelo Direito de Uso de Radiofrequências

➥ **Anexo 3** - Anexo III – Alteração do Regulamento de Aplicação de Sanções Administrativas

Processo Administrativo

Normatização

Portaria MC nº 4.334, de 17 de setembro de 2015 - Dispõe sobre o serviço de radiodifusão comunitária

➥ **Anexo 1** - Cadastro de Demonstração de Interesse – Radiodifusão Comunitária

➥ **Anexo 2** - Requerimento de Outorga – RADCOM

➥ **Anexo 3** - Modelo de Manifestação em Apoio de Pessoa Jurídica

➥ **Anexo 4** - Modelo de Manifestação em Apoio de Pessoa Física

➥ **Anexo 5** - Modelo de Requerimento de Renovação de Outorga – Radiodifusão Comunitária

➥ **Anexo 7** - Formulário de Pós-Outorga

➥ **Anexo 8** - Formulário de Acordo Associativo

✔ Regência da relação jurídica entre o Ministério das Comunicações e as entidades interessadas em obter autorização ou que já prestem o Serviço de Radiodifusão Comunitária.

Políticas de Telecomunicações

Normatização

Lei 13.341, de 29 de setembro de 2016 - Altera as Leis nos 10.683, de 28 de maio de 2003, que dispõe sobre a organização da Presidência da República e dos Ministérios, e 11.890, de 24 de dezembro de 2008, e revoga a Medida Provisória no 717, de 16 de março de 2016 (Conversão da Medida Provisória nº 726, de 12 de maio de 2016).

Medida Provisória nº 726, de 12 de maio de 2016 - Altera e revoga dispositivos da Lei nº 10.683, de 28 de maio de 2003, que dispõe sobre a organização da Presidência da República e dos Ministérios (Convertida na Lei 13.341, de 29 de setembro de 2016).

Portaria MC nº 1.455, de 8 de abril de 2016 - Estabelece diretrizes para a atuação da Agência Nacional de Telecomunicações - Anatel na elaboração de proposta de revisão do atual modelo de prestação de serviços de telecomunicações.

Portaria MC nº 2.115, de 11 de maio de 2016 - Estabelece diretrizes para a Agência Nacional de Telecomunicações relativas à comercialização de planos de banda larga fixa.

✔ As diretrizes ministeriais definidas na Portaria MC nº 2.115/2016, provocada pelo anúncio comercial do novo presidente da Telefônica, após a aquisição da empresa espelho GVT, de que não comercializaria planos de franquia ilimitada e a reação social gerada por essa manifestação e por declaração à imprensa pela aparente concordância do então presidente da ANATEL, foram as seguintes: a) determinar à ANATEL que estabeleça mecanismos para promover, dentre as ofertas de planos de serviço de SCM, a existência de pelo menos um plano por empresa, com franquia de dados ilimitada; b) determinar à ANATEL que atue de modo a permitir a realização de de escolhas informadas pelo consumidor de serviços de telecomunicações, zelando para que as ofertas de serviços sejam transparentes, não enganosas, comparáveis, mensuráveis e adequadas ao perfil de consumo do cliente.

Atos

Acórdão do Conselho Diretor da ANATEL, de 22 de abril de 2016 (Ref. nº 151/2016) - DESPACHO DECISÓRIO Nº 1/2016/SEI/SRC. MEDIDA CAUTELAR. REPERCUSSÃO SOCIAL. AVOCAÇÃO DO PROCESSO Nº 53500.008501/2016-35 PELO CONSELHO DIRETOR. SUSPENSÃO DA PRÁTICA DE REDUÇÃO DE VELOCIDADE, SUSPENSÃO DE SERVIÇO

OU DE COBRANÇA DE TRÁFEGO EXCEDENTE APÓS O ESGOTAMENTO DA FRANQUIA, POR PRAZO INDETERMINADO, ATÉ ULTERIOR DELIBERAÇÃO DO CONSELHO DIRETOR. 1. Despacho Decisório nº 1/2016/SEI/SRC (SEI nº 0414329) determinou, cautelarmente, que as prestadoras do Serviço de Comunicação Multimídia - SCM (banda larga fixa) se abstivessem de adotar, no âmbito das ofertas comerciais do serviço de banda larga fixa, práticas de redução de velocidade, suspensão de serviço ou de cobrança de tráfego excedente após o esgotamento da franquia. 2. Proposta de avocação do Processo nº 53500.008501/2016-35 pelo Conselho Diretor em virtude de grande repercussão social, de modo a permitir ao Conselho Diretor analisar diretamente todas as manifestações a respeito do tema, bem como deliberar sobre o cumprimento pelas prestadoras das condições fixadas no Despacho Decisório nº 1/2016/SEI/SRC (SEI nº 0414329). 3. Como consequência da presente avocação, as prestadoras abrangidas pelo referido Despacho Decisório ficam impedidas de adotar práticas de redução de velocidade, suspensão de serviço ou de cobrança de tráfego excedente após o esgotamento da franquia, ainda que tais ações encontrem previsão em contrato de adesão ou em plano de serviço, por prazo indeterminado, até ulterior decisão do Colegiado.

Política Industrial

Normatização

Lei nº 13.249, de 13 de janeiro de 2016 - Institui o Plano Plurianual da União para o período de 2016 a 2019

➥ **Anexo I** - Anexo I – Programas Temáticos

➥ **Anexo II** - Anexo II – Programas de Gestão, Manutenção e Serviços ao Estado

➥ **Anexo III** - Anexo III – Empreendimentos Individualizados como Iniciativas – Acima do Valor de Referência

➥ **Anexo IV** - Anexo IV – Empreendimentos Individualizados como Iniciativas – Abaixo do Valor de Referência

✔ Quando do detalhamento dos Programas Temáticos do Anexo I da Lei 13.249/2016 (PPA 2016-2019), no âmbito do Programa 2025, intitulado Comunicações para o Desenvolvimento, a Inclusão e a Democracia, são elencados os seguintes objetivos: a) Objetivo 1020 - Expandir o acesso à internet em banda larga para todos promovendo o uso das Tecnologias da Informação e Comunicação, tendo por meta (48G) aumentar a velocidade média da banda larga fixa, (048H) aumentar a proporção de acessos da banda larga móvel (3G/4G) para 90% dos acessos móveis pessoais, (048I) ampliar a parcela da população coberta com rede de transporte (backhaul) óptica, (048J) alcançar 1 milhão de participantes pelos Programas de Inclusão Digital, (048K) implantar 262 cidades digitais, (048L) atender 11.000 áreas de vulnerabilidade digital com acesso à internet pelo Programa GESAC, e (04EC) disponibilizar o serviço de banda larga móvel em todos os municípios do país; b) Objetivo 1021 - Viabilizar a implantação da TV digital em 3.244 municípios, (0482) a distribuição de conversores digitais para os 100% dos domicílios beneficiários do Programa Bolsa Família e (0483) disponibilização gratuita de 24 aplicativos interativos de TV digital à população; c) Objetivo 1022 - Ampliar os serviços de comunicação e expandir a radiodifusão com ênfase no Sistema Público, tendo por metas (048P) a ampliação do número de rádios e televisões educativas em 140 novas estações, das quais 72 na Região Nordeste e o restante distribuído pelas demais regiões do país; (048S) a ampliação do número de rádios comunitárias no país em 400 novas estações e (048R) a ampliação do número de geradoras de televisão comerciais em 55 novas estações; d) Objetivo 1023 - Incentivar a produção nacional e a distribuição de conteúdos digitais criativos; e) Objetivo 1062 - Ampliar a produção e o acesso da sociedade a conteúdos multimídia, de natureza educativa, artística, cultural, informativa, científica e promotores da cidadania, ofertados de forma colaborativa pela Rede Nacional de Comunicação Pública; f) Objetivo 1135 - Promover a inovação, o desenvolvimento tecnólogico e a competitividade da indústria nacional de telecomunicações. No âmbito do Programa 2058 - Defesa Nacional, o Objetivo 1125, que dispõe sobre cooperação com o desenvolvimento nacional, defesa civil e ações governamentais em benefício da sociedade, adota como Iniciativa 05TA o aprimoramento do uso da rede de telecomunicação via satélite na Amazônia. No âmbito do Programa 2079 - Desenvolvimento da Indústria, Comércio e Serviços, o Objetivo 1093 (Elevar a competitividade, a qualidade e a produtividade da indústria brasileira por meio do investimento, da melhoria dos processos produtivos e da modernização do parque industrial), a Iniciativa 058G vem definida como a difusão e monitoramento periódico do regime de redução temporária da alíquota do imposto de importação para bens de capital e bens de informática e telecomunicações (regime de Ex-Tarifário), e redução da burocracia e do prazo para sua concessão, por meio da implantação de sistema eletrônico.

Concorrência no Setor de Telecomunicações

Concorrência no Setor de Telecomunicações

O Serviço de Comunicação Multimídia apresenta-se como serviço convergente com pretensão de introduzir utilidades concorrentes às fornecidas por serviços tradicionais do setor.

Atos

Ato do Conselho Diretor da ANATEL nº 50.169, de 22 de janeiro de 2016 - Disciplina a anuência prévia à reorganização societária do GRUPO TELEFÔNICA BRASIL, compreendendo a incorporação das empresas GVT PARTICIPAÇÕES S/A e GLOBAL VILLAGE TELECOM S/A pela TELEFÔNICA BRASIL S/A

Súmula da ANATEL nº 19, de 1º de dezembro de 2016 - Pedidos de anuência prévia de transferência de controle ou de outorga poderão ser recebidos e instruídos sem a comprovação da regularidade fiscal, a qual deverá ser demonstrada até o momento da assinatura do ato de transferência. Nos casos de transferência de controle, a regularidade fiscal deverá ser exigida apenas da empresa detentora de outorga para exploração do serviço, envolvida na operação. Nos casos de transferência de outorga, apenas será exigida a comprovação da regularidade fiscal do cessionário. Excepcionalmente e de forma fundamentada, a Anatel poderá demandar condicionantes adicionais em casos concretos. A comprovação de regularidade deve incluir débitos tributários constituídos em definitivo, inscritos ou não nas dívidas ativas, nas esferas federal, estadual e municipal; prova da regularidade relativa à Seguridade Social e ao Fundo de Garantia por Tempo de Serviço - FGTS; bem como as receitas administradas por esta Agência. Não cabe comprovação de regularidade fiscal (...), exceto quanto ao Fistel, em anuências prévias que não envolvam transferência de controle ou de outorga, por falta de previsão legal ou regulamentar.

Universalização e Massificação

Acesso às Telecomunicações

Normatização

Decreto nº 8.771, de 11 de maio de 2016 - Regulamenta a Lei no 12.965, de 23 de abril de 2014, para tratar das hipóteses admitidas de discriminação de pacotes de dados na internet e de degradação de tráfego, indicar procedimentos para guarda e proteção de dados por provedores de conexão e de aplicações, apontar medidas de transparência na requisição de dados cadastrais pela administração pública e estabelecer parâmetros para fiscalização e apuração de infrações.

Atos

Acórdão do Conselho Diretor da ANATEL, de 5 de janeiro de 2016 (Ref. nº 2/2016) - EMENTA: COMPROMISSOS ADICIONAIS EM TERMO DE COMPROMISSO DE AJUSTAMENTO DE CONDUTA (TAC). FATOR DE REDUÇÃO DE DESIGUALDADES SOCIAIS E REGIONAIS E DE EXECUÇÃO DE PROJETOS ESTRATÉGICOS. MANUAL DE FISCALIZAÇÃO DE TAC. PROPOSTA DE ATO. PELA APROVAÇÃO. 1. Proposta de Ato com rol de opções de projetos estratégicos, que poderão ser acolhidos na forma de compromissos adicionais na eventual celebração do Termo de Compromisso de Ajustamento de Conduta (TAC) no âmbito da Anatel. 2. Proposta de fator de redução de desigualdades sociais e regionais e de execução de projetos estratégicos. 3. Elaboração de Manual de Fiscalização para monitoramento da execução de TAC. 4. Elaboração de proposta de revisão da tabela que contém o fator de redução de desigualdades sociais e regionais e de execução de projetos estratégicos para abranger a granularidade de setor censitário.

✔ Caso que deu origem ao Ato 50.004/2016, que estabelece o rol de opções de projetos que poderão ser executados como compromissos adicionais no âmbito de Termos de Compromisso de Ajustamento de Conduta (TAC).

Ato do Conselho Diretor da ANATEL nº 50.004, de 5 de janeiro de 2016 - Estabelece o rol de opções de projetos que poderão ser executados como compromissos adicionais no âmbito de Termo de Compromisso de Ajustamento de Conduta (TAC), nos termos do art. 18, I, do RTAC.

➥ **Anexo** - Anexo – Fator de Redução de Desigualdades Sociais e Regionais e de Execução de Projetos Estratégicos por Município

Portador de Deficiência

Normatização

Resolução ANATEL nº 667, de 30 de maio de 2016 - Aprova o Regulamento Geral de Acessibilidade em Serviços de Telecomunicações de Interesse Coletivo.

➥ **Anexo 1** - Anexo I – Regulamento Geral de Acessibilidade em Telecomunicações

➥ **Anexo 2** - Anexo II - Revogações

Financiamento da Universalização e Massificação

Normatização

Lei nº 13.249, de 13 de janeiro de 2016 - Institui o Plano Plurianual da União para o período de 2016 a 2019

➥ **Anexo I** - Anexo I – Programas Temáticos

➥ **Anexo II** - Anexo II – Programas de Gestão, Manutenção e Serviços ao Estado

➥ **Anexo III** - Anexo III – Empreendimentos Individualizados como Iniciativas – Acima do Valor de Referência

➥ **Anexo IV** - Anexo IV – Empreendimentos Individualizados como Iniciativas – Abaixo do Valor de Referência

✔ Quando do detalhamento dos Programas Temáticos do Anexo I da Lei 13.249/2016 (PPA 2016-2019), no âmbito do Programa 2025, intitulado Comunicações para o Desenvolvimento, a Inclusão e a Democracia, são elencados os seguintes objetivos: a) Objetivo 1020 - Expandir o acesso à internet em banda larga para todos promovendo o uso das Tecnologias da Informação e Comunicação, tendo por meta (48G) aumentar a velocidade média da banda larga fixa, (048H) aumentar a proporção de acessos da banda larga móvel (3G/4G) para 90% dos acessos móveis pessoais, (048I) ampliar a parcela da população coberta com rede de transporte (backhaul) óptica, (048J) alcançar 1 milhão de participantes pelos Programas de Inclusão Digital, (048K) implantar 262 cidades digitais, (048L) atender 11.000 áreas de vulnerabilidade digital com acesso à internet pelo Programa GESAC, e (04EC) disponibilizar o serviço de banda larga móvel em todos os municípios do país; b) Objetivo 1021 - Viabilizar a implantação da TV digital em 3.244 municípios, (0482) a distribuição de conversores digitais para os 100% dos domicílios beneficiários do Programa Bolsa Família e (0483) disponibilização gratuita de 24 aplicativos interativos de TV digital à população; c) Objetivo 1022 - Ampliar os serviços de comunicação e expandir a radiodifusão com ênfase no Sistema Público, tendo por metas (048P) a ampliação do número de rádios e televisões educativas em 140 novas estações, das quais 72 na Região Nordeste e o restante distribuído pelas demais regiões do país; (048S) a ampliação do número de rádios comunitárias no país em 400 novas estações e (048R) a ampliação do número de geradoras de televisão comerciais em 55 novas estações; d) Objetivo 1023 - Incentivar a produção nacional e a distribuição de conteúdos digitais criativos; e) Objetivo 1062 - Ampliar a produção e o acesso da sociedade a conteúdos multimídia, de natureza educativa, artística, cultural, informativa, científica e promotores da cidadania, ofertados de forma colaborativa pela Rede Nacional de Comunicação Pública; f) Objetivo 1135 - Promover a inovação, o desenvolvimento tecnólogico e a competitividade da indústria nacional de telecomunicações. No âmbito do Programa 2058 - Defesa Nacional, o Objetivo 1125, que dispõe sobre cooperação com o desenvolvimento nacional, defesa civil e ações governamentais em benefício da sociedade, adota como Iniciativa 05TA o aprimoramento do uso da rede de telecomunicação via satélite na Amazônia. No âmbito do Programa 2079 - Desenvolvimento da Indústria, Comércio e Serviços, o Objetivo 1093 (Elevar a competitividade, a qualidade e a produtividade da indústria brasileira por meio do investimento, da melhoria dos processos produtivos e da modernização do parque industrial), a Iniciativa 058G vem definida como a difusão e monitoramento periódico do regime de redução temporária da alíquota do imposto de importação para bens de capital e bens de informática e telecomunicações (regime de Ex-Tarifário), e redução da burocracia e do prazo para sua concessão, por meio da implantação de sistema eletrônico.

Pesquisa & Desenvolvimento

Normatização

Portaria MC nº 2.006, de 10 de maio de 2016 - Altera a Portaria nº 1.420, de 8 de outubro de 2014, incluindo representantes da Câmara dos Deputados e do Senado Federal na composição da Câmara de Gestão e companhamento do Desenvolvimento de Sistemas de Comunicação Máquina a Máquina, bem como altera o nome da Câmara em questão.

Portaria MCTIC nº 5.507, de 30 de novembro de 2016 - Altera os artigos 2º e 3º da Portaria nº 1.420, de 8 de outubro de 2014, que Cria a Câmara de Gestão e Acompanhamento do Desenvolvimento de Sistemas de Comunicação Máquina a Máquina.

Qualidade do Serviço

Normatização

Portaria MC nº 2.115, de 11 de maio de 2016 - Estabelece diretrizes para a Agência Nacional de Telecomunicações relativas à comercialização de planos de banda larga fixa.

✔ As diretrizes ministeriais definidas na Portaria MC nº 2.115/2016, provocada pelo anúncio comercial do novo presidente da Telefônica, após a aquisição da empresa espelho GVT, de que não comercializaria planos de franquia ilimitada e a reação social gerada por essa manifestação e por declaração à imprensa pela aparente concordância do então presidente da ANATEL, foram as seguintes: a) determinar à ANATEL que estabeleça mecanismos para promover, dentre as ofertas de planos de serviço de SCM, a existência de pelo menos um plano por empresa, com franquia de dados ilimitada; b) determinar à ANATEL que atue de modo a permitir a realização de de escolhas informadas pelo consumidor de serviços de telecomunicações, zelando para que as ofertas de serviços sejam transparentes, não enganosas, comparáveis, mensuráveis e adequadas ao perfil de consumo do cliente.

Atos

Acórdão do Conselho Diretor da ANATEL, de 22 de abril de 2016 (Ref. nº 151/2016) - DESPACHO DECISÓRIO Nº 1/2016/SEI/SRC. MEDIDA CAUTELAR. REPERCUSSÃO SOCIAL. AVOCAÇÃO DO PROCESSO Nº 53500.008501/2016-35 PELO CONSELHO DIRETOR. SUSPENSÃO DA PRÁTICA DE REDUÇÃO DE VELOCIDADE, SUSPENSÃO DE SERVIÇO OU DE COBRANÇA DE TRÁFEGO EXCEDENTE APÓS O ESGOTAMENTO DA FRANQUIA, POR PRAZO INDETERMINADO, ATÉ ULTERIOR DELIBERAÇÃO DO CONSELHO DIRETOR. 1. Despacho Decisório nº 1/2016/SEI/SRC (SEI nº 0414329) determinou, cautelarmente, que as prestadoras do Serviço de Comunicação Multimídia - SCM (banda larga fixa) se abstivessem de adotar, no âmbito das ofertas comerciais do serviço de banda larga fixa, práticas de redução de velocidade, suspensão de serviço ou de cobrança de tráfego excedente após o esgotamento da franquia. 2. Proposta de avocação do Processo nº 53500.008501/2016-35 pelo Conselho Diretor em virtude de grande repercussão social, de modo a permitir ao Conselho Diretor analisar diretamente todas as manifestações a respeito do tema, bem como deliberar sobre o cumprimento pelas prestadoras das condições fixadas no Despacho Decisório nº 1/2016/SEI/SRC (SEI nº 0414329). 3. Como consequência da presente avocação, as prestadoras abrangidas pelo referido Despacho Decisório ficam impedidas de adotar práticas de redução de velocidade, suspensão de serviço ou de cobrança de tráfego excedente após o esgotamento da franquia, ainda que tais ações encontrem previsão em contrato de adesão ou em plano de serviço, por prazo indeterminado, até ulterior decisão do Colegiado.

Regulação de Conteúdo

Normatização

Decreto nº 8.771, de 11 de maio de 2016 - Regulamenta a Lei no 12.965, de 23 de abril de 2014, para tratar das hipóteses admitidas de discriminação de pacotes de dados na internet e de degradação de tráfego, indicar procedimentos para guarda e proteção de dados por provedores de conexão e de aplicações, apontar medidas de transparência na requisição de dados cadastrais pela administração pública e estabelecer parâmetros para fiscalização e apuração de infrações.

Sigilo em Telecomunicações

Tema Conexo: Fundamentos : Conceitos Fundamentais : Direito à Privacidade.

Convergência

Normatização

Portaria MC nº 2.006, de 10 de maio de 2016 - Altera a Portaria nº 1.420, de 8 de outubro de 2014, incluindo representantes da Câmara dos Deputados e do Senado Federal na composição da Câmara de Gestão e companhamento do Desenvolvimento de Sistemas de Comunicação Máquina a Máquina, bem como altera o nome da Câmara em questão.

Portaria MCTIC nº 5.507, de 30 de novembro de 2016 - Altera os artigos 2º e 3º da Portaria nº 1.420, de 8 de outubro de 2014, que Cria a Câmara de Gestão e Acompanhamento do Desenvolvimento de Sistemas de Comunicação Máquina a Máquina.

Classificações de Serviços no Setor de Telecomunicações

Quanto ao Regime Jurídico de Prestação

Serviço Prestado em Regime Público

Jurisprudência

Superior Tribunal de Justiça - Conflito de Competência Nº 138.405 (STJ - CC 138.405 / DF - Distrito Federal) - Relator: Min. Maria Thereza de Assis Moura - Relator para o Acórdão: Min. Herman Benjamin - Corte Especial do STJ - Maioria - j. 17-08-2016 - Diário da Justiça Eletrônico, 10-10-2016. [Catalogação de Márcio Iório Aranha]

Compete à Primeira Turma do STJ julgar conflito entre usuário e empresa concessionária de telefonia sobre o tema da adequação do serviço prestado e da responsabilidade civil contratual ou não dele decorrente, devido à natureza de direito público da relação jurídica litigiosa apoiada em amplo influxo de normas de direito público e forte controle exercido pela ANATEL. (Catalogado por: Márcio Iorio Aranha)

Serviço Prestado em Regime Privado

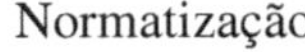
Normatização

Resolução da ANATEL nº 668, de 27 de junho de 2016 - Altera o Regulamento do Serviço Telefônico Fixo Comutado, aprovado pela Resolução nº 426, de 9 de dezembro de 2005, e revoga a Resolução nº 283, de 29 de novembro de 2001.

➥ **Anexo 1** - Anexo I – Documentação Necessária ao Requerimento de Autorização

➥ **Anexo 2** - Anexo II – Do Projeto Técnico

➥ **Anexo 3** - Anexo III – Da Documentação Necessária à Efetivação de Transferências de Autorização e Modificações Societárias

Quanto ao Interesse

Serviço de Interesse Coletivo

Normatização

Resolução ANATEL nº 667, de 30 de maio de 2016 - Aprova o Regulamento Geral de Acessibilidade em Serviços de Telecomunicações de Interesse Coletivo.

➥ **Anexo 1** - Anexo I – Regulamento Geral de Acessibilidade em Telecomunicações

➥ **Anexo 2** - Anexo II - Revogações

✔ Aplicabilidade do RGA somente a serviços classificados como de interesse coletivo.

Quanto ao Gênero

Serviço Limitado

Serviço Limitado Privado

Normatização

Resolução da ANATEL nº 665, de 2 de maio de 2016 - Destina faixas de radiofrequência e aprova o Regulamento sobre Canalização e Condições de Uso da Faixa de Radiofrequências de 380 MHz a 400 MHz.

➥ **Anexo** - Anexo – Regulamento sobre Canalização e Condições de Uso da Faixa de Radiofrequências de 380 MHz a 400 MHz

Serviço Limitado Especializado

Normatização

Resolução da ANATEL nº 665, de 2 de maio de 2016 - Destina faixas de radiofrequência e aprova o Regulamento sobre Canalização e Condições de Uso da Faixa de Radiofrequências de 380 MHz a 400 MHz.

➥ **Anexo** - Anexo – Regulamento sobre Canalização e Condições de Uso da Faixa de Radiofrequências de 380 MHz a 400 MHz

Serviço de Valor Adicionado

Serviço de Radiodifusão

Tema Conexo: Serviços no Setor de Telecomunicações : Radiodifusão.

Serviço de Comunicação de Massa ou Eletrônica de Massa

Jurisprudência

Superior Tribunal de Justiça - Conflito de Competência nº 146088 (STJ - CC nº 146088 - RJ/ Rio de Janeiro) - Relator: Min. Joel Ilan Paciornik - Terceira Seção do STJ - Unânime - j. 27-04-2016 - Diário da Justiça Eletrônico, 04-05-2016. [Catalogação de Márcio Iório Aranha]

A conduta de compartilhamento ilegal de sinais de TV a Cabo e internet por parte de condomínio para seus condôminos não se enquadra no tipo do art. 183, da Lei 9.472/97, de desenvolvimento clandestino de atividades de telecomunicação, pois a internet, como Serviço de Valor Adicionado, não constitui serviço de telecomunicações e a TV a Cabo, mesmo se enquadrando na categoria de serviços de telecomunicações, estaria sendo recebida legitimamente pelo condomínio. Por isso, a conduta de compartilhamento ilegal de sinais de TV a Cabo e internet é de competência criminal da Justiça Comum Estadual. Não houve, no julgado, considerações sobre a distinção entre o provimento de internet e o Serviço de Comunicação Multimídia que o viabiliza, algo presente em outros julgados do STJ favoráveis à caracterização da redistribuição de Internet como atividade clandestina de telecomunicação. (Catalogado por: Márcio Iorio Aranha)

Serviços no Setor de Telecomunicações

DTH (Direct to Home - Serviço de Distribuição de Sinais de Televisão e de Áudio por Assinatura Via Satélite)

Jurisprudência

Superior Tribunal de Justiça - Habeas Corpus nº 340692 (STJ - HC nº 340.692/RJ - Rio de Janeiro) - Relator: Min. Reynaldo Soares da Fonseca - Quinta Turma do STJ - Unânime - j. 18-02-2016 - Diário da Justiça Eletrônico, 23-02-2016. [Catalogação de Márcio Iório Aranha]

Quando caracterizada a conduta de transmissão televisiva de programa eleitoral, por meio de inserção de divilgações políticas em canais da TV aberta no sinal de programação de TV por assinatura, *in casu*, da SKY, não assiste razão à desclassificação do delito do art. 183 da LGT, de desenvolvimento de atividade clandestina de telecomunicação, para o delito de furto de dinal de TV).

Internet

Jurisprudência

Superior Tribunal de Justiça - Agravo Regimental no Agravo em Recurso Especial nº 852730 (STJ - AgR AREsp nº 852.730 - SP/São Paulo) - Relator: Min. Jorge Mussi - Quinta Turma do STJ - Unânime - j. 02-06-2016 - Diário da Justiça Eletrônico, 15-6-2016. [Catalogação de Márcio Iório Aranha]

A operação de internet via rádio caracteriza-se como serviço de telecomunicações multimídia, dependente de autorização do Poder Público para sua exploração, cuja ausência configura, em tese, o delito tipificado no art. 183 da Lei 9.472/97, mesmo que considerando-se o serviço de conexão à internet como serviço de valor adicionado.(Catalogado por: Márcio Iorio Aranha)

Superior Tribunal de Justiça - Conflito de Competência nº 146088 (STJ - CC nº 146088 - RJ/ Rio de Janeiro) - Relator: Min. Joel Ilan Paciornik - Terceira Seção do STJ - Unânime - j. 27-04-2016 - Diário da Justiça Eletrônico, 04-05-2016. [Catalogação de Márcio Iório Aranha]

A conduta de compartilhamento ilegal de sinais de TV a Cabo e internet por parte de condomínio para seus condôminos não se enquadra no tipo do art. 183, da Lei 9.472/97, de desenvolvimento clandestino de atividades de telecomunicação, pois a internet, como Serviço de Valor Adicionado, não constitui serviço de telecomunicações e a TV a Cabo, mesmo se enquadrando na categoria de serviços de telecomunicações, estaria sendo recebida legitimamente pelo condomínio. Por isso, a conduta de compartilhamento ilegal de sinais de TV a Cabo e internet é de competência criminal da Justiça Comum Estadual. Não houve, no julgado, considerações sobre a distinção entre o provimento de internet e o Serviço de Comunicação Multimídia que o viabiliza, algo presente em outros julgados do STJ favoráveis à caracterização da redistribuição de Internet como atividade clandestina de telecomunicação. (Catalogado por: Márcio Iorio Aranha)

Normatização

Decreto nº 8.638, de 15 de janeiro de 2016 - Institui a Política de Governança Digital no âmbito dos órgãos e das entidades da administração pública federal direta, autárquica e fundacional.

Portaria MC nº 2.006, de 10 de maio de 2016 - Altera a Portaria nº 1.420, de 8 de outubro de 2014, incluindo representantes da Câmara dos Deputados e do Senado Federal na composição da Câmara de Gestão e companhamento do Desenvolvimento de Sistemas de Comunicação Máquina a Máquina, bem como altera o nome da Câmara em questão.

Portaria MC nº 2.115, de 11 de maio de 2016 - Estabelece diretrizes para a Agência Nacional de Telecomunicações relativas à comercialização de planos de banda larga fixa.

✔ As diretrizes ministeriais definidas na Portaria MC nº 2.115/2016, provocada pelo anúncio comercial do novo presidente da Telefônica, após a aquisição da empresa espelho GVT, de que não comercializaria planos de franquia ilimitada e a reação social gerada por essa manifestação e por declaração à imprensa pela aparente concordância do então presidente da ANATEL, foram as seguintes: a) determinar à ANATEL que estabeleça mecanismos para promover, dentre as ofertas de planos de serviço de SCM, a existência de pelo menos um plano por empresa, com franquia de dados ilimitada; b) determinar à ANATEL que atue de modo a permitir a realização de de escolhas informadas pelo consumidor de serviços de telecomunicações, zelando para que as ofertas de serviços sejam transparentes, não enganosas, comparáveis, mensuráveis e adequadas ao perfil de consumo do cliente.

Decreto nº 8.771, de 11 de maio de 2016 - Regulamenta a Lei no 12.965, de 23 de abril de 2014, para tratar das hipóteses admitidas de discriminação de pacotes de dados na internet e de degradação de tráfego, indicar procedimentos para guarda e proteção de dados por provedores de conexão e de aplicações, apontar medidas de transparência na requisição de dados cadastrais pela administração pública e estabelecer parâmetros para fiscalização e apuração de infrações.

Portaria MCTIC nº 5.507, de 30 de novembro de 2016 - Altera os artigos 2º e 3º da Portaria nº 1.420, de 8 de outubro de 2014, que Cria a Câmara de Gestão e Acompanhamento do Desenvolvimento de Sistemas de Comunicação Máquina a Máquina.

Resolução do CGI.br nº 15, de junho de 2016 - Posicionamento do CGI.br sobre franquia de dados na modalidade banda larga fixa de acesso à Internet.

Atos

Acórdão do Conselho Diretor da ANATEL, de 22 de abril de 2016 (Ref. nº 151/2016) - DESPACHO DECISÓRIO Nº 1/2016/SEI/SRC. MEDIDA CAUTELAR. REPERCUSSÃO SOCIAL. AVOCAÇÃO DO PROCESSO Nº 53500.008501/2016-35 PELO CONSELHO DIRETOR. SUSPENSÃO DA PRÁTICA DE REDUÇÃO DE VELOCIDADE, SUSPENSÃO DE SERVIÇO OU DE COBRANÇA DE TRÁFEGO EXCEDENTE APÓS O ESGOTAMENTO DA FRANQUIA, POR PRAZO INDETERMINADO, ATÉ ULTERIOR DELIBERAÇÃO DO CONSELHO DIRETOR. 1. Despacho Decisório nº 1/2016/SEI/SRC (SEI nº 0414329) determinou, cautelarmente, que as prestadoras do Serviço de Comunicação Multimídia - SCM (banda larga fixa) se abstivessem de adotar, no âmbito das ofertas comerciais do serviço de banda larga fixa, práticas de redução de velocidade, suspensão de serviço ou de cobrança de tráfego excedente após o esgotamento da franquia. 2. Proposta de avocação do Processo nº 53500.008501/2016-35 pelo Conselho Diretor em virtude de grande repercussão social, de modo a permitir ao Conselho Diretor analisar diretamente todas as manifestações a respeito do tema, bem como deliberar sobre o cumprimento pelas prestadoras das condições fixadas no Despacho Decisório nº 1/2016/SEI/SRC (SEI nº 0414329). 3. Como consequência da presente avocação, as prestadoras abrangidas pelo referido Despacho Decisório ficam impedidas de adotar práticas de redução de velocidade, suspensão de serviço ou de cobrança de tráfego excedente após o esgotamento da franquia, ainda que tais ações encontrem previsão em contrato de adesão ou em plano de serviço, por prazo indeterminado, até ulterior decisão do Colegiado.

Radiodifusão

Temas Conexos: Classificações de Serviços no Setor de Telecomunicações : Quanto ao Gênero : Serviço de Radiodifusão e Atores no Setor de Telecomunicações : Poder Executivo : Ministério das Comunicações.

Competência da Presidência da República para outorgar, por meio de concessão, a exploração dos serviços de radiodifusão de sons e imagens, e do Ministério das Comunicações para outorgar, por meio de concessão, permissão ou autorização, a exploração dos serviços de radiodifusão sonora.

Normatização

Lei nº 13.249, de 13 de janeiro de 2016 - Institui o Plano Plurianual da União para o período de 2016 a 2019

➥ **Anexo I** - Anexo I – Programas Temáticos

➡ **Anexo II** - Anexo II – Programas de Gestão, Manutenção e Serviços ao Estado

➡ **Anexo III** - Anexo III – Empreendimentos Individualizados como Iniciativas – Acima do Valor de Referência

➡ **Anexo IV** - Anexo IV – Empreendimentos Individualizados como Iniciativas – Abaixo do Valor de Referência

✔ Quando do detalhamento dos Programas Temáticos do Anexo I da Lei 13.249/2016 (PPA 2016-2019), no âmbito do Programa 2025, intitulado Comunicações para o Desenvolvimento, a Inclusão e a Democracia, são elencados os seguintes objetivos: a) Objetivo 1020 - Expandir o acesso à internet em banda larga para todos promovendo o uso das Tecnologias da Informação e Comunicação, tendo por meta (48G) aumentar a velocidade média da banda larga fixa, (048H) aumentar a proporção de acessos da banda larga móvel (3G/4G) para 90% dos acessos móveis pessoais, (048I) ampliar a parcela da população coberta com rede de transporte (backhaul) óptica, (048J) alcançar 1 milhão de participantes pelos Programas de Inclusão Digital, (048K) implantar 262 cidades digitais, (048L) atender 11.000 áreas de vulnerabilidade digital com acesso à internet pelo Programa GESAC, e (04EC) disponibilizar o serviço de banda larga móvel em todos os municípios do país; b) Objetivo 1021 - Viabilizar a implantação da TV digital em 3.244 municípios, (0482) a distribuição de conversores digitais para os 100% dos domicílios beneficiários do Programa Bolsa Família e (0483) disponibilização gratuita de 24 aplicativos interativos de TV digital à população; c) Objetivo 1022 - Ampliar os serviços de comunicação e expandir a radiodifusão com ênfase no Sistema Público, tendo por metas (048P) a ampliação do número de rádios e televisões educativas em 140 novas estações, das quais 72 na Região Nordeste e o restante distribuído pelas demais regiões do país; (048S) a ampliação do número de rádios comunitárias no país em 400 novas estações e (048R) a ampliação do número de geradoras de televisão comerciais em 55 novas estações; d) Objetivo 1023 - Incentivar a produção nacional e a distribuição de conteúdos digitais criativos; e) Objetivo 1062 - Ampliar a produção e o acesso da sociedade a conteúdos multimídia, de natureza educativa, artística, cultural, informativa, científica e promotores da cidadania, ofertados de forma colaborativa pela Rede Nacional de Comunicação Pública; f) Objetivo 1135 - Promover a inovação, o desenvolvimento tecnólogico e a competitividade da indústria nacional de telecomunicações. No âmbito do Programa 2058 - Defesa Nacional, o Objetivo 1125, que dispõe sobre cooperação com o desenvolvimento nacional, defesa civil e ações governamentais em benefício da sociedade, adota como Iniciativa 05TA o aprimoramento do uso da rede de telecomunicação via satélite na Amazônia. No âmbito do Programa 2079 - Desenvolvimento da Indústria, Comércio e Serviços, o Objetivo 1093 (Elevar a competitividade, a qualidade e a produtividade da indústria brasileira por meio do investimento, da melhoria dos processos produtivos e da modernização do parque industrial), a Iniciativa 058G vem definida como a difusão e monitoramento periódico do regime de redução temporária da alíquota do imposto de importação para bens de capital e bens de informática e telecomunicações (regime de Ex-Tarifário), e redução da burocracia e do prazo para sua concessão, por meio da implantação de sistema eletrônico.

Decreto nº 8.753, de 10 de maio de 2016 - Altera o Decreto nº 5.820, de 29 de junho de 2006, que dispõe sobre a implantação do SBTVD-T, estabelece diretrizes para a transição do sistema de transmissão analógica para o sistema de transmissão digital do serviço de radiodifusão de sons e imagens e do serviço de retransmissão de televisão.

Decreto nº 8.846, 1º de setembro de 2016 - Altera o Estatuto Social da Empresa Brasil de Comunicação S.A. - EBC, aprovado pelo Decreto no 6.689, de 11 de dezembro de 2008.

Portaria MC nº 1.273, de 31 de março de 2016 - Altera a Portaria nº 127, de 12 de março de 2014, publicada no Diário Oficial da União de 13 de março de 2014, que dispõe sobre os procedimentos de adaptação de outorga de radiodifusão sonora em onda médias para o serviço de radiodifusão sonora em frequência modulada.

Portaria MC nº 408, de 31 de março de 2016 - Altera o Anexo IV da Portaria MC nº 4.335, de 17 de setembro de 2015

Portaria MCTIC nº 5.269, de 17 de novembro de 2016 - Homologa o encerramento da transmissão da programação das emissoras dos serviços de radiodifusão de sons e imagens e de retransmissão de televisão, em tecnologia analógica, em Brasília, Distrito Federal, e nos seguintes municípios de Goiás: Águas Lindas de Goiás, Cidade Ocidental, Cristalina, Formosa, Luziânia, Novo Gama, Planaltina, Santo Antônio do Descoberto e Valparaíso de Goiás.

Portaria MC nº 5.774, de 16 de dezembro de 2016 - Altera o Regulamento de Sanções Administrativas aplicáveis a entidades prestadoras dos serviços de radiodifusão, seus ancilares e auxiliares.

Atos

Despacho da Superintendência de Planejamento e Regulamentação da ANATEL, de 19 de setembro de 2016 - Divulga os Canais de Programação de Distribuição Obrigatória que a prestadora de SeAC deve tornar disponíveis para seus assinantes, caracterizados como canais destinados à distribuição integral e simultânea do sinal aberto e não codificado transmitido pelas geradoras locais de radiodifusão de sons e imagens, quando detectada inviabilidade técnica ou econômica de carregamento de todos os canais existentes, conforme art. 52, § 2º do Regulamento do SeAC, aprovado pela Resolução ANATEL nº 581, de 26 de março de 2012.

➡ **Anexo** - Anexo – Conjuntos de Estações Geradoras ou Retransmissoras do Serviço de Radiodifusão de Sons e Imagens que atendem aos critério do art. 52, § 2º, do Regulamento do SeAC

✔ Os canais de tv aberta cumpridores dos requisitos do Regulamento do SeAC para carregamento obrigatório por prestadoras de TV por assinatura quando da inviabilidade técnica ou econômica de carregamento de todos os sinais de geradoras locais de radiodifusão de sons e imagens são periodicamente definidos pela ANATEL. O Despacho da Superintendência de Planejamento e Regulamentação da ANATEL, de 19 de setembro de 2016, acrescentou dois canais à lista antes definida pelo ATO nº 5.607, de 27 de setembro de 2012, da então Superintendência de Serviços de Comunicação de Massa, quais sejam, a TV Cultura e a TVCI, do Paraná. O próprio despacho determina que a próxima revisão do rol de conjunto de estações que atendem ao disposto no art. 52, §2º, do Regulamento do SeAC, não se dê em prazo inferior a três anos, contados da sua publicação.

Radiodifusão Comunitária

Jurisprudência

Superior Tribunal de Justiça - Agravo Interno no Agravo em Recurso Especial nº 497670 (STJ - AgInt no AREsp 497.670/BA - Bahia) - Relator: Min. Joel Ilan

Paciornik - Quinta Turma do STJ - Unânime - j. 24-05-2016 - Diário da Justiça Eletrônico, 03-06-2016. [Catalogação de Márcio Iório Aranha]

A operação de transmissor de radiodifusão sonora de baixa potência (24,5W) não afasta a condição de delito de natureza formal de perigo abstrato ao desenvolvimento de atividade clandestina de telecomunicação prevista no art. 183 da Lei 9.472/97.

Supremo Tribunal Federal - Agravo Regimental na Reclamação 19541/MG (STF - AgR Rcl 19541/ MG - Minas Gerais) - Relator: Min. Luís Roberto Barroso - Primeira Turma do STF - Unânime - j. 07-06-2016 - Diário da Justiça Eletrônico, 21-06-2016. [Catalogação de Márcio Iório Aranha]

Inaplicável a transcendência dos motivos determinantes para fins de justificativa de reclamação perante o STF, da ADI 1.668-MC, que havia suspendido a eficácia do art. 19, XV da Lei 9.472/97 (LGT), que autorizava a ANATEL a realizar busca e apreensão independentemente de ordem judicial, com a apreensão de equipamentos de telecomunicações de rádio clandestina, com esteio no art. 3°, parágrafo único da Lei 10.871/2004, com a redação dada pela Lei 11.292/2006, que reconhece como atribuição dos cargos da carreira de regulação e fiscalização e de suporte à regulação e fiscalização de serviços públicos de telecomunicações as prerrogativas de promoção de interdição de estabelecimentos, instalações ou equipamentos e apreensão de bens ou produtos, dentre outras manifestações de polícia administrativa dotada de auto-executoriedade. A lacração e apreensão de equipamento transmissor de telecomunicação com esteio na Lei 10.871/2004 não apta a violar o paradigma -- ADI 1.668-MC -- para justificar reclamação ao STF em virtude de ofensa à autoridade de suas decisões. A reclamação, neste caso, somente se justificaria no caso de decisão posterior à ADI 1.668-MC que reconhecesse a eficácia do art. 19, XV da Lei 9.472/97 em ofensa ao referido paradigma, pois a eficácia vinculante dos acórdãos em controle abstrato de constitucionalidade somente atingem o objeto examinado pela Corte. Inaplicável a teoria da transcendência dos motivos determinantes.

Superior Tribunal de Justiça - Agravo Regimental no Recurso Especial n° 1546511 (STJ - AgR Resp 1546511 - RJ/ Rio de Janeiro) - Relator: Min. Félix Fischer - Quinta Turma do STJ - Unânime - j. 16-02-2016 - Diário da Justiça Eletrônico, 24-02-2016. [Catalogação de Márcio Iório Aranha]

O termo "atividades de telecomunicação" utilizado no tipo penal do art. 183 da Lei 9.472/97 (Lei Geral de Telecomunicações) o é em sentido amplo, englobando a operação de radiodifusão clandestina. O crime previsto no art. 183 da Lei 9.472/97 é categorizado como crime formal, de perigo abstrato, bastando para sua consumação o desenvolvimento ilegal do serviço de telecomunicação e, portanto, é irrelevante a ocorrência de dano concreto ocasionado pela conduta do agente, inaplicável o princípio da insignificância, pois, por si só, é suficiente para comprometer a segurança e a regularidade do sistema de telecomunicações do país, ausente o requisito básico da lesão inexpressiva (STJ, AgRg nos EREsp 1.177.484/RS), conforme entendimento harmonizado pela 3ª Seção do STJ. Por sua vez, jurisprudência do STF concluiu que a conduta tipificada no art. 70 da Lei 4.117/62 (Código Brasileiro de Telecomunicações) constituiu tipo penal distinto do previsto no art. 183 da LGT pelo critério da habitualidade (STF, HC 128.567/MG). Caracterizada a habitualidade no caso de proprietário de rádio comunitária na operação de estação clandestina de radiofrequencia, há dois anos, sem a autorização do Poder Público, fica configurada, em tese, a conduta apenável.

Supremo Tribunal Federal - Habeas Corpus nº 135.148/ BA (STF - HC nº135.248/BA - Bahia) - Relator: Min. Carmen Lúcia - Segunda Turma do STF - Unânime - j. 23-08-2016 - Diário da Justiça Eletrônico, 05-09-2016. [Catalogação de Márcio Iório Aranha]

Quando não há, nos autos, comprovação, por parte das autoridades competentes, de inexistência de lesividade da conduta de atividade clandestina de telecomunicação, mesmo que a potência do transmissor seja baixa (25W), a demonstração do potencial lesivo afasta a incidência do princípio da insignificância.

Supremo Tribunal Federal - Recurso Ordinário em Habeas Corpus nº 119.828/GO (STF - RHC119828/GO - Goiás) - Relator: Min. Marco Aurélio - Primeira Turma do STF - Unânime - j. 04-10-2016 - Diário da Justiça Eletrônico, 24-10-2016, pág. 226. [Catalogação de Márcio Iório Aranha]

A baixa frequencia de emissora de radiodifusão clandestina não se presta a afastar a tipicidade do delito de desenvolvimento de atividade clandestina de telecomunicação, repercutindo, somente, na fixação da pena-base em virtude das conquências da prática criminosa.

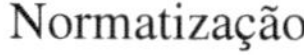

Normatização

Portaria MC nº 4.334, de 17 de setembro de 2015 - Dispõe sobre o serviço de radiodifusão comunitária

➡ **Anexo 1** - Cadastro de Demonstração de Interesse – Radiodifusão Comunitária

➡ **Anexo 2** - Requerimento de Outorga – RADCOM

➡ **Anexo 3** - Modelo de Manifestação em Apoio de Pessoa Jurídica

➡ **Anexo 4** - Modelo de Manifestação em Apoio de Pessoa Física

➡ **Anexo 5** - Modelo de Requerimento de Renovação de Outorga – Radiodifusão Comunitária

➡ **Anexo 7** - Formulário de Pós-Outorga

➡ **Anexo 8** - Formulário de Acordo Associativo

✔ Regência da relação jurídica entre o Ministério das Comunicações e as entidades interessadas em obter autorização ou que já prestem o Serviço de Radiodifusão Comunitária.

Serviço Auxiliar de Radiodifusão e Correlatos (SARC)

Normatização

Resolução da ANATEL nº 672, de 16 de dezembro de 2016 - Altera o Regulamento sobre Condições de Uso de Radiofrequências nas Faixas de 800 MHz, 900 MHz, 1.800 MHz, 1.900 MHz e 2.100, aprovado pela Resolução nº 454, de 11 de dezembro de 2006, e alterado pela Resolução nº 562, de 9 de fevereiro de 2011.

Televisão Aberta

TV Digital

Normatização

Lei nº 13.249, de 13 de janeiro de 2016 - Institui o Plano Plurianual da União para o período de 2016 a 2019

➥ **Anexo I** - Anexo I – Programas Temáticos

➥ **Anexo II** - Anexo II – Programas de Gestão, Manutenção e Serviços ao Estado

➥ **Anexo III** - Anexo III – Empreendimentos Individualizados como Iniciativas – Acima do Valor de Referência

➥ **Anexo IV** - Anexo IV – Empreendimentos Individualizados como Iniciativas – Abaixo do Valor de Referência

✔ Quando do detalhamento dos Programas Temáticos do Anexo I da Lei 13.249/2016 (PPA 2016-2019), no âmbito do Programa 2025, intitulado Comunicações para o Desenvolvimento, a Inclusão e a Democracia, são elencados os seguintes objetivos: a) Objetivo 1020 - Expandir o acesso à internet em banda larga para todos promovendo o uso das Tecnologias da Informação e Comunicação, tendo por meta (48G) aumentar a velocidade média da banda larga fixa, (048H) aumentar a proporção de acessos da banda larga móvel (3G/4G) para 90% dos acessos móveis pessoais, (048I) ampliar a parcela da população coberta com rede de transporte (backhaul) óptica, (048J) alcançar 1 milhão de participantes pelos Programas de Inclusão Digital, (048K) implantar 262 cidades digitais, (048L) atender 11.000 áreas de vulnerabilidade digital com acesso à internet pelo Programa GESAC, e (04EC) disponibilizar o serviço de banda larga móvel em todos os municípios do país; b) Objetivo 1021 - Viabilizar a implantação da TV digital em 3.244 municípios, (0482) a distribuição de conversores digitais para os 100% dos domicílios beneficiários do Programa Bolsa Família e (0483) disponibilização gratuita de 24 aplicativos interativos de TV digital à população; c) Objetivo 1022 - Ampliar os serviços de comunicação e expandir a radiodifusão com ênfase no Sistema Público, tendo por metas (048P) a ampliação do número de rádios e televisões educativas em 140 novas estações, das quais 72 na Região Nordeste e o restante distribuído pelas demais regiões do país; (048S) a ampliação do número de rádios comunitárias no país em 400 novas estações e (048R) a ampliação do número de geradoras de televisão comerciais em 55 novas estações; d) Objetivo 1023 - Incentivar a produção nacional e a distribuição de conteúdos digitais criativos; e) Objetivo 1062 - Ampliar a produção e o acesso da sociedade a conteúdos multimídia, de natureza educativa, artística, cultural, informativa, científica e promotores da cidadania, ofertados de forma colaborativa pela Rede Nacional de Comunicação Pública; f) Objetivo 1135 - Promover a inovação, o desenvolvimento tecnólogico e a competitividade da indústria nacional de telecomunicações. No âmbito do Programa 2058 - Defesa Nacional, o Objetivo 1125, que dispõe sobre cooperação com o desenvolvimento nacional, defesa civil e ações governamentais em benefício da sociedade, adota como Iniciativa 05TA o aprimoramento do uso da rede de telecomunicação via satélite na Amazônia. No âmbito do Programa 2079 - Desenvolvimento da Indústria, Comércio e Serviços, o Objetivo 1093 (Elevar a competitividade, a qualidade e a produtividade da indústria brasileira por meio do investimento, da melhoria dos processos produtivos e da modernização do parque industrial), a Iniciativa 058G vem definida como a difusão e monitoramento periódico do regime de redução temporária da alíquota do imposto de importação para bens de capital e bens de informática e telecomunicações (regime de Ex-Tarifário), e redução da burocracia e do prazo para sua concessão, por meio da implantação de sistema eletrônico.

Decreto nº 8.753, de 10 de maio de 2016 - Altera o Decreto nº 5.820, de 29 de junho de 2006, que dispõe sobre a implantação do SBTVD-T, estabelece diretrizes para a transição do sistema de transmissão analógica para o sistema de transmissão digital do serviço de radiodifusão de sons e imagens e do serviço de retransmissão de televisão.

Portaria MC nº 378, de 22 de janeiro de 2016 [③] - Disciplina aspectos de transição da transmissão analógica dos serviços de radiodifusão de sons e imagens e de retransmissão de televisão para o SBTVD-T

➥ **Anexo 1** - Anexo I – Requisitos Mínimos para Recepção do Sinal Digital

➥ **Anexo 2** - Anexo II – Vídeos Informativos

➥ **Anexo 3** - Anexo III – Vídeo Informativo

➥ **Anexo 4** - Anexo IV – Cronograma de Transição

Portaria MC nº 1.329, de 31 de março de 2016

Portaria MC nº 1.714, de 27 de abril de 2016 - Altera a Portaria MC nº 378, de 22 de janeiro de 2016, que estabelece o cronograma de transição da transmissão analógica para o SBTVD-T.

➥ **Anexo** - Anexo – Lista de localidades afetadas pelo cronograma de desligamento da transmissão analógica em 2017

Portaria MCTIC nº 3.493, 26 de agosto de 2016 - Altera a Portaria MC nº 378, de 22 de janeiro de 2016, que estabelece o cronograma de transição da transmissão analógica para o SBTVD-T.

➥ **Anexo 1** - Anexo I – Requisitos Mínimos para Recepção do Sinal Digital

➥ **Anexo 2** - Anexo II – Lista de Localidades afetadas pelo Cronograma do Desligamento da Transmissão Analógica em 2018

Portaria MCTIC nº 4.294, de 18 de outubro de 2016 - Altera a Portaria MC nº 378, de 22 de janeiro de 2016, que estabelece o cronograma de transição da transmissão analógica para o SBTVD-T.

Portaria MCTIC nº 5.269, de 17 de novembro de 2016 - Homologa o encerramento da transmissão da programação das emissoras dos serviços de radiodifusão de sons e imagens e de retransmissão de televisão, em tecnologia analógica, em Brasília, Distrito Federal, e nos seguintes municípios de Goiás: Águas Lindas de Goiás, Cidade Ocidental, Cristalina, Formosa, Luziânia, Novo Gama, Planaltina, Santo Antônio do Descoberto e Valparaíso de Goiás.

Atos

Acórdão do Conselho Diretor da ANATEL, de 29 de janeiro de 2016 (Ref. nº 28/2016) - LICITAÇÃO. EQUILÍBRIO ECONÔMICO-FINANCEIRO. ATO DA ADMINISTRAÇÃO. ALTERAÇÃO NA POLÍTICA PÚBLICA. AUTORIDADE NÃO SUJEITA À ANATEL. IMPREVISIBILIDADE. REPERCUSSÃO NO CONTRATO EM VIGOR. DESEQUILÍBRIO ECONÔMICO ATESTADO PELA ÁREA TÉCNICA. PROMOÇÃO DO REEQUILÍBRIO. INEXISTÊNCIA DE ÓBICES ATESTADA PELO ÓRGÃO JURÍDICO. ADITIVO. VÍCIOS FORMAIS E MATERIAIS. SANEAMENTO PARCIAL. AUTORIZAÇÃO CONDICIONADA À COMPROVAÇÃO DA REGULARIZAÇÃO COMPLETA DOS VÍCIOS PERSISTENTES. CONTROLE EXERCIDO PELO CONSELHO DIRETOR. 1. A Portaria nº 378, de 22 de janeiro de 2016, do Ministério das Comunicações alterou o cronograma de transição da transmissão analógica dos serviços de radiodifusão de sons e imagens e de retransmissão de televisão para SBTVD-T, postergando o switch off na maioria das localidades. 2. Segundo apurou a área técnica, tal alteração normativa teria redundado em prejuízo às operadoras que firmaram contratos com a Administração, tendo em vista o adiamento da data a partir da qual poderiam dar início à exploração da faixa de frequência a elas atribuída. 3. O pedido formulado pelas operadoras busca postergar o aporte destinado ao ressarcimento dos custos decorrentes da redistribuição de canais de TV e RTV e das soluções para os problemas de interferência prejudicial nos sistemas de radiocomunicação. 4. A Associação Administradora do Processo de Redistribuição e Digitalização de Canais de TV e RTV - EAD afirmou que, diante da alteração do cronograma, não necessitaria dos recursos para fazer frente às despesas do ano de 2016. 5. A proposta de equilíbrio econômico-financeiro, formulada pela área técnica da Agência, apresentou inicialmente vícios formais e materiais, dando ensejo à provocação por novas diligências, respondidas pela área técnica. 6. Ao final, aprovação da minuta de Aditivo, condicionando a sua assinatura ao saneamento dos itens apontados.

Serviço de Acesso Condicionado (SeAC)

Jurisprudência

Superior Tribunal de Justiça - Agravo Regimental no Agravo em Recurso Especial nº 852730 (STJ - AgR AREsp nº 852.730 - SP/São Paulo) - Relator: Min. Jorge Mussi - Quinta Turma do STJ - Unânime - j. 02-06-2016 - Diário da Justiça Eletrônico, 15-6-2016. [Catalogação de Márcio Iório Aranha]

A operação de internet via rádio caracteriza-se como serviço de telecomunicações multimídia, dependente de autorização do Poder Público para sua exploração, cuja ausência configura, em tese, o delito tipificado no art. 183 da Lei 9.472/97, mesmo que considerando-se o serviço de conexão à internet como serviço de valor adicionado.(Catalogado por: Márcio Iorio Aranha)

Superior Tribunal de Justiça - Conflito de Competência nº 146088 (STJ - CC nº 146088 - RJ/ Rio de Janeiro) - Relator: Min. Joel Ilan Paciornik - Terceira Seção do STJ - Unânime - j. 27-04-2016 - Diário da Justiça Eletrônico, 04-05-2016. [Catalogação de Márcio Iório Aranha]

A conduta de compartilhamento ilegal de sinais de TV a Cabo e internet por parte de condomínio para seus condôminos não se enquadra no tipo do art. 183, da Lei 9.472/97, de desenvolvimento clandestino de atividades de telecomunicação, pois a internet, como Serviço de Valor Adicionado, não constitui serviço de telecomunicações e a TV a Cabo, mesmo se enquadrando na categoria de serviços de telecomunicações, estaria sendo recebida legitimamente pelo condomínio. Por isso, a conduta de compartilhamento ilegal de sinais de TV a Cabo e internet é de competência criminal da Justiça Comum Estadual. Não houve, no julgado, considerações sobre a distinção entre o provimento de internet e o Serviço de Comunicação Multimídia que o viabiliza, algo presente em outros julgados do STJ favoráveis à caracterização da redistribuição de Internet como atividade clandestina de telecomunicação. (Catalogado por: Márcio Iorio Aranha)

Superior Tribunal de Justiça - Habeas Corpus nº 340692 (STJ - HC nº 340.692/RJ - Rio de Janeiro) - Relator: Min. Reynaldo Soares da Fonseca - Quinta

Turma do STJ - Unânime - j. 18-02-2016 - Diário da Justiça Eletrônico, 23-02-2016. [Catalogação de Márcio Iório Aranha]

Quando caracterizada a conduta de transmissão televisiva de programa eleitoral, por meio de inserção de divilgações políticas em canais da TV aberta no sinal de programação de TV por assinatura, *in casu*, da SKY, não assiste razão à desclassificação do delito do art. 183 da LGT, de desenvolvimento de atividade clandestina de telecomunicação, para o delito de furto de dinal de TV).

Atos

Ato do Conselho Diretor da ANATEL nº 50.169, de 22 de janeiro de 2016 - Disciplina a anuência prévia à reorganização societária do GRUPO TELEFÔNICA BRASIL, compreendendo a incorporação das empresas GVT PARTICIPAÇÕES S/A e GLOBAL VILLAGE TELECOM S/A pela TELEFÔNICA BRASIL S/A

Despacho da Superintendência de Planejamento e Regulamentação da ANATEL, de 19 de setembro de 2016 - Divulga os Canais de Programação de Distribuição Obrigatória que a prestadora de SeAC deve tornar disponíveis para seus assinantes, caracterizados como canais destinados à distribuição integral e simultânea do sinal aberto e não codificado transmitido pelas geradoras locais de radiodifusão de sons e imagens, quando detectada inviabilidade técnica ou econômica de carregamento de todos os canais existentes, conforme art. 52, § 2º do Regulamento do SeAC, aprovado pela Resolução ANATEL nº 581, de 26 de março de 2012.

➥ **Anexo** - Anexo – Conjuntos de Estações Geradoras ou Retransmissoras do Serviço de Radiodifusão de Sons e Imagens que atendem aos critério do art. 52, § 2º, do Regulamento do SeAC

✔ Os canais de tv aberta cumpridores dos requisitos do Regulamento do SeAC para carregamento obrigatório por prestadoras de TV por assinatura quando da inviabilidade técnica ou econômica de carregamento de todos os sinais de geradoras locais de radiodifusão de sons e imagens são periodicamente definidos pela ANATEL. O Despacho da Superintendência de Planejamento e Regulamentação da ANATEL, de 19 de setembro de 2016, acrescentou dois canais à lista antes definida pelo ATO nº 5.607, de 27 de setembro de 2012, da então Superintendência de Serviços de Comunicação de Massa, quais sejam, a TV Cultura e a TVCI, do Paraná. O próprio despacho determina que a próxima revisão do rol de conjunto de estações que atendem ao disposto no art. 52, §2º, do Regulamento do SeAC, não se dê em prazo inferior a três anos, contados da sua publicação.

Serviço de Comunicação Multimída (SCM)

Jurisprudência

Superior Tribunal de Justiça - Agravo Regimental no Agravo em Recurso Especial nº 852730 (STJ - AgR AREsp nº 852.730 - SP/São Paulo) - Relator: Min. Jorge Mussi - Quinta Turma do STJ - Unânime - j. 02-06-2016 - Diário da Justiça Eletrônico, 15-6-2016. [Catalogação de Márcio Iório Aranha]

A operação de internet via rádio caracteriza-se como serviço de telecomunicações multimídia, dependente de autorização do Poder Público para sua exploração, cuja ausência configura, em tese, o delito tipificado no art. 183 da Lei 9.472/97, mesmo que considerando-se o serviço de conexão à internet como serviço de valor adicionado.(Catalogado por: Márcio Iorio Aranha)

Superior Tribunal de Justiça - Conflito de Competência nº 146088 (STJ - CC nº 146088 - RJ/ Rio de Janeiro) - Relator: Min. Joel Ilan Paciornik - Terceira Seção do STJ - Unânime - j. 27-04-2016 - Diário da Justiça Eletrônico, 04-05-2016. [Catalogação de Márcio Iório Aranha]

A conduta de compartilhamento ilegal de sinais de TV a Cabo e internet por parte de condomínio para seus condôminos não se enquadra no tipo do art. 183, da Lei 9.472/97, de desenvolvimento clandestino de atividades de telecomunicação, pois a internet, como Serviço de Valor Adicionado, não constitui serviço de telecomunicações e a TV a Cabo, mesmo se enquadrando na categoria de serviços de telecomunicações, estaria sendo recebida legitimamente pelo condomínio. Por isso, a conduta de compartilhamento ilegal de sinais de TV a Cabo e internet é de competência criminal da Justiça Comum Estadual. Não houve, no julgado, considerações sobre a distinção entre o provimento de internet e o Serviço de Comunicação Multimídia que o viabiliza, algo presente em outros julgados do STJ favoráveis à caracterização da redistribuição de Internet como atividade clandestina de telecomunicação. (Catalogado por: Márcio Iorio Aranha)

Normatização

Portaria MC nº 2.115, de 11 de maio de 2016 - Estabelece diretrizes para a Agência Nacional de Telecomunicações relativas à comercialização de planos de banda larga fixa.

✔ As diretrizes ministeriais definidas na Portaria MC nº 2.115/2016, provocada pelo anúncio comercial do novo presidente da Telefônica, após a aquisição da empresa espelho GVT, de que não comercializaria planos de franquia ilimitada e a reação social gerada por essa manifestação e por declaração à imprensa pela aparente concordância do então presidente da ANATEL, foram as seguintes: a) determinar à ANATEL que estabeleça mecanismos para promover, dentre as ofertas de planos de serviço de SCM, a existência de pelo menos um plano por empresa, com franquia de dados ilimitada; b) determinar à ANATEL que atue de modo a permitir a realização de de escolhas informadas pelo consumidor de serviços de telecomunicações, zelando para que as ofertas de serviços sejam transparentes, não enganosas, comparáveis, mensuráveis e adequadas ao perfil de consumo do cliente.

Resolução da ANATEL nº 665, de 2 de maio de 2016 - Destina faixas de radiofrequência e aprova o Regulamento sobre Canalização e Condições de Uso da Faixa de Radiofrequências de 380 MHz a 400 MHz.

➥ **Anexo** - Anexo – Regulamento sobre Canalização e Condições de Uso da Faixa de Radiofrequências de 380 MHz a 400 MHz

Resolução da ANATEL nº 672, de 16 de dezembro de 2016 - Altera o Regulamento sobre Condições de Uso de Radiofrequências nas Faixas de 800 MHz, 900 MHz, 1.800 MHz, 1.900 MHz e 2.100, aprovado pela Resolução nº 454, de 11 de dezembro de 2006, e alterado pela Resolução nº 562, de 9 de fevereiro de 2011.

Atos

Acórdão do Conselho Diretor da ANATEL, de 22 de abril de 2016 (Ref. nº 151/2016) - DESPACHO DECISÓRIO Nº 1/2016/SEI/SRC. MEDIDA CAUTELAR. REPERCUSSÃO SOCIAL. AVOCAÇÃO DO PROCESSO Nº 53500.008501/2016-35 PELO CONSELHO DIRETOR. SUSPENSÃO DA PRÁTICA DE REDUÇÃO DE VELOCIDADE, SUSPENSÃO DE SERVIÇO

OU DE COBRANÇA DE TRÁFEGO EXCEDENTE APÓS O ESGOTAMENTO DA FRANQUIA, POR PRAZO INDETERMINADO, ATÉ ULTERIOR DELIBERAÇÃO DO CONSELHO DIRETOR. 1. Despacho Decisório nº 1/2016/SEI/SRC (SEI nº 0414329) determinou, cautelarmente, que as prestadoras do Serviço de Comunicação Multimídia - SCM (banda larga fixa) se abstivessem de adotar, no âmbito das ofertas comerciais do serviço de banda larga fixa, práticas de redução de velocidade, suspensão de serviço ou de cobrança de tráfego excedente após o esgotamento da franquia. 2. Proposta de avocação do Processo nº 53500.008501/2016-35 pelo Conselho Diretor em virtude de grande repercussão social, de modo a permitir ao Conselho Diretor analisar diretamente todas as manifestações a respeito do tema, bem como deliberar sobre o cumprimento pelas prestadoras das condições fixadas no Despacho Decisório nº 1/2016/SEI/SRC (SEI nº 0414329). 3. Como consequência da presente avocação, as prestadoras abrangidas pelo referido Despacho Decisório ficam impedidas de adotar práticas de redução de velocidade, suspensão de serviço ou de cobrança de tráfego excedente após o esgotamento da franquia, ainda que tais ações encontrem previsão em contrato de adesão ou em plano de serviço, por prazo indeterminado, até ulterior decisão do Colegiado.

Serviço de Telecomunicações Aeronáuticas

Serviço Móvel Aeronáutico

Normatização

Resolução da ANATEL nº 661, de 22 de fevereiro de 2016 - Destina faixas de radiofrequências ao Serviço Limitado Móvel Aeronáutico (SLMA), para uso em sistemas de Radionavegação Aeronáutica

Serviço Móvel Especializado ou Trunking ou Trunk ou Sistema Troncalizado

Normatização

Resolução da ANATEL nº 672, de 16 de dezembro de 2016 - Altera o Regulamento sobre Condições de Uso de Radiofrequências nas Faixas de 800 MHz, 900 MHz, 1.800 MHz, 1.900 MHz e 2.100, aprovado pela Resolução nº 454, de 11 de dezembro de 2006, e alterado pela Resolução nº 562, de 9 de fevereiro de 2011.

Serviço Móvel Pessoal (SMP)

Jurisprudência

Supremo Tribunal Federal - Ação Direta de Inconstitucionalidade 3.959/SP (STF ADI 3959/SP - São Paulo) - Relator: Min. Luís Roberto Barroso - Plenário do STF - j. 20-04-2016 - Diário da Justiça Eletrônico, 11-05-2016. [Catalogação de Márcio Iório Aranha]

Inconstitucionalidade de lei estadual que impõe às operadoras de telefonia fixa e móvel a obrigação de constituírem cadastro especial de assinantes do serviço de interessados no sistema de venda por meio de telemarketing, por invasão da competência privativa da União para legislar sobre telecomunicações (art. 22, IV da CF/88).

Supremo Tribunal Federal - Ação Direta de Inconstitucionalidade 4.603/RN (STF - ADI 4603 / RN - Rio Grande do Norte) - Relator: Min. Dias Toffoli - Plenário do STF - Unânime - j. 01-07-2016 - Diário da Justiça Eletrônico, 12-08-2016. [Catalogação de Márcio Iório Aranha]

Inconstitucionalidade de lei estadual que veda a cobrança de tarifas de assinatura básica pelas prestadoras de serviços de telefonia fixa e móvel, por invasão de competência privativa da União para legislar sobre telecomunicações (art. 22, IV da CF/88).

Supremo Tribunal Federal - Ação Direta de Inconstitucionalidade 4.649/RJ (STF - ADI 4649 / RJ - Rio de Janeiro) - Relator: Min. Dias Toffoli - Plenário do STF - Unânime - j. 01-07-2016 - Diário da Justiça Eletrônico, 12-08-2016. [Catalogação de Márcio Iório Aranha]

Inconstitucionalidade de lei estadual que impõe a possibilidade de utilização, no mês subsequente, dos minutos da franquia não utilizados no mês anterior, por invasão da competência privativa da União para legislar sobre telecomunicações (art. 22, IV da CF/88).

Supremo Tribunal Federal - Ação Direta de Inconstitucionalidade 4.761/PR (STF - ADI 4761 / PR - Paraná) - Relator: Min. Luís Roberto Barroso - Plenário do STF - Unânime - j. 18-08-2016 - Diário da Justiça Eletrônico, 14-11-2016. [Catalogação de Márcio Iório Aranha]

Inconstitucionalidade, por invasão de competência privativa da União para legislar sobre telecomunicações e sobre propaganda comercial (art. 22, IV e XXIX), de lei estadual que impõe dever às operadoras de telefonia celular e aos fabricantes de aparelhos celulares e acessórios de incluir em sua propaganda advertência cancerígena pelo uso excessivo.

Normatização

Resolução da ANATEL nº 663, de 21 de março de 2016 - Aprova alteração no Regulamento sobre Exploração do Serviço Móvel Pessoal por Meio de Rede Virtual (RRV-SMP), aprovado pela Resolução nº 550, de 22 de novembro de 2010

Resolução da ANATEL nº 672, de 16 de dezembro de 2016 - Altera o Regulamento sobre Condições de Uso de Radiofrequências nas Faixas de 800 MHz, 900 MHz, 1.800 MHz, 1.900 MHz e 2.100, aprovado pela Resolução nº 454, de 11 de dezembro de 2006, e alterado pela Resolução nº 562, de 9 de fevereiro de 2011.

Atos

Acórdão do Conselho Diretor da ANATEL, de 5 de janeiro de 2016 (Ref. nº 2/2016) - EMENTA: COMPROMISSOS ADICIONAIS EM TERMO DE COMPROMISSO DE AJUSTAMENTO DE CONDUTA (TAC). FATOR DE REDUÇÃO DE DESIGUALDADES SOCIAIS E REGIONAIS E DE EXECUÇÃO DE PROJETOS ESTRATÉGICOS. MANUAL DE FISCALIZAÇÃO DE TAC. PROPOSTA DE ATO. PELA APROVAÇÃO. 1. Proposta de Ato com rol de opções de projetos estratégicos, que poderão ser acolhidos na forma de compromissos adicionais na eventual celebração do Termo de Compromisso de Ajustamento de Conduta (TAC) no âmbito da Anatel. 2. Proposta de fator de redução de desigualdades sociais e regionais e de execução de projetos estratégicos. 3. Elaboração de Manual de Fiscalização para monitoramento da execução de TAC. 4. Elaboração de proposta de revisão da tabela que contém o fator de redução de desigualdades sociais e regionais e de execução de projetos estratégicos para abranger a granularidade de setor censitário.

✔ Caso que deu origem ao Ato 50.004/2016, que estabelece o rol de opções de projetos que poderão ser executados como compromissos adicionais no âmbito de Termos de Compromisso de Ajustamento de Conduta (TAC).

Ato do Conselho Diretor da ANATEL nº 50.004, de 5 de janeiro de 2016 - Estabelece o rol de opções de projetos que poderão ser executados como compromissos adicionais no âmbito de Termo de Compromisso de Ajustamento de Conduta (TAC), nos termos do art. 18, I, do RTAC.

➡ **Anexo** - Anexo – Fator de Redução de Desigualdades Sociais e Regionais e de Execução de Projetos Estratégicos por Município

Ato do Conselho Diretor da ANATEL nº 50.169, de 22 de janeiro de 2016 - Disciplina a anuência prévia à reorganização societária do GRUPO TELEFÔNICA BRASIL, compreendendo a incorporação das empresas GVT PARTICIPAÇÕES S/A e GLOBAL VILLAGE TELECOM S/A pela TELEFÔNICA BRASIL S/A

Serviço Telefônico Fixo Comutado (STFC)

Jurisprudência

Supremo Tribunal Federal - Ação Direta de Inconstitucionalidade 3.959/SP (STF ADI 3959/SP - São Paulo) - Relator: Min. Luís Roberto Barroso - Plenário do STF - j. 20-04-2016 - Diário da Justiça Eletrônico, 11-05-2016. [Catalogação de Márcio Iório Aranha]

Inconstitucionalidade de lei estadual que impõe às operadoras de telefonia fixa e móvel a obrigação de constituírem cadastro especial de assinantes do serviço de interessados no sistema de venda por meio de telemarketing, por invasão da competência privativa da União para legislar sobre telecomunicações (art. 22, IV da CF/88).

Supremo Tribunal Federal - Ação Direta de Inconstitucionalidade 4.603/RN (STF - ADI 4603 / RN - Rio Grande do Norte) - Relator: Min. Dias Toffoli - Plenário do STF - Unânime - j. 01-07-2016 - Diário da Justiça Eletrônico, 12-08-2016. [Catalogação de Márcio Iório Aranha]

Inconstitucionalidade de lei estadual que veda a cobrança de tarifas de assinatura básica pelas prestadoras de serviços de telefonia fixa e móvel, por invasão de competência privativa da União para legislar sobre telecomunicações (art. 22, IV da CF/88).

Superior Tribunal de Justiça - Conflito de Competência Nº 138.405 (STJ - CC 138.405 / DF - Distrito Federal) - Relator: Min. Maria Thereza de Assis Moura - Relator para o Acórdão: Min. Herman Benjamin - Corte Especial do STJ - Maioria - j. 17-08-2016 - Diário da Justiça Eletrônico, 10-10-2016. [Catalogação de Márcio Iório Aranha]

Compete à Primeira Turma do STJ julgar conflito entre usuário e empresa concessionária de telefonia sobre o tema da adequação do serviço prestado e da responsabilidade civil contratual ou não dele decorrente, devido à natureza de direito público da relação jurídica litigiosa apoiada em amplo influxo de normas de direito público e forte controle exercido pela ANATEL. (Catalogado por: Márcio Iorio Aranha)

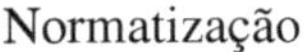

Normatização

Resolução da ANATEL nº 664, de 29 de abril de 2016 - Aprova a alteração dos Anexos I, II, III e IV da Resolução nº 552, de 10 de dezembro de 2010.

Resolução da ANATEL nº 665, de 2 de maio de 2016 - Destina faixas de radiofrequência e aprova o Regulamento sobre Canalização e Condições de Uso da Faixa de Radiofrequências de 380 MHz a 400 MHz.

➥ **Anexo** - Anexo – Regulamento sobre Canalização e Condições de Uso da Faixa de Radiofrequências de 380 MHz a 400 MHz

Resolução da ANATEL nº 666, de 2 de maio de 2016 - Substituição do Anexo I ao Regulamento sobre Áreas Locais para o Serviço Telefônico Fixo Comutado Destinado ao Uso do Público em Geral - STFC, aprovado pela Resolução nº 560, de 21 de janeiro de 2011. Alteração do Anexo II ao Regulamento sobre Áreas Locais para o Serviço Telefônico Fixo Comutado Destinado ao Uso do Público em Geral - STFC, aprovado pela Resolução nº 560, de 21 de janeiro de 2011. Alteração do art. 7º do Regulamento sobre Áreas Locais para o Serviço Telefônico Fixo Comutado Destinado ao Uso do Público em Geral - STFC, aprovado pela Resolução nº 560, de 21 de janeiro de 2011.

➥ **Anexo 1** - Anexo I – Áreas Locais formadas por conjunto de municípios pertencentes a Região Metropolitana e Áreas Locais formadas por conjunto de municípios criadas em decorrência de Continuidade Urbana ou outro critério legado

➥ **Anexo 2** - Anexo II – Tratamentos Locais concedidos em razão de alteração na composição de Regiões Metropolitanas

Resolução ANATEL nº 667, de 30 de maio de 2016 - Aprova o Regulamento Geral de Acessibilidade em Serviços de Telecomunicações de Interesse Coletivo.

➥ **Anexo 1** - Anexo I – Regulamento Geral de Acessibilidade em Telecomunicações

➥ **Anexo 2** - Anexo II - Revogações

✔ O art. 26 do RGA restringe a aplicabilidade do disposto no Capítulo II do Título III às concessionárias do STFC.

Resolução da ANATEL nº 668, de 27 de junho de 2016 - Altera o Regulamento do Serviço Telefônico Fixo Comutado, aprovado pela Resolução nº 426, de 9 de dezembro de 2005, e revoga a Resolução nº 283, de 29 de novembro de 2001.

➥ **Anexo 1** - Anexo I – Documentação Necessária ao Requerimento de Autorização

➥ **Anexo 2** - Anexo II – Do Projeto Técnico

➥ **Anexo 3** - Anexo III – Da Documentação Necessária à Efetivação de Transferências de Autorização e Modificações Societárias

Resolução da ANATEL nº 670, de 19 de outubro de 2016 - Revoga o Regulamento para Certificação do Cartão Indutivo, aprovado pela Resolução nº 471, de 5 de julho de 2007.

Resolução da ANATEL nº 672, de 16 de dezembro de 2016 - Altera o Regulamento sobre Condições de Uso de Radiofrequências nas Faixas de 800 MHz, 900 MHz, 1.800 MHz, 1.900 MHz e 2.100, aprovado pela Resolução nº 454, de 11 de dezembro de 2006, e alterado pela Resolução nº 562, de 9 de fevereiro de 2011.

Atos

Acórdão do Conselho Diretor da ANATEL, de 20 de maio de 2016 (Ref. nº 711/2016) - PROCEDIMENTO PARA APURAÇÃO DE DESCUMPRIMENTO DE OBRIGAÇÕES. SUPERINTENDÊNCIA DE SERVIÇOS PÚBLICOS. RECURSO. REGULAMENTO DO SERVIÇO TELEFÔNICO FIXO COMUTADO, APROVADO PELA RESOLUÇÃO Nº 426, DE 9 DE DEZEMBRO DE 2005 (RSTFC). INCLUSÃO, NOS DOCUMENTOS DE COBRANÇA, DE VALORES RELATIVOS À PRESTAÇÃO DE SERVIÇOS DE VALOR ADICIONADO E/OU DE OUTROS VALORES NÃO DECORRENTES DA PRESTAÇÃO DE STFC, SEM AUTORIZAÇÃO EXPRESSA DOS ASSINANTES. INFRAÇÃO CARACTERIZADA. RECURSO CONHECIDO E IMPROVIDO. 1. A infração ao art. 82, § 1º, do RSTFC é caracterizada em razão da verificação de que a Prestadora inseriu cobrança de serviços de terceiros sem a devida constatação da autorização expressa dos assinantes. 2. Os argumentos manejados pela Prestadora não se mostraram aptos e suficientes para a revisão da sanção imposta. 3. Recurso Administrativo conhecido e, no mérito, não provido. 4. Pelo não conhecimento das petições denominadas "Manifestação" e "Memorial para Decisão" apresentadas após o escoamento do prazo recursal, em face da ocorrência da preclusão consumativa.

Ato do Conselho Diretor da ANATEL nº 50.169, de 22 de janeiro de 2016 - Disciplina a anuência prévia à reorganização societária do GRUPO TELEFÔNICA BRASIL, compreendendo a incorporação das empresas GVT PARTICIPAÇÕES S/A e GLOBAL VILLAGE TELECOM S/A pela TELEFÔNICA BRASIL S/A

Ramos Jurídicos Afins

Direito do Consumidor

Direito do Consumidor

O art.3º do Regulamento de Aplicação de Sanções Administrativas prevê que as sanções nele dispostas são aplicáveis sem prejuízo das medidas previstas na legislação consumerista e das sanções de natureza civil e penal, inclusive a prevista pelo art.183 da Lei nº 9.472/1997.

Jurisprudência

Supremo Tribunal Federal - Ação Direta de Inconstitucionalidade 4.761/PR (STF - ADI 4761 / PR - Paraná) - Relator: Min. Luís Roberto Barroso - Plenário do STF - Unânime - j. 18-08-2016 - Diário da Justiça Eletrônico, 14-11-2016. [Catalogação de Márcio Iório Aranha]

> Inconstitucionalidade, por invasão de competência privativa da União para legislar sobre telecomunicações e sobre propaganda comercial (art. 22, IV e XXIX), de lei estadual que impõe dever às operadoras de telefonia celular e aos fabricantes de aparelhos celulares e acessórios de incluir em sua propaganda advertência cancerígena pelo uso excessivo.

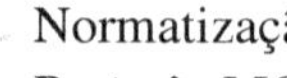

Normatização

Portaria MC nº 2.115, de 11 de maio de 2016 - Estabelece diretrizes para a Agência Nacional de Telecomunicações relativas à comercialização de planos de banda larga fixa.

✔ As diretrizes ministeriais definidas na Portaria MC nº 2.115/2016, provocada pelo anúncio comercial do novo presidente da Telefônica, após a aquisição da empresa espelho GVT, de que não comercializaria planos de franquia ilimitada e a reação social gerada por essa manifestação e por declaração à imprensa pela aparente concordância do então presidente da ANATEL, foram as seguintes: a) determinar à ANATEL que estabeleça mecanismos para promover, dentre as ofertas de planos de serviço de SCM, a existência de pelo menos um plano por empresa, com franquia de dados ilimitada; b) determinar à ANATEL que atue de modo a permitir a realização de de escolhas informadas pelo consumidor de serviços de telecomunicações, zelando para que as ofertas de serviços sejam transparentes, não enganosas, comparáveis, mensuráveis e adequadas ao perfil de consumo do cliente.

Atos

Acórdão do Conselho Diretor da ANATEL, de 20 de maio de 2016 (Ref. nº 711/2016) - PROCEDIMENTO PARA APURAÇÃO DE DESCUMPRIMENTO DE OBRIGAÇÕES. SUPERINTENDÊNCIA DE SERVIÇOS PÚBLICOS. RECURSO. REGULAMENTO DO SERVIÇO TELEFÔNICO FIXO COMUTADO, APROVADO PELA RESOLUÇÃO Nº 426, DE 9 DE DEZEMBRO DE 2005 (RSTFC). INCLUSÃO, NOS DOCUMENTOS DE COBRANÇA, DE VALORES RELATIVOS À PRESTAÇÃO DE SERVIÇOS DE VALOR ADICIONADO E/OU DE OUTROS VALORES NÃO DECORRENTES DA PRESTAÇÃO DE STFC, SEM AUTORIZAÇÃO EXPRESSA DOS ASSINANTES. INFRAÇÃO CARACTERIZADA. RECURSO CONHECIDO E IMPROVIDO. 1. A infração ao art. 82, § 1º, do RSTFC é caracterizada em razão da verificação de que a Prestadora inseriu cobrança de serviços de terceiros sem a devida constatação da autorização expressa dos assinantes. 2. Os argumentos manejados pela Prestadora não se mostraram aptos e suficientes para a revisão da sanção imposta. 3. Recurso Administrativo conhecido e, no mérito, não provido. 4. Pelo não conhecimento das petições denominadas "Manifestação" e "Memorial para Decisão" apresentadas após o escoamento do prazo recursal, em face da ocorrência da preclusão consumativa.

Acórdão do Conselho Diretor da ANATEL, de 22 de abril de 2016 (Ref. nº 151/2016) - DESPACHO DECISÓRIO Nº 1/2016/SEI/SRC. MEDIDA CAUTELAR. REPERCUSSÃO SOCIAL. AVOCAÇÃO DO PROCESSO Nº 53500.008501/2016-35 PELO CONSELHO DIRETOR. SUSPENSÃO DA PRÁTICA DE REDUÇÃO DE VELOCIDADE, SUSPENSÃO DE SERVIÇO OU DE COBRANÇA DE TRÁFEGO EXCEDENTE APÓS O ESGOTAMENTO DA FRANQUIA, POR PRAZO INDETERMINADO, ATÉ ULTERIOR DELIBERAÇÃO DO CONSELHO DIRETOR. 1. Despacho Decisório nº 1/2016/SEI/SRC (SEI nº 0414329) determinou, cautelarmente, que as prestadoras do Serviço de Comunicação Multimídia - SCM (banda larga fixa) se abstivessem de adotar, no âmbito das ofertas comerciais do serviço de banda larga fixa, práticas de redução de velocidade, suspensão de serviço ou de cobrança de tráfego excedente após o esgotamento da franquia. 2. Proposta de avocação do Processo nº 53500.008501/2016-35 pelo Conselho Diretor em virtude de grande repercussão social, de modo a permitir ao Conselho Diretor analisar diretamente todas as manifestações a respeito do tema, bem como deliberar sobre o cumprimento pelas prestadoras das condições fixadas no Despacho Decisório nº 1/2016/SEI/SRC (SEI nº 0414329). 3. Como consequência da presente avocação, as prestadoras abrangidas pelo referido Despacho Decisório ficam impedidas de adotar práticas de redução de velocidade, suspensão de serviço ou de cobrança de tráfego excedente após o esgotamento da franquia, ainda que tais ações encontrem previsão em contrato de adesão ou em plano de serviço, por prazo indeterminado, até ulterior decisão do Colegiado.

Aplicações de Telecomunicações

Internet

Jurisprudência

Superior Tribunal de Justiça - Agravo Regimental no Agravo em Recurso Especial nº 852730 (STJ - AgR AREsp nº 852.730 - SP/São Paulo) - Relator: Min. Jorge Mussi - Quinta Turma do STJ - Unânime - j. 02-06-2016 - Diário da Justiça Eletrônico, 15-6-2016. [Catalogação de Márcio Iório Aranha]

> A operação de internet via rádio caracteriza-se como serviço de telecomunicações multimídia, dependente de autorização do Poder Público para sua exploração, cuja ausência configura, em tese, o delito tipificado no art. 183 da Lei 9.472/97, mesmo que considerando-se o serviço de conexão à internet como serviço de valor adicionado.(Catalogado por: Márcio Iorio Aranha)

Superior Tribunal de Justiça - Conflito de Competência nº 146088 (STJ - CC nº 146088 - RJ/ Rio de Janeiro) - Relator: Min. Joel Ilan Paciornik - Terceira Seção do STJ - Unânime - j. 27-04-2016 - Diário da Justiça Eletrônico, 04-05-2016. [Catalogação de Márcio Iório Aranha]

> A conduta de compartilhamento ilegal de sinais de TV a Cabo e internet por parte de condomínio para seus condôminos não se enquadra no tipo do art. 183, da Lei 9.472/97, de desenvolvimento clandestino de atividades de telecomunicação, pois a internet, como Serviço de Valor Adicionado, não constitui serviço de telecomunicações e a TV a Cabo, mesmo se enquadrando na categoria de serviços de telecomunicações, estaria sendo recebida legitimamente pelo condomínio. Por isso, a conduta de compartilhamento ilegal de sinais de TV a Cabo e internet é de competência criminal da Justiça Comum Estadual. Não houve, no julgado, considerações sobre a distinção entre o provimento de internet e o Serviço de Comunicação Multimídia que o viabiliza, algo presente em outros julgados do STJ favoráveis à caracterização da redistribuição de Internet como atividade clandestina de telecomunicação. (Catalogado por: Márcio Iorio Aranha)

Normatização

Decreto nº 8.638, de 15 de janeiro de 2016 - Institui a Política de Governança Digital no âmbito dos órgãos e das entidades da administração pública federal direta, autárquica e fundacional.

Portaria MC nº 2.006, de 10 de maio de 2016 - Altera a Portaria nº 1.420, de 8 de outubro de 2014, incluindo representantes da Câmara dos Deputados e do Senado Federal na composição da Câmara de Gestão e companhamento do Desenvolvimento de Sistemas de Comunicação Máquina a Máquina, bem como altera o nome da Câmara em questão.

Portaria MC nº 2.115, de 11 de maio de 2016 - Estabelece diretrizes para a Agência Nacional de Telecomunicações relativas à comercialização de planos de banda larga fixa.

✔ As diretrizes ministeriais definidas na Portaria MC nº 2.115/2016, provocada pelo anúncio comercial do novo presidente da Telefônica, após a aquisição da empresa espelho GVT, de que não comercializaria planos de franquia ilimitada e a reação social gerada por essa manifestação e por declaração à imprensa pela aparente concordância do então presidente da ANATEL, foram as seguintes: a) determinar à ANATEL que estabeleça mecanismos para promover, dentre as ofertas de planos de serviço de SCM, a existência de pelo menos um plano por empresa, com franquia de dados ilimitada; b) determinar à ANATEL que atue de modo a permitir a realização de de escolhas informadas pelo consumidor de serviços de telecomunicações, zelando para que as ofertas de serviços sejam transparentes, não enganosas, comparáveis, mensuráveis e adequadas ao perfil de consumo do cliente.

Portaria MCTIC nº 5.507, de 30 de novembro de 2016 - Altera os artigos 2º e 3º da Portaria nº 1.420, de 8 de outubro de 2014, que Cria a Câmara de Gestão e Acompanhamento do Desenvolvimento de Sistemas de Comunicação Máquina a Máquina.

Resolução do CGI.br nº 15, de junho de 2016 - Posicionamento do CGI.br sobre franquia de dados na modalidade banda larga fixa de acesso à Internet.

Atos

Acórdão do Conselho Diretor da ANATEL, de 22 de abril de 2016 (Ref. nº 151/2016) - DESPACHO DECISÓRIO Nº 1/2016/SEI/SRC. MEDIDA CAUTELAR. REPERCUSSÃO SOCIAL. AVOCAÇÃO DO PROCESSO Nº 53500.008501/2016-35 PELO CONSELHO DIRETOR. SUSPENSÃO DA PRÁTICA DE REDUÇÃO DE VELOCIDADE, SUSPENSÃO DE SERVIÇO OU DE COBRANÇA DE TRÁFEGO EXCEDENTE APÓS O ESGOTAMENTO DA FRANQUIA, POR PRAZO INDETERMINADO, ATÉ ULTERIOR DELIBERAÇÃO DO CONSELHO DIRETOR. 1. Despacho Decisório nº 1/2016/SEI/SRC (SEI nº 0414329) determinou, cautelarmente, que as prestadoras do Serviço de Comunicação Multimídia - SCM (banda larga fixa) se abstivessem de adotar, no âmbito das ofertas comerciais do serviço de banda larga fixa, práticas de redução de velocidade, suspensão de serviço ou de cobrança de tráfego excedente após o esgotamento da franquia. 2. Proposta de avocação do Processo nº 53500.008501/2016-35 pelo Conselho Diretor em virtude de grande repercussão social, de modo a permitir ao Conselho Diretor analisar diretamente todas as manifestações a respeito do tema, bem como deliberar sobre o cumprimento pelas prestadoras das condições fixadas no Despacho Decisório nº 1/2016/SEI/SRC (SEI nº 0414329). 3. Como consequência da presente avocação, as prestadoras abrangidas pelo referido Despacho Decisório ficam impedidas de adotar práticas de redução de velocidade, suspensão de serviço ou de cobrança de tráfego excedente após o esgotamento da franquia, ainda que tais ações encontrem previsão em contrato de adesão ou em plano de serviço, por prazo indeterminado, até ulterior decisão do Colegiado.

Acesso a Serviços de Interesse Público e Uso de Radiofrequência por tais Serviços

Segurança Pública

Normatização

Resolução da ANATEL nº 665, de 2 de maio de 2016 - Destina faixas de radiofrequência e aprova o Regulamento sobre Canalização e Condições de Uso da Faixa de Radiofrequências de 380 MHz a 400 MHz.

➥ **Anexo** - Anexo – Regulamento sobre Canalização e Condições de Uso da Faixa de Radiofrequências de 380 MHz a 400 MHz

✔ Destinação das faixas de 380 MHz a 382,050 MHz e de 390 MHz a 392,050 MHz ao SLP em aplocações de segurança pública e defesa civil.

Defesa Civil

Normatização

Resolução da ANATEL nº 665, de 2 de maio de 2016 - Destina faixas de radiofrequência e aprova o Regulamento sobre Canalização e Condições de Uso da Faixa de Radiofrequências de 380 MHz a 400 MHz.

➥ **Anexo** - Anexo – Regulamento sobre Canalização e Condições de Uso da Faixa de Radiofrequências de 380 MHz a 400 MHz

✔ Destinação das faixas de 380 MHz a 382,050 MHz e de 390 MHz a 392,050 MHz ao SLP em aplocações de segurança pública e defesa civil.

Banda Larga

Normatização

Lei nº 13.249, de 13 de janeiro de 2016 - Institui o Plano Plurianual da União para o período de 2016 a 2019

➥ **Anexo I** - Anexo I – Programas Temáticos

➥ **Anexo II** - Anexo II – Programas de Gestão, Manutenção e Serviços ao Estado

➥ **Anexo III** - Anexo III – Empreendimentos Individualizados como Iniciativas – Acima do Valor de Referência

➥ **Anexo IV** - Anexo IV – Empreendimentos Individualizados como Iniciativas – Abaixo do Valor de Referência

✔ Quando do detalhamento dos Programas Temáticos do Anexo I da Lei 13.249/2016 (PPA 2016-2019), no âmbito do Programa 2025, intitulado Comunicações para o Desenvolvimento, a Inclusão e a Democracia, são elencados os seguintes objetivos: a) Objetivo 1020 - Expandir o acesso à internet em banda larga para todos promovendo o uso das Tecnologias da Informação e Comunicação, tendo por meta (48G) aumentar a velocidade média da banda larga fixa, (048H) aumentar a proporção de acessos da banda larga móvel (3G/4G) para 90% dos acessos móveis pessoais, (048I) ampliar a parcela da população coberta com rede de transporte (backhaul) óptica, (048J) alcançar 1 milhão de participantes pelos Programas de Inclusão Digital, (048K) implantar 262 cidades digitais, (048L) atender 11.000 áreas de vulnerabilidade digital com acesso à internet pelo Programa GESAC, e (04EC) disponibilizar o serviço de banda larga móvel em todos os municípios do país; b) Objetivo 1021 - Viabilizar a implantação da TV digital em 3.244 municípios, (0482) a distribuição de conversores digitais para os 100% dos domicílios beneficiários do Programa Bolsa Família e (0483) disponibilização gratuita de 24 aplicativos interativos de TV digital à população; c) Objetivo 1022 - Ampliar os serviços de comunicação e expandir a radiodifusão com ênfase no Sistema Público, tendo por metas (048P) a ampliação do número de rádios e televisões educativas em 140 novas estações, das quais 72 na Região Nordeste e o restante distribuído pelas demais regiões do país; (048S) a ampliação do número de rádios comunitárias no país em 400 novas estações e (048R) a ampliação do número de geradoras de televisão comerciais em 55 novas estações; d) Objetivo 1023 - Incentivar a produção nacional e a distribuição de conteúdos digitais criativos; e) Objetivo 1062 - Ampliar a produção e o acesso da sociedade a conteúdos multimídia, de natureza educativa, artística, cultural, informativa, científica e promotores da cidadania, ofertados de forma colaborativa pela Rede Nacional de Comunicação Pública; f) Objetivo 1135 - Promover a inovação, o desenvolvimento tecnólogico e a competitividade da indústria nacional de telecomunicações. No âmbito do Programa 2058 - Defesa Nacional, o Objetivo 1125, que dispõe sobre cooperação com o desenvolvimento nacional, defesa civil e ações governamentais em benefício da sociedade, adota como Iniciativa 05TA o aprimoramento do uso da rede de telecomunicação via satélite na Amazônia. No âmbito do Programa 2079 - Desenvolvimento da Indústria, Comércio e Serviços, o Objetivo 1093 (Elevar a competitividade, a qualidade e a produtividade da indústria brasileira por meio do investimento, da melhoria dos processos produtivos e da modernização do parque industrial), a Iniciativa 058G vem definida como a difusão e monitoramento periódico do regime de redução temporária da alíquota do imposto de importação para bens de capital e bens de informática e telecomunicações (regime de Ex-Tarifário), e redução da burocracia e do prazo para sua concessão, por meio da implantação de sistema eletrônico.

Decreto nº 8.638, de 15 de janeiro de 2016 - Institui a Política de Governança Digital no âmbito dos órgãos e das entidades da administração pública federal direta, autárquica e fundacional.

Portaria MC nº 2.006, de 10 de maio de 2016 - Altera a Portaria nº 1.420, de 8 de outubro de 2014, incluindo representantes da Câmara dos Deputados e do Senado Federal na composição da Câmara de Gestão e companhamento do Desenvolvimento de Sistemas de Comunicação Máquina a Máquina, bem como altera o nome da Câmara em questão.

Portaria MC nº 2.111, de 11 de maio de 2016 - Processo de habilitação e seleção de propostas para o Projeto Minha Cidade Inteligente a ser implementado com recursos do Orçamento Geral da União - OGU para o exercício de 2016.

Portaria MC nº 2.115, de 11 de maio de 2016 - Estabelece diretrizes para a Agência Nacional de Telecomunicações relativas à comercialização de planos de banda larga fixa.

✔ As diretrizes ministeriais definidas na Portaria MC nº 2.115/2016, provocada pelo anúncio comercial do novo presidente da Telefônica, após a aquisição da empresa espelho GVT, de que não comercializaria planos de franquia ilimitada e a reação social gerada por essa manifestação e por declaração à imprensa pela aparente concordância do então presidente da ANATEL, foram as seguintes: a) determinar à ANATEL que estabeleça mecanismos para promover, dentre as ofertas de planos de serviço de SCM, a existência de pelo menos um plano por empresa, com franquia de dados ilimitada; b) determinar à ANATEL que atue de modo a permitir a realização de de escolhas informadas pelo consumidor de serviços de telecomunicações, zelando para que as ofertas de serviços sejam transparentes, não enganosas, comparáveis, mensuráveis e adequadas ao perfil de consumo do cliente.

Decreto nº 8.771, de 11 de maio de 2016 - Regulamenta a Lei no 12.965, de 23 de abril de 2014, para tratar das hipóteses admitidas de discriminação de pacotes de dados na internet e de degradação de tráfego, indicar procedimentos para guarda e proteção de dados por provedores de conexão e de aplicações, apontar medidas de transparência na requisição de dados cadastrais pela administração pública e estabelecer parâmetros para fiscalização e apuração de infrações.

Portaria MCTIC nº 5.507, de 30 de novembro de 2016 - Altera os artigos 2º e 3º da Portaria nº 1.420, de 8 de outubro de 2014, que Cria a Câmara de Gestão e Acompanhamento do Desenvolvimento de Sistemas de Comunicação Máquina a Máquina.

Resolução do CGI.br nº 15, de junho de 2016 - Posicionamento do CGI.br sobre franquia de dados na modalidade banda larga fixa de acesso à Internet.

Atos

Acórdão do Conselho Diretor da ANATEL, de 22 de abril de 2016 (Ref. nº 151/2016) - DESPACHO DECISÓRIO Nº 1/2016/SEI/SRC. MEDIDA CAUTELAR. REPERCUSSÃO SOCIAL. AVOCAÇÃO DO PROCESSO Nº 53500.008501/2016-35 PELO CONSELHO DIRETOR. SUSPENSÃO DA PRÁTICA DE REDUÇÃO DE VELOCIDADE, SUSPENSÃO DE SERVIÇO OU DE COBRANÇA DE TRÁFEGO EXCEDENTE APÓS O ESGOTAMENTO DA FRANQUIA, POR PRAZO INDETERMINADO, ATÉ ULTERIOR DELIBERAÇÃO DO CONSELHO DIRETOR. 1. Despacho Decisório nº 1/2016/SEI/SRC (SEI nº 0414329) determinou, cautelarmente, que as prestadoras do Serviço de Comunicação Multimídia - SCM (banda larga fixa) se abstivessem de adotar, no âmbito das ofertas comerciais do serviço de banda larga fixa, práticas de redução de velocidade, suspensão de serviço ou de cobrança de tráfego excedente após o esgotamento da franquia. 2. Proposta de avocação do Processo nº 53500.008501/2016-35 pelo Conselho Diretor em virtude de grande repercussão social, de modo a permitir ao Conselho Diretor analisar diretamente todas as manifestações a respeito do tema, bem como deliberar sobre o cumprimento pelas prestadoras das condições fixadas no Despacho Decisório nº 1/2016/SEI/SRC (SEI nº 0414329). 3. Como consequência da presente avocação, as prestadoras abrangidas pelo referido Despacho Decisório ficam impedidas de adotar práticas de redução de velocidade, suspensão de serviço ou de cobrança de tráfego excedente após o esgotamento da franquia, ainda que tais ações encontrem previsão em contrato de adesão ou em plano de serviço, por prazo indeterminado, até ulterior decisão do Colegiado.

Acórdão do Conselho Diretor da ANATEL, de 5 de janeiro de 2016 (Ref. nº 2/2016) - EMENTA: COMPROMISSOS ADICIONAIS EM TERMO DE COMPROMISSO DE AJUSTAMENTO DE CONDUTA (TAC). FATOR DE REDUÇÃO DE DESIGUALDADES SOCIAIS E REGIONAIS E DE EXECUÇÃO DE PROJETOS ESTRATÉGICOS. MANUAL DE FISCALIZAÇÃO DE TAC. PROPOSTA DE ATO. PELA APROVAÇÃO. 1. Proposta de Ato com rol de opções de projetos estratégicos, que poderão ser acolhidos na forma de compromissos adicionais na eventual celebração do Termo de Compromisso de Ajustamento de Conduta (TAC) no âmbito da Anatel. 2. Proposta de fator de redução de desigualdades sociais e regionais e de execução de projetos estratégicos. 3. Elaboração de Manual de Fiscalização para monitoramento da execução de TAC. 4. Elaboração de proposta de revisão da tabela que contém o fator de redução de desigualdades sociais e regionais e de execução de projetos estratégicos para abranger a granularidade de setor censitário.

✔ Caso que deu origem ao Ato 50.004/2016, que estabelece o rol de opções de projetos que poderão ser executados como compromissos adicionais no âmbito de Termos de Compromisso de Ajustamento de Conduta (TAC).

Ato do Conselho Diretor da ANATEL nº 50.004, de 5 de janeiro de 2016 - Estabelece o rol de opções de projetos que poderão ser executados como compromissos adicionais no âmbito de Termo de Compromisso de Ajustamento de Conduta (TAC), nos termos do art. 18, I, do RTAC.

➥ **Anexo** - Anexo – Fator de Redução de Desigualdades Sociais e Regionais e de Execução de Projetos Estratégicos por Município

Governança Digital

Normatização

Decreto nº 8.638, de 15 de janeiro de 2016 - Institui a Política de Governança Digital no âmbito dos órgãos e das entidades da administração pública federal direta, autárquica e fundacional.

Radionavegação Aeronáutica

Normatização

Resolução da ANATEL nº 661, de 22 de fevereiro de 2016 - Destina faixas de radiofrequências ao Serviço Limitado Móvel Aeronáutico (SLMA), para uso em sistemas de Radionavegação Aeronáutica

Comércio Eletrônico

Atores no Setor de Telecomunicações

Jurisprudência

Superior Tribunal de Justiça - Agravo Regimental no Recurso Especial nº 1.262.987 (STJ - RESP 1139844 AgR / AC- Acre) - Relator: Min. Sérgio Kukina - Primeira Turma do STJ - Unânime - j. 21-06-2016 - Diário da Justiça Eletrônico, 28-06-2016. [Catalogação de Márcio Iório Aranha]

O Tema 541 dos Recursos Repetitivos, firmado pela Primeira Seção do Superior Tribunal de Justiça, no julgamento do REsp 1.201.635/MG, esclarece que "O ICMS incidente sobre a energia elétrica consumida pelas empresas de telefonia, que promovem processo industrial por equiparação, pode ser creditado para abatimento do imposto devido quando da prestação de serviços.

Supremo Tribunal Federal - Ação Direta de Inconstitucionalidade 3.959/SP (STF ADI 3959/SP - São Paulo) - Relator: Min. Luís Roberto Barroso - Plenário do STF - j. 20-04-2016 - Diário da Justiça Eletrônico, 11-05-2016. [Catalogação de Márcio Iório Aranha]

Inconstitucionalidade de lei estadual que impõe às operadoras de telefonia fixa e móvel a obrigação de constituírem cadastro especial de assinantes do serviço de interessados no sistema de venda por meio de telemarketing, por invasão da competência privativa da União para legislar sobre telecomunicações (art. 22, IV da CF/88).

Superior Tribunal de Justiça - Conflito de Competência Nº 138.405 (STJ - CC 138.405 / DF - Distrito Federal) - Relator: Min. Maria Thereza de Assis Moura - Relator para o Acórdão: Min. Herman Benjamin - Corte Especial do STJ - Maioria - j. 17-08-2016 - Diário da Justiça Eletrônico, 10-10-2016. [Catalogação de Márcio Iório Aranha]

Compete à Primeira Turma do STJ julgar conflito entre usuário e empresa concessionária de telefonia sobre o tema da adequação do serviço prestado e da responsabilidade civil contratual ou não dele decorrente, devido à natureza de direito público da relação jurídica litigiosa apoiada em amplo influxo de normas de direito público e forte controle exercido pela ANATEL. (Catalogado por: Márcio Iorio Aranha)

Superior Tribunal de Justiça - Conflito de Competência nº 146088 (STJ - CC nº 146088 - RJ/ Rio de Janeiro) - Relator: Min. Joel Ilan Paciornik - Terceira Seção do STJ - Unânime - j. 27-04-2016 - Diário da Justiça Eletrônico, 04-05-2016. [Catalogação de Márcio Iório Aranha]

A conduta de compartilhamento ilegal de sinais de TV a Cabo e internet por parte de condomínio para seus condôminos não se enquadra no tipo do art. 183, da Lei 9.472/97, de desenvolvimento clandestino de atividades de telecomunicação, pois a internet, como Serviço de Valor Adicionado, não constitui serviço de telecomunicações e a TV a Cabo, mesmo se enquadrando na categoria de serviços de telecomunicações, estaria sendo recebida legitimamente pelo condomínio. Por isso, a conduta de compartilhamento ilegal de sinais de TV a Cabo e internet é de competência criminal da Justiça Comum Estadual. Não houve, no julgado, considerações sobre a distinção entre o provimento de internet e o Serviço de Comunicação Multimídia que o viabiliza, algo presente em outros julgados do STJ favoráveis à caracterização da redistribuição de Internet como atividade clandestina de telecomunicação. (Catalogado por: Márcio Iorio Aranha)

Supremo Tribunal Federal - Recurso Ordinário em Habeas Corpus nº 119.828/GO (STF - RHC119828/GO - Goiás) - Relator: Min. Marco Aurélio - Primeira Turma do STF - Unânime - j. 04-10-2016 - Diário da Justiça Eletrônico, 24-10-2016, pág. 226. [Catalogação de Márcio Iório Aranha]

A baixa frequencia de emissora de radiodifusão clandestina não se presta a afastar a tipicidade do delito de desenvolvimento de atividade clandestina de telecomunicação, repercutindo, somente, na fixação da pena-base em virtude das conquências da prática criminosa.

ANATEL

Jurisprudência

Superior Tribunal de Justiça - Agravo Regimental no Recurso Especial nº 1570188 (STJ - AgR Resp 1570188 - PE/ Pernambuco) - Relator: Min. Mauro Campbell Marques - Segunda Turma do STJ - Unânime - j. 03-10-2016 - Diário da Justiça Eletrônico, 16-03-2016. [Catalogação de Márcio Iório Aranha]

Em demandas em que se discute relação contratual entre consumidor e concessionária de serviço de telecomunicações, em especial perdas e danos e lucros cessantes de rescisão contratual, a agência reguladora não detém legitimidade para ingressar como litisconsorte passivo.

Atos

Acórdão do Conselho Diretor da ANATEL, de 5 de janeiro de 2016 (Ref. nº 2/2016) - EMENTA: COMPROMISSOS ADICIONAIS EM TERMO DE COMPROMISSO DE AJUSTAMENTO DE CONDUTA (TAC). FATOR DE REDUÇÃO DE DESIGUALDADES SOCIAIS E REGIONAIS E DE EXECUÇÃO DE PROJETOS ESTRATÉGICOS. MANUAL DE FISCALIZAÇÃO DE TAC. PROPOSTA DE ATO. PELA APROVAÇÃO. 1. Proposta de Ato com rol de opções de projetos estratégicos, que poderão ser acolhidos na forma de compromissos adicionais na eventual celebração do Termo de Compromisso de Ajustamento de Conduta (TAC) no âmbito da Anatel. 2. Proposta de fator de redução de desigualdades sociais e regionais e de execução de projetos estratégicos. 3. Elaboração de Manual de Fiscalização para monitoramento da execução de TAC. 4. Elaboração de proposta de revisão da tabela que contém o fator de redução de desigualdades sociais e regionais e de execução de projetos estratégicos para abranger a granularidade de setor censitário.

✔ Caso que deu origem ao Ato 50.004/2016, que estabelece o rol de opções de projetos que poderão ser executados como compromissos adicionais no âmbito de Termos de Compromisso de Ajustamento de Conduta (TAC).

Súmula da ANATEL nº 19, de 1º de dezembro de 2016 - Pedidos de anuência prévia de transferência de controle ou de outorga poderão ser recebidos e instruídos sem a comprovação da regularidade fiscal, a qual deverá ser demonstrada até o momento da assinatura do ato de transferência. Nos casos de transferência de controle, a regularidade fiscal deverá ser exigida apenas da empresa detentora de outorga para exploração do serviço, envolvida na operação. Nos casos de transferência de outorga, apenas será exigida a comprovação da regularidade fiscal do cessionário. Excepcionalmente e de forma fundamentada, a Anatel poderá demandar condicionantes adicionais em casos concretos. A comprovação de regularidade deve incluir débitos tributários constituídos em definitivo, inscritos ou não nas dívidas ativas, nas esferas federal, estadual e municipal; prova da regularidade relativa à Seguridade Social e ao Fundo de Garantia por Tempo de Serviço - FGTS; bem como as receitas administradas por esta Agência. Não cabe comprovação de regularidade fiscal (...), exceto quanto ao Fistel, em anuências prévias que não envolvam transferência de controle ou de outorga, por falta de previsão legal ou regulamentar.

Poder Executivo

Ministério da Ciência, Tecnologia, Inovações e Comunicações

Tema Conexo: Serviços no Setor de Telecomunicações : Radiodifusão.

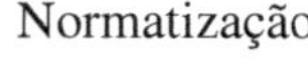

Normatização

Lei 13.341, de 29 de setembro de 2016 - Altera as Leis nos 10.683, de 28 de maio de 2003, que dispõe sobre a organização da Presidência da República e dos Ministérios, e 11.890, de 24 de dezembro de 2008, e revoga a Medida Provisória no 717, de 16 de março de 2016 (Conversão da Medida Provisória nº 726, de 12 de maio de 2016).

Medida Provisória nº 726, de 12 de maio de 2016 - Altera e revoga dispositivos da Lei nº 10.683, de 28 de maio de 2003, que dispõe sobre a organização da Presidência da República e dos Ministérios (Convertida na Lei 13.341, de 29 de setembro de 2016).

Portaria MC nº 4.334, de 17 de setembro de 2015 - Dispõe sobre o serviço de radiodifusão comunitária

➥ **Anexo 1** - Cadastro de Demonstração de Interesse – Radiodifusão Comunitária

➥ **Anexo 2** - Requerimento de Outorga – RADCOM

➥ **Anexo 3** - Modelo de Manifestação em Apoio de Pessoa Jurídica

➥ **Anexo 4** - Modelo de Manifestação em Apoio de Pessoa Física

➥ **Anexo 5** - Modelo de Requerimento de Renovação de Outorga – Radiodifusão Comunitária

➥ **Anexo 7** - Formulário de Pós-Outorga

➥ **Anexo 8** - Formulário de Acordo Associativo

✔ Regência da relação jurídica entre o Ministério das Comunicações e as entidades interessadas em obter autorização ou que já prestem o Serviço de Radiodifusão Comunitária.

Portaria MC nº 5.774, de 16 de dezembro de 2016 - Altera o Regulamento de Sanções Administrativas aplicáveis a entidades prestadoras dos serviços de radiodifusão, seus ancilares e auxiliares.

Ministério do Planejamento, Orçamento e Gestão

Normatização

Decreto nº 8.638, de 15 de janeiro de 2016 - Institui a Política de Governança Digital no âmbito dos órgãos e das entidades da administração pública federal direta, autárquica e fundacional.

Poder Judiciário

STF

Jurisprudência

Supremo Tribunal Federal - Agravo Regimental na Reclamação 19541/MG (STF - AgR Rcl 19541/ MG - Minas Gerais) - Relator: Min. Luís Roberto Barroso - Primeira Turma do STF - Unânime - j. 07-06-2016 - Diário da Justiça Eletrônico, 21-06-2016. [Catalogação de Márcio Iório Aranha]

Inaplicável a transcendência dos motivos determinantes para fins de justificativa de reclamação perante o STF, da ADI 1.668-MC, que havia suspendido a eficácia do art. 19, XV da Lei 9.472/97 (LGT), que autorizava a ANATEL a realizar busca e apreensão independentemente de ordem judicial, com a apreensão de equipamentos de telecomunicações de rádio clandestina, com esteio no art. 3º, parágrafo único da Lei 10.871/2004, com a redação dada pela Lei 11.292/2006, que reconhece como atribuição dos cargos da carreira de regulação e fiscalização e de suporte à regulação e fiscalização de serviços públicos de telecomunicações as prerrogativas de promoção de interdição de estabelecimentos, instalações ou equipamentos e apreensão de bens ou produtos, dentre outras manifestações de polícia administrativa dotada de auto-executoriedade. A lacração e apreensão de equipamento transmissor de telecomunicação com esteio na Lei 10.871/2004 não apta a violar o paradigma -- ADI 1.668-MC -- para justificar reclamação ao STF em virtude de ofensa à autoridade de suas decisões. A reclamação, neste caso, somente se justificaria no caso de decisão posterior à ADI 1.668-MC que reconhecesse a eficácia do art. 19, XV da Lei 9.472/97 em ofensa ao referido paradigma, pois a eficácia vinculante dos acórdãos em controle abstrato de constitucionalidade somente atingem o objeto examinado pela Corte. Inaplicável a teoria da transcendência dos motivos determinantes.

Supremo Tribunal Federal - Ação Direta de Inconstitucionalidade 3.959/SP (STF ADI 3959/SP - São Paulo) - Relator: Min. Luís Roberto Barroso - Plenário do STF - j. 20-04-2016 - Diário da Justiça Eletrônico, 11-05-2016. [Catalogação de Márcio Iório Aranha]

Inconstitucionalidade de lei estadual que impõe às operadoras de telefonia fixa e móvel a obrigação de constituírem cadastro especial de assinantes do serviço de interessados no sistema de venda por meio de telemarketing, por invasão da competência privativa da União para legislar sobre telecomunicações (art. 22, IV da CF/88).

Supremo Tribunal Federal - Ação Direta de Inconstitucionalidade 4.603/RN (STF - ADI 4603 / RN - Rio Grande do Norte) - Relator: Min. Dias Toffoli - Plenário do STF - Unânime - j. 01-07-2016 - Diário da Justiça Eletrônico, 12-08-2016. [Catalogação de Márcio Iório Aranha]

Inconstitucionalidade de lei estadual que veda a cobrança de tarifas de assinatura básica pelas prestadoras de serviços de telefonia fixa e móvel, por invasão de competência privativa da União para legislar sobre telecomunicações (art. 22, IV da CF/88).

Supremo Tribunal Federal - Ação Direta de Inconstitucionalidade 4.649/RJ (STF - ADI 4649 / RJ - Rio de Janeiro) - Relator: Min. Dias Toffoli - Plenário do STF - Unânime - j. 01-07-2016 - Diário da Justiça Eletrônico, 12-08-2016. [Catalogação de Márcio Iório Aranha]

Inconstitucionalidade de lei estadual que impõe a possibilidade de utilização, no mês subsequente, dos minutos da franquia não utilizados no mês anterior, por invasão da competência privativa da União para legislar sobre telecomunicações (art. 22, IV da CF/88).

Supremo Tribunal Federal - Ação Direta de Inconstitucionalidade 4.761/PR (STF - ADI 4761 / PR - Paraná) - Relator: Min. Luís Roberto Barroso - Plenário do STF - Unânime - j. 18-08-2016 - Diário da Justiça Eletrônico, 14-11-2016. [Catalogação de Márcio Iório Aranha]

Inconstitucionalidade, por invasão de competência privativa da União para legislar sobre telecomunicações e sobre propaganda comercial (art. 22, IV e XXIX), de lei estadual que impõe dever às operadoras de telefonia celular e aos fabricantes de aparelhos celulares e acessórios de incluir em sua propaganda advertência cancerígena pelo uso excessivo.

Supremo Tribunal Federal - Habeas Corpus nº 135.148/ BA (STF - HC nº135.248/BA - Bahia) - Relator: Min. Carmen Lúcia - Segunda Turma do STF - Unânime - j. 23-08-2016 - Diário da Justiça Eletrônico, 05-09-2016. [Catalogação de Márcio Iório Aranha]

Quando não há, nos autos, comprovação, por parte das autoridades competentes, de inexistência de lesividade da conduta de atividade clandestina de telecomunicação, mesmo que a potência do transmissor seja baixa (25W), a demonstração do potencial lesivo afasta a incidência do princípio da insignificância.

Supremo Tribunal Federal - Recurso Ordinário em Habeas Corpus nº 119.828/GO (STF - RHC119828/GO - Goiás) - Relator: Min. Marco Aurélio -

Primeira Turma do STF - Unânime - j. 04-10-2016 - Diário da Justiça Eletrônico, 24-10-2016, pág. 226. [Catalogação de Márcio Iório Aranha]

A baixa frequencia de emissora de radiodifusão clandestina não se presta a afastar a tipicidade do delito de desenvolvimento de atividade clandestina de telecomunicação, repercutindo, somente, na fixação da pena-base em virtude das conquências da prática criminosa.

Supremo Tribunal Federal - Repercussão Geral no Recurso Extraordinário nº 776.594 (STF - RE 776594 RG / SP - São Paulo) - Relator: Min. Luiz Fux - Plenário do STF - Maioria - j. 06-10-2016 - Diário da Justiça Eletrônico, 20-10-2016. [Catalogação de Márcio Iório Aranha]

Constitucionalidade da questão sobre a taxa municipal de fiscalização de licença para o funcionamento das torres e antenas de transmissão e recepção de dados e voz - estações rádio-base de telecomunicações.

STJ

Jurisprudência

Superior Tribunal de Justiça - Agravo Interno no Agravo em Recurso Especial nº 497670 (STJ - AgInt no AREsp 497.670/BA - Bahia) - Relator: Min. Joel Ilan Paciornik - Quinta Turma do STJ - Unânime - j. 24-05-2016 - Diário da Justiça Eletrônico, 03-06-2016. [Catalogação de Márcio Iório Aranha]

A operação de transmissor de radiodifusão sonora de baixa potência (24,5W) não afasta a condição de delito de natureza formal de perigo abstrato ao desenvolvimento de atividade clandestina de telecomunicação prevista no art. 183 da Lei 9.472/97.

Superior Tribunal de Justiça - Agravo Regimental no Agravo em Recurso Especial nº 852730 (STJ - AgR AREsp nº 852.730 - SP/São Paulo) - Relator: Min. Jorge Mussi - Quinta Turma do STJ - Unânime - j. 02-06-2016 - Diário da Justiça Eletrônico, 15-6-2016. [Catalogação de Márcio Iório Aranha]

A operação de internet via rádio caracteriza-se como serviço de telecomunicações multimídia, dependente de autorização do Poder Público para sua exploração, cuja ausência configura, em tese, o delito tipificado no art. 183 da Lei 9.472/97, mesmo que considerando-se o serviço de conexão à internet como serviço de valor adicionado.(Catalogado por: Márcio Iorio Aranha)

Superior Tribunal de Justiça - Agravo Regimental no Recurso Especial nº 1.262.987 (STJ - RESP 1139844 AgR / AC- Acre) - Relator: Min. Sérgio Kukina - Primeira Turma do STJ - Unânime - j. 21-06-2016 - Diário da Justiça Eletrônico, 28-06-2016. [Catalogação de Márcio Iório Aranha]

O Tema 541 dos Recursos Repetitivos, firmado pela Primeira Seção do Superior Tribunal de Justiça, no julgamento do REsp 1.201.635/MG, esclarece que "O ICMS incidente sobre a energia elétrica consumida pelas empresas de telefonia, que promovem processo industrial por equiparação, pode ser creditado para abatimento do imposto devido quando da prestação de serviços.

Superior Tribunal de Justiça - Agravo Regimental no Recurso Especial nº 1546511 (STJ - AgR Resp 1546511 - RJ/ Rio de Janeiro) - Relator: Min. Félix Fischer - Quinta Turma do STJ - Unânime - j. 16-02-2016 - Diário da Justiça Eletrônico, 24-02-2016. [Catalogação de Márcio Iório Aranha]

O termo "atividades de telecomunicação" utilizado no tipo penal do art. 183 da Lei 9.472/97 (Lei Geral de Telecomunicações) o é em sentido amplo, englobando a operação de radiodifusão clandestina. O crime previsto no art. 183 da Lei 9.472/97 é categorizado como crime formal, de perigo abstrato, bastando para sua consumação o desenvolvimento ilegal do serviço de telecomunicação e, portanto, é irrelevante a ocorrência de dano concreto ocasionado pela conduta do agente, inaplicável o princípio da insignificância, pois, por si só, é suficiente para comprometer a segurança e a regularidade do sistema de telecomunicações do país, ausente o requisito básico da lesão inexpressiva (STJ, AgRg nos EREsp 1.177.484/RS), conforme entendimento harmonizado pela 3ª Seção do STJ. Por sua vez, jurisprudência do STF concluiu que a conduta tipificada no art. 70 da Lei 4.117/62 (Código Brasileiro de Telecomunicações) constituiu tipo penal distinto do previsto no art. 183 da LGT pelo critério da habitualidade (STF, HC 128.567/MG). Caracterizada a habitualidade no caso de proprietário de rádio comunitária na operação de estação clandestina de radiofrequencia, há dois anos, sem a autorização do Poder Público, fica configurada, em tese, a conduta apenável.

Superior Tribunal de Justiça - Agravo Regimental no Recurso Especial nº 1570188 (STJ - AgR Resp 1570188 - PE/ Pernambuco) - Relator: Min. Mauro Campbell Marques - Segunda Turma do STJ - Unânime - j. 03-10-2016 - Diário da Justiça Eletrônico, 16-03-2016. [Catalogação de Márcio Iório Aranha]

Em demandas em que se discute relação contratual entre consumidor e concessionária de serviço de telecomunicações, em especial perdas e danos e lucros cessantes de rescisão contratual, a agência reguladora não detém legitimidade para ingressar como litisconsorte passivo.

Superior Tribunal de Justiça - Conflito de Competência Nº 138.405 (STJ - CC 138.405 / DF - Distrito Federal) - Relator: Min. Maria Thereza de Assis Moura - Relator para o Acórdão: Min. Herman Benjamin - Corte Especial do STJ - Maioria - j. 17-08-2016 - Diário da Justiça Eletrônico, 10-10-2016. [Catalogação de Márcio Iório Aranha]

Compete à Primeira Turma do STJ julgar conflito entre usuário e empresa concessionária de telefonia sobre o tema da adequação do serviço prestado e da responsabilidade civil contratual ou não dele decorrente, devido à natureza de direito público da relação jurídica litigiosa apoiada em amplo influxo de normas de direito público e forte controle exercido pela ANATEL. (Catalogado por: Márcio Iorio Aranha)

Superior Tribunal de Justiça - Conflito de Competência nº 146088 (STJ - CC nº 146088 - RJ/ Rio de Janeiro) - Relator: Min. Joel Ilan Paciornik - Terceira Seção do STJ - Unânime - j. 27-04-2016 - Diário da Justiça Eletrônico, 04-05-2016. [Catalogação de Márcio Iório Aranha]

A conduta de compartilhamento ilegal de sinais de TV a Cabo e internet por parte de condomínio para seus condôminos não se enquadra no tipo do art. 183, da Lei 9.472/97, de desenvolvimento clandestino de atividades de telecomunicação, pois a internet, como Serviço de Valor Adicionado, não constitui serviço de telecomunicações e a TV a Cabo, mesmo se enquadrando na categoria de serviços de telecomunicações, estaria sendo recebida legitimamente pelo condomínio. Por isso, a conduta de compartilhamento ilegal de sinais de TV a Cabo e internet é de competência criminal da Justiça Comum Estadual. Não houve, no julgado, considerações sobre a distinção entre o provimento de internet e o Serviço de Comunicação Multimídia que o viabiliza, algo presente em outros julgados do STJ favoráveis à caracterização da redistribuição de Internet como atividade clandestina de telecomunicação. (Catalogado por: Márcio Iorio Aranha)

Superior Tribunal de Justiça - Habeas Corpus nº 340692 (STJ - HC nº 340.692/RJ - Rio de Janeiro) - Relator: Min. Reynaldo Soares da Fonseca - Quinta Turma do STJ - Unânime - j. 18-02-2016 - Diário da Justiça Eletrônico, 23-02-2016. [Catalogação de Márcio Iório Aranha]

Quando caracterizada a conduta de transmissão televisiva de programa eleitoral, por meio de inserção de divilgações políticas em canais da TV aberta no sinal de programação de TV por assinatura, *in casu*, da SKY, não assiste razão à desclassificação do delito do art. 183 da LGT, de desenvolvimento de atividade clandestina de telecomunicação, para o delito de furto de dinal de TV).

Prestadora / Operadora

Jurisprudência

Superior Tribunal de Justiça - Agravo Interno no Agravo em Recurso Especial nº 497670 (STJ - AgInt no AREsp 497.670/BA - Bahia) - Relator: Min. Joel Ilan Paciornik - Quinta Turma do STJ - Unânime - j. 24-05-2016 - Diário da Justiça Eletrônico, 03-06-2016. [Catalogação de Márcio Iório Aranha]

A operação de transmissor de radiodifusão sonora de baixa potência (24,5W) não afasta a condição de delito de natureza formal de perigo abstrato ao desenvolvimento de atividade clandestina de telecomunicação prevista no art. 183 da Lei 9.472/97.

Supremo Tribunal Federal - Agravo Regimental na Reclamação 19541/MG (STF - AgR Rcl 19541/ MG - Minas Gerais) - Relator: Min. Luís Roberto Barroso - Primeira Turma do STF - Unânime - j. 07-06-2016 - Diário da Justiça Eletrônico, 21-06-2016. [Catalogação de Márcio Iório Aranha]

Inaplicável a transcendência dos motivos determinantes para fins de justificativa de reclamação perante o STF, da ADI 1.668-MC, que havia suspendido a eficácia do art. 19, XV da Lei 9.472/97 (LGT), que autorizava a ANATEL a realizar busca e apreensão independentemente de ordem judicial, com a apreensão de equipamentos de telecomunicações de rádio clandestina, com esteio no art. 3º, parágrafo único da Lei 10.871/2004, com a redação dada pela Lei 11.292/2006, que reconhece como atribuição dos cargos da carreira de regulação e fiscalização e de suporte à regulação e fiscalização de serviços públicos de telecomunicações as prerrogativas de promoção de interdição de estabelecimentos, instalações ou equipamentos e apreensão de bens ou produtos, dentre outras manifestações de polícia administrativa dotada de auto-executoriedade. A lacração e apreensão de equipamento transmissor de telecomunicação com esteio na Lei 10.871/2004 não apta a violar o paradigma -- ADI 1.668-MC -- para justificar reclamação ao STF em virtude de ofensa à autoridade de suas decisões. A reclamação, neste caso, somente se justificaria no caso de decisão posterior à ADI 1.668-MC que reconhecesse a eficácia do art. 19, XV da Lei 9.472/97 em ofensa ao referido paradigma, pois a eficácia vinculante dos acórdãos em controle abstrato de constitucionalidade somente atingem o objeto examinado pela Corte. Inaplicável a teoria da transcendência dos motivos determinantes.

Superior Tribunal de Justiça - Agravo Regimental no Agravo em Recurso Especial nº 852730 (STJ - AgR AREsp nº 852.730 - SP/São Paulo) - Relator: Min. Jorge Mussi - Quinta Turma do STJ - Unânime - j. 02-06-2016 - Diário da Justiça Eletrônico, 15-6-2016. [Catalogação de Márcio Iório Aranha]

A operação de internet via rádio caracteriza-se como serviço de telecomunicações multimídia, dependente de autorização do Poder Público para sua exploração, cuja ausência configura, em tese, o delito tipificado no art. 183 da Lei 9.472/97, mesmo que considerando-se o serviço de conexão à internet como serviço de valor adicionado.(Catalogado por: Márcio Iorio Aranha)

Superior Tribunal de Justiça - Agravo Regimental no Recurso Especial nº 1546511 (STJ - AgR Resp 1546511 - RJ/ Rio de Janeiro) - Relator: Min. Félix Fischer - Quinta Turma do STJ - Unânime - j. 16-02-2016 - Diário da Justiça Eletrônico, 24-02-2016. [Catalogação de Márcio Iório Aranha]

O termo "atividades de telecomunicação" utilizado no tipo penal do art. 183 da Lei 9.472/97 (Lei Geral de Telecomunicações) o é em sentido amplo, englobando a operação de radiodifusão clandestina. O crime previsto no art. 183 da Lei 9.472/97 é categorizado como crime formal, de perigo abstrato, bastando para sua consumação o desenvolvimento ilegal do serviço de telecomunicação e, portanto, é irrelevante a ocorrência de dano concreto ocasionado pela conduta do agente, inaplicável o princípio da insignificância, pois, por si só, é suficiente para comprometer a segurança e a regularidade do sistema de telecomunicações do país, ausente o requisito básico da lesão inexpressiva (STJ, AgRg nos EREsp 1.177.484/RS), conforme entendimento harmonizado pela 3ª Seção do STJ. Por sua vez, jurisprudência do STF concluiu que a conduta tipificada no art. 70 da Lei 4.117/62 (Código Brasileiro de Telecomunicações) constituiu tipo penal distinto do previsto no art. 183 da LGT pelo critério da habitualidade (STF, HC 128.567/MG). Caracterizada a habitualidade no caso de proprietário de rádio comunitária na operação de estação clandestina de radiofrequencia, há dois anos, sem a autorização do Poder Público, fica configurada, em tese, a conduta apenável.

Superior Tribunal de Justiça - Agravo Regimental no Recurso Especial nº 1570188 (STJ - AgR Resp 1570188 - PE/ Pernambuco) - Relator: Min. Mauro Campbell Marques - Segunda Turma do STJ - Unânime - j. 03-10-2016 - Diário da Justiça Eletrônico, 16-03-2016. [Catalogação de Márcio Iório Aranha]

Em demandas em que se discute relação contratual entre consumidor e concessionária de serviço de telecomunicações, em especial perdas e danos e lucros cessantes de rescisão contratual, a agência reguladora não detém legitimidade para ingressar como litisconsorte passivo.

Supremo Tribunal Federal - Ação Direta de Inconstitucionalidade 4.603/RN (STF - ADI 4603 / RN - Rio Grande do Norte) - Relator: Min. Dias Toffoli - Plenário do STF - Unânime - j. 01-07-2016 - Diário da Justiça Eletrônico, 12-08-2016. [Catalogação de Márcio Iório Aranha]

Inconstitucionalidade de lei estadual que veda a cobrança de tarifas de assinatura básica pelas prestadoras de serviços de telefonia fixa e móvel, por invasão de competência privativa da União para legislar sobre telecomunicações (art. 22, IV da CF/88).

Supremo Tribunal Federal - Ação Direta de Inconstitucionalidade 4.649/RJ (STF - ADI 4649 / RJ - Rio de Janeiro) - Relator: Min. Dias Toffoli - Plenário do STF - Unânime - j. 01-07-2016 - Diário da Justiça Eletrônico, 12-08-2016. [Catalogação de Márcio Iório Aranha]

Inconstitucionalidade de lei estadual que impõe a possibilidade de utilização, no mês subsequente, dos minutos da franquia não utilizados no mês anterior, por invasão da competência privativa da União para legislar sobre telecomunicações (art. 22, IV da CF/88).

Supremo Tribunal Federal - Ação Direta de Inconstitucionalidade 4.761/PR (STF - ADI 4761 / PR - Paraná) - Relator: Min. Luís Roberto Barroso - Plenário do STF - Unânime - j. 18-08-2016 - Diário da Justiça Eletrônico, 14-11-2016. [Catalogação de Márcio Iório Aranha]

Inconstitucionalidade, por invasão de competência privativa da União para legislar sobre telecomunicações e sobre propaganda comercial (art. 22, IV e XXIX), de lei estadual que impõe dever às operadoras de telefonia celular e aos fabricantes de aparelhos celulares e acessórios de incluir em sua propaganda advertência cancerígena pelo uso excessivo.

Superior Tribunal de Justiça - Conflito de Competência nº 146088 (STJ - CC nº 146088 - RJ/ Rio de Janeiro) - Relator: Min. Joel Ilan Paciornik - Terceira Seção do STJ - Unânime - j. 27-04-2016 - Diário da Justiça Eletrônico, 04-05-2016. [Catalogação de Márcio Iório Aranha]

A conduta de compartilhamento ilegal de sinais de TV a Cabo e internet por parte de condomínio para seus condôminos não se enquadra no tipo do art. 183, da Lei 9.472/97, de desenvolvimento clandestino de atividades de telecomunicação, pois a internet, como Serviço de Valor Adicionado, não constitui serviço de telecomunicações e a TV a Cabo, mesmo se enquadrando na categoria de serviços de telecomunicações, estaria sendo recebida legitimamente pelo condomínio. Por isso, a conduta de compartilhamento ilegal de sinais de TV a Cabo e internet é de competência criminal da Justiça Comum Estadual. Não houve, no julgado, considerações sobre a distinção entre o provimento de internet e o Serviço de Comunicação Multimídia que o viabiliza, algo presente em outros julgados do STJ favoráveis à caracterização da redistribuição de Internet como atividade clandestina de telecomunicação. (Catalogado por: Márcio Iorio Aranha)

Supremo Tribunal Federal - Habeas Corpus nº 135.148/ BA (STF - HC nº135.248/BA - Bahia) - Relator: Min. Carmen Lúcia - Segunda Turma do STF - Unânime - j. 23-08-2016 - Diário da Justiça Eletrônico, 05-09-2016. [Catalogação de Márcio Iório Aranha]

Quando não há, nos autos, comprovação, por parte das autoridades competentes, de inexistência de lesividade da conduta de atividade clandestina de telecomunicação, mesmo que a potência do transmissor seja baixa (25W), a demonstração do potencial lesivo afasta a incidência do princípio da insignificância.

Supremo Tribunal Federal - Recurso Ordinário em Habeas Corpus nº 119.828/GO (STF - RHC119828/GO - Goiás) - Relator: Min. Marco Aurélio - Primeira Turma do STF - Unânime - j. 04-10-2016 - Diário da Justiça Eletrônico, 24-10-2016, pág. 226. [Catalogação de Márcio Iório Aranha]

A baixa frequencia de emissora de radiodifusão clandestina não se presta a afastar a tipicidade do delito de desenvolvimento de atividade clandestina de telecomunicação, repercutindo, somente, na fixação da pena-base em virtude das conquências da prática criminosa.

Atos

Acórdão do Conselho Diretor da ANATEL, de 21 de junho de 2016 (Ref. nº 232/2016) - SUPERINTENDÊNCIA DE CONTROLE DE OBRIGAÇÕES. CONCESSIONÁRIAS DO STFC. GRUPO OI. ACOMPANHAMENTO

ECONÔMICO ESPECIAL. CONTINUIDADE DOS SERVIÇOS DE TELECOMUNICAÇÕES. MEDIDAS EXCEPCIONAIS, INCLUSIVE DE CARÁTER CAUTELAR. ACOMPANHAMENTO PELO CONSELHO DIRETOR. 1. Acompanhamento Especial das Concessionárias do GRUPO OI. 2. Conveniência e oportunidade de adoção das medidas excepcionais sugeridas pela SCO. 3. Conveniência e oportunidade de adoção de medidas adicionais, nos termos da Conclusão da Análise nº 56/2016/SEI/IF.

✔ Medidas de vedação de vendação de venda de bens integrante do patrimônio das concessionárias do Grupo Oi e determinação de realização de trabalho de fiscalização abrangente, tendo em vista o pedido de recuperação judicial em andamento.

Usuário / Consumidor

Jurisprudência

Superior Tribunal de Justiça - Agravo Regimental no Agravo em Recurso Especial nº 852730 (STJ - AgR AREsp nº 852.730 - SP/São Paulo) - Relator: Min. Jorge Mussi - Quinta Turma do STJ - Unânime - j. 02-06-2016 - Diário da Justiça Eletrônico, 15-6-2016. [Catalogação de Márcio Iório Aranha]

A operação de internet via rádio caracteriza-se como serviço de telecomunicações multimídia, dependente de autorização do Poder Público para sua exploração, cuja ausência configura, em tese, o delito tipificado no art. 183 da Lei 9.472/97, mesmo que considerando-se o serviço de conexão à internet como serviço de valor adicionado.(Catalogado por: Márcio Iorio Aranha)

Superior Tribunal de Justiça - Agravo Regimental no Recurso Especial nº 1570188 (STJ - AgR Resp 1570188 - PE/ Pernambuco) - Relator: Min. Mauro Campbell Marques - Segunda Turma do STJ - Unânime - j. 03-10-2016 - Diário da Justiça Eletrônico, 16-03-2016. [Catalogação de Márcio Iório Aranha]

Em demandas em que se discute relação contratual entre consumidor e concessionária de serviço de telecomunicações, em especial perdas e danos e lucros cessantes de rescisão contratual, a agência reguladora não detém legitimidade para ingressar como litisconsorte passivo.

Superior Tribunal de Justiça - Conflito de Competência Nº 138.405 (STJ - CC 138.405 / DF - Distrito Federal) - Relator: Min. Maria Thereza de Assis Moura - Relator para o Acórdão: Min. Herman Benjamin - Corte Especial do STJ - Maioria - j. 17-08-2016 - Diário da Justiça Eletrônico, 10-10-2016. [Catalogação de Márcio Iório Aranha]

Compete à Primeira Turma do STJ julgar conflito entre usuário e empresa concessionária de telefonia sobre o tema da adequação do serviço prestado e da responsabilidade civil contratual ou não dele decorrente, devido à natureza de direito público da relação jurídica litigiosa apoiada em amplo influxo de normas de direito público e forte controle exercido pela ANATEL. (Catalogado por: Márcio Iorio Aranha)

Superior Tribunal de Justiça - Conflito de Competência nº 146088 (STJ - CC nº 146088 - RJ/ Rio de Janeiro) - Relator: Min. Joel Ilan Paciornik - Terceira Seção do STJ - Unânime - j. 27-04-2016 - Diário da Justiça Eletrônico, 04-05-2016. [Catalogação de Márcio Iório Aranha]

A conduta de compartilhamento ilegal de sinais de TV a Cabo e internet por parte de condomínio para seus condôminos não se enquadra no tipo do art.

183, da Lei 9.472/97, de desenvolvimento clandestino de atividades de telecomunicação, pois a internet, como Serviço de Valor Adicionado, não constitui serviço de telecomunicações e a TV a Cabo, mesmo se enquadrando na categoria de serviços de telecomunicações, estaria sendo recebida legitimamente pelo condomínio. Por isso, a conduta de compartilhamento ilegal de sinais de TV a Cabo e internet é de competência criminal da Justiça Comum Estadual. Não houve, no julgado, considerações sobre a distinção entre o provimento de internet e o Serviço de Comunicação Multimídia que o viabiliza, algo presente em outros julgados do STJ favoráveis à caracterização da redistribuição de Internet como atividade clandestina de telecomunicação. (Catalogado por: Márcio Iorio Aranha)

Normatização

Portaria MC nº 2.115, de 11 de maio de 2016 - Estabelece diretrizes para a Agência Nacional de Telecomunicações relativas à comercialização de planos de banda larga fixa.

✔ As diretrizes ministeriais definidas na Portaria MC nº 2.115/2016, provocada pelo anúncio comercial do novo presidente da Telefônica, após a aquisição da empresa espelho GVT, de que não comercializaria planos de franquia ilimitada e a reação social gerada por essa manifestação e por declaração à imprensa pela aparente concordância do então presidente da ANATEL, foram as seguintes: a) determinar à ANATEL que estabeleça mecanismos para promover, dentre as ofertas de planos de serviço de SCM, a existência de pelo menos um plano por empresa, com franquia de dados ilimitada; b) determinar à ANATEL que atue de modo a permitir a realização de de escolhas informadas pelo consumidor de serviços de telecomunicações, zelando para que as ofertas de serviços sejam transparentes, não enganosas, comparáveis, mensuráveis e adequadas ao perfil de consumo do cliente.

Resolução ANATEL nº 667, de 30 de maio de 2016 - Aprova o Regulamento Geral de Acessibilidade em Serviços de Telecomunicações de Interesse Coletivo.

➥ **Anexo 1** - Anexo I – Regulamento Geral de Acessibilidade em Telecomunicações

➥ **Anexo 2** - Anexo II - Revogações

Atos

Acórdão do Conselho Diretor da ANATEL, de 20 de maio de 2016 (Ref. nº 711/2016) - PROCEDIMENTO PARA APURAÇÃO DE DESCUMPRIMENTO DE OBRIGAÇÕES. SUPERINTENDÊNCIA DE SERVIÇOS PÚBLICOS. RECURSO. REGULAMENTO DO SERVIÇO TELEFÔNICO FIXO COMUTADO, APROVADO PELA RESOLUÇÃO Nº 426, DE 9 DE DEZEMBRO DE 2005 (RSTFC). INCLUSÃO, NOS DOCUMENTOS DE COBRANÇA, DE VALORES RELATIVOS À PRESTAÇÃO DE SERVIÇOS DE VALOR ADICIONADO E/OU DE OUTROS VALORES NÃO DECORRENTES DA PRESTAÇÃO DE STFC, SEM AUTORIZAÇÃO EXPRESSA DOS ASSINANTES. INFRAÇÃO CARACTERIZADA. RECURSO CONHECIDO E IMPROVIDO. 1. A infração ao art. 82, § 1º, do RSTFC é caracterizada em razão da verificação de que a Prestadora inseriu cobrança de serviços de terceiros sem a devida constatação da autorização expressa dos assinantes. 2. Os argumentos manejados pela Prestadora não se mostraram aptos e suficientes para a revisão da sanção imposta. 3. Recurso Administrativo conhecido e, no mérito, não provido. 4. Pelo não conhecimento das petições denominadas "Manifestação" e "Memorial para Decisão" apresentadas após o escoamento do prazo recursal, em face da ocorrência da preclusão consumativa.

Jurisprudência

Supremo Tribunal Federal - Repercussão Geral no Recurso Extraordinário nº 776.594 (STF - RE 776594 RG / SP - São Paulo) - Relator: Min. Luiz Fux - Plenário do STF - Maioria - j. 06-10-2016 - Diário da Justiça Eletrônico, 20-10-2016. [Catalogação de Márcio Iório Aranha]

Constitucionalidade da questão sobre a taxa municipal de fiscalização de licença para o funcionamento das torres e antenas de transmissão e recepção de dados e voz - estações rádio-base de telecomunicações.

Normatização

Portaria MC nº 2.111, de 11 de maio de 2016 - Processo de habilitação e seleção de propostas para o Projeto Minha Cidade Inteligente a ser implementado com recursos do Orçamento Geral da União - OGU para o exercício de 2016.

Estado-Membro

Jurisprudência

Supremo Tribunal Federal - Ação Direta de Inconstitucionalidade 3.959/SP (STF ADI 3959/SP - São Paulo) - Relator: Min. Luís Roberto Barroso - Plenário do STF - j. 20-04-2016 - Diário da Justiça Eletrônico, 11-05-2016. [Catalogação de Márcio Iório Aranha]

Inconstitucionalidade de lei estadual que impõe às operadoras de telefonia fixa e móvel a obrigação de constituírem cadastro especial de assinantes do serviço de interessados no sistema de venda por meio de telemarketing, por invasão da competência privativa da União para legislar sobre telecomunicações (art. 22, IV da CF/88).

Supremo Tribunal Federal - Ação Direta de Inconstitucionalidade 4.603/RN (STF - ADI 4603 / RN - Rio Grande do Norte) - Relator: Min. Dias Toffoli - Plenário do STF - Unânime - j. 01-07-2016 - Diário da Justiça Eletrônico, 12-08-2016. [Catalogação de Márcio Iório Aranha]

Inconstitucionalidade de lei estadual que veda a cobrança de tarifas de assinatura básica pelas prestadoras de serviços de telefonia fixa e móvel, por invasão de competência privativa da União para legislar sobre telecomunicações (art. 22, IV da CF/88).

Supremo Tribunal Federal - Ação Direta de Inconstitucionalidade 4.649/RJ (STF - ADI 4649 / RJ - Rio de Janeiro) - Relator: Min. Dias Toffoli - Plenário do STF - Unânime - j. 01-07-2016 - Diário da Justiça Eletrônico, 12-08-2016. [Catalogação de Márcio Iório Aranha]

Inconstitucionalidade de lei estadual que impõe a possibilidade de utilização, no mês subsequente, dos minutos da franquia não utilizados no mês anterior, por invasão da competência privativa da União para legislar sobre telecomunicações (art. 22, IV da CF/88).

Supremo Tribunal Federal - Ação Direta de Inconstitucionalidade 4.761/PR (STF - ADI 4761 / PR - Paraná) - Relator: Min. Luís Roberto Barroso - Plenário do STF - Unânime - j. 18-08-2016 - Diário da Justiça Eletrônico, 14-11-2016. [Catalogação de Márcio Iório Aranha]

Inconstitucionalidade, por invasão de competência privativa da União para legislar sobre telecomunicações e sobre propaganda comercial (art. 22, IV e XXIX), de lei estadual que impõe dever às operadoras de telefonia celular e aos fabricantes de aparelhos celulares e acessórios de incluir em sua propaganda advertência cancerígena pelo uso excessivo.

Empresa Brasil de Comunicação (EBC)

Normatização

Lei 13.303, de 30 de junho de 2016 - Dispõe sobre o estatuto jurídico da empresa pública, da sociedade de economia mista e de suas subsidiárias, no âmbito da União, dos Estados, do Distrito Federal e dos Municípios.

Medida Provisória nº 744, de 1º de setembro de 2016 - Altera a Lei nº 11.652, de 7 de abril de 2008, que institui os princípios e objetivos dos serviços de radiodifusão pública explorados pelo Poder Executivo ou outorgados a entidades de sua administração indireta e autoriza o Poder Executivo a constituir a Empresa Brasil de Comunicação – EBC.

✔ A MP 744, de 2016, desvinculou-a da Secretaria de Comunicação Social da Presidência da República para vinculá-la à Casa Civil da Presidência da República, eliminou a figura do Conselho Curador da estrutura da EBC, incluiu um membro do Conselho de Administração indicado pelo Ministro de Estado de Educação, e eliminou a proteção de mandato de quatro anos da diretoria-Executiva para submetê-la a livre nomeação e exoneração pelo Presidente da República.

Decreto nº 8.931, de 14 de dezembro de 2016 - Altera os Anexos I e II ao Decreto nº 8.632, de 30 de dezembro de 2015, que aprova o Programa de Dispêndios Globais - PDG para 2016 das empresas estatais federais.

➡ **Anexo 1** - Anexo I – Programa de Dispêndios Globais – PDG para 2016 das empresas estatais federais.

➡ **Anexo 2** - Anexo II – Resultado Primário das Empresas Estatais Federais: Metas para o Exercício de 2016.

Decreto nº 8.933, de 16 de dezembro de 2016 - Aprova o Programa de Dispêndios Globais - PDG para 2017 das empresas estatais federais, e dá outras providências.

➡ **Anexo 1** - Anexo I – Programa de Dispêndios Globais – PDG para 2017 das empresas estatais federais.

➡ **Anexo 2** - Anexo II – Resultado Primário das Empresas Estatais Federais: Metas para o Exercício de 2017.

Decreto 8.945, de 27 de dezembro de 2016 - Regulamenta, no âmbito da União, a Lei nº 13.303, de 30 de junho de 2016, que dispõe sobre o estatuto jurídico da empresa pública, da sociedade de economia mista e de suas subsidiárias, no âmbito da União, dos Estados, do Distrito Federal e dos Municípios.

Normas Referenciadas

Lei Ordinária

<table>
<tr><td colspan="2">Lei nº 13.249, de 13 de janeiro de 2016 - Institui o Plano Plurianual da União para o período de 2016 a 2019</td></tr>
<tr><td>Nota Vigência</td><td>Data de publicação no DOU.</td></tr>
</table>

Anexos	Anexo I - Anexo I – Programas Temáticos Anexo II - Anexo II – Programas de Gestão, Manutenção e Serviços ao Estado Anexo III - Anexo III – Empreendimentos Individualizados como Iniciativas – Acima do Valor de Referência Anexo IV - Anexo IV – Empreendimentos Individualizados como Iniciativas – Abaixo do Valor de Referência
Dispositivos	CF, Art. 221, inciso I; LGT, Art. 2º, inciso I; LGT, Art. 2º, inciso IV; LGT, Art. 211, caput.
Correlata	Lei 13.005, de 25 de junho de 2014
Publicação	Diário Oficial da União, Seção 1, 14-01-2016, pág. p.1 Diário Oficial da União, Seção 1, 31-08-2016, pág. p.1 [Retificação]
Temas	Temas : Aplicações de Telecomunicações : Banda Larga Temas : Políticas de Telecomunicações : Política Industrial Temas : Políticas de Telecomunicações : Universalização : Financiamento da Universalização Temas : Serviços no Setor de Telecomunicações : Radiodifusão Temas : Serviços no Setor de Telecomunicações : Radiodifusão : Televisão Aberta : TV Digital

Lei nº 13.255, de 14 de janeiro de 2016 - Estima a receita e fixa a despesa da União para o exercício financeiro de 2016.	
Nota Vigência	Data de publicação no DOU.
Anexos	Anexo I - Anexo I – Receita dos Orçamentos Fiscal e da Seguridade Social por Categoria Econômica e Origem Anexo 10 - Anexo X – Programa de trabalho das unidades orçamentárias e detalhamento dos créditos orçamentários dos Orçamentos Fiscal e da Seguridade Social; e Anexo 11 - Anexo XI – Programa de trabalho das unidades orçamentárias e detalhamento dos créditos orçamentários do Orçamento de Investimento Anexo 2 - Anexo II – Despesa dos Orçamentos Fiscal e da Seguridade Social, por Órgão Orçamentário Anexo 3 - Anexo III – Fontes de Financiamento do Orçamento de Investimento Anexo 4 - Anexo IV – Despesas do Orçamento de Investimento Anexo 5 - Anexo V – Autorizações Específicas de que trata o art. 169, § 1º, inciso II, da Constituição, e o art. 99 da LDO-2016, relativas a despesas de pessoal e encargos sociais para 2016 Anexo VI – Subtítulos Relativos a obras e serviços com indícios de irregularidades graves – IGP – 2016 - Anexo VI – Subtítulos Relativos a obras e serviços com indícios de irregularidades graves – IGP – 2016 Anexo 7 - Anexo VII – Quadros orçamentários consolidados Anexo 8 - Anexo VIII – Discriminação das receitas dos Orçamentos Fiscal e da Seguridade Social Anexo 9 - Anexo IX – Discriminação da legislação da receita e da despesa dos Orçamentos Fiscal e da Seguridade Social
Dispositivos	LGT, Art. 49, § 3º.
Publicação	Diário Oficial da União, Seção 1, 15-01-2016, págs. p. 1-10

Lei 13.303, de 30 de junho de 2016 - Dispõe sobre o estatuto jurídico da empresa pública, da sociedade de economia mista e de suas subsidiárias, no âmbito da União, dos Estados, do Distrito Federal e dos Municípios.	
Nota Vigência	Data de publicação no DOU.
Dispositivos	LGT, Art. 186, caput.

Altera	Lei nº 9.478/1997 Lei nº 11.943, de 28 de maio de 2009
Publicação	Diário Oficial da União, Seção 1, 01-07-2016, págs. p. 1-10
Temas	Temas : Atores no Setor de Telecomunicações : Empresa Brasil de Comunicação (EBC) Temas : Atores no Setor de Telecomunicações : Telebras

Lei 13.341, de 29 de setembro de 2016 - Altera as Leis nos 10.683, de 28 de maio de 2003, que dispõe sobre a organização da Presidência da República e dos Ministérios, e 11.890, de 24 de dezembro de 2008, e revoga a Medida Provisória no 717, de 16 de março de 2016 (Conversão da Medida Provisória nº 726, de 12 de maio de 2016).	
Nota Vigência	Data de publicação no DOU.
Dispositivos	LGT, Art. 8º, caput; LGT, Art. 19, inciso XX; LGT, Art. 19, inciso XXVI; LGT, Art. 19, inciso XXIX; LGT, Art. 35, inciso I; LGT, Art. 49, caput.
Altera	Lei nº 10.683/2003 Lei 11.890, de 24 de dezembro de 2008
Revoga	Medida Provisória nº 717, de 16 de março de 2016
Publicação	Diário Oficial da União, Seção 1, 30-09-2016, págs. p. 2-8
Temas	Temas : Atores no Setor de Telecomunicações : Poder Executivo : Ministério das Comunicações Temas : Políticas de Telecomunicações

Medida Provisória

Medida Provisória nº 726, de 12 de maio de 2016 - Altera e revoga dispositivos da Lei nº 10.683, de 28 de maio de 2003, que dispõe sobre a organização da Presidência da República e dos Ministérios (Convertida na Lei 13.341, de 29 de setembro de 2016).	
Nota Vigência	Data de publicação no DOU.
Dispositivos	LGT, Art. 8º, caput; LGT, Art. 19, inciso XX; LGT, Art. 19, inciso XXVI; LGT, Art. 19, inciso XXIX; LGT, Art. 35, inciso I; LGT, Art. 49, caput.
Altera	Lei nº 10.683/2003
Publicação	Diário Oficial da União, Seção 1, 12-05-2016, pág. p. 1 Diário Oficial da União, Seção 1, 19-05-2016, pág. p. 1
Temas	Temas : Atores no Setor de Telecomunicações : Poder Executivo : Ministério das Comunicações Temas : Políticas de Telecomunicações

Medida Provisória nº 744, de 1º de setembro de 2016 - Altera a Lei nº 11.652, de 7 de abril de 2008, que institui os princípios e objetivos dos serviços de radiodifusão pública explorados pelo Poder Executivo ou outorgados a entidades de sua administração indireta e autoriza o Poder Executivo a constituir a Empresa Brasil de Comunicação – EBC.	
Nota Vigência	Data de publicação no DOU.
Dispositivos	CF, Art. 21, inciso XII, alínea a (em 15/08/1995); CF, Art. 223, caput; LGT, Art. 211, caput.
Altera	Lei nº 11.652/2008 - Institui os princípios e objetivos dos serviços de radiodifusão pública explorados pelo Poder Executivo ou outorgados a entidades de sua administração indireta; autoriza o Poder Executivo a constituir a Empresa Brasil de Comunicação – EBC; altera a Lei nº 5.070, de 7 de julho de 1966; e dá outras providências [Conversão da Medida Provisória nº 398, de 10 de outubro de 2007].

Publicação	Diário Oficial da União, Seção 1, 02-09-2016, pág. p. 2
Temas	Temas : Atores no Setor de Telecomunicações : Empresa Brasil de Comunicação (EBC)

Decreto

Decreto nº 8.638, de 15 de janeiro de 2016 - Institui a Política de Governança Digital no âmbito dos órgãos e das entidades da administração pública federal direta, autárquica e fundacional.	
Nota Vigência	Data de publicação no DOU.
Dispositivos	CF, Art. 37, caput.
Altera	Decreto 6.932, de 11 de agosto de 2009
Revoga	Decreto sem número de 18 de outubro de 2000 - Cria, no âmbito do Conselho de Governo, o Comitê Executivo do Governo Eletrônico Decreto sem número de 29 de outubro de 2003 - Institui Comitês Técnicos do Comitê Executivo do Governo Eletrônico
Publicação	Diário Oficial da União, Seção 1, 18-01-2016, págs. p. 2-3
Temas	Temas : Aplicações de Telecomunicações : Banda Larga Temas : Aplicações de Telecomunicações : Governança Digital Temas : Aplicações de Telecomunicações : Internet Temas : Atores no Setor de Telecomunicações : Poder Executivo : Ministério do Planejamento Orçamento e Gestão Temas : Serviços no Setor de Telecomunicações : Internet

Decreto nº 8.741, de 4 de maio de 2016 - Revoga o Decreto nº 3.210, de 14 de outubro de 1999, e o Decreto nº 3.817, de 14 de maio de 2001, que dispõem sobre a Comissão de Desenvolvimento do Projeto e da Implantação do Sistema de Comunicações Militares por Satélite - Ciscomis.	
Nota Vigência	Data de publicação no DOU
Dispositivos	LGT, Art. 158, § 1º, inciso I; LGT, Art. 163, § 2º, inciso II.
Revoga	Decreto nº 3.210/1999 - Dispõe sobre a Comissão de Desenvolvimento do Projeto e da Implantação do Sistema de Comunicações Militares por Satélite - CISCOMIS, e dá outras providências. Decreto 3.817, de 14 de maio de 2001
Publicação	Diário Oficial da União, Seção 1, 05-05-2016, pág. p. 5
Temas	Temas : Infraestrutura e Recursos do Setor de Telecomunicações : Espectro de Radiofrequência : Fins Exclusivamente Militares

Decreto nº 8.753, de 10 de maio de 2016 - Altera o Decreto nº 5.820, de 29 de junho de 2006, que dispõe sobre a implantação do SBTVD-T, estabelece diretrizes para a transição do sistema de transmissão analógica para o sistema de transmissão digital do serviço de radiodifusão de sons e imagens e do serviço de retransmissão de televisão.	
Nota Vigência	Data de publicação no DOU.
Dispositivos	CF, Art. 223, caput; LGT, Art. 1º, caput; LGT, Art. 19, inciso I; LGT, Art. 211, caput.
Altera	Decreto nº 5.820/2006 - Dispõe sobre a implantação do SBTVD-T, estabelece diretrizes para a transição do sistema de transmissão analógica para o sistema de transmissão digital do serviço de radiodifusão de sons e imagens e do serviço de retransmissão de televisão, e dá outras providências.
Correlata	Portaria MCTIC nº 5.269, de 17 de novembro de 2016 - Homologa o encerramento da transmissão da programação das emissoras dos serviços de radiodifusão de sons e imagens

	e de retransmissão de televisão, em tecnologia analógica, em Brasília, Distrito Federal, e nos seguintes municípios de Goiás: Águas Lindas de Goiás, Cidade Ocidental, Cristalina, Formosa, Luziânia, Novo Gama, Planaltina, Santo Antônio do Descoberto e Valparaíso de Goiás.
Publicação	Diário Oficial da União, Seção 1, 11-05-2016, pág. p. 4
Temas	Temas : Serviços no Setor de Telecomunicações : Radiodifusão Temas : Serviços no Setor de Telecomunicações : Radiodifusão : Televisão Aberta : TV Digital

Decreto nº 8.846, 1º de setembro de 2016 - Altera o Estatuto Social da Empresa Brasil de Comunicação S.A. - EBC, aprovado pelo Decreto no 6.689, de 11 de dezembro de 2008.	
N o t a Vigência	Data de publicação no DOU.
Dispositivos	CF, Art. 223, caput; LGT, Art. 2º, inciso IV; LGT, Art. 211, caput.
Altera	Anexo ao Decreto nº 6.689, de 11 de dezembro de 2008 - Estatuto Social da EBC.
Publicação	Diário Oficial da União, Seção 1, 02-09-2016, pág. p.6
Temas	Temas : Serviços no Setor de Telecomunicações : Radiodifusão

Decreto sem número de 19 de outubro de 2016 - Autoriza o aumento do capital social da Telecomunicações Brasileiras S.A. - Telebras.	
N o t a Vigência	Data de publicação no DOU.
Dispositivos	LGT, Art. 187, inciso I.
Publicação	Diário Oficial da União, Seção 1, 20-10-2016, pág. p. 8
Temas	Temas : Atores no Setor de Telecomunicações : Telebras

Decreto nº 8.931, de 14 de dezembro de 2016 - Altera os Anexos I e II ao Decreto nº 8.632, de 30 de dezembro de 2015, que aprova o Programa de Dispêndios Globais - PDG para 2016 das empresas estatais federais.	
N o t a Vigência	Data de publicação no DOU.
Anexos	Anexo 1 - Anexo I – Programa de Dispêndios Globais – PDG para 2016 das empresas estatais federais. Anexo 2 - Anexo II – Resultado Primário das Empresas Estatais Federais: Metas para o Exercício de 2016.
Dispositivos	LGT, Art. 186, caput.
Publicação	Diário Oficial da União, Seção 1, 15-12-2016, págs. p. 6-20
Temas	Temas : Atores no Setor de Telecomunicações : Empresa Brasil de Comunicação (EBC) Temas : Atores no Setor de Telecomunicações : Telebras

Decreto nº 8.933, de 16 de dezembro de 2016 - Aprova o Programa de Dispêndios Globais - PDG para 2017 das empresas estatais federais, e dá outras providências.	
N o t a Vigência	Data de publicação no DOU.
Anexos	Anexo 1 - Anexo I – Programa de Dispêndios Globais – PDG para 2017 das empresas estatais federais. Anexo 2 - Anexo II – Resultado Primário das Empresas Estatais Federais: Metas para o Exercício de 2017.
Dispositivos	LGT, Art. 186, caput.

Publicação	Diário Oficial da União, Seção 1, 19-12-2016, págs. p. 1-9
Temas	Temas : Atores no Setor de Telecomunicações : Empresa Brasil de Comunicação (EBC) Temas : Atores no Setor de Telecomunicações : Telebras

Portaria Ministerial

Portaria MC nº 4.334, de 17 de setembro de 2015 - Dispõe sobre o serviço de radiodifusão comunitária	
Órgão Emissor	Ministério das Comunicações - Gabinete do Ministro.
Nota Vigência	Data de publicação no DOU.
Anexos	Anexo 1 - Cadastro de Demonstração de Interesse – Radiodifusão Comunitária Anexo 2 - Requerimento de Outorga – RADCOM Anexo 3 - Modelo de Manifestação em Apoio de Pessoa Jurídica Anexo 4 - Modelo de Manifestação em Apoio de Pessoa Física Anexo 5 - Modelo de Requerimento de Renovação de Outorga – Radiodifusão Comunitária Anexo 7 - Formulário de Pós-Outorga Anexo 8 - Formulário de Acordo Associativo
Dispositivos	CF, Art. 21, inciso XII, alínea a (em 15/08/1995); CF, Art. 221, inciso II; CF, Art. 223, caput; LGT, Art. 211, caput.
Revoga	Portaria MC nº 462/2011 - Aprova a Norma Complementar nº 1/2011 – Serviço de Radiodifusão Comunitária.
Correlata	Lei nº 9.784/1999 - Regula o processo administrativo no âmbito da Administração Pública Federal. Lei nº 12.527/2011 - Regula o acesso a informações previsto no inciso XXXIII do art. 5º, no inciso II do § 3º do art. 37 e no § 2º do art. 216 da Constituição Federal; altera a Lei nº 8.112, de 11 de dezembro de 1990; revoga a Lei nº 11.111, de 5 de maio de 2005, e dispositivos da Lei nº 8.159, de 8 de janeiro de 1991; e dá outras providências.
Regulamenta	Lei nº 9.612/1998 - Institui o Serviço de Radiodifusão Comunitária e dá outras providências. Decreto nº 2.615/1998 - Aprova o Regulamento do Serviço de Radiodifusão Comunitária.
Publicação	Diário Oficial da União, Seção 1, 21-09-2015, págs. p. 71-80 Diário Oficial da União, Seção 1, 22-09-2015, pág. p. 57 [Retificação]
Temas	Temas : Administração do Setor de Telecomunicações : Processo Administrativo Temas : Atores no Setor de Telecomunicações : Poder Executivo : Ministério das Comunicações Temas : Serviços no Setor de Telecomunicações : Radiodifusão : Radiodifusão Comunitária

Portaria MC nº 263, de 14 de janeiro de 2016 - Priorização de famílias inscritas no Cadastro Único para Programas Sociais – CadÚnico para distribuição de set-top-box para recepção do sinal de televisão digital no município de Rio Verde/GO.	
Órgão Emissor	Ministério das Comunicações - Gabinete do Ministro.
Nota Vigência	Data de publicação no DOU.
Dispositivos	CF, Art. 223, caput; LGT, Art. 211, caput.
Correlata	Decreto 6.135, de 26 de junho de 2007

Publicação	Diário Oficial da União, Seção 1, 15-01-2016, pág. p.33

Portaria MC nº 378, de 22 de janeiro de 2016 - Disciplina aspectos de transição da transmissão analógica dos serviços de radiodifusão de sons e imagens e de retransmissão de televisão para o SBTVD-T	
Órgão Emissor	Ministério das Comunicações - Gabinete do Ministro.
Nota Vigência	Data de publicação no DOU.
Anexos	Anexo 1 - Anexo I – Requisitos Mínimos para Recepção do Sinal Digital Anexo 2 - Anexo II – Vídeos Informativos Anexo 3 - Anexo III – Vídeo Informativo Anexo 4 - Anexo IV – Cronograma de Transição
Dispositivos	CF, Art. 223, caput; LGT, Art. 211, caput.
Alterada por	Portaria MC nº 1.714, de 27 de abril de 2016 - Altera a Portaria MC nº 378, de 22 de janeiro de 2016, que estabelece o cronograma de transição da transmissão analógica para o SBTVD-T. Portaria MCTIC nº 3.493, 26 de agosto de 2016 - Altera a Portaria MC nº 378, de 22 de janeiro de 2016, que estabelece o cronograma de transição da transmissão analógica para o SBTVD-T. Portaria MCTIC nº 4.294, de 18 de outubro de 2016 - Altera a Portaria MC nº 378, de 22 de janeiro de 2016, que estabelece o cronograma de transição da transmissão analógica para o SBTVD-T.
Revoga	Portaria MC nº 477, de 20 de junho de 2014 - Estabelece o cronograma de transição da transmissão analógica dos serviços de radiodifusão de sons e imagens e de retransmissão de televisão para o SBTVD-T. Portaria nº 481/2014 - Disciplina as condições de cobertura para desligamento da transmissão analógica dos serviços de radiodifusão de sons e imagens e de retransmissão de televisão e o papel da Anatel no processo de desligamento. Portaria MC nº 3.205, de 28 de novembro de 2014 Portaria MC nº 1.502, de 1º de abril de 2015 Portaria MC nº 2.765, de 08 de julho de 2015
Correlata	Decreto nº 52.795/1963 - Aprova o Regulamento dos Serviços de Radiodifusão. Decreto nº 5.371/2005 - Aprova o Regulamento do Serviço de Retransmissão de Televisão e do Serviço de Repetição de Televisão, ancilares ao Serviço de Radiodifusão de Sons e Imagens. Decreto nº 5.820/2006 - Dispõe sobre a implantação do SBTVD-T, estabelece diretrizes para a transição do sistema de transmissão analógica para o sistema de transmissão digital do serviço de radiodifusão de sons e imagens e do serviço de retransmissão de televisão, e dá outras providências. Decreto nº 8.061, de 29 de julho de 2013 - Altera o Decreto nº 5.820, de 29 de junho de 2006, o Regulamento dos Serviços de Radiodifusão, aprovado pelo Decreto nº 52.795, de 31 de outubro de 1963, e dá outras providências. Portaria MC nº 310/2006 - Aprova a Norma Complementar nº 01/2006 sobre recursos de acessibilidade, para pessoas com deficiência, na programação veiculada nos serviços de radiodifusão de sons e imagens e de retransmissão de televisão. Portaria MC nº 1.329, de 31 de março de 2016 Portaria MCTIC nº 5.269, de 17 de novembro de 2016 - Homologa o encerramento da transmissão da programação das emissoras dos serviços de radiodifusão de sons e imagens e de retransmissão de televisão, em tecnologia analógica, em Brasília, Distrito Federal, e nos seguintes municípios de Goiás: Águas Lindas de Goiás, Cidade Ocidental, Cristalina, Formosa, Luziânia, Novo Gama, Planaltina, Santo Antônio do Descoberto e Valparaíso de Goiás.
Publicação	Diário Oficial da União, Seção 1, 25-01-2016, págs. p. 66-67

Temas	Temas : Serviços no Setor de Telecomunicações : Radiodifusão : Televisão Aberta : TV Digital

Portaria MC nº 1.273, de 31 de março de 2016 - Altera a Portaria nº 127, de 12 de março de 2014, publicada no Diário Oficial da União de 13 de março de 2014, que dispõe sobre os procedimentos de adaptação de outorga de radiodifusão sonora em onda médias para o serviço de radiodifusão sonora em frequência modulada.	
Órgão Emissor	Ministério das Comunicações - Gabinete do Ministro.
Nota Vigência	Data de publicação no DOU.
Dispositivos	LGT, Art. 19, inciso VIII; LGT, Art. 157, caput; LGT, Art. 211, caput.
Altera	Portaria nº 127/2014 - Disciplina o procedimento a ser adotado para as solicitações de adaptação de outorga do serviço de radiodifusão sonora em ondas médias para o serviço de radiodifusão sonora em frequência modulada, nos termos do Decreto nº 8.139, de 7 de novembro de 2013.
Publicação	Diário Oficial da União, Seção 1, 01-04-2016, pág. p. 107
Temas	Temas : Serviços no Setor de Telecomunicações : Radiodifusão

Portaria MC nº 1.329, de 31 de março de 2016	
Órgão Emissor	Ministério das Comunicações - Gabinete do Ministro.
Nota Vigência	Data de publicação no DOU.
Dispositivos	CF, Art. 223, caput; LGT, Art. 211, caput.
Correlata	Decreto nº 5.820/2006 - Dispõe sobre a implantação do SBTVD-T, estabelece diretrizes para a transição do sistema de transmissão analógica para o sistema de transmissão digital do serviço de radiodifusão de sons e imagens e do serviço de retransmissão de televisão, e dá outras providências. Decreto nº 8.061, de 29 de julho de 2013 - Altera o Decreto nº 5.820, de 29 de junho de 2006, o Regulamento dos Serviços de Radiodifusão, aprovado pelo Decreto nº 52.795, de 31 de outubro de 1963, e dá outras providências. Portaria MC nº 6.580, de 2 de dezembro de 2015 - Requer relatório consubstanciado sobre a evolução do processo de transição para a TV Digital do Grupo de Implantação do Processo de Redistribuição e Digitalização de Canais de TV e RTV (GIRED), bem como altera a Portaria MC nº 4.287, de 22 de setembro de 2015 e a Portaria MC nº 925, de 22 de agosto de 2014 para, dentre outras coisas, autorizar o desligamento antecipado do sinal analógico nos casos que especifica Portaria MC nº 378, de 22 de janeiro de 2016 - Disciplina aspectos de transição da transmissão analógica dos serviços de radiodifusão de sons e imagens e de retransmissão de televisão para o SBTVD-T
Publicação	Diário Oficial da União, Seção 1, 01-04-2016, pág. p. 107
Temas	Temas : Serviços no Setor de Telecomunicações : Radiodifusão : Televisão Aberta : TV Digital

Portaria MC nº 408, de 31 de março de 2016 - Altera o Anexo IV da Portaria MC nº 4.335, de 17 de setembro de 2015	
Órgão Emissor	Ministério das Comunicações - Gabinete do Ministro.
Nota Vigência	Data de publicação no DOU.
Dispositivos	CF, Art. 221, inciso I; CF, Art. 223, caput; LGT, Art. 211, caput.

Altera	Anexo IV – Documentos Necessários para Habilitação - Documentos Necessários para Habilitação
Publicação	Diário Oficial da União, Seção 1, 01-04-2016, pág. p. 107
Temas	Temas : Serviços no Setor de Telecomunicações : Radiodifusão

Portaria MC nº 1.383, de 8 de abril de 2016 - Dispõe sobre a apresentação anual de informações cadastrais, técnicas e financeiras pelas entidades executantes de serviço de radiodifusão e alteração do §1º do artigo 4-A da Portaria 6.467 de 24 de novembro de 2015.	
Órgão Emissor	Ministério das Comunicações - Gabinete do Ministro.
Nota Vigência	Data de publicação no DOU.
Dispositivos	CF, Art. 21, inciso XII, alínea a (em 15/08/1995); CF, Art. 223, caput; LGT, Art. 211, caput.
Altera	Portaria MC nº 6.467, de 24 de novembro de 2015 - Alterar a Portaria nº 127, de 12 de março de 2014, publicada no Diário Oficial da União de 13 de março de 2014, que dispõe sobre os procedimentos adaptação de outorga de radiodifusão sonora em ondas médias para o serviço de radiodifusão sonora em frequência modulada, e dá outras providências
Publicação	Diário Oficial da União, Seção 1, 13-04-2016, pág. p. 58

Portaria MC nº 1.453, de 8 de abril de 2016 - Priorização de famílias inscritas no Cadastro Único para Programas Sociais – CadÚnico para distribuição de set-top-box para recepção do sinal de televisão digital em Brasília/DF e em diversos municípios do País.	
Órgão Emissor	Ministério das Comunicações - Gabinete do Ministro.
Nota Vigência	Data de publicação no DOU.
Dispositivos	CF, Art. 223, caput; LGT, Art. 211, caput.
Correlata	Decreto nº 5.820/2006 - Dispõe sobre a implantação do SBTVD-T, estabelece diretrizes para a transição do sistema de transmissão analógica para o sistema de transmissão digital do serviço de radiodifusão de sons e imagens e do serviço de retransmissão de televisão, e dá outras providências. Decreto 6.135, de 26 de junho de 2007
Publicação	Diário Oficial da União, Seção 1, 11-04-2016, pág. p. 64

Portaria MC nº 1.455, de 8 de abril de 2016 - Estabelece diretrizes para a atuação da Agência Nacional de Telecomunicações - Anatel na elaboração de proposta de revisão do atual modelo de prestação de serviços de telecomunicações.	
Órgão Emissor	Ministério das Comunicações - Gabinete do Ministro.
Nota Vigência	Data de publicação no DOU.
Dispositivos	LGT, Art. 1º, caput; LGT, Art. 38, caput.
Correlata	Decreto nº 4.733/2003 - Dispõe sobre políticas públicas de telecomunicações, e dá outras providências. Decreto nº 7.175/2010 - Institui o Programa Nacional de Banda Larga - PNBL; dispõe sobre remanejamento de cargos em comissão; altera o Anexo II ao Decreto no 6.188, de 17 de agosto de 2007; altera e acresce dispositivos ao Decreto no 6.948, de 25 de agosto de 2009; e dá outras providências. - Anexo - Quadro demonstrativo dos cargos em comissão e Quadro resumo dos custos dos cargos em comissão do Gabinete Pessoal do Presidente da República. Portaria MC nº 4.420, de 22 de setembro de 2015

Regulamenta	Lei nº 9.472/1997 - Dispõe sobre a organização dos serviços de telecomunicações, a criação e funcionamento de um órgão regulador e outros aspectos institucionais, nos termos da Emenda Constitucional nº 8, de 1995.
Publicação	Diário Oficial da União, Seção 1, 11-04-2016, pág. p. 64
Temas	Temas : Políticas de Telecomunicações

Portaria MC nº 1.714, de 27 de abril de 2016 - Altera a Portaria MC nº 378, de 22 de janeiro de 2016, que estabelece o cronograma de transição da transmissão analógica para o SBTVD-T.	
Ó r g ã o Emissor	Ministério das Comunicações - Gabinete do Ministro.
N o t a Vigência	Data de publicação no DOU.
Anexos	Anexo - Anexo – Lista de localidades afetadas pelo cronograma de desligamento da transmissão analógica em 2017
Dispositivos	CF, Art. 223, caput; LGT, Art. 211, caput.
Altera	Portaria MC nº 378, de 22 de janeiro de 2016 - Disciplina aspectos de transição da transmissão analógica dos serviços de radiodifusão de sons e imagens e de retransmissão de televisão para o SBTVD-T
Publicação	Diário Oficial da União, Seção 1, 28-04-2016, pág. p. 83
Temas	Temas : Serviços no Setor de Telecomunicações : Radiodifusão : Televisão Aberta : TV Digital

Portaria MC nº 2.006, de 10 de maio de 2016 - Altera a Portaria nº 1.420, de 8 de outubro de 2014, incluindo representantes da Câmara dos Deputados e do Senado Federal na composição da Câmara de Gestão e companhamento do Desenvolvimento de Sistemas de Comunicação Máquina a Máquina, bem como altera o nome da Câmara em questão.	
Ó r g ã o Emissor	Ministério das Comunicações - Gabinete do Ministro.
N o t a Vigência	Data de publicação no DOU.
Dispositivos	LGT, Art. 2º, inciso II; LGT, Art. 61, caput.
Altera	Portaria MC nº 1.420, de 8 de outubro de 2014 - Cria a Câmara de Gestão e Acompanhamento do Desenvolvimento de Sistemas de Comunicação Máquina a Máquina.
Publicação	Diário Oficial da União, Seção 1, 12-05-2016, pág. p. 149
Temas	Temas : Administração do Setor de Telecomunicações : Fiscalização das Telecomunicações Temas : Aplicações de Telecomunicações : Banda Larga Temas : Aplicações de Telecomunicações : Internet Temas : Políticas de Telecomunicações : Convergência Temas : Políticas de Telecomunicações : Pesquisa & Desenvolvimento Temas : Serviços no Setor de Telecomunicações : Internet

Portaria MC nº 2.111, de 11 de maio de 2016 - Processo de habilitação e seleção de propostas para o Projeto Minha Cidade Inteligente a ser implementado com recursos do Orçamento Geral da União - OGU para o exercício de 2016.	
Ó r g ã o Emissor	Ministério das Comunicações - Gabinete do Ministro.
N o t a Vigência	Data de publicação no DOU.
Dispositivos	LGT, Art. 2º, inciso I.

Publicação	Diário Oficial da União, Seção 1, 12-05-2016, págs. p. 150-151
Temas	Temas : Aplicações de Telecomunicações : Banda Larga Temas: Atores no Setor de Telecomuncações: Município

Portaria MC nº 2.115, de 11 de maio de 2016 - Estabelece diretrizes para a Agência Nacional de Telecomunicações relativas à comercialização de planos de banda larga fixa.	
Órgão Emissor	Ministério das Comunicações - Gabinete do Ministro.
Dispositivos	CF, Art. 5º, inciso XXXII; CF, Art. 170, inciso V; LGT, Art. 2º, inciso I; LGT, Art. 127, inciso III; LGT, Art. 127, inciso VIII.
Correlata	Lei nº 8.078/1990 - Código de Defesa do Consumidor. Lei nº 12.965/2014 - Estabelece princípios, garantias, direitos e deveres para o uso da Internet no Brasil. Decreto nº 4.733/2003 - Dispõe sobre políticas públicas de telecomunicações, e dá outras providências.
Publicação	Diário Oficial da União, Seção 1, 12-05-2016, pág. p. 151
Temas	Temas : Administração do Setor de Telecomunicações : Fiscalização das Telecomunicações Temas : Administração do Setor de Telecomunicações : Outorgas : Autorização (regras aplicáveis) Temas : Aplicações de Telecomunicações : Banda Larga Temas : Aplicações de Telecomunicações : Internet Temas : Atores no Setor de Telecomunicações : Usuário / Consumidor Temas : Fundamentos : Conceitos Fundamentais : Era da Informação Temas : Políticas de Telecomunicações Temas : Políticas de Telecomunicações : Qualidade do Serviço Temas : Ramos Jurídicos Afins : Direito do Consumidor Temas : Serviços no Setor de Telecomunicações : Internet Temas : Serviços no Setor de Telecomunicações : Serviço de Comunicação Multimídia (SCM)

Decreto nº 8.771, de 11 de maio de 2016 - Regulamenta a Lei no 12.965, de 23 de abril de 2014, para tratar das hipóteses admitidas de discriminação de pacotes de dados na internet e de degradação de tráfego, indicar procedimentos para guarda e proteção de dados por provedores de conexão e de aplicações, apontar medidas de transparência na requisição de dados cadastrais pela administração pública e estabelecer parâmetros para fiscalização e apuração de infrações.	
Órgão Emissor	Presidência da República.
Nota Vigência	30 dias após data de publicação no DOU.
Dispositivos	CF, Art. 5º, inciso IV; CF, Art. 5º, inciso V; CF, Art. 5º, inciso IX; CF, Art 5º, inciso X; CF, Art. 5º, inciso X; LGT, Art. 61, § 1º.
Regulamenta	Constituição da República Federativa do Brasil de 1988
Publicação	Diário Oficial da União, Seção 1, 11-05-2016, pág. p. 7
Temas	Temas : Aplicações de Telecomunicações : Banda Larga Temas : Fundamentos : Conceitos Fundamentais : Direito à Privacidade Temas : Fundamentos : Conceitos Fundamentais : Liberdade de Expressão Temas : Infraestrutura e Recursos do Setor de Telecomunicações : Redes de Telecomunicações : Neutralidade de Rede Temas : Políticas de Telecomunicações : Regulação de Conteúdo Temas : Políticas de Telecomunicações : Universalização : Acesso às Telecomunicações

	Temas : Serviços no Setor de Telecomunicações : Internet

Portaria MCTIC nº 3.493, 26 de agosto de 2016 - Altera a Portaria MC nº 378, de 22 de janeiro de 2016, que estabelece o cronograma de transição da transmissão analógica para o SBTVD-T.	
Órgão Emissor	Ministério das Comunicações - Gabinete do Ministro.
Nota Vigência	Data de publicação no DOU.
Anexos	Anexo 1 - Anexo I – Requisitos Mínimos para Recepção do Sinal Digital Anexo 2 - Anexo II – Lista de Localidades afetadas pelo Cronograma do Desligamento da Transmissão Analógica em 2018
Dispositivos	CF, Art. 223, caput; LGT, Art. 211, caput.
Altera	Portaria MC nº 378, de 22 de janeiro de 2016 - Disciplina aspectos de transição da transmissão analógica dos serviços de radiodifusão de sons e imagens e de retransmissão de televisão para o SBTVD-T
Publicação	Diário Oficial da União, Seção 1, 29-08-2016, págs. p. 5-6
Temas	Temas : Serviços no Setor de Telecomunicações : Radiodifusão : Televisão Aberta : TV Digital

Portaria MCTIC nº 4.294, de 18 de outubro de 2016 - Altera a Portaria MC nº 378, de 22 de janeiro de 2016, que estabelece o cronograma de transição da transmissão analógica para o SBTVD-T.	
Órgão Emissor	Ministério das Comunicações - Gabinete do Ministro.
Nota Vigência	Data de publicação no DOU.
Dispositivos	CF, Art. 223, caput; LGT, Art. 211, caput.
Altera	Portaria MC nº 378, de 22 de janeiro de 2016 - Disciplina aspectos de transição da transmissão analógica dos serviços de radiodifusão de sons e imagens e de retransmissão de televisão para o SBTVD-T
Publicação	Diário Oficial da União, Seção 1, 19-10-2016, pág. p. 13
Temas	Temas : Serviços no Setor de Telecomunicações : Radiodifusão : Televisão Aberta : TV Digital

Portaria MCTIC nº 5.269, de 17 de novembro de 2016 - Homologa o encerramento da transmissão da programação das emissoras dos serviços de radiodifusão de sons e imagens e de retransmissão de televisão, em tecnologia analógica, em Brasília, Distrito Federal, e nos seguintes municípios de Goiás: Águas Lindas de Goiás, Cidade Ocidental, Cristalina, Formosa, Luziânia, Novo Gama, Planaltina, Santo Antônio do Descoberto e Valparaíso de Goiás.	
Órgão Emissor	Ministério das Comunicações - Gabinete do Ministro.
Nota Vigência	Data de publicação no DOU.
Dispositivos	CF, Art. 223, caput; LGT, Art. 1º, caput; LGT, Art. 19, inciso I; LGT, Art. 211, caput.
Correlata	Decreto nº 5.820/2006 - Dispõe sobre a implantação do SBTVD-T, estabelece diretrizes para a transição do sistema de transmissão analógica para o sistema de transmissão digital do serviço de radiodifusão de sons e imagens e do serviço de retransmissão de televisão, e dá outras providências. Decreto nº 7.670/2012 - Altera dispositivos do Regulamento dos Serviços de Radiodifusão aprovado pelo Decreto nº 52.795, de 31 de outubro de 1963, e dos Decretos nº 88.066, de 26 de janeiro de 1983, e nº 5.820, de 29 de junho de 2006.

	Decreto nº 8.061, de 29 de julho de 2013 - Altera o Decreto nº 5.820, de 29 de junho de 2006, o Regulamento dos Serviços de Radiodifusão, aprovado pelo Decreto nº 52.795, de 31 de outubro de 1963, e dá outras providências. Decreto nº 8.753, de 10 de maio de 2016 - Altera o Decreto nº 5.820, de 29 de junho de 2006, que dispõe sobre a implantação do SBTVD-T, estabelece diretrizes para a transição do sistema de transmissão analógica para o sistema de transmissão digital do serviço de radiodifusão de sons e imagens e do serviço de retransmissão de televisão. Portaria MC nº 378, de 22 de janeiro de 2016 - Disciplina aspectos de transição da transmissão analógica dos serviços de radiodifusão de sons e imagens e de retransmissão de televisão para o SBTVD-T
Publicação	Diário Oficial da União, Seção 1, 18-11-2016, págs. p. 14-15
Temas	Temas : Serviços no Setor de Telecomunicações : Radiodifusão Temas : Serviços no Setor de Telecomunicações : Radiodifusão : Televisão Aberta : TV Digital

Portaria MCTIC nº 5.507, de 30 de novembro de 2016 - Altera os artigos 2º e 3º da Portaria nº 1.420, de 8 de outubro de 2014, que Cria a Câmara de Gestão e Acompanhamento do Desenvolvimento de Sistemas de Comunicação Máquina a Máquina.	
Órgão Emissor	Ministério das Comunicações - Gabinete do Ministro.
Nota Vigência	Data de publicação no DOU.
Dispositivos	LGT, Art. 2º, inciso II; LGT, Art. 61, caput.
Altera	Portaria MC nº 1.420, de 8 de outubro de 2014 - Cria a Câmara de Gestão e Acompanhamento do Desenvolvimento de Sistemas de Comunicação Máquina a Máquina.
Publicação	Diário Oficial da União, Seção 1, 01-12-2016, pág. p. 12 Diário Oficial da União, Seção 1, 02-12-2016, pág. p. 5
Temas	Temas : Aplicações de Telecomunicações : Banda Larga Temas : Aplicações de Telecomunicações : Internet Temas : Políticas de Telecomunicações : Convergência Temas : Políticas de Telecomunicações : Pesquisa & Desenvolvimento Temas : Serviços no Setor de Telecomunicações : Internet

Portaria MC nº 5.774, de 16 de dezembro de 2016 - Altera o Regulamento de Sanções Administrativas aplicáveis a entidades prestadoras dos serviços de radiodifusão, seus ancilares e auxiliares.	
Órgão Emissor	Ministério das Comunicações - Gabinete do Ministro.
Nota Vigência	Data de publicação no DOU.
Dispositivos	CF, Art. 21, inciso XII, alínea a (em 15/08/1995); LGT, Art. 211, caput.
Altera	Portaria MC nº 112/2013 - Aprova o Regulamento de Sanções Administrativas aplicáveis a entidades prestadoras dos serviços de radiodifusão, seus ancilares e auxiliares.
Publicação	Diário Oficial da União, Seção 1, 20-12-2016, pág. p. 6
Temas	Temas : Administração do Setor de Telecomunicações : Fiscalização das Telecomunicações Temas : Administração do Setor de Telecomunicações : Outorgas : Autorização (regras aplicáveis) Temas : Administração do Setor de Telecomunicações : Outorgas : Concessão (regras aplicáveis) Temas : Administração do Setor de Telecomunicações : Outorgas : Permissão (regras aplicáveis)

	Temas : Atores no Setor de Telecomunicações : Poder Executivo : Ministério das Comunicações Temas : Serviços no Setor de Telecomunicações : Radiodifusão

Decreto 8.945, de 27 de dezembro de 2016 - Regulamenta, no âmbito da União, a Lei nº 13.303, de 30 de junho de 2016, que dispõe sobre o estatuto jurídico da empresa pública, da sociedade de economia mista e de suas subsidiárias, no âmbito da União, dos Estados, do Distrito Federal e dos Municípios.	
Órgão Emissor	Presidência da República.
Nota Vigência	Data de publicação no DOU.
Dispositivos	LGT, Art. 186, caput.
Altera	Decreto nº 1.068, de 2 de março de 1994 Decreto nº 1.091, de 21 de março de 1994 Decreto nº 2.594, de 15 de maio de 1998 Decreto nº 2.673, de 16 de julho de 1998 Decreto nº 8.818, de 21 de julho de 2016
Revoga	Decreto nº 757/1993
Publicação	Diário Oficial da União, Seção 1, 28-12-2016, págs. p. 16-22
Temas	Temas : Atores no Setor de Telecomunicações : Empresa Brasil de Comunicação (EBC) Temas : Atores no Setor de Telecomunicações : Telebras

Resolução

Resolução da ANATEL nº 661, de 22 de fevereiro de 2016 - Destina faixas de radiofrequências ao Serviço Limitado Móvel Aeronáutico (SLMA), para uso em sistemas de Radionavegação Aeronáutica	
Órgão Emissor	ANATEL - Conselho Diretor.
Nota Vigência	Data de publicação no DOU.
Dispositivos	LGT, Art. 19, inciso VIII; LGT, Art. 159, caput; LGT, Art. 161, caput.
Correlata	Portaria MC nº 320, de 26 de maio de 1994 - Aprova a Norma nº 05/94 - Serviço de Radiocomunicação Aeronáutica Público-Restrito.
Regulamenta	Lei nº 9.472/1997 - Dispõe sobre a organização dos serviços de telecomunicações, a criação e funcionamento de um órgão regulador e outros aspectos institucionais, nos termos da Emenda Constitucional nº 8, de 1995.
Publicação	Diário Oficial da União, Seção 1, 23-02-2016, pág. p. 33
Temas	Temas : Aplicações de Telecomunicações : Radionavegação Aeronáutica Temas : Serviços no Setor de Telecomunicações : Serviço de Telecomunicações Aeronáuticas : Serviço Móvel Aeronáutico

Resolução da ANATEL nº 662, de 8 de março de 2016 - Altera o Anexo III e o art. 39 do Regulamento para Certificação e Homologação de Produtos para Telecomunicações, aprovado pela Resolução nº 242, de 30 de novembro de 2000	
Órgão Emissor	ANATEL - Conselho Diretor.
Nota Vigência	Data de publicação no DOU.
Dispositivos	LGT, Art. 19, inciso XIII.

Altera	Resolução da ANATEL nº 242/2000 - Aprova o Regulamento para Certificação e Homologação de Produtos para Telecomunicações.
Regulamenta	Lei nº 9.472/1997 - Dispõe sobre a organização dos serviços de telecomunicações, a criação e funcionamento de um órgão regulador e outros aspectos institucionais, nos termos da Emenda Constitucional nº 8, de 1995.
Publicação	Diário Oficial da União, Seção 1, 09-03-2016, pág. p. 105
Temas	Temas : Infraestrutura e Recursos do Setor de Telecomunicações : Equipamentos de Telecomunicações : Certificação / Homologação

Resolução da ANATEL nº 663, de 21 de março de 2016 - Aprova alteração no Regulamento sobre Exploração do Serviço Móvel Pessoal por Meio de Rede Virtual (RRV-SMP), aprovado pela Resolução nº 550, de 22 de novembro de 2010	
Órgão Emissor	ANATEL - Conselho Diretor.
Nota Vigência	Data de publicação no DOU.
Dispositivos	LGT, Art. 6º, caput.
Altera	Anexo à Resolução da ANATEL nº 550, de 22 de novembro de 2010 - Regulamento sobre Exploração de Serviço Móvel Pessoal – SMP por meio de Rede Virtual (RRV-SMP).
Regulamenta	Lei nº 9.472/1997 - Dispõe sobre a organização dos serviços de telecomunicações, a criação e funcionamento de um órgão regulador e outros aspectos institucionais, nos termos da Emenda Constitucional nº 8, de 1995.
Publicação	Diário Oficial da União, Seção 1, 22-03-2016, pág. p. 79
Temas	Temas : Serviços no Setor de Telecomunicações : Serviço Móvel Pessoal (SMP)

Resolução da ANATEL nº 664, de 29 de abril de 2016 - Aprova a alteração dos Anexos I, II, III e IV da Resolução nº 552, de 10 de dezembro de 2010.	
Órgão Emissor	ANATEL - Conselho Diretor.
Nota Vigência	Data de publicação no DOU.
Dispositivos	CF, Art. 21, inciso XI; CF, Art. 175, § único, inciso I; LGT, Art. 64, Parágrafo Único; LGT, Art. 89, inciso IV.
Altera	Anexo 1 - Modelo de Contrato de Concessão para a Prestação de Serviço Telefônico Fixo Comutado na Modalidade Local - 2011 - Anexo 1 - Modelo de Contrato de Concessão para a Prestação de Serviço Telefônico Fixo Comutado na Modalidade Local - 2011. Anexo 2 - Modelo de Contrato de Concessão para a Prestação de Serviço Telefônico Fixo Comutado na Modalidade Longa Distância Nacional (Regiões I, II e III) - 2011 - Modelo de Contrato de Concessão para a Prestação de Serviço Telefônico Fixo Comutado na Modalidade Longa Distância Nacional (Regiões I, II e III) - 2011. Anexo 3 - Modelo de Contrato de Concessão para a Prestação de Serviço Telefônico Fixo Comutado na Modalidade Longa Distância Nacional (Regiaõ IV) - 2011 - Modelo de Contrato de Concessão para a Prestação de Serviço Telefônico Fixo Comutado na Modalidade Longa Distância Nacional (Regiaõ IV) - 2011. Anexo 4 - Modelo de Contrato de Concessão para a Prestação de Serviço Telefônico Fixo Comutado na Modalidade Longa Distância Internacional – 2011 - Modelo de Contrato de Concessão para a Prestação de Serviço Telefônico Fixo Comutado na Modalidade Longa Distância Internacional – 2011.
Regulamenta	Lei nº 9.472/1997 - Dispõe sobre a organização dos serviços de telecomunicações, a criação e funcionamento de um órgão regulador e outros aspectos institucionais, nos termos da Emenda Constitucional nº 8, de 1995.
Publicação	Diário Oficial da União, Seção 1, 02-05-2016, pág. p. 62

Temas	Temas : Administração do Setor de Telecomunicações : Outorgas : Concessão (regras aplicáveis) Temas : Serviços no Setor de Telecomunicações : Serviço Telefônico Fixo Comutado (STFC)

Resolução da ANATEL nº 665, de 2 de maio de 2016 - Destina faixas de radiofrequência e aprova o Regulamento sobre Canalização e Condições de Uso da Faixa de Radiofrequências de 380 MHz a 400 MHz.

Órgão Emissor	ANATEL - Conselho Diretor.
Nota Vigência	Data de publicação no DOU.
Anexos	Anexo - Anexo – Regulamento sobre Canalização e Condições de Uso da Faixa de Radiofrequências de 380 MHz a 400 MHz
Dispositivos	LGT, Art. 19, inciso VIII; LGT, Art. 159, caput.
Revoga	Resolução da ANATEL nº 557/2010 - Aprova o Regulamento sobre Canalização e Condições de Uso de Radiofrequências na Faixa de 380 MHz a 400 MHz. - Anexo - Regulamento sobre Canalização e Condições de Uso de Radiofreqüências na Faixa de 380 MHz a 400 MHz.
Regulamenta	Lei nº 9.472/1997 - Dispõe sobre a organização dos serviços de telecomunicações, a criação e funcionamento de um órgão regulador e outros aspectos institucionais, nos termos da Emenda Constitucional nº 8, de 1995.
Publicação	Diário Oficial da União, Seção 1, 03-05-2016, págs. p. 43-45 Diário Oficial da União, Seção 1, 01-01-2016, pág. p. 16 [Retificação]
Temas	Temas : Aplicações de Telecomunicações : Acesso a Serviços de Interesse Público e Uso de Radiofrequência por tais Serviços : Defesa Civil Temas : Aplicações de Telecomunicações : Acesso a Serviços de Interesse Público e Uso de Radiofrequência por tais Serviços : Segurança Pública Temas : Classificações de Serviços no Setor de Telecomunicações : Quanto ao Gênero : Serviço Limitado : Serviço Limitado Especializado Temas : Classificações de Serviços no Setor de Telecomunicações : Quanto ao Gênero : Serviço Limitado : Serviço Limitado Privado Temas : Serviços no Setor de Telecomunicações : Serviço Telefônico Fixo Comutado (STFC) Temas : Serviços no Setor de Telecomunicações : Serviço de Comunicação Multimídia (SCM)

Resolução da ANATEL nº 666, de 2 de maio de 2016 - Substituição do Anexo I ao Regulamento sobre Áreas Locais para o Serviço Telefônico Fixo Comutado Destinado ao Uso do Público em Geral - STFC, aprovado pela Resolução nº 560, de 21 de janeiro de 2011. Alteração do Anexo II ao Regulamento sobre Áreas Locais para o Serviço Telefônico Fixo Comutado Destinado ao Uso do Público em Geral - STFC, aprovado pela Resolução nº 560, de 21 de janeiro de 2011. Alteração do art. 7º do Regulamento sobre Áreas Locais para o Serviço Telefônico Fixo Comutado Destinado ao Uso do Público em Geral - STFC, aprovado pela Resolução nº 560, de 21 de janeiro de 2011.

Órgão Emissor	ANATEL - Conselho Diretor.
Nota Vigência	180 dias da data de publicação no DOU.
Anexos	Anexo 1 - Anexo I – Áreas Locais formadas por conjunto de municípios pertencentes a Região Metropolitana e Áreas Locais formadas por conjunto de municípios criadas em decorrência de Continuidade Urbana ou outro critério legado Anexo 2 - Anexo II – Tratamentos Locais concedidos em razão de alteração na composição de Regiões Metropolitanas

Dispositivos	LGT, Art. 64, Parágrafo Único.
Altera	Anexo à Resolução da ANATEL nº 560, de 21 de janeiro de 2011 - Regulamento sobre Áreas Locais para o Serviço Telefônico Fixo Comutado Destinado ao Uso do Público em Geral – STFC.
Regulamenta	Lei nº 9.472/1997 - Dispõe sobre a organização dos serviços de telecomunicações, a criação e funcionamento de um órgão regulador e outros aspectos institucionais, nos termos da Emenda Constitucional nº 8, de 1995.
Publicação	Diário Oficial da União, Seção 1, 03-05-2016, págs. p. 45-49
Temas	Temas : Serviços no Setor de Telecomunicações : Serviço Telefônico Fixo Comutado (STFC)

Resolução ANATEL nº 667, de 30 de maio de 2016 - Aprova o Regulamento Geral de Acessibilidade em Serviços de Telecomunicações de Interesse Coletivo.	
Órgão Emissor	ANATEL - Conselho Diretor.
Nota Vigência	Data de publicação no DOU.
Nota Eficácia	Eficácia diferida para 12 meses da publicação da portaria quanto às obrigações dispostas nos arts. 8º, 9º e Título V do Regulamento.
Anexos	Anexo 1 - Anexo I – Regulamento Geral de Acessibilidade em Telecomunicações Anexo 2 - Anexo II - Revogações
Dispositivos	CF, Art. 5º, inciso XXXII; LGT, Art. 3º, inciso I; LGT, Art. 3º, inciso III; LGT, Art. 62, caput; LGT, Art. 64, Parágrafo Único; LGT, Art. 158, § 1º.
Altera	Anexo à Resolução da ANATEL nº 426, de 9 de dezembro de 2005 - Regulamento do Serviço Telefônico Fixo Comutado. Anexo à Resolução da ANATEL nº 477, de 7 de agosto de 2007 - Regulamento do Serviço Móvel Pessoal – SMP. Regulamento do Serviço de Acesso Condicionado (SeAC) - Regulamento do Serviço de Acesso Condicionado (SeAC). Anexo - Regulamento de Obrigações de Universalização - Regulamento de Obrigações de Universalização. Anexo – Regulamento do Serviço de Comunicação Multimídia - Regulamento do Serviço de Comunicação Multimídia.
Revoga	Anexo à Resolução da ANATEL nº 509, de 14 de agosto de 2008 - Regulamento da Central de Intermediação de Comunicação Telefônica a ser Utilizada por Pessoas com Deficiência Auditiva ou da Fala – CIC.
Correlata	Lei nº 8.078/1990 - Código de Defesa do Consumidor. Lei nº 13.146, de 6 de julho de 2015 - Institui a Lei Brasileira de Inclusão da Pessoa com Deficiência (Estatuto da Pessoa com Deficiência) Decreto Legislativo nº 186, de 9 de julho de 2008 Decreto nº 5.296/2004 - Regulamenta as Leis nºs 10.048, de 8 de novembro de 2000, que dá prioridade de atendimento às pessoas que especifica, e 10.098, de 19 de dezembro de 2000, que estabelece normas gerais e critérios básicos para a promoção da acessibilidade das pessoas portadoras de deficiência ou com mobilidade reduzida, e dá outras providências. Decreto nº 5.626/2005 - Regulamenta a Lei nº 10.436, de 24 de abril de 2002, que dispõe sobre a Língua Brasileira de Sinais - Libras, e o art. 18 da Lei nº 10.098, de 19 de dezembro de 2000. Decreto 6.949, de 25 de agosto de 2009
Publicação	Diário Oficial da União, Seção 1, 31-05-2016, págs. p. 6-8
Temas	Temas : Atores no Setor de Telecomunicações : Usuário / Consumidor

	Temas : Classificações de Serviços no Setor de Telecomunicações : Quanto ao Interesse : Serviço de Interesse Coletivo Temas : Políticas de Telecomunicações : Universalização : Acesso à Telecomunicações : Portador de Deficiência Temas : Serviços no Setor de Telecomunicações : Serviço Telefônico Fixo Comutado (STFC)

Resolução da ANATEL nº 668, de 27 de junho de 2016 - Altera o Regulamento do Serviço Telefônico Fixo Comutado, aprovado pela Resolução nº 426, de 9 de dezembro de 2005, e revoga a Resolução nº 283, de 29 de novembro de 2001.	
Órgão Emissor	ANATEL - Conselho Diretor.
Nota Vigência	Data de publicação no DOU.
Nota Eficácia	30 dias após a data de publicação no DOU.
Anexos	Anexo 1 - Anexo I – Documentação Necessária ao Requerimento de Autorização Anexo 2 - Anexo II – Do Projeto Técnico Anexo 3 - Anexo III – Da Documentação Necessária à Efetivação de Transferências de Autorização e Modificações Societárias
Dispositivos	LGT, Art. 64, Parágrafo Único; LGT, Art. 127, caput.
Altera	Anexo à Resolução da ANATEL nº 426, de 9 de dezembro de 2005 - Regulamento do Serviço Telefônico Fixo Comutado.
Revoga	Resolução da ANATEL nº 283/2001 - Aprova o Regulamento para Expedição de Autorização para Prestação de Serviço Telefônico Fixo Comutado Destinado ao Uso do Público em Geral – STFC. - Anexo - Regulamento para Expedição de Autorização para Prestação de Serviço Telefônico Fixo Comutado Destinado ao Uso do Público em Geral – STFC.
Regulamenta	Lei nº 9.472/1997 - Dispõe sobre a organização dos serviços de telecomunicações, a criação e funcionamento de um órgão regulador e outros aspectos institucionais, nos termos da Emenda Constitucional nº 8, de 1995.
Publicação	Diário Oficial da União, Seção 1, 30-06-2016, págs. p. 11-12 Diário Oficial da União, Seção 1, 18-12-2016, pág. p. 15 [Retificação]
Temas	Temas : Administração do Setor de Telecomunicações : Outorgas : Autorização (regras aplicáveis) Temas : Classificações de Serviços no Setor de Telecomunicações : Quanto ao Regime Jurídico de Prestação : Serviço Prestado em Regime Privado Temas : Serviços no Setor de Telecomunicações : Serviço Telefônico Fixo Comutado (STFC)

Resolução da ANATEL nº 669, de 11 de julho de 2016 - Altera o Regulamento sobre Canalização e Condições de Uso da Faixa de 15 GHz, aprovado pela Resolução nº 129, de 26 de maio de 1999.	
Órgão Emissor	ANATEL - Conselho Diretor.
Nota Vigência	Data de publicação no DOU.
Dispositivos	LGT, Art. 19, inciso VIII; LGT, Art. 64, Parágrafo Único; LGT, Art. 159, caput; LGT, Art. 161, caput.
Altera	Anexo à Resolução da ANATEL nº 129, de 26 de maio de 1999 - Regulamento sobre Canalização e Condições de Uso da Faixa de 15 GHz.
Regulamenta	Lei nº 9.472/1997 - Dispõe sobre a organização dos serviços de telecomunicações, a criação e funcionamento de um órgão regulador e outros aspectos institucionais, nos termos da Emenda Constitucional nº 8, de 1995.

Publicação	Diário Oficial da União, Seção 1, 12-07-2016, pág. p. 3
Temas	Temas : Infraestrutura e Recursos do Setor de Telecomunicações : Espectro de Radiofrequência : Condições de Uso de Radiofrequência e Canalização (Distribuição de Canais)

Resolução da ANATEL nº 670, de 19 de outubro de 2016 - Revoga o Regulamento para Certificação do Cartão Indutivo, aprovado pela Resolução nº 471, de 5 de julho de 2007.	
Órgão Emissor	ANATEL - Conselho Diretor.
Nota Vigência	Data de publicação no DOU.
Dispositivos	LGT, Art. 19, inciso XIII; LGT, Art. 64, Parágrafo Único; LGT, Art. 79, § 1º.
Revoga	Resolução da ANATEL nº 471/2007 - Aprova o Regulamento para Certificação do Cartão Indutivo. - Anexo - Regulamento para certificação do cartão indutivo.
Regulamenta	Lei nº 9.472/1997 - Dispõe sobre a organização dos serviços de telecomunicações, a criação e funcionamento de um órgão regulador e outros aspectos institucionais, nos termos da Emenda Constitucional nº 8, de 1995.
Publicação	Diário Oficial da União, Seção 1, 21-10-2016, pág. p. 09
Temas	Temas : Serviços no Setor de Telecomunicações : Serviço Telefônico Fixo Comutado (STFC)

Resolução da ANATEL nº 671, de 3 de novembro de 2016 - Aprova o Regulamento de Uso do Espectro de Radiofrequências e altera o Regulamento de Cobrança de Preço Público pelo Direito de Uso de Radiofrequências e o Regulamento de Aplicação de Sanções Administrativas.	
Órgão Emissor	ANATEL - Conselho Diretor.
Nota Vigência	Data de publicação no DOU.
Anexos	Anexo 1 - Anexo I - Regulamento de Uso do Espectro de Radiofrequências Anexo 2 - Anexo II – Alteração do Regulamento de Cobrança de Preço Público pelo Direito de Uso de Radiofrequências Anexo 3 - Anexo III – Alteração do Regulamento de Aplicação de Sanções Administrativas
Dispositivos	LGT, Art. 19, inciso VIII; LGT, Art. 19, inciso IX; LGT, Art. 127, inciso VII; LGT, Art. 130, Parágrafo Único; LGT, Art. 131, caput; LGT, Art. 163, caput.
Altera	Anexo à Resolução da ANATEL nº 387, de 3 de novembro de 2004 - Regulamento de Cobrança de Preço Público pelo Direito de Uso de Radiofreqüências. Regulamento de Aplicação de Sanções Administrativas - Regulamento de Aplicação de Sanções Administrativas.
Revoga	Resolução da ANATEL nº 259/2001 - Aprova o Regulamento de Uso do Espectro de Radiofreqüências.
Correlata	Lei nº 12.527/2011 - Regula o acesso a informações previsto no inciso XXXIII do art. 5º, no inciso II do § 3º do art. 37 e no § 2º do art. 216 da Constituição Federal; altera a Lei nº 8.112, de 11 de dezembro de 1990; revoga a Lei nº 11.111, de 5 de maio de 2005, e dispositivos da Lei nº 8.159, de 8 de janeiro de 1991; e dá outras providências. Anexo à Resolução da ANATEL nº 387, de 3 de novembro de 2004 - Regulamento de Cobrança de Preço Público pelo Direito de Uso de Radiofreqüências. Regulamento de Aplicação de Sanções Administrativas - Regulamento de Aplicação de Sanções Administrativas. Anexo – Regulamento de Fiscalização - Regulamento de Fiscalização.

Regulamenta	Lei nº 9.472/1997 - Dispõe sobre a organização dos serviços de telecomunicações, a criação e funcionamento de um órgão regulador e outros aspectos institucionais, nos termos da Emenda Constitucional nº 8, de 1995.
Publicação	Diário Oficial da União, Seção 1, 07-11-2016, págs. p. 6-10 Diário Oficial da União, Seção 1, 11-11-2016, pág. p. 22 [Retificação]
Temas	Temas : Administração do Setor de Telecomunicações : Outorgas : Preço Público e Preço Privado Temas : Infraestrutura e Recursos do Setor de Telecomunicações : Espectro de Radiofrequência

Resolução da ANATEL nº 672, de 16 de dezembro de 2016 - Altera o Regulamento sobre Condições de Uso de Radiofrequências nas Faixas de 800 MHz, 900 MHz, 1.800 MHz, 1.900 MHz e 2.100, aprovado pela Resolução nº 454, de 11 de dezembro de 2006, e alterado pela Resolução nº 562, de 9 de fevereiro de 2011.	
Órgão Emissor	ANATEL - Conselho Diretor.
Nota Vigência	30 dias após a publicação no DOU.
Dispositivos	LGT, Art. 19, inciso VIII; LGT, Art. 157, caput; LGT, Art. 160, caput.
Altera	Anexo à Resolução da ANATEL nº 454, de 11 de dezembro de 2006 - Regulamento sobre Condições de Uso de Radiofreqüências nas Faixas de 800 MHz, 900 MHz, 1.800 MHz, 1.900 MHz e 2.100 MHz.
Regulamenta	Lei nº 9.472/1997 - Dispõe sobre a organização dos serviços de telecomunicações, a criação e funcionamento de um órgão regulador e outros aspectos institucionais, nos termos da Emenda Constitucional nº 8, de 1995.
Publicação	Diário Oficial da União, Seção 1, 19-12-2016, págs. p. 15-16
Temas	Temas : Infraestrutura e Recursos do Setor de Telecomunicações : Espectro de Radiofrequência : Condições de Uso de Radiofrequência e Canalização (Distribuição de Canais) Temas : Serviços no Setor de Telecomunicações : Radiodifusão : Serviço Auxiliar de Radiodifusão e Correlatos (SARC) Temas : Serviços no Setor de Telecomunicações : Serviço Móvel Especializado ou Trunking ou Trunk ou Sistema Troncalizado Temas : Serviços no Setor de Telecomunicações : Serviço Móvel Pessoal (SMP) Temas : Serviços no Setor de Telecomunicações : Serviço Telefônico Fixo Comutado (STFC) Temas : Serviços no Setor de Telecomunicações : Serviço de Comunicação Multimídia (SCM)

Resolução emitida por outros órgãos

Resolução do CGI.br nº 15, de junho de 2016 - Posicionamento do CGI.br sobre franquia de dados na modalidade banda larga fixa de acesso à Internet.	
Órgão Emissor	ANATEL - Conselho Diretor.
Nota Vigência	1º de junho de 2016.
Dispositivos	LGT, Art. 61, § 2º.
Regulamenta	Lei nº 12.965/2014 - Estabelece princípios, garantias, direitos e deveres para o uso da Internet no Brasil.
Temas	Temas : Aplicações de Telecomunicações : Banda Larga

	Temas : Aplicações de Telecomunicações : Internet Temas : Serviços no Setor de Telecomunicações : Internet

Julgados Referenciados

Acórdãos

Supremo Tribunal Federal (STF)

Ação Direta de Inconstitucionalidade 3.959/SP (STF ADI 3959/SP - São Paulo)	
Relator	Min. Luís Roberto Barroso
Órgão Julgador	Plenário do STF
Julgamento	20-04-2016
Comentário	Inconstitucionalidade de lei estadual que impõe às operadoras de telefonia fixa e móvel a obrigação de constituírem cadastro especial de assinantes do serviço de interessados no sistema de venda por meio de telemarketing, por invasão da competência privativa da União para legislar sobre telecomunicações (art. 22, IV da CF/88).
Dispositivos	CF, Art. 22, inciso IV; LGT, Art. 1º, Parágrafo Único.
Ref. Leg.	Lei 12.239, de 23 de janeiro de 2006, do Estado de São Paulo
Publicação	Diário da Justiça Eletrônico, 11-05-2016
Temas	Temas : Atores no Setor de Telecomunicações Temas : Atores no Setor de Telecomunicações : Estado-Membro Temas : Atores no Setor de Telecomunicações : Poder Judiciário : STF Temas : Serviços no Setor de Telecomunicações : Serviço Móvel Pessoal (SMP) Temas : Serviços no Setor de Telecomunicações : Serviço Telefônico Fixo Comutado (STFC)
Catalogador	Márcio Iório Aranha

Ação Direta de Inconstitucionalidade 4.603/RN (STF - ADI 4603 / RN - Rio Grande do Norte)	
Relator	Min. Dias Toffoli
Órgão Julgador	Plenário do STF
Votação	Unânime
Julgamento	01-07-2016
Comentário	Inconstitucionalidade de lei estadual que veda a cobrança de tarifas de assinatura básica pelas prestadoras de serviços de telefonia fixa e móvel, por invasão de competência privativa da União para legislar sobre telecomunicações (art. 22, IV da CF/88).
Dispositivos	CF, Art. 22, inciso IV; LGT, Art. 1º, Parágrafo Único.
Correlata	ADI 3.847/SC (STF - ADI 3847 / SC - Santa Catarina) Ação Direta de Inconstitucionalidade 4.478/AP (STF - ADI 4478 / AP - Amapá) Ação Direta de Inconstitucionalidade nº 2.615 (ADI 2.615 - Santa Catarina) Ação Direta de Inconstitucionalidade nº 4.369 (STF – ADI 4.369 / SP – São Paulo)
Ref. Leg.	Lei 9.450, de 31 de janeiro de 2011, do Rio Grande do Norte
Publicação	Diário da Justiça Eletrônico, 12-08-2016
Temas	Temas : Administração do Setor de Telecomunicações : Fiscalização das Telecomunicações Temas : Administração do Setor de Telecomunicações : Outorgas : Preço Público e Preço Privado Temas : Atores no Setor de Telecomunicações : Estado-Membro

	Temas : Atores no Setor de Telecomunicações : Poder Judiciário : STF Temas : Atores no Setor de Telecomunicações : Prestadora / Operadora Temas : Serviços no Setor de Telecomunicações : Serviço Móvel Pessoal (SMP) Temas : Serviços no Setor de Telecomunicações : Serviço Telefônico Fixo Comutado (STFC)
Catalogador	Márcio Iório Aranha

Ação Direta de Inconstitucionalidade 4.649/RJ (STF - ADI 4649 / RJ - Rio de Janeiro)	
Relator	Min. Dias Toffoli
Órgão Julgador	Plenário do STF
Votação	Unânime
Julgamento	01-07-2016
Comentário	Inconstitucionalidade de lei estadual que impõe a possibilidade de utilização, no mês subsequente, dos minutos da franquia não utilizados no mês anterior, por invasão da competência privativa da União para legislar sobre telecomunicações (art. 22, IV da CF/88).
Dispositivos	CF, Art. 22, inciso IV; LGT, Art. 1º, Parágrafo Único.
Ref. Leg.	Lei 5.934, de 29 de março de 2011, do Rio de Janeiro
Publicação	Diário da Justiça Eletrônico, 12-08-2016
Temas	Temas : Administração do Setor de Telecomunicações : Outorgas : Preço Público e Preço Privado Temas : Atores no Setor de Telecomunicações : Estado-Membro Temas : Atores no Setor de Telecomunicações : Poder Judiciário : STF Temas : Atores no Setor de Telecomunicações : Prestadora / Operadora Temas : Serviços no Setor de Telecomunicações : Serviço Móvel Pessoal (SMP)
Catalogador	Márcio Iório Aranha

Ação Direta de Inconstitucionalidade 4.761/PR (STF - ADI 4761 / PR - Paraná)	
Relator	Min. Luís Roberto Barroso
Órgão Julgador	Plenário do STF
Votação	Unânime
Julgamento	18-08-2016
Comentário	Inconstitucionalidade, por invasão de competência privativa da União para legislar sobre telecomunicações e sobre propaganda comercial (art. 22, IV e XXIX), de lei estadual que impõe dever às operadoras de telefonia celular e aos fabricantes de aparelhos celulares e acessórios de incluir em sua propaganda advertência cancerígena pelo uso excessivo.
Dispositivos	CF, Art. 22, inciso IV; LGT, Art. 1º, Parágrafo Único.
Ref. Leg.	Lei nº 17.054, de 23 de janeiro de 2012, do Paraná
Publicação	Diário da Justiça Eletrônico, 14-11-2016
Temas	Temas : Administração do Setor de Telecomunicações : Fiscalização das Telecomunicações Temas : Atores no Setor de Telecomunicações : Estado-Membro Temas : Atores no Setor de Telecomunicações : Poder Judiciário : STF Temas : Atores no Setor de Telecomunicações : Prestadora / Operadora Temas : Infraestrutura e Recursos do Setor de Telecomunicações : Equipamentos de Telecomunicações : Terminais Temas : Ramos Jurídicos Afins : Direito do Consumidor Temas : Serviços no Setor de Telecomunicações : Serviço Móvel Pessoal (SMP)

Catalogador	Márcio Iório Aranha

Habeas Corpus nº 135.148/ BA (STF - HC nº135.248/BA - Bahia)	
Relator	Min. Carmen Lúcia
Órgão Julgador	Segunda Turma do STF
Votação	Unânime
Julgamento	23-08-2016
Comentário	Quando não há, nos autos, comprovação, por parte das autoridades competentes, de inexistência de lesividade da conduta de atividade clandestina de telecomunicação, mesmo que a potência do transmissor seja baixa (25W), a demonstração do potencial lesivo afasta a incidência do princípio da insignificância.
Dispositivos	CF, Art. 223, caput; LGT, Art. 183, caput.
Publicação	Diário da Justiça Eletrônico, 05-09-2016
Temas	Temas : Administração do Setor de Telecomunicações : Fiscalização das Telecomunicações Temas : Atores no Setor de Telecomunicações : Poder Judiciário : STF Temas : Atores no Setor de Telecomunicações : Prestadora / Operadora Temas : Serviços no Setor de Telecomunicações : Radiodifusão : Radiodifusão Comunitária
Catalogador	Márcio Iório Aranha

Agravo Regimental na Reclamação 19541/MG (STF - AgR Rcl 19541/ MG - Minas Gerais)	
Relator	Min. Luís Roberto Barroso
Órgão Julgador	Primeira Turma do STF
Votação	Unânime
Julgamento	07-06-2016
Comentário	Inaplicável a transcendência dos motivos determinantes para fins de justificativa de reclamação perante o STF, da ADI 1.668-MC, que havia suspendido a eficácia do art. 19, XV da Lei 9.472/97 (LGT), que autorizava a ANATEL a realizar busca e apreensão independentemente de ordem judicial, com a apreensão de equipamentos de telecomunicações de rádio clandestina, com esteio no art. 3º, parágrafo único da Lei 10.871/2004, com a redação dada pela Lei 11.292/2006, que reconhece como atribuição dos cargos da carreira de regulação e fiscalização e de suporte à regulação e fiscalização de serviços públicos de telecomunicações as prerrogativas de promoção de interdição de estabelecimentos, instalações ou equipamentos e apreensão de bens ou produtos, dentre outras manifestações de polícia administrativa dotada de auto-executoriedade. A lacração e apreensão de equipamento transmissor de telecomunicação com esteio na Lei 10.871/2004 não apta a violar o paradigma -- ADI 1.668-MC -- para justificar reclamação ao STF em virtude de ofensa à autoridade de suas decisões. A reclamação, neste caso, somente se justificaria no caso de decisão posterior à ADI 1.668-MC que reconhecesse a eficácia do art. 19, XV da Lei 9.472/97 em ofensa ao referido paradigma, pois a eficácia vinculante dos acórdãos em controle abstrato de constitucionalidade somente atingem o objeto examinado pela Corte. Inaplicável a teoria da transcendência dos motivos determinantes.
Dispositivos	LGT, Art. 19, inciso XV; LGT, Art. 163, caput; LGT, Art. 175, Parágrafo Único.
Ref. Leg.	Lei nº 9.472, de 16 de julho de 1997 Lei nº 10.871, de 20 de maio de 2004 Lei nº 11.292, de 26 de abril de 2006
Publicação	Diário da Justiça Eletrônico, 21-06-2016
Temas	Temas : Administração do Setor de Telecomunicações : Fiscalização das Telecomunicações Temas : Atores no Setor de Telecomunicações : Poder Judiciário : STF Temas : Atores no Setor de Telecomunicações : Prestadora / Operadora

	Temas : Serviços no Setor de Telecomunicações : Radiodifusão : Radiodifusão Comunitária
Catalogador	Márcio Iório Aranha

Repercussão Geral no Recurso Extraordinário nº 776.594 (STF - RE 776594 RG / SP - São Paulo)	
Relator	Min. Luiz Fux
Órgão Julgador	Plenário do STF
Votação	Maioria
Julgamento	06-10-2016
Comentário	Constitucionalidade da questão sobre a taxa municipal de fiscalização de licença para o funcionamento das torres e antenas de transmissão e recepção de dados e voz - estações rádio-base de telecomunicações.
Dispositivos	CF, Art. 22, inciso IV.
Correlata	Recurso Extraordinário nº 776.594 (STF - RE 776594 / SP - São Paulo)
Publicação	Diário da Justiça Eletrônico, 20-10-2016
Temas	Temas : Administração do Setor de Telecomunicações : Fiscalização das Telecomunicações Temas : Administração do Setor de Telecomunicações : Tributação no Setor de Telecomunicações Temas : Atores no Setor de Telecomunicações : Poder Judiciário : STF Temas : Infraestrutura e Recursos do Setor de Telecomunicações : Equipamentos de Telecomunicações Temas : Infraestrutura e Recursos do Setor de Telecomunicações : Equipamentos de Telecomunicações : Antenas Temas: Atores no Setor de Telecomuncações: Município
Catalogador	Márcio Iório Aranha

Recurso Ordinário em Habeas Corpus nº 119.828/GO (STF - RHC119828/GO - Goiás)	
Relator	Min. Marco Aurélio
Órgão Julgador	Primeira Turma do STF
Votação	Unânime
Julgamento	04-10-2016
Comentário	A baixa frequencia de emissora de radiodifusão clandestina não se presta a afastar a tipicidade do delito de desenvolvimento de atividade clandestina de telecomunicação, repercutindo, somente, na fixação da pena-base em virtude das conquências da prática criminosa.
Dispositivos	CF, Art. 223, caput; LGT, Art. 183, caput.
Publicação	Diário da Justiça Eletrônico, 24-10-2016, pág. 226
Temas	Temas : Administração do Setor de Telecomunicações : Fiscalização das Telecomunicações Temas : Atores no Setor de Telecomunicações Temas : Atores no Setor de Telecomunicações : Poder Judiciário : STF Temas : Atores no Setor de Telecomunicações : Prestadora / Operadora Temas : Serviços no Setor de Telecomunicações : Radiodifusão : Radiodifusão Comunitária
Catalogador	Márcio Iório Aranha

Superior Tribunal de Justiça (STJ)

Conflito de Competência nº 146088 (STJ - CC nº 146088 - RJ/ Rio de Janeiro)	
Relator	Min. Joel Ilan Paciornik

Órgão Julgador	Terceira Seção do STJ
Votação	Unânime
Julgamento	27-04-2016
Comentário	A conduta de compartilhamento ilegal de sinais de TV a Cabo e internet por parte de condomínio para seus condôminos não se enquadra no tipo do art. 183, da Lei 9.472/97, de desenvolvimento clandestino de atividades de telecomunicação, pois a internet, como Serviço de Valor Adicionado, não constitui serviço de telecomunicações e a TV a Cabo, mesmo se enquadrando na categoria de serviços de telecomunicações, estaria sendo recebida legitimamente pelo condomínio. Por isso, a conduta de compartilhamento ilegal de sinais de TV a Cabo e internet é de competência criminal da Justiça Comum Estadual. Não houve, no julgado, considerações sobre a distinção entre o provimento de internet e o Serviço de Comunicação Multimídia que o viabiliza, algo presente em outros julgados do STJ favoráveis à caracterização da redistribuição de Internet como atividade clandestina de telecomunicação. (Catalogado por: Márcio Iorio Aranha)
Dispositivos	LGT, Art. 183, Parágrafo Único.
Ref. Leg.	Lei nº 9.472, de 16 de julho de 1997
Publicação	Diário da Justiça Eletrônico, 04-05-2016
Temas	Temas : Aplicações de Telecomunicações : Internet Temas : Atores no Setor de Telecomunicações Temas : Atores no Setor de Telecomunicações : Poder Judiciário : STJ Temas : Atores no Setor de Telecomunicações : Prestadora / Operadora Temas : Atores no Setor de Telecomunicações : Usuário / Consumidor Temas : Classificações de Serviços no Setor de Telecomunicações : Serviço de Comunicação de Massa ou Eletrônica de Massa Temas : Serviços no Setor de Telecomunicações : Internet Temas : Serviços no Setor de Telecomunicações : Serviço de Acesso Condicionado (SeAC) Temas : Serviços no Setor de Telecomunicações : Serviço de Comunicação Multimídia (SCM)
Catalogador	Márcio Iório Aranha

Conflito de Competência Nº 138.405 (STJ - CC 138.405 / DF - Distrito Federal)	
Relator	Min. Maria Thereza de Assis Moura
Rel. do Acórdão	Min. Herman Benjamin
Órgão Julgador	Corte Especial do STJ
Votação	Maioria
Julgamento	17-08-2016
Comentário	Compete à Primeira Turma do STJ julgar conflito entre usuário e empresa concessionária de telefonia sobre o tema da adequação do serviço prestado e da responsabilidade civil contratual ou não dele decorrente, devido à natureza de direito público da relação jurídica litigiosa apoiada em amplo influxo de normas de direito público e forte controle exercido pela ANATEL. (Catalogado por: Márcio Iorio Aranha)
Dispositivos	CF, Art. 175, § único, inciso IV; LGT, Livro II, TÍTULO II - Das Competências; LGT, Art. 18, inciso IV; LGT, Art. 64, Parágrafo Único.
Ref. Leg.	Lei nº 8.987, de 13 de fevereiro de 1995 Lei nº 9.472, de 16 de julho de 1997
Publicação	Diário da Justiça Eletrônico, 10-10-2016
Temas	Temas : Atores no Setor de Telecomunicações Temas : Atores no Setor de Telecomunicações : Poder Judiciário : STJ

	Temas : Atores no Setor de Telecomunicações : Usuário / Consumidor Temas : Classificações de Serviços no Setor de Telecomunicações : Quanto ao Regime Jurídico de Prestação : Serviço Prestado em Regime Público Temas : Serviços no Setor de Telecomunicações : Serviço Telefônico Fixo Comutado (STFC)
Catalogador	Márcio Iório Aranha

Habeas Corpus nº 340692 (STJ - HC nº 340.692/RJ - Rio de Janeiro)	
Relator	Min. Reynaldo Soares da Fonseca
Órgão Julgador	Quinta Turma do STJ
Votação	Unânime
Julgamento	18-02-2016
Comentário	Quando caracterizada a conduta de transmissão televisiva de programa eleitoral, por meio de inserção de divilgações políticas em canais da TV aberta no sinal de programação de TV por assinatura, *in casu*, da SKY, não assiste razão à desclassificação do delito do art. 183 da LGT, de desenvolvimento de atividade clandestina de telecomunicação, para o delito de furto de dinal de TV).
Dispositivos	LGT, Art. 183, caput.
Ref. Leg.	Lei nº 9.472, de 16 de julho de 1997
Publicação	Diário da Justiça Eletrônico, 23-02-2016
Temas	Temas : Administração do Setor de Telecomunicações : Fiscalização das Telecomunicações Temas : Atores no Setor de Telecomunicações : Poder Judiciário : STJ Temas : Serviços no Setor de Telecomunicações : DTH (Direct to Home - Serviço de Distribuição de Sinais de Televisão e de Áudio por Assinatura Via Satélite) Temas : Serviços no Setor de Telecomunicações : Serviço de Acesso Condicionado (SeAC)
Catalogador	Márcio Iório Aranha

Agravo Regimental no Recurso Especial nº 1546511 (STJ - AgR Resp 1546511 - RJ/ Rio de Janeiro)	
Relator	Min. Félix Fischer
Órgão Julgador	Quinta Turma do STJ
Votação	Unânime
Julgamento	16-02-2016
Comentário	O termo "atividades de telecomunicação" utilizado no tipo penal do art. 183 da Lei 9.472/97 (Lei Geral de Telecomunicações) o é em sentido amplo, englobando a operação de radiodifusão clandestina. O crime previsto no art. 183 da Lei 9.472/97 é categorizado como crime formal, de perigo abstrato, bastando para sua consumação o desenvolvimento ilegal do serviço de telecomunicação e, portanto, é irrelevante a ocorrência de dano concreto ocasionado pela conduta do agente, inaplicável o princípio da insignificância, pois, por si só, é suficiente para comprometer a segurança e a regularidade do sistema de telecomunicações do país, ausente o requisito básico da lesão inexpressiva (STJ, AgRg nos EREsp 1.177.484/RS), conforme entendimento harmonizado pela 3ª Seção do STJ. Por sua vez, jurisprudência do STF concluiu que a conduta tipificada no art. 70 da Lei 4.117/62 (Código Brasileiro de Telecomunicações) constituiu tipo penal distinto do previsto no art. 183 da LGT pelo critério da habitualidade (STF, HC 128.567/MG). Caracterizada a habitualidade no caso de proprietário de rádio comunitária na operação de estação clandestina de radiofrequencia, há dois anos, sem a autorização do Poder Público, fica configurada, em tese, a conduta apenável.
Dispositivos	CF, Art. 223, caput; LGT, Art. 183, caput.
Correlata	Habeas Corpus 128567/MG (HC 128567/MG, de 08 de setembro de 2015)

	Agravo Regimental nos Embargos Divergentes do Recurso Especial nº 1177484 (STJ, AgRg nos EREsp 1.177.484/RS- Rio Grande do Sul)
Ref. Leg.	Lei nº 4.117, de 27 de agosto de 1962 Lei nº 9.472, de 16 de julho de 1997
Publicação	Diário da Justiça Eletrônico, 24-02-2016
Temas	Temas : Administração do Setor de Telecomunicações : Fiscalização das Telecomunicações Temas : Atores no Setor de Telecomunicações : Poder Judiciário : STJ Temas : Atores no Setor de Telecomunicações : Prestadora / Operadora Temas : Serviços no Setor de Telecomunicações : Radiodifusão : Radiodifusão Comunitária
Catalogador	Márcio Iório Aranha

Agravo Regimental no Recurso Especial nº 1570188 (STJ - AgR Resp 1570188 - PE/ Pernambuco)	
Relator	Min. Mauro Campbell Marques
Órgão Julgador	Segunda Turma do STJ
Votação	Unânime
Julgamento	03-10-2016
Comentário	Em demandas em que se discute relação contratual entre consumidor e concessionária de serviço de telecomunicações, em especial perdas e danos e lucros cessantes de rescisão contratual, a agência reguladora não detém legitimidade para ingressar como litisconsorte passivo.
Dispositivos	LGT, Art. 19, caput.
Publicação	Diário da Justiça Eletrônico, 16-03-2016
Temas	Temas : Atores no Setor de Telecomunicações : ANATEL Temas : Atores no Setor de Telecomunicações : Poder Judiciário : STJ Temas : Atores no Setor de Telecomunicações : Prestadora / Operadora Temas : Atores no Setor de Telecomunicações : Usuário / Consumidor
Catalogador	Márcio Iório Aranha

Agravo Interno no Agravo em Recurso Especial nº 497670 (STJ - AgInt no AREsp 497.670/BA - Bahia)	
Relator	Min. Joel Ilan Paciornik
Órgão Julgador	Quinta Turma do STJ
Votação	Unânime
Julgamento	24-05-2016
Comentário	A operação de transmissor de radiodifusão sonora de baixa potência (24,5W) não afasta a condição de delito de natureza formal de perigo abstrato ao desenvolvimento de atividade clandestina de telecomunicação prevista no art. 183 da Lei 9.472/97.
Dispositivos	CF, Art. 223, caput; LGT, Art. 183, caput.
Correlata	Agravo Regimental no Recurso Especial nº 1442321 (STJ AgRg no REsp 1.442.321/ES - Espírito Santo)
Ref. Leg.	Lei nº 9.472, de 16 de julho de 1997
Publicação	Diário da Justiça Eletrônico, 03-06-2016
Temas	Temas : Administração do Setor de Telecomunicações : Fiscalização das Telecomunicações Temas : Atores no Setor de Telecomunicações : Poder Judiciário : STJ Temas : Atores no Setor de Telecomunicações : Prestadora / Operadora Temas : Serviços no Setor de Telecomunicações : Radiodifusão : Radiodifusão Comunitária

Catalogador	Márcio Iório Aranha

Agravo Regimental no Agravo em Recurso Especial nº 852730 (STJ - AgR AREsp nº 852.730 - SP/São Paulo)	
Relator	Min. Jorge Mussi
Órgão Julgador	Quinta Turma do STJ
Votação	Unânime
Julgamento	02-06-2016
Comentário	A operação de internet via rádio caracteriza-se como serviço de telecomunicações multimídia, dependente de autorização do Poder Público para sua exploração, cuja ausência configura, em tese, o delito tipificado no art. 183 da Lei 9.472/97, mesmo que considerando-se o serviço de conexão à internet como serviço de valor adicionado.(Catalogado por: Márcio Iorio Aranha)
Dispositivos	LGT, Art. 183, Parágrafo Único.
Ref. Leg.	Lei nº 9.472, de 16 de julho de 1997
Publicação	Diário da Justiça Eletrônico, 15-6-2016
Temas	Temas : Aplicações de Telecomunicações : Internet Temas : Atores no Setor de Telecomunicações : Poder Judiciário : STJ Temas : Atores no Setor de Telecomunicações : Prestadora / Operadora Temas : Atores no Setor de Telecomunicações : Usuário / Consumidor Temas : Serviços no Setor de Telecomunicações : Internet Temas : Serviços no Setor de Telecomunicações : Serviço de Acesso Condicionado (SeAC) Temas : Serviços no Setor de Telecomunicações : Serviço de Comunicação Multimídia (SCM)
Catalogador	Márcio Iório Aranha

Agravo Regimental no Recurso Especial nº 1.262.987 (STJ - RESP 1139844 AgR / AC- Acre)	
Relator	Min. Sérgio Kukina
Órgão Julgador	Primeira Turma do STJ
Votação	Unânime
Julgamento	21-06-2016
Comentário	O Tema 541 dos Recursos Repetitivos, firmado pela Primeira Seção do Superior Tribunal de Justiça, no julgamento do REsp 1.201.635/MG, esclarece que "O ICMS incidente sobre a energia elétrica consumida pelas empresas de telefonia, que promovem processo industrial por equiparação, pode ser creditado para abatimento do imposto devido quando da prestação de serviços.
Dispositivos	CF, Art. 155, inciso II; LGT, Art. 60, caput; LGT, Art. 108, § 3º; LGT, Art. 108, § 4º.
Leading Case	Recurso Especial 1201635 (STJ - REsp 1201635 - MG- MInas Gerais)
Publicação	Diário da Justiça Eletrônico, 28-06-2016
Temas	Temas : Administração do Setor de Telecomunicações : Tributação no Setor de Telecomunicações Temas : Atores no Setor de Telecomunicações Temas : Atores no Setor de Telecomunicações : Poder Judiciário : STJ
Catalogador	Márcio Iório Aranha

Atos Referenciados

Ato Administrativo

Ato

Ato do Conselho Diretor da ANATEL nº 50.004, de 5 de janeiro de 2016	
Ementa	Estabelece o rol de opções de projetos que poderão ser executados como compromissos adicionais no âmbito de Termo de Compromisso de Ajustamento de Conduta (TAC), nos termos do art. 18, I, do RTAC.
Órgão Emissor	ANATEL - Conselho Diretor.
Anexos	Anexo - Anexo – Fator de Redução de Desigualdades Sociais e Regionais e de Execução de Projetos Estratégicos por Município
Dispositivos	LGT, Art. 2º, inciso II; LGT, Art. 19, inciso VI.
Publicação	Diário Oficial da União, Seção 1, 08-01-2016, págs. p. 45-63
Temas	Temas : Administração do Setor de Telecomunicações : Fiscalização das Telecomunicações Temas : Aplicações de Telecomunicações : Banda Larga Temas : Infra-estrutura e Recursos do Setor de Telecomunicações : Redes de Telecomunicações : Meio Físico (Cabo / Fibra) Temas : Políticas de Telecomunicações : Universalização : Acesso às Telecomunicações Temas : Serviços no Setor de Telecomunicações : Serviço Móvel Pessoal (SMP)

Ato do Conselho Diretor da ANATEL nº 50.169, de 22 de janeiro de 2016	
Ementa	Disciplina a anuência prévia à reorganização societária do GRUPO TELEFÔNICA BRASIL, compreendendo a incorporação das empresas GVT PARTICIPAÇÕES S/A e GLOBAL VILLAGE TELECOM S/A pela TELEFÔNICA BRASIL S/A
Órgão Emissor	ANATEL - Conselho Diretor.
Nota Vigência	Data de publicação no DOU.
Dispositivos	LGT, Art. 7º, § 1º; LGT, Art. 19, inciso XIX; LGT, Art. 71, caput; LGT, Art. 97, Parágrafo Único.
Regulamenta	Lei nº 9.472/1997 - Dispõe sobre a organização dos serviços de telecomunicações, a criação e funcionamento de um órgão regulador e outros aspectos institucionais, nos termos da Emenda Constitucional nº 8, de 1995.
Publicação	Diário Oficial da União, Seção 1, 28-01-2017, pág. p. 47
Temas	Temas : Administração do Setor de Telecomunicações : Outorgas : Autorização (regras aplicáveis) Temas : Administração do Setor de Telecomunicações : Outorgas : Concessão (regras aplicáveis) Temas : Políticas de Telecomunicações : Concorrência no Setor de Telecomunicações Temas : Serviços no Setor de Telecomunicações : Serviço Móvel Pessoal (SMP) Temas : Serviços no Setor de Telecomunicações : Serviço Telefônico Fixo Comutado (STFC) Temas : Serviços no Setor de Telecomunicações : Serviço de Acesso Condicionado (SeAC)

Ato do Conselho Diretor da ANATEL nº 2.193, de 11 de julho de 2016	
Ementa	Aprova a Edição 2016 do Plano de Atribuição, Destinação e Distribuição de Faixas de Frequências no Brasil.
Órgão Emissor	ANATEL - Conselho Diretor.

Anexos	Anexo - Anexo - Edição 2016 do Plano de Atribuição, Destinação e Distribuição de Faixas de Frequências no Brasil.
Dispositivos	LGT, Art. 19, inciso VIII; LGT, Art. 22, inciso VIII; LGT, Art. 158, caput; LGT, Art. 158, § 1°, inciso III.
Regulamenta	Lei nº 9.472/1997 - Dispõe sobre a organização dos serviços de telecomunicações, a criação e funcionamento de um órgão regulador e outros aspectos institucionais, nos termos da Emenda Constitucional nº 8, de 1995.
Temas	Temas : Infra-estrutura e Recursos do Setor de Telecomunicações : Espectro de Radiofrequência : Atribuição, Destinação e Distribuição de Radiofrequência

Decisão

Acórdão do Conselho Diretor da ANATEL, de 5 de janeiro de 2016 (Ref. nº 2/2016)	
Ementa	EMENTA: COMPROMISSOS ADICIONAIS EM TERMO DE COMPROMISSO DE AJUSTAMENTO DE CONDUTA (TAC). FATOR DE REDUÇÃO DE DESIGUALDADES SOCIAIS E REGIONAIS E DE EXECUÇÃO DE PROJETOS ESTRATÉGICOS. MANUAL DE FISCALIZAÇÃO DE TAC. PROPOSTA DE ATO. PELA APROVAÇÃO. 1. Proposta de Ato com rol de opções de projetos estratégicos, que poderão ser acolhidos na forma de compromissos adicionais na eventual celebração do Termo de Compromisso de Ajustamento de Conduta (TAC) no âmbito da Anatel. 2. Proposta de fator de redução de desigualdades sociais e regionais e de execução de projetos estratégicos. 3. Elaboração de Manual de Fiscalização para monitoramento da execução de TAC. 4. Elaboração de proposta de revisão da tabela que contém o fator de redução de desigualdades sociais e regionais e de execução de projetos estratégicos para abranger a granularidade de setor censitário.
Órgão Emissor	ANATEL - Conselho Diretor.
Dispositivos	LGT, Art. 2°, inciso III; LGT, Art. 19, inciso VI; LGT, Art. 19, inciso XXV; LGT, Art. 20, Parágrafo Único.
Publicação	Diário Oficial da União, Seção 1, 08-01-2016, pág. p. 45
Temas	Temas : Administração do Setor de Telecomunicações : Fiscalização das Telecomunicações Temas : Aplicações de Telecomunicações : Banda Larga Temas : Atores no Setor de Telecomunicações : ANATEL Temas : Infra-estrutura e Recursos do Setor de Telecomunicações : Redes de Telecomunicações : Meio Físico (Cabo / Fibra) Temas : Políticas de Telecomunicações : Universalização : Acesso às Telecomunicações Temas : Serviços no Setor de Telecomunicações : Serviço Móvel Pessoal (SMP)

Acórdão do Conselho Diretor da ANATEL, de 29 de janeiro de 2016 (Ref. nº 28/2016)	
Ementa	LICITAÇÃO. EQUILÍBRIO ECONÔMICO-FINANCEIRO. ATO DA ADMINISTRAÇÃO. ALTERAÇÃO NA POLÍTICA PÚBLICA. AUTORIDADE NÃO SUJEITA À ANATEL. IMPREVISIBILIDADE. REPERCUSSÃO NO CONTRATO EM VIGOR. DESEQUILÍBRIO ECONÔMICO ATESTADO PELA ÁREA TÉCNICA. PROMOÇÃO DO REEQUILÍBRIO. INEXISTÊNCIA DE ÓBICES ATESTADA PELO ÓRGÃO JURÍDICO. ADITIVO. VÍCIOS FORMAIS E MATERIAIS. SANEAMENTO PARCIAL. AUTORIZAÇÃO CONDICIONADA À COMPROVAÇÃO DA REGULARIZAÇÃO COMPLETA DOS VÍCIOS PERSISTENTES. CONTROLE EXERCIDO PELO CONSELHO DIRETOR. 1. A Portaria nº 378, de 22 de janeiro de 2016, do Ministério das Comunicações alterou o cronograma de transição da transmissão analógica dos serviços de radiodifusão de sons e imagens e de retransmissão de televisão para SBTVD-T, postergando o switch off na maioria das localidades. 2. Segundo apurou a área técnica, tal alteração normativa teria redundado em prejuízo às operadoras que firmaram contratos com a Administração, tendo em vista o adiamento da data a partir da qual poderiam dar início à exploração da faixa de frequência a elas atribuída. 3. O pedido formulado pelas operadoras busca postergar o aporte destinado ao ressarcimento dos custos decorrentes da redistribuição de canais de TV e RTV e das soluções para os

	problemas de interferência prejudicial nos sistemas de radiocomunicação. 4. A Associação Administradora do Processo de Redistribuição e Digitalização de Canais de TV e RTV - EAD afirmou que, diante da alteração do cronograma, não necessitaria dos recursos para fazer frente às despesas do ano de 2016. 5. A proposta de equilíbrio econômico-financeiro, formulada pela área técnica da Agência, apresentou inicialmente vícios formais e materiais, dando ensejo à provocação por novas diligências, respondidas pela área técnica. 6. Ao final, aprovação da minuta de Aditivo, condicionando a sua assinatura ao saneamento dos itens apontados.
Órgão Emissor	ANATEL - Conselho Diretor.
Dispositivos	CF, Art. 223, caput; LGT, Art. 19, inciso XXV; LGT, Art. 20, Parágrafo Único; LGT, Art. 211, caput.
Publicação	Diário Oficial da União, Seção 1, 01-02-2016, pág. p. 109
Temas	Temas : Serviços no Setor de Telecomunicações : Radiodifusão : Televisão Aberta : TV Digital

Acórdão do Conselho Diretor da ANATEL, de 22 de abril de 2016 (Ref. nº 151/2016)	
Ementa	DESPACHO DECISÓRIO Nº 1/2016/SEI/SRC. MEDIDA CAUTELAR. REPERCUSSÃO SOCIAL. AVOCAÇÃO DO PROCESSO Nº 53500.008501/2016-35 PELO CONSELHO DIRETOR. SUSPENSÃO DA PRÁTICA DE REDUÇÃO DE VELOCIDADE, SUSPENSÃO DE SERVIÇO OU DE COBRANÇA DE TRÁFEGO EXCEDENTE APÓS O ESGOTAMENTO DA FRANQUIA, POR PRAZO INDETERMINADO, ATÉ ULTERIOR DELIBERAÇÃO DO CONSELHO DIRETOR. 1. Despacho Decisório nº 1/2016/SEI/SRC (SEI nº 0414329) determinou, cautelarmente, que as prestadoras do Serviço de Comunicação Multimídia - SCM (banda larga fixa) se abstivessem de adotar, no âmbito das ofertas comerciais do serviço de banda larga fixa, práticas de redução de velocidade, suspensão de serviço ou de cobrança de tráfego excedente após o esgotamento da franquia. 2. Proposta de avocação do Processo nº 53500.008501/2016-35 pelo Conselho Diretor em virtude de grande repercussão social, de modo a permitir ao Conselho Diretor analisar diretamente todas as manifestações a respeito do tema, bem como deliberar sobre o cumprimento pelas prestadoras das condições fixadas no Despacho Decisório nº 1/2016/SEI/SRC (SEI nº 0414329). 3. Como consequência da presente avocação, as prestadoras abrangidas pelo referido Despacho Decisório ficam impedidas de adotar práticas de redução de velocidade, suspensão de serviço ou de cobrança de tráfego excedente após o esgotamento da franquia, ainda que tais ações encontrem previsão em contrato de adesão ou em plano de serviço, por prazo indeterminado, até ulterior decisão do Colegiado.
Órgão Emissor	ANATEL - Conselho Diretor.
Dispositivos	LGT, Art. 19, inciso XXV; LGT, Art. 20, Parágrafo Único; LGT, Art. 127, inciso III; LGT, Art. 127, inciso VIII.
Publicação	Diário Oficial da União, Seção 1, 26-04-2016, pág. p. 47
Temas	Temas : Administração do Setor de Telecomunicações : Fiscalização das Telecomunicações Temas : Administração do Setor de Telecomunicações : Outorgas : Autorização (regras aplicáveis) Temas : Aplicações de Telecomunicações : Banda Larga Temas : Aplicações de Telecomunicações : Internet Temas : Fundamentos : Conceitos Fundamentais : Era da Informação Temas : Políticas de Telecomunicações Temas : Políticas de Telecomunicações : Qualidade do Serviço Temas : Ramos Jurídicos Afins : Direito do Consumidor Temas : Serviços no Setor de Telecomunicações : Internet Temas : Serviços no Setor de Telecomunicações : Serviço de Comunicação Multimídia (SCM)

Acórdão do Conselho Diretor da ANATEL, de 20 de maio de 2016 (Ref. nº 711/2016)

Ementa	PROCEDIMENTO PARA APURAÇÃO DE DESCUMPRIMENTO DE OBRIGAÇÕES. SUPERINTENDÊNCIA DE SERVIÇOS PÚBLICOS. RECURSO. REGULAMENTO DO SERVIÇO TELEFÔNICO FIXO COMUTADO, APROVADO PELA RESOLUÇÃO Nº 426, DE 9 DE DEZEMBRO DE 2005 (RSTFC). INCLUSÃO, NOS DOCUMENTOS DE COBRANÇA, DE VALORES RELATIVOS À PRESTAÇÃO DE SERVIÇOS DE VALOR ADICIONADO E/OU DE OUTROS VALORES NÃO DECORRENTES DA PRESTAÇÃO DE STFC, SEM AUTORIZAÇÃO EXPRESSA DOS ASSINANTES. INFRAÇÃO CARACTERIZADA. RECURSO CONHECIDO E IMPROVIDO. 1. A infração ao art. 82, § 1º, do RSTFC é caracterizada em razão da verificação de que a Prestadora inseriu cobrança de serviços de terceiros sem a devida constatação da autorização expressa dos assinantes. 2. Os argumentos manejados pela Prestadora não se mostraram aptos e suficientes para a revisão da sanção imposta. 3. Recurso Administrativo conhecido e, no mérito, não provido. 4. Pelo não conhecimento das petições denominadas "Manifestação" e "Memorial para Decisão" apresentadas após o escoamento do prazo recursal, em face da ocorrência da preclusão consumativa.
Órgão Emissor	ANATEL - Conselho Diretor.
Dispositivos	CF, Art. 5º, inciso XXXII; CF, Art. 170, inciso V; CF, Art. 175, § único, inciso II; CF, Art. 175, § único, inciso III; LGT, Art. 19, inciso XXV; LGT, Art. 20, Parágrafo Único; LGT, Art. 83, Parágrafo Único; LGT, Art. 108, § 2º; LGT, Art. 109, inciso I; LGT, Art. 126, caput; LGT, Art. 127, inciso III.
Publicação	Diário Oficial da União, Seção 1, 23-05-2016, pág. p. 10
Temas	Temas : Administração do Setor de Telecomunicações : Fiscalização das Telecomunicações Temas : Atores no Setor de Telecomunicações : Usuário / Consumidor Temas : Ramos Jurídicos Afins : Direito do Consumidor Temas : Serviços no Setor de Telecomunicações : Serviço Telefônico Fixo Comutado (STFC)

Acórdão do Conselho Diretor da ANATEL, de 23 de maio de 2016 (Ref. nº 181/2016)	
Ementa	SOLICITAÇÃO DE DIREITO DE EXPLORAÇÃO DE SATÉLITE ESTRANGEIRO. REQUISITOS LEGAIS E TÉCNICOS ATENDIDOS. INEXIGIBILIDADE DE LICITAÇÃO. DEFERIMENTO DO PEDIDO. 1. Solicitação de Direito de Exploração de Satélite Estrangeiro referente ao sistema de satélites não-geoestacionários iridium. Atendidos todos os requisitos para o deferimento do pleito.
Órgão Emissor	ANATEL - Conselho Diretor.
Dispositivos	LGT, Art. 19, inciso XXV; LGT, Art. 20, Parágrafo Único; LGT, Art. 170, caput; LGT, Art. 172, caput.
Publicação	Diário Oficial da União, Seção 1, 27-05-2016, pág. p. 9
Temas	Temas : Infraestrutura e Recursos do Setor de Telecomunicações : Órbita e Satélite

Acórdão do Conselho Diretor da ANATEL, de 21 de junho de 2016 (Ref. nº 232/2016)	
Ementa	SUPERINTENDÊNCIA DE CONTROLE DE OBRIGAÇÕES. CONCESSIONÁRIAS DO STFC. GRUPO OI. ACOMPANHAMENTO ECONÔMICO ESPECIAL. CONTINUIDADE DOS SERVIÇOS DE TELECOMUNICAÇÕES. MEDIDAS EXCEPCIONAIS, INCLUSIVE DE CARÁTER CAUTELAR. ACOMPANHAMENTO PELO CONSELHO DIRETOR. 1. Acompanhamento Especial das Concessionárias do GRUPO OI. 2. Conveniência e oportunidade de adoção das medidas excepcionais sugeridas pela SCO. 3. Conveniência e oportunidade de adoção de medidas adicionais, nos termos da Conclusão da Análise nº 56/2016/SEI/IF.
Órgão Emissor	ANATEL - Conselho Diretor.
Dispositivos	CF, Art. 21, inciso XI (em 15/08/1995); CF, Art. 175, § único, inciso I; CF, Art. 175, § único, inciso IV; LGT, Art. 19, inciso XXV; LGT, Art. 20, Parágrafo Único; LGT, Art. 64, Parágrafo Único; LGT, Art. 127, inciso IV.
Publicação	Diário Oficial da União, Seção 1, 22-06-2016, pág. p. 5

Temas	Temas : Administração do Setor de Telecomunicações : Fiscalização das Telecomunicações Temas : Administração do Setor de Telecomunicações : Outorgas : Autorização (regras aplicáveis) Temas : Administração do Setor de Telecomunicações : Outorgas : Concessão (regras aplicáveis) Temas : Atores no Setor de Telecomunicações : Prestadora / Operadora

Despacho

Despacho da Superintendência de Planejamento e Regulamentação da ANATEL, de 19 de setembro de 2016	
Ementa	Divulga os Canais de Programação de Distribuição Obrigatória que a prestadora de SeAC deve tornar disponíveis para seus assinantes, caracterizados como canais destinados à distribuição integral e simultânea do sinal aberto e não codificado transmitido pelas geradoras locais de radiodifusão de sons e imagens, quando detectada inviabilidade técnica ou econômica de carregamento de todos os canais existentes, conforme art. 52, § 2º do Regulamento do SeAC, aprovado pela Resolução ANATEL nº 581, de 26 de março de 2012.
Órgão Emissor	ANATEL - Conselho Diretor.
Nota Vigência	Data de publicação no DOU.
Nota Eficácia	Aplicação com eficácia diferida para 30 dias após a publicação no DOU.
Anexos	Anexo - Anexo – Conjuntos de Estações Geradoras ou Retransmissoras do Serviço de Radiodifusão de Sons e Imagens que atendem aos critério do art. 52, § 2º, do Regulamento do SeAC
Dispositivos	CF, Art. 222, § 3º; LGT, Art. 126, caput; LGT, Art. 127, inciso I; LGT, Art. 127, inciso VI; LGT, Art. 127, inciso VIII.
Regulamenta	Regulamento do Serviço de Acesso Condicionado (SeAC) - Regulamento do Serviço de Acesso Condicionado (SeAC).
Publicação	Diário Oficial da União, Seção 1, 21-09-2016, pág. p. 22
Temas	Temas : Serviços no Setor de Telecomunicações : Radiodifusão Temas : Serviços no Setor de Telecomunicações : Serviço de Acesso Condicionado (SeAC)

Súmula

Súmula da ANATEL nº 19, de 1º de dezembro de 2016	
Ementa	Pedidos de anuência prévia de transferência de controle ou de outorga poderão ser recebidos e instruídos sem a comprovação da regularidade fiscal, a qual deverá ser demonstrada até o momento da assinatura do ato de transferência. Nos casos de transferência de controle, a regularidade fiscal deverá ser exigida apenas da empresa detentora de outorga para exploração do serviço, envolvida na operação. Nos casos de transferência de outorga, apenas será exigida a comprovação da regularidade fiscal do cessionário. Excepcionalmente e de forma fundamentada, a Anatel poderá demandar condicionantes adicionais em casos concretos. A comprovação de regularidade deve incluir débitos tributários constituídos em definitivo, inscritos ou não nas dívidas ativas, nas esferas federal, estadual e municipal; prova da regularidade relativa à Seguridade Social e ao Fundo de Garantia por Tempo de Serviço - FGTS; bem como as receitas administradas por esta Agência. Não cabe comprovação de regularidade fiscal (...), exceto quanto ao Fistel, em anuências prévias que não envolvam transferência de controle ou de outorga, por falta de previsão legal ou regulamentar.
Órgão Emissor	ANATEL - Conselho Diretor.
Nota Vigência	Data de publicação no DOU.

Dispositivos	LGT, Art. 7°, § 1°; LGT, Art. 19, inciso XVI; LGT, Art. 97, Parágrafo Único; LGT, Art. 114, inciso II; LGT, Art. 136, § 2°; LGT, Art. 140, caput; LGT, Art. 168, caput.
Regulamenta	Lei n° 9.472/1997 - Dispõe sobre a organização dos serviços de telecomunicações, a criação e funcionamento de um órgão regulador e outros aspectos institucionais, nos termos da Emenda Constitucional n° 8, de 1995.
Publicação	Diário Oficial da União, Seção 1, 05-12-2016, pág. p. 7
Temas	Temas : Atores no Setor de Telecomunicações : ANATEL Temas : Políticas de Telecomunicações : Concorrência no Setor de Telecomunicações

Índice Alfabético e Remissivo

Símbolos

698 MHz a 806 MHz
Transição Analógico-Digital
alteração do cronograma para fixar o dia 31 de dezembro de 2018 como data limite ao encerramento da transmissão analógica para as localidades nas quais seja necessária a viabilização da implantação das redes de telefonia móvel 4G na faixa de radiofrequências de 698 MHz a 806 MHz, **274**
[Decreto nº 8.753, de 10 de maio de 2016]
800 MHz, 900 MHz, 1.800 MHz, 1.900 MHz e 2.100 MHz
vedação do emprego de sistemas analógicos nas faixas de, **290**
[Resolução da ANATEL nº 672, de 16 de dezembro de 2016]

A

ABRIL RADIODIFUSÃO S.A
(*ver* IDEAL TV)
ABRIL RADIODIFUSÃO S.A.
IDEAL TV
sua inclusão como canal de carregamento obrigatório pelo SeAC, **303**
[Despacho da Superintendência de Planejamento e Regulamentação da ANATEL, de 19 de setembro de 2016]
Ação Direta de Inconstitucionalidade
(*ver* Ação Direta de Inconstitucionalidade (Jurisdição))
Ação Direta de Inconstitucionalidade (Jurisdição)
ADI 4761
inconstitucionalidade de lei estadual que impõe dever às operadoras de telefonia celular e aos fabricantes de aparelhos celulares e acessórios de incluir em sua propaganda advertência cancerígena pelo uso excessivo, **292**
[STF - ADI 4761 / PR]
ADI3959
inconstitucionalidade de lei estadual que impõe às operadoras de telefonia fixa e móvel a obrigação de constituírem cadastro especial de assinantes do serviço interessados no sistema de venda por meio de telemarketing, **291**
[STF - ADI 3959 / SP]
ADI4603
inconstitucionalidade de lei estadual que veda a cobrança de tarifas de assinatura básica pelas prestadoras de serviços de telefonia fixa e móvel, **291**
[STF - ADI 4603 / RN]
ADI4649
inconstitucionalidade de lei estadual que impõe a possibilidade de utilização, no mês subsequente, dos minutos da franquia não utilizados no mês anterior, **292**
[STF - ADI 4649 / RJ]
Acessibilidade
(*ver* Deficiente Físico)
Acessibilidade
(*ver também* Deficiente Físico)
Regulamento Geral de Acessibilidade em Telecomunicações (RGA)
aprovação do, **287**
[Resolução ANATEL nº 667, de 30 de maio de 2016]
Acesso a Serviços de Interesse Público e Uso de Radiofrequência por tais Serviços, 255
Acesso às Telecomunicações, 230
Acompanhamento Econômico Especial
implementação de medidas de proibição de alienação e oneração de bens integrantes do patrimônio da concessionária e realização pela ANATEL de trabalho de fiscalização abrangente do Grupo Oi, **302**
[Acórdão do Conselho Diretor da ANATEL, de 21 de junho de 2016 (Ref. nº 232/2016)]
Acumulação de Minutos da Franquia
Pré-Pago

inconstitucionalidade de lei estadual que impõe a possibilidade de utilização, no mês subsequente, dos minutos da franquia não utilizados no mês anterior, **292**
[STF - ADI 4649 / RJ]

ADI
(*ver* **Ação Direta de Inconstitucionalidade (Jurisdição)**)

Administração do Setor de Telecomunicações, 219

Agência Nacional de Telecomunicações
Anuência Prévia
requisitos para anuência prévia de comprovação de regularidade fiscal na transferência de controle ou de outorgas, **303**
[Súmula da ANATEL nº 19, de 1º de dezembro de 2016]
Busca e Apreensão
inaplicabilidade da teoria da transcendência dos motivos determinantes para fins de consideração da ADI 1.668-MC como paradigma de reclamação contra lacração de estabelecimento e apreensão de equipamentos pela ANATEL apoiados na Lei 10.871/2004, **293**
[STF - AgR Rcl 19541/ MG]
ilegitimidade da ANATEL para figurar como litisconsorte passivo em causas envolvendo relação contratual entre consumidor e concessionária, **297**
[AgRg no REsp 1.570.188/PE]

Agravo Interno
AgInt no AREsp 497.670/BA
baixa potência do transmissor de radiodifusão sonora não afasta a condição de delito de natureza formal de perigo abstrato ao desenvolvimento de atividade clandestina de telecomunicação prevista no art. 183 da Lei 9.472/97, inaplicável, portanto, o princípio da insignificância, **297**
[STJ - AgInt no AREsp 497.670/BA]

Agravo Regimental
AgRg no AREsp 852.730/SP
redistribuição de acesso à internet configura, em tese, o delito de desenvolvimento de atividade clandestina de telecomunicação previsto no art. 183 da LGT, **298**
[STJ - AgR AREsp nº 852.730 - SP]
AgRg no REsp 1.262.987/AC
ICMS incidente sobre a energia elétrica utilizada pelas empresas de telecomunicações pode ser creditado para abatimento do imposto devido na prestação de serviços de telecomunicações, por serem considerados processo industrial por equiparação, **298**
[STJ - 1262987 - AGR RESP]
AgRg no REsp 1.546.511/RJ
configurada habitualidade de conduta de atividade clandestina de rádio comunitária, improcede pleito classificatório, inaplicável o princípio da insignificância em virtude de se tratar de crime formal e de perigo abstrato, irrelevante a ocorrência do dano concreto, **296**
[STJ - AgR Resp 1546511 - RJ]
AgRg no REsp 1.570.188/PE
ilegitimidade da ANATEL para figurar como litisconsorte passivo em causas envolvendo relação contratual entre consumidor e concessionária, **297**
[AgRg no REsp 1.570.188/PE]

Amazônia
PPA 2016-2019
iniciativa 05TA de aprimoramento do uso da rede de telecomunicação via satélite na Amazônia, **271**
[Lei nº 13.249, de 13 de janeiro de 2016]

ANATEL, 259
(*ver* **Agência Nacional de Telecomunicações**)

Antena
(*ver também* **Equipamentos de Telecomunicações**)
RE 776594 RG / SP
constitucionalidade da questão sobre a taxa municipal de fiscalização de licença para o funcionamento das torres e antenas de transmissão e recepção de dados e voz, **294**
[STF - RE 776594 RG / SP]

Antenas, 217
Anuência Prévia
à reorganização societária do Grupo Telefônica Brasil, compreendendo a incorporação da GVT Participações S/A e Global Village Telecom S/A, **299**
[Ato do Conselho Diretor da ANATEL nº 50.169, de 22 de janeiro de 2016]
Súmula nº 19
requisitos para anuência prévia de comprovação de regularidade fiscal na transferência de controle ou de outorgas, **303**
[Súmula da ANATEL nº 19, de 1º de dezembro de 2016]
Aparelho Celular, 292
[STF - ADI 4761 / PR]
Aplicações de Telecomunicações, 253
Apreensão
(*ver* Busca e Apreensão)
Apuração de Controle Acionário
(*ver* Controle Acionário)
Aquisição de Controle Acionário
(*ver* Controle Acionário)
Área de Cobertura
Cobertura Restrita
possibilidade de nível adequado de recepção para além dos limites de cobertura restrita da radiodifusão comunitária, **276**
[Portaria MC nº 4.334, de 17 de setembro de 2015]
Área Local
(*ver* Área Local (Serviço Telefônico Fixo Comutado))
Área Local (Serviço Telefônico Fixo Comutado)
identificação de áreas locais em região metropolitana, continuidade urbana ou outro critério, **286**
[Resolução da ANATEL nº 666, de 2 de maio de 2016]
Assinante
(*ver também* Usuário)
Serviço Telefônico Fixo Comutado
vedação de inserção de SVA ou outros valores não decorrentes da prestação de STFC no documento de cobrança do STFC sem autorização expressa do assinante, **301**
[Acórdão do Conselho Diretor da ANATEL, de 20 de maio de 2016 (Ref. nº 711/2016)]
Assinatura Básica
inconstitucionalidade de lei estadual que veda a cobrança de tarifas de assinatura básica pelas prestadoras de serviços de telefonia fixa e móvel, **291**
[STF - ADI 4603 / RN]
Associação Administradora do Processo de Redistribuição e Digitalização de Canais de TV e RTV
(*ver também* Grupo de Implantação do Processo de Redistribuição e Digitalização de Canais de TV e RTV - GIRED)
postergação do aporte de recursos destinados ao ressarcimento de custos decorrentes da redistribuição de canais de TV e RTV, **300**
[Acórdão do Conselho Diretor da ANATEL, de 29 de janeiro de 2016 (Ref. nº 28/2016)]
Atividade Clandestina de Telecomunicação
(*ver também* Busca e Apreensão)
(*ver também* Rádio Clandestina)
a aplicação do princípio da insignificância para condutas de atividade clandestina de telecomunicação depende da comprovação de inexistência de potencial lesivo, independentemente da potência do transmissor utilizado, **293**
[STF - HC nº135.248/BA]
baixa frequência de emissora de radiodifusão clandestina não se presta a afastar a tipicidade do delito de desenvolvimento de atividade clandestina de telecomunicação, repercutindo, somente, na fixação da pena-base em virtude das consequências da prática criminosa, **294**
[STF - RHC119828/GO]
baixa potência do transmissor de radiodifusão sonora não afasta a condição de delito de natureza formal de perigo abstrato ao desenvolvimento de atividade clandestina de telecomunicação prevista no art. 183

da Lei 9.472/97, inaplicável, portanto, o princípio da insignificância, **297**
[STJ - AgInt no AREsp 497.670/BA]
Busca e Apreensão
inaplicabilidade da teoria da transcendência dos motivos determinantes para fins de consideração da ADI 1.668-MC como paradigma de reclamação contra lacração de estabelecimento e apreensão de equipamentos pela ANATEL apoiados na Lei 10.871/2004, **293**
[STF - AgR Rcl 19541/ MG]
Competência
competência da Justiça Comum Estadual para processamento criminal de conduta de compartilhamento ilegal de sinais de TV a Cabo e Internet, pois não se enquadra no tipo de atividade clandestina do art. 183 da LGT, **294**
[CC nº 146088 - RJ]
configurada habitualidade de conduta de atividade clandestina de rádio comunitária, improcede pleito classificatório, inaplicável o princípio da insignificância em virtude de se tratar de crime formal e de perigo abstrato, irrelevante a ocorrência do dano concreto, **296**
[STJ - AgR Resp 1546511 - RJ]
INTERNET
redistribuição de acesso à internet configura, em tese, o delito de desenvolvimento de atividade clandestina de telecomunicação previsto no art. 183 da LGT, **298**
[STJ - AgR AREsp nº 852.730 - SP]
pirataria de sinal de TV por assinatura, mediante inserção de divulgações políticas em canais da TV aberta no sinal de programação de TV por assinatura, configura atividade clandestina de telecomunicação, ao invés de furto de sinal de TV, **296**
[STJ - HC nº 340.692/RJ]
Princípio da Insignificância
aplicabilidade do princípio da insignificância, **293**
[STF - HC nº135.248/BA]
inaplicabilidade do princípio da insignificância, **294**, **296–297**
[STF - RHC119828/GO] [STJ - AgInt no AREsp 497.670/BA] [STJ - AgR Resp 1546511 - RJ]
Ato de Concentração Econômica
(*ver* **Competição)**
Atores no Setor de Telecomunicações, 258
Atribuição, Destinação e Distribuição de Radiofrequência, 218
Autorização (regras aplicáveis), 224
Autorização
(*ver também* Autorização de Uso de Radiofreqüência)
Migração do STFC Público para o Privado
orientação de política pública para realização de estudos para migração das concessões de STFC para regime de maior liberdade, **279**
[Portaria MC nº 1.455, de 8 de abril de 2016]
Autorização de Uso de Radiofreqüência
(*ver também* Autorização)
Regulamento de Uso do Espectro de Radiofrequências, **289**
[Resolução da ANATEL nº 671, de 3 de novembro de 2016]
Autorizada de SMP por meio de Rede Virtual
limites de controle societário, **285**
[Resolução da ANATEL nº 663, de 21 de março de 2016]
Avaliação de Conformidade
(*ver* Certificação)

B

Backhaul
(*ver também* Banda Larga)
PPA 2016-2019
meta de ampliação da parcela da população coberta com rede de transporte óptica, **271**
[Lei nº 13.249, de 13 de janeiro de 2016]
Baixa Renda
Sistema Brasileiro de Televisão Digital Terrestre
priorização de famílias inscritas no Cadastro Único para Programas Sociais – CadÚnico para

distribuição de set-top-box para recepção do sinal de televisão digital, **276**, **279**
[Portaria MC nº 1.453, de 8 de abril de 2016] [Portaria MC nº 263, de 14 de janeiro de 2016]
Banda Larga, 255
Banda Larga
(***ver também*** **Backhaul**)
(***ver também*** **Banda Larga Móvel**)
Banda Larga Móvel
meta de 2016 a 2019 de disponibilização do serviço em todos os municípios do país, **271**
[Lei nº 13.249, de 13 de janeiro de 2016]
Câmara de Gestão e Acompanhamento do Desenvolvimento de Sistemas de Comunicação Máquina a Máquina e Internet das Coisas (Câmara IoT)
renomeia a Câmara de Gestão e Acompanhamento do Desenvolvimento de Sistemas de Comunicação Máquina a Máquina para, **280**
[Portaria MC nº 2.006, de 10 de maio de 2016]
Cidade Digital
metas do PPA 2016-2019, **271**
[Lei nº 13.249, de 13 de janeiro de 2016]
INTERNET
redistribuição de acesso à internet configura, em tese, o delito de desenvolvimento de atividade clandestina de telecomunicação previsto no art. 183 da LGT, **298**
[STJ - AgR AREsp nº 852.730 - SP]
PPA 2016-2019
metas de cidade digital, programa GESAC, banda larga móvel e Amazônia, **271**
[Lei nº 13.249, de 13 de janeiro de 2016]
Projeto Minha Cidade Inteligente
de habilitação de propostas para o, **280**
[Portaria MC nº 2.111, de 11 de maio de 2016]
processo de habilitação de propostas para o Projeto Minha Cidade Inteligente, **280**
[Portaria MC nº 2.111, de 11 de maio de 2016]
Serviço de Comunicação Multimídia
política pública de que ao menos um plano de serviço de SCM por empresa seja com franquia de dados ilimitada, **281**
[Portaria MC nº 2.115, de 11 de maio de 2016]
vedação de adotação de práticas de redução de velocidade, suspensão de serviço ou de cobrança de tráfego excedente após o esgotamento da franquia, **301**
[Acórdão do Conselho Diretor da ANATEL, de 22 de abril de 2016 (Ref. nº 151/2016)]
Serviço de Valor Adicionado
vedação de sua inserção no documento de cobrança do STFC sem autorização expressa do assinante, **301**
[Acórdão do Conselho Diretor da ANATEL, de 20 de maio de 2016 (Ref. nº 711/2016)]
seu posicionamento no centro da política pública do setor de telecomunicações brasileiro, **279**
[Portaria MC nº 1.455, de 8 de abril de 2016]
Banda Larga Móvel
(***ver também*** **Banda Larga**)
PPA 2016-2019
meta de disponibilização do serviço em todos os municípios do país, **271**
[Lei nº 13.249, de 13 de janeiro de 2016]
Bolsa Família, 271
(***ver também*** **Programa Bolsa Família**)
[Lei nº 13.249, de 13 de janeiro de 2016]
Busca e Apreensão
(***ver também*** **Atividade Clandestina de Telecomunicação**)
(***ver também*** **Serviço de Radiodifusão Comunitária**)
inaplicabilidade da teoria da transcendência dos motivos determinantes para fins de consideração da ADI 1.668-MC como paradigma de reclamação contra lacração de estabelecimento e apreensão de equipamentos pela ANATEL apoiados na Lei 10.871/2004, **293**
[STF - AgR Rcl 19541/ MG]

C

CABLE - LINK OPERADORA DE SINAIS DE TV A CABO LTDA
(*ver* **REDE RBI**)
CABLE - LINK OPERADORA DE SINAIS DE TV A CABO LTDA
REDE RBI
sua inclusão como canal de carregamento obrigatório pelo SeAC, **303**
[Despacho da Superintendência de Planejamento e Regulamentação da ANATEL, de 19 de setembro de 2016]
Cadastro Especial de Assinantes
inconstitucionalidade de lei estadual que impõe às operadoras de telefonia fixa e móvel a obrigação de constituírem cadastro especial de assinantes do serviço interessados no sistema de venda por meio de telemarketing, **291**
[STF - ADI 3959 / SP]
Cadastro Único para Programas Sociais (CadÚnico), 276
[Portaria MC nº 263, de 14 de janeiro de 2016]
Sistema Brasileiro de Televisão Digital Terrestre
priorização de famílias inscritas no Cadastro Único para Programas Sociais - CadÚnico para distribuição de set-top-box para recepção do sinal de televisão digital, **276**, **279**
[Portaria MC nº 1.453, de 8 de abril de 2016] [Portaria MC nº 263, de 14 de janeiro de 2016]
CadÚnico
(*ver* **Cadastro Único para Programas Sociais (CadÚnico)**)
Câmara de Gestão e Acompanhamento do Desenvolvimento de Sistemas de Comunicação Máquina a Máquina, 280
(*ver também* **Câmara de Gestão e Acompanhamento do Desenvolvimento de Sistemas de Comunicação Máquina a Máquina e Internet das Coisas (Câmara IoT)**)
[Portaria MC nº 2.006, de 10 de maio de 2016]
alteração de sua composição e nome para Câmara de Gestão e Acompanhamento do Desenvolvimento de Sistemas de Comunicação Máquina a Máquina e Internet das Coisas (Câmara IoT), **280**
[Portaria MC nº 2.006, de 10 de maio de 2016]
Câmara de Gestão e Acompanhamento do Desenvolvimento de Sistemas de Comunicação Máquina a Máquina e Internet das Coisas (Câmara IoT)
(*ver* **Câmara IoT**)
Câmara de Gestão e Acompanhamento do Desenvolvimento de Sistemas de Comunicação Máquina a Máquina e Internet das Coisas (Câmara IoT)
(*ver também* **Câmara de Gestão e Acompanhamento do Desenvolvimento de Sistemas de Comunicação Máquina a Máquina**)
renomeia a Câmara de Gestão e Acompanhamento do Desenvolvimento de Sistemas de Comunicação Máquina a Máquina para, **280**
[Portaria MC nº 2.006, de 10 de maio de 2016]
Câmara IoT, 280
[Portaria MC nº 2.006, de 10 de maio de 2016]
Canal de Distribuição Obrigatória
divulgação da lista dos canais de radiodifusão de distribuição obrigatória, **303**
[Despacho da Superintendência de Planejamento e Regulamentação da ANATEL, de 19 de setembro de 2016]
Canalização
(*ver* **Distribuição de Canais**)
Cancerígeno
Serviço Móvel Pessoal
inconstitucionalidade de lei estadual que impõe dever às operadoras de telefonia celular e aos fabricantes de aparelhos celulares e acessórios de incluir em sua propaganda advertência cancerígena pelo uso excessivo, **292**
[STF - ADI 4761 / PR]
Cargo da Carreira de Regulação e Fiscalização
Busca e Apreensão
inaplicabilidade da teoria da transcendência dos motivos determinantes para fins de

seu posicionamento em face da questão da franquia de dados na modalidade banda larga fixa de acesso à internet, **290**
[Resolução do CGI.br nº 15, de junho de 2016]
Competição
Anuência Prévia
à reorganização societária do Grupo Telefônica Brasil, compreendendo a incorporação da GVT Participações S/A e Global Village Telecom S/A, **299**
[Ato do Conselho Diretor da ANATEL nº 50.169, de 22 de janeiro de 2016]
Compromisso Adicional
proposta de ato com rol de opções de projetos estratégicos que poderão ser acolhidos na forma de compromissos adicionais em TAC, **300**
[Acórdão do Conselho Diretor da ANATEL, de 5 de janeiro de 2016 (Ref. nº 2/2016)]
rol de opções de projetos estratégicos que poderão ser acolhidos na forma de compromissos adicionais em TAC para o biênio 2015-2016, **299**
[Ato do Conselho Diretor da ANATEL nº 50.004, de 5 de janeiro de 2016]
Conceitos Fundamentais, 215
Concessão (regras aplicáveis), 224
Concessão
(*ver também* Concessionária)
adiamento da alteração quinquenal de 2016, **285**
[Resolução da ANATEL nº 664, de 29 de abril de 2016]
Grupo Oi
implementação de medidas de proibição de alienação e oneração de bens integrantes do patrimônio da concessionária e realização pela ANATEL de trabalho de fiscalização abrangente do, **302**
[Acórdão do Conselho Diretor da ANATEL, de 21 de junho de 2016 (Ref. nº 232/2016)]
Migração do STFC Público para o Privado
orientação de política pública para realização de estudos para migração das concessões de STFC para regime de maior liberdade, **279**
[Portaria MC nº 1.455, de 8 de abril de 2016]
Regulamento do Serviço Telefônico Fixo Comutado
sua alteração para disciplina do procedimento de outorga em regime privado e acompanhamento das transferências de autorização e controle do STFC, **288**
[Resolução da ANATEL nº 668, de 27 de junho de 2016]
Concessionária
(*ver também* Concessão)
Serviço Telefônico Fixo Comutado
orientação de política pública para realização de estudos para migração das concessões de STFC para regime de maior liberdade, **279**
[Portaria MC nº 1.455, de 8 de abril de 2016]
Telefone de Uso Público
regulamento para certificação do cartão indutivo, **289**
[Resolução da ANATEL nº 670, de 19 de outubro de 2016]
Concorrência
(*ver* Competição)
Concorrência no Setor de Telecomunicações, 229
Condições de Uso de Radiofrequência e Canalização (Distribuição de Canais), 218
Conflito de Competência
CC 146.088/RJ
competência da Justiça Comum Estadual para processamento criminal de conduta de compartilhamento ilegal de sinais de TV a Cabo e Internet, **294**
[CC nº 146088 - RJ]
CC138405/DF
competência da Primeira Turma para julgar conflitos entre usuários e empresa concessionária de telefonia sobre o tema da adequação do serviço prestado e da responsabilidade civil contratual ou não dele decorrente, **295**
[STJ - CC 138405 /DF]

Consolidação de Outorgas
Anuência Prévia
à reorganização societária do Grupo Telefônica Brasil, compreendendo a incorporação da GVT Participações S/A e Global Village Telecom S/A, **299**
[Ato do Conselho Diretor da ANATEL nº 50.169, de 22 de janeiro de 2016]
Consumidor
(*ver também* **Código de Defesa do Consumidor**)
(*ver também* **Usuário**)
Portador de Deficiência
deve observar os deveres previstos no Regulamento Geral de Direitos do Consumidor de Serviços de Telecomunicações, conforme prevê o art. 7º do RGA, **287**
[Resolução ANATEL nº 667, de 30 de maio de 2016]
Serviço de Comunicação Multimídia
política pública de que ao menos um plano de serviço de SCM por empresa seja com franquia de dados ilimitada, **281**
[Portaria MC nº 2.115, de 11 de maio de 2016]
Serviço Telefônico Fixo Comutado
vedação de inserção de SVA ou outros valores não decorrentes da prestação de STFC no documento de cobrança do STFC sem autorização expressa do assinante, **301**
[Acórdão do Conselho Diretor da ANATEL, de 20 de maio de 2016 (Ref. nº 711/2016)]
Conteúdo Audiovisual
Conteúdo Local
recomendação de sua priorização por empresas prestadoras de serviço de radiodifusão comunitária, **276**
[Portaria MC nº 4.334, de 17 de setembro de 2015]
Conteúdo Brasileiro
(*ver também* **Conteúdo Nacional**)
Conteúdo Local
recomendação de sua priorização por empresas prestadoras de serviço de radiodifusão comunitária, **276**
[Portaria MC nº 4.334, de 17 de setembro de 2015]
Conteúdo Local
recomendação de sua priorização por empresas prestadoras de serviço de radiodifusão comunitária, **276**
[Portaria MC nº 4.334, de 17 de setembro de 2015]
Conteúdo Nacional
(*ver também* **Conteúdo Brasileiro**)
(*ver também* **Produção Nacional**)
Conteúdo Local
recomendação de sua priorização por empresas prestadoras de serviço de radiodifusão comunitária, **276**
[Portaria MC nº 4.334, de 17 de setembro de 2015]
PPA 2016-2019
objetivo 1023 de incentivo à produção nacional e à distribuição de conteúdos digitais criativos, **271**
[Lei nº 13.249, de 13 de janeiro de 2016]
Contrato de Concessão
(*ver também* **Outorga**)
Renovação das Concessões de STFC
prorrogação da data da revisão quinquenal de 2016, **285**
[Resolução da ANATEL nº 664, de 29 de abril de 2016]
Serviço Telefônico Fixo Comutado
orientação de política pública para realização de estudos para migração das concessões de STFC para regime de maior liberdade, **279**
[Portaria MC nº 1.455, de 8 de abril de 2016]
Controle Acionário
anuência prévia à reorganização societária do Grupo Telefônica Brasil, compreendendo a incorporação da GVT Participações S/A e Global Village Telecom S/A, **299**
[Ato do Conselho Diretor da ANATEL nº 50.169, de 22 de janeiro de 2016]
Súmula nº 19
requisitos para anuência prévia de comprovação de regularidade fiscal na transferência de controle ou de outorgas, **303**
[Súmula da ANATEL nº 19, de 1º de dezembro de 2016]

(*ver* **Princípio da Insignificância**)
Cronograma de Implantação da TV Digital
efeito de seu atraso gerando a postergação dos repasses ao ressarcimento de custos decorrentes da redistribuição de canais de TV e RTV a serem administrados pela EAD, **300**
[Acórdão do Conselho Diretor da ANATEL, de 29 de janeiro de 2016 (Ref. nº 28/2016)]
estabelecimento do, **277**
[Portaria MC nº 378, de 22 de janeiro de 2016]
Rio Verde/GO
homologação dos desligamentos das transmissões analógicas de radiodifusão na primeira cidade brasileira a realizá-los, **278**
[Portaria MC nº 1.329, de 31 de março de 2016]

D

Dados Cadastrais
disciplina da requisição de, **281**
[Decreto nº 8.771, de 11 de maio de 2016]
Dados Via Rádio
Regulamento sobre Condições de Uso de Radiofreqüências nas Faixas de 800 MHz, 900 MHz, 1.800 MHz, 1.900 MHz e 2.100 MHz
vedação do emprego de sistemas analógicos nas faixas referidas no, **290**
[Resolução da ANATEL nº 672, de 16 de dezembro de 2016]
Defesa Civil, 255
Defesa Civil
destinação das faixas de 380 MHz a 382,050 MHz e de 390 MHz a 392,050 MHz ao SLP em aplicações de segurança pública e defesa civil, **286**
[Resolução da ANATEL nº 665, de 2 de maio de 2016]
Defesa do consumidor
(*ver* **Consumidor**)
Defesa do Usuário
(*ver* **Usuário**)
Deficiência Auditiva
(*ver também* **Portador de Deficiência**)
Regulamento Geral de Acessibilidade em Telecomunicações (RGA)
aprovação do, **287**
[Resolução ANATEL nº 667, de 30 de maio de 2016]
Deficiência Auditiva Total, 287
(*ver também* **Deficiente Físico**)
[Resolução ANATEL nº 667, de 30 de maio de 2016]
Deficiência da fala
(*ver também* **Portador de Deficiência**)
Regulamento Geral de Acessibilidade em Telecomunicações (RGA)
aprovação do, **287**
[Resolução ANATEL nº 667, de 30 de maio de 2016]
Deficiência Visual
(*ver também* **Deficiente Físico**)
Regulamento Geral de Acessibilidade em Telecomunicações (RGA)
aprovação do, **287**
[Resolução ANATEL nº 667, de 30 de maio de 2016]
Deficiente Auditivo, 287
[Resolução ANATEL nº 667, de 30 de maio de 2016]
Deficiente auditivo
(*ver também* **Portador de Deficiência**)
Regulamento Geral de Acessibilidade em Telecomunicações (RGA)
aprovação do, **287**
[Resolução ANATEL nº 667, de 30 de maio de 2016]
Deficiente da fala
(*ver* **Pessoa com deficiência da fala**)
Deficiente Físico
(*ver também* **Acessibilidade**)
(*ver também* **Deficiência Auditiva Total**)
(*ver também* **Deficiência Visual**)
(*ver também* **Portador de Deficiência**)
Regulamento Geral de Acessibilidade em Telecomunicações (RGA)
aprovação do, **287**
[Resolução ANATEL nº 667, de 30 de maio de 2016]
Degradação de Tráfego na Internet
hipóteses de, **281**
[Decreto nº 8.771, de 11 de maio de 2016]
Digitalização, 300

(*ver também* **TV Digital**)
[Acórdão do Conselho Diretor da ANATEL, de 29 de janeiro de 2016 (Ref. nº 28/2016)]
vedação do emprego de sistemas analógicos nas faixas de 800 MHz, 900 MHz, 1.800 MHz, 1.900 MHz e 2.100 MHz, **290**
[Resolução da ANATEL nº 672, de 16 de dezembro de 2016]
Direct-to-Home (Serviço de Distribuição de Sinais de Televisão e de Áudio por Assinatura Via Satélite), 303
[Despacho da Superintendência de Planejamento e Regulamentação da ANATEL, de 19 de setembro de 2016]
Direito à Privacidade, 216
Direito de Exploração de Satélite
IRIDIUM SERVIÇOS DE SATÉLITES S.A.
direito de exploração no Brasil do sistema estrangeiro de satélites não-geoestacionários Iridium a partir de 22 de julho de 2016 até 31 de janeiro de 2018, **302**
[Acórdão do Conselho Diretor da ANATEL, de 23 de maio de 2016 (Ref. nº 181/2016)]
Direito do Consumidor, 251
(*ver* **Consumidor**)
Discriminação de Pacotes de Dados na Internet
hipóteses de, **281**
[Decreto nº 8.771, de 11 de maio de 2016]
Distribuição de Canais
(*ver também* **Espectro de Radiofreqüências**)
Regulamento sobre Condições de Uso de Radiofreqüências nas Faixas de 800 MHz, 900 MHz, 1.800 MHz, 1.900 MHz e 2.100 MHz
vedação do emprego de sistemas analógicos nas faixas referidas no, **290**
[Resolução da ANATEL nº 672, de 16 de dezembro de 2016]
Distribuição de Sinais de Televisão e de Áudio por Assinatura via Satélite (DTH)
(*ver* **Direct-to-Home (Serviço de Distribuição de Sinais de Televisão e de Áudio por Assinatura Via Satélite)**)
Distribuição de Sinais de Televisão e de Áudio por Assinatura via Satélite (DTH)
canais de radiodifusão de carregamento obrigatório por serviço de, **303**
[Despacho da Superintendência de Planejamento e Regulamentação da ANATEL, de 19 de setembro de 2016]
Documento de Cobrança
Assinante
vedação de inserção de SVA ou outros valores não decorrentes da prestação de STFC no documento de cobrança do STFC sem autorização expressa do assinante, **301**
[Acórdão do Conselho Diretor da ANATEL, de 20 de maio de 2016 (Ref. nº 711/2016)]
Serviço de Valor Adicionado
vedação de sua inserção no documento de cobrança do STFC sem autorização expressa do assinante, **301**
[Acórdão do Conselho Diretor da ANATEL, de 20 de maio de 2016 (Ref. nº 711/2016)]
Serviço Telefônico Fixo Comutado
vedação de inserção de SVA ou outros valores não decorrentes da prestação de STFC no documento de cobrança do STFC sem autorização expressa do assinante, **301**
[Acórdão do Conselho Diretor da ANATEL, de 20 de maio de 2016 (Ref. nº 711/2016)]
DTH (Direct to Home - Serviço de Distribuição de Sinais de Televisão e de Áudio por Assinatura Via Satélite), 235

E

EAD

Estação de Telecomunicações
(*ver também* **Equipamentos de Telecomunicações**)
(*ver também* **Terminal de Telecomunicações**)
Radiodifusão Comunitária
exigência de que os equipamentos transmissores utilizados na RadCom sejam pré-sintonizados na frequência de operação consignada à emissora, **276**
[Portaria MC nº 4.334, de 17 de setembro de 2015]
Estação Rádio Base
Baixa Potência
baixa potência do transmissor de radiodifusão sonora não afasta a condição de delito de natureza formal de perigo abstrato ao desenvolvimento de atividade clandestina de telecomunicação prevista no art. 183 da Lei 9.472/97, inaplicável, portanto, o princípio da insignificância, **297**
[STJ - AgInt no AREsp 497.670/BA]
Estado Regulador, 216
Estado-Membro, 270
Estado-Membro
Assinatura Básica
inconstitucionalidade de lei estadual que veda a cobrança de tarifas de assinatura básica pelas prestadoras de serviços de telefonia fixa e móvel, **291**
[STF - ADI 4603 / RN]
Franquia
inconstitucionalidade de lei estadual que impõe a possibilidade de utilização, no mês subsequente, dos minutos da franquia não utilizados no mês anterior, **292**
[STF - ADI 4649 / RJ]
inconstitucionalidade de lei estadual que impõe às operadoras de telefonia fixa e móvel a obrigação de constituírem cadastro especial de assinantes do serviço interessados no sistema de venda por meio de telemarketing, **291**
[STF - ADI 3959 / SP]
Pré-Pago
inconstitucionalidade de lei estadual que impõe a possibilidade de utilização, no mês subsequente, dos minutos da franquia não utilizados no mês anterior, **292**
[STF - ADI 4649 / RJ]
Estatuto Jurídico das Estatais, 272, 284
[Decreto 8.945, de 27 de dezembro de 2016]
[Lei 13.303, de 30 de junho de 2016]
Estrada Vicinal
(*ver* **Backhaul**)
Ex-Tarifário
(*ver* **Regime de Ex-Tarifário**)
Ex-Tarifário
PPA 2016-2019
iniciativa 058G de difusão e monitoramento periódico do regime de redução temporária da alíquota do imposto de importação para bens de capital e bens de informática e telecomunicações (regime de Ex-Tarifário), **271**
[Lei nº 13.249, de 13 de janeiro de 2016]
Exploração do SMP por meio de Rede Virtual
limites de controle societário, **285**
[Resolução da ANATEL nº 663, de 21 de março de 2016]

F

Faixa de Radiofreqüência
(*ver* **Espectro de Radiofreqüências**)
Falência, 302
(*ver também* **Recuperação Judicial**)
[Acórdão do Conselho Diretor da ANATEL, de 21 de junho de 2016 (Ref. nº 232/2016)]
Família de Baixa Renda
Sistema Brasileiro de Televisão Digital Terrestre
priorização de famílias inscritas no Cadastro Único para Programas Sociais – CadÚnico para distribuição de set-top-box para recepção do sinal de televisão digital, **276**, **279**
[Portaria MC nº 1.453, de 8 de abril de 2016] [Portaria MC nº 263, de 14 de janeiro de 2016]
Fatos de Redução de Desigualdades Sociais e Regionais e de Execução de Projetos Estratégicos
fixação de critérios para aplicação do, **300**

[Acórdão do Conselho Diretor da ANATEL, de 5 de janeiro de 2016 (Ref. nº 2/2016)]
Fiber to the Curb, 300
[Acórdão do Conselho Diretor da ANATEL, de 5 de janeiro de 2016 (Ref. nº 2/2016)]
Rede de Cobre
seu encurtamento até o armário (FTTC) para oferta de banda larga como opção de projeto estratégico a ser executado como compromisso adicional no âmbito de Termo de Compromisso de Ajustamento de Conduta (TAC), **300**
[Acórdão do Conselho Diretor da ANATEL, de 5 de janeiro de 2016 (Ref. nº 2/2016)]
Financiamento da Universalização e Massificação, 231
Fins Exclusivamente Militares, 218
Fiscalização
Grupo Oi
implementação de medidas de proibição de alienação e oneração de bens integrantes do patrimônio da concessionária e realização pela ANATEL de trabalho de fiscalização abrangente do, **302**
[Acórdão do Conselho Diretor da ANATEL, de 21 de junho de 2016 (Ref. nº 232/2016)]
Fiscalização das Telecomunicações, 219
Fomento
(*ver também* **Quota de Programação**)
PPA 2016-2019
objetivo 1023 de incentivo à produção nacional e à distribuição de conteúdos digitais criativos, **271**
[Lei nº 13.249, de 13 de janeiro de 2016]
Franquia
(*ver* **Assinatura Básica**)
Franquia
Pré-Pago
inconstitucionalidade de lei estadual que impõe a possibilidade de utilização, no mês subsequente, dos minutos da franquia não utilizados no mês anterior, **292**
[STF - ADI 4649 / RJ]
Serviço de Comunicação Multimídia
política pública de que ao menos um plano de serviço de SCM por empresa seja com franquia de dados ilimitada, **281**
[Portaria MC nº 2.115, de 11 de maio de 2016]
vedação de adotação de práticas de redução de velocidade, suspensão de serviço ou de cobrança de tráfego excedente após o esgotamento da franquia, **301**
[Acórdão do Conselho Diretor da ANATEL, de 22 de abril de 2016 (Ref. nº 151/2016)]
Franquia de Dados
Comitê Gestor da Internet no Brasil
seu posicionamento em face da questão da franquia de dados na modalidade banda larga fixa de acesso à internet, **290**
[Resolução do CGI.br nº 15, de junho de 2016]
FTTC
(*ver* **Fiber to the Curb**)
FUNDAÇÃO JOÃO PAULO II
CANÇÃO NOVA
sua inclusão como canal de carregamento obrigatório pelo SeAC, **303**
[Despacho da Superintendência de Planejamento e Regulamentação da ANATEL, de 19 de setembro de 2016]
Fundamentos, 215
Fundo de Universalização dos Serviços de Telecomunicações
Crédito Suplementar
limites à sua liberação, **272**
[Lei nº 13.255, de 14 de janeiro de 2016]
FUST
(*ver* **Fundo de Universalização dos Serviços de Telecomunicações**)

G

GESAC
(*ver* **Governo Eletrônico – Serviço de Atendimento ao Cidadão**)
GINGA
(*ver também* **TV Digital**)
PPA 2016-2019
meta 0483 de disponibilização gratuita de 24 aplicativos interativos de TV digital à população, **271**
[Lei nº 13.249, de 13 de janeiro de 2016]

GIRED
(*ver* **Grupo de Implantação do Processo de Redistribuição e Digitalização de Canais de TV e RTV – GIRED**)
GLOBAL VILLAGE TELECOM LTDA
Anuência Prévia
à reorganização societária do Grupo Telefônica Brasil, compreendendo a incorporação da GVT Participações S/A e Global Village Telecom S/A, **299**
[Ato do Conselho Diretor da ANATEL nº 50.169, de 22 de janeiro de 2016]
Governança Digital, 258
Governança Digital
(*ver também* **Governo Eletrônico**)
(*ver também* **Governo Eletrônico – Serviço de Atendimento ao Cidadão**)
Comitê de Governança Digital
previsão de que entidades da administração pública federal direta, autárquica e fundacional deverão manter um, **274**
[Decreto nº 8.638, de 15 de janeiro de 2016]
Governo Eletrônico
(*ver também* **Governança Digital**)
Governança Digital
sua substituição pela termo de Governança Digital, **274**
[Decreto nº 8.638, de 15 de janeiro de 2016]
Governo Eletrônico – Serviço de Atendimento ao Cidadão, 274
(*ver também* **Governança Digital**)
[Decreto nº 8.638, de 15 de janeiro de 2016]
PPA 2016-2019
meta de atendimento de 11.000 áreas de vulnerabilidade digital com acesso à internet, **271**
[Lei nº 13.249, de 13 de janeiro de 2016]
Governo Estadual
(*ver* **Estado-Membro**)
Governo Municipal
(*ver* **Município**)
Grupo de Implantação do Processo de Redistribuição e Digitalização de Canais de TV e RTV – GIRED, 300
(*ver também* **Associação Administradora do Processo de Redistribuição e Digitalização de Canais de TV e RTV**)
[Acórdão do Conselho Diretor da ANATEL, de 29 de janeiro de 2016 (Ref. nº 28/2016)]
determinações ministeriais ao, **277**
[Portaria MC nº 378, de 22 de janeiro de 2016]
Transição Analógico-Digital
homologação do encerramento da transmissão analógica em Brasília e certos municípios de Goiás, **282**
[Portaria MCTIC nº 5.269, de 17 de novembro de 2016]
Grupo Oi
Acompanhamento Econômico Especial
implementação de medidas de proibição de alienação e oneração de bens integrantes do patrimônio da concessionária e realização pela ANATEL de trabalho de fiscalização abrangente do Grupo Oi, **302**
[Acórdão do Conselho Diretor da ANATEL, de 21 de junho de 2016 (Ref. nº 232/2016)]

H

Habeas Corpus
HC 340.692/RJ
pirataria de sinal de TV por assinatura, mediante inserção de divulgações políticas em canais da TV aberta no sinal de programação de TV por assinatura, configura atividade clandestina de telecomunicação, ao invés de furto de sinal de TV, **296**
[STJ - HC nº 340.692/RJ]
HC135248/BA
a aplicação do princípio da insignificância para condutas de atividade clandestina de telecomunicação depende da comprovação de inexistência de potencial lesivo, independentemente da potência do transmissor utilizado, **293**
[STF - HC nº135.248/BA]

I

ICMS
ICMS incidente sobre a energia elétrica utilizada pelas empresas de telecomunicações pode ser creditado para abatimento do imposto devido na prestação de serviços de telecomunicações, por serem considerados processo industrial por equiparação, **298**
[STJ - 1262987 - AGR RESP]
IDEAL TV, 303
[Despacho da Superintendência de Planejamento e Regulamentação da ANATEL, de 19 de setembro de 2016]
II
(*ver* Imposto de Importação)
Imposto de Importação
PPA 2016-2019
iniciativa 058G de difusão e monitoramento periódico do regime de redução temporária da alíquota do imposto de importação para bens de capital e bens de informática e telecomunicações (regime de Ex-Tarifário), **271**
[Lei nº 13.249, de 13 de janeiro de 2016]
Imposto sobre Circulação de Mercadorias e Serviços
(*ver* ICMS)
Imposto sobre Operações Relativas à Circulação de Mercadorias e sobre Prestações de Serviços de Transporte Interestadual, Intermunicipal e de Comunicações
(*ver* ICMS)
Infraestrutura de Transporte
proposta de ato com rol de opções de projetos estratégicos que poderão ser acolhidos na forma de compromissos adicionais em, **300**
[Acórdão do Conselho Diretor da ANATEL, de 5 de janeiro de 2016 (Ref. nº 2/2016)]
rol de opções de projetos estratégicos que poderão ser acolhidos na forma de compromissos adicionais em TAC para o biênio 2015-2016, **299**
[Ato do Conselho Diretor da ANATEL nº 50.004, de 5 de janeiro de 2016]
Infraestrutura e Recursos do Setor de Telecomunicações, 216
Insignificância
(*ver* Princípio da Insignificância)
Interatividade
Sistema Brasileiro de Televisão Digital Terrestre
meta 0483 do PPA 2016-2019 de disponibilização gratuita de 24 aplicativos interativos de TV digital à população, **271**
[Lei nº 13.249, de 13 de janeiro de 2016]
Interesse Coletivo
Regulamento Geral de Acessibilidade em Telecomunicações (RGA)
sua aplicabilidade somente às prestadoras de serviços de telecomunicações de interesse coletivo, **287**
[Resolução ANATEL nº 667, de 30 de maio de 2016]
Internet, 235, 253
INTERNET
(*ver também* Comitê Gestor da Internet no Brasil)
(*ver também* Serviço de Valor Adicionado)
Câmara de Gestão e Acompanhamento do Desenvolvimento de Sistemas de Comunicação Máquina a Máquina
alteração de sua composição e nome para Câmara de Gestão e Acompanhamento do Desenvolvimento de Sistemas de Comunicação Máquina a Máquina e Internet das Coisas (Câmara IoT), **280**
[Portaria MC nº 2.006, de 10 de maio de 2016]
Câmara de Gestão e Acompanhamento do Desenvolvimento de Sistemas de Comunicação Máquina a Máquina e Internet das Coisas (Câmara IoT)
renomeia a Câmara de Gestão e Acompanhamento do Desenvolvimento de Sistemas de Comunicação Máquina a Máquina para, **280**
[Portaria MC nº 2.006, de 10 de maio de 2016]
Franquia de Dados

posicionamento do CGI.br em face da questão da franquia de dados na modalidade banda larga fixa de acesso à internet, **290**
[Resolução do CGI.br nº 15, de junho de 2016]
redistribuição de acesso à internet configura, em tese, o delito de desenvolvimento de atividade clandestina de telecomunicação previsto no art. 183 da LGT, **298**
[STJ - AgR AREsp nº 852.730 - SP]
Serviço de Comunicação Multimídia
política pública de que ao menos um plano de serviço de SCM por empresa seja com franquia de dados ilimitada, **281**
[Portaria MC nº 2.115, de 11 de maio de 2016]
vedação de adotação de práticas de redução de velocidade, suspensão de serviço ou de cobrança de tráfego excedente após o esgotamento da franquia, **301**
[Acórdão do Conselho Diretor da ANATEL, de 22 de abril de 2016 (Ref. nº 151/2016)]
Serviço de Valor Adicionado
vedação de sua inserção no documento de cobrança do STFC sem autorização expressa do assinante, **301**
[Acórdão do Conselho Diretor da ANATEL, de 20 de maio de 2016 (Ref. nº 711/2016)]
Internet das Coisas
(*ver* **IoT**)
Internet das Coisas (IoT)
Câmara de Gestão e Acompanhamento do Desenvolvimento de Sistemas de Comunicação Máquina a Máquina e Internet das Coisas (Câmara IoT)
renomeia a Câmara de Gestão e Acompanhamento do Desenvolvimento de Sistemas de Comunicação Máquina a Máquina para, **280**
[Portaria MC nº 2.006, de 10 de maio de 2016]
IoT, 280
[Portaria MC nº 2.006, de 10 de maio de 2016]
IRIDIUM SATELLITE LLC, 302
[Acórdão do Conselho Diretor da ANATEL, de 23 de maio de 2016 (Ref. nº 181/2016)]
IRIDIUM SERVIÇOS DE SATÉLITES S.A
(*ver* **IRIDIUM SATELLITE LLC**)
IRIDIUM SERVIÇOS DE SATÉLITES S.A.
direito de exploração no Brasil do sistema estrangeiro de satélites não-geoestacionários Iridium a partir de 22 de julho de 2016 até 31 de janeiro de 2018, **302**
[Acórdão do Conselho Diretor da ANATEL, de 23 de maio de 2016 (Ref. nº 181/2016)]

L

Lei nº 8.078/90
(*ver* **Código de Defesa do Consumidor**)
Liberdade de Expressão, 216
Litisconsórcio
Agência Nacional de Telecomunicações
ilegitimidade da ANATEL para figurar como litisconsorte passivo em causas envolvendo relação contratual entre consumidor e concessionária, **297**
[AgRg no REsp 1.570.188/PE]

M

Manual de Fiscalização para Monitoramento da Execução de TAC
determinação de elaboração do, **300**
[Acórdão do Conselho Diretor da ANATEL, de 5 de janeiro de 2016 (Ref. nº 2/2016)]
Máquina a Máquina
Câmara de Gestão e Acompanhamento do Desenvolvimento de Sistemas de Comunicação Máquina a Máquina
alteração de sua composição e nome para Câmara de Gestão e Acompanhamento do Desenvolvimento de Sistemas de Comunicação Máquina a Máquina e Internet das Coisas (Câmara IoT), **280**
[Portaria MC nº 2.006, de 10 de maio de 2016]

Câmara de Gestão e Acompanhamento do Desenvolvimento de Sistemas de Comunicação Máquina a Máquina e Internet das Coisas (Câmara IoT)
renomeia a Câmara de Gestão e Acompanhamento do Desenvolvimento de Sistemas de Comunicação Máquina a Máquina para, **280**
[Portaria MC nº 2.006, de 10 de maio de 2016]
Marco Civil da Internet
Comitê Gestor da Internet no Brasil
seu posicionamento em face da questão da franquia de dados na modalidade banda larga fixa de acesso à internet, **290**
[Resolução do CGI.br nº 15, de junho de 2016]
Degradação de Tráfego na Internet
hipóteses de, **281**
[Decreto nº 8.771, de 11 de maio de 2016]
Discriminação de Pacotes de Dados na Internet
hipóteses de, **281**
[Decreto nº 8.771, de 11 de maio de 2016]
Franquia de Dados
posicionamento do CGI.br em face da questão da franquia de dados na modalidade banda larga fixa de acesso à internet, **290**
[Resolução do CGI.br nº 15, de junho de 2016]
regulamentação do, **281**
[Decreto nº 8.771, de 11 de maio de 2016]
MCTIC
(*ver* **Ministério da Ciência, Tecnologia, Inovações e Comunicações**)
MCTIC, 273
[Medida Provisória nº 726, de 12 de maio de 2016]
Meio Físico (Cabo / Fibra), 216
Meio Físico (Cabo / Fibra), 300
[Acórdão do Conselho Diretor da ANATEL, de 5 de janeiro de 2016 (Ref. nº 2/2016)]
Metas de Universalização
Serviço Telefônico Fixo Comutado
orientação de política pública para realização de estudos para migração das concessões de STFC para regime de maior liberdade, inclusive mediante consideração de revisão das metas de universalização do STFC, **279**
[Portaria MC nº 1.455, de 8 de abril de 2016]
Migração do STFC Público para o Privado
orientação de política pública para realização de estudos para migração das concessões de STFC para regime de maior liberdade, **279**
[Portaria MC nº 1.455, de 8 de abril de 2016]
Ministério da Ciência, Tecnologia, Inovações e Comunicações, 260
Ministério da Ciência, Tecnologia, Inovações e Comunicações
(*ver também* **Ministério das Comunicações**)
criação do, **273**
[Lei 13.341, de 29 de setembro de 2016]
[Medida Provisória nº 726, de 12 de maio de 2016]
Ministério das Comunicações, 273
(*ver também* **Ministério da Ciência, Tecnologia, Inovações e Comunicações**)
[Medida Provisória nº 726, de 12 de maio de 2016]
Câmara de Gestão e Acompanhamento do Desenvolvimento de Sistemas de Comunicação Máquina a Máquina e Internet das Coisas (Câmara IoT)
renomeia a Câmara de Gestão e Acompanhamento do Desenvolvimento de Sistemas de Comunicação Máquina a Máquina para, **280**
[Portaria MC nº 2.006, de 10 de maio de 2016]
criação do MCTIC e absorção das funções do então Ministério das Comunicações, **273**
[Medida Provisória nº 726, de 12 de maio de 2016]
Ministério da Ciência, Tecnologia, Inovações e Comunicações
criação do MCTIC e absorção das funções do então Ministério das Comunicações, **273**

[Lei 13.341, de 29 de setembro de 2016]
Radiodifusão Comunitária
regulamentação do processo de autorização da, **276**
[Portaria MC nº 4.334, de 17 de setembro de 2015]
Ministério do Planejamento, Orçamento e Gestão, 261
Ministro das Comunicações
(*ver* Ministério das Comunicações)
Modelo de Contrato de Concessão
prorrogação da data da revisão quinquenal de 2016, **285**
[Resolução da ANATEL nº 664, de 29 de abril de 2016]
Modelo Regulatório
Revisão do Modelo de Prestação de Serviços de Telecomunicações
diretrizes para a ANATEL para, **279**
[Portaria MC nº 1.455, de 8 de abril de 2016]
Modicidade Tarifária
Serviço Telefônico Fixo Comutado
orientação de política pública para alteração do regime de controle tarifário das concessões de, **279**
[Portaria MC nº 1.455, de 8 de abril de 2016]
Município, 270
Município
Antena
constitucionalidade da questão sobre a taxa municipal de fiscalização de licença para o funcionamento das torres e antenas de transmissão e recepção de dados e voz, **294**
[STF - RE 776594 RG / SP]
Área Local (Serviço Telefônico Fixo Comutado)
identificação de áreas locais em região metropolitana, continuidade urbana ou outro critério, **286**
[Resolução da ANATEL nº 666, de 2 de maio de 2016]
Fibra Óptica
sua instalação como opção de projeto estratégico a ser executado como compromisso adicional no âmbito de Termo de Compromisso de Ajustamento de Conduta (TAC), **299**
[Ato do Conselho Diretor da ANATEL nº 50.004, de 5 de janeiro de 2016]
Projeto Minha Cidade Inteligente
processo de habilitação de propostas para o, **280**
[Portaria MC nº 2.111, de 11 de maio de 2016]
MVNO
(*ver* Operador de Rede Virtual)

N

Neutralidade de Rede, 217
Neutralidade de Rede
Degradação de Tráfego na Internet
hipóteses de, **281**
[Decreto nº 8.771, de 11 de maio de 2016]
Discriminação de Pacotes de Dados na Internet
hipóteses de, **281**
[Decreto nº 8.771, de 11 de maio de 2016]
Marco Civil da Internet
disciplina da neutralidade de rede e determinação de que a discriminação ou degradação do tráfego seja regulamentada pela Presidência da República dependente de requisitos técnicos indispensáveis à prestação adequada dos serviços e aplicações ou de priorização de serviços de emergência, **281**
[Decreto nº 8.771, de 11 de maio de 2016]

O

Operador de Rede Virtual, 285
(*ver também* Rede Virtual)
(*ver também* Serviço Móvel Pessoal por meio de Rede Virtual)
[Resolução da ANATEL nº 663, de 21 de março de 2016]
Regulamento sobre Exploração de Serviço Móvel Pessoal – SMP por meio de Rede Virtual (RRV-SMP)
limites de controle societário, **285**
[Resolução da ANATEL nº 663, de 21 de março de 2016]

Operadora de Telecomunicações
GLOBAL VILLAGE TELECOM LTDA
anuência prévia à reorganização societária do Grupo Telefônica Brasil, compreendendo a incorporação da GVT Participações S/A e Global Village Telecom S/A, **299**
[Ato do Conselho Diretor da ANATEL nº 50.169, de 22 de janeiro de 2016]
Grupo Oi
implementação de medidas de proibição de alienação e oneração de bens integrantes do patrimônio da concessionária e realização pela ANATEL de trabalho de fiscalização abrangente do, **302**
[Acórdão do Conselho Diretor da ANATEL, de 21 de junho de 2016 (Ref. nº 232/2016)]
Transferência de Controle
requisitos para anuência prévia de comprovação de regularidade fiscal na transferência de controle ou de outorgas, **303**
[Súmula da ANATEL nº 19, de 1º de dezembro de 2016]
Transferência de Outorga
requisitos para anuência prévia de comprovação de regularidade fiscal na transferência de controle ou de outorgas, **303**
[Súmula da ANATEL nº 19, de 1º de dezembro de 2016]
Órbita e Satélite, 219
Outorga
(*ver também* **Contrato de Concessão**)
Transferência de Outorga
requisitos para anuência prévia de comprovação de regularidade fiscal na transferência de controle ou de outorgas, **303**
[Súmula da ANATEL nº 19, de 1º de dezembro de 2016]

P

PDG
(*ver* **Programa de Dispêndios Globais (Empresas Estatais Federais)**)
Permissão (regras aplicáveis), 224
Pesquisa & Desenvolvimento, 232
Pessoa com deficiência da fala
Regulamento Geral de Acessibilidade em Telecomunicações (RGA)
aprovação do, **287**
[Resolução ANATEL nº 667, de 30 de maio de 2016]
Pirataria
pirataria de sinal de TV por assinatura, mediante inserção de divulgações políticas em canais da TV aberta no sinal de programação de TV por assinatura, configura atividade clandestina de telecomunicação, ao invés de furto de sinal de TV, **296**
[STJ - HC nº 340.692/RJ]
Poder de Controle
(*ver* **Controle Acionário**)
Poder Executivo, 260
Poder Judiciário, 261
Política Industrial, 228
Política Pública de Telecomunicações
(*ver* **Políticas de Telecomunicações**)
Políticas de Telecomunicações, 227
Políticas de Telecomunicações
Banda Larga
política pública de que ao menos um plano de serviço de SCM por empresa seja com franquia de dados ilimitada, **281**
[Portaria MC nº 2.115, de 11 de maio de 2016]
Revisão do Modelo de Prestação de Serviços de Telecomunicações
diretrizes para a ANATEL para, **279**
[Portaria MC nº 1.455, de 8 de abril de 2016]
Políticas Setoriais
(*ver* **Políticas de Telecomunicações**)
Portador de Deficiência, 230
Portador de Deficiência
(*ver também* **Deficiência Auditiva**)
(*ver também* **Deficiência da fala**)
(*ver também* **Deficiente auditivo**)
(*ver também* **Deficiente Físico**)
direitos do, **287**
[Resolução ANATEL nº 667, de 30 de maio de 2016]

Regulamento Geral de Acessibilidade em Telecomunicações (RGA)
aprovação do, **287**
[Resolução ANATEL nº 667, de 30 de maio de 2016]
Portador de Necessidades Especiais (*ver* Deficiente Físico)
PPA 2016-2019
programas de comunicações para o desenvolvimento, defesa nacional e desenvolvimento da indústria, comércio e serviços, **271**
[Lei nº 13.249, de 13 de janeiro de 2016]
Prática Abusiva
Serviço de Comunicação Multimídia
política pública de que ao menos um plano de serviço de SCM por empresa seja com franquia de dados ilimitada, **281**
[Portaria MC nº 2.115, de 11 de maio de 2016]
Preço Público e Preço Privado, 226
Prestação de Serviços, 224
Prestador de Serviço de Telecomunicações (*ver* Operadora de Telecomunicações)
Prestadora (*ver* Prestadora (Serviço de Comunicação Multimídia))
Prestadora (Serviço de Comunicação Multimídia)
política pública de que ao menos um plano de serviço de SCM por empresa seja com franquia de dados ilimitada, **281**
[Portaria MC nº 2.115, de 11 de maio de 2016]
vedação de adotação de práticas de redução de velocidade, suspensão de serviço ou de cobrança de tráfego excedente após o esgotamento da franquia, **301**
[Acórdão do Conselho Diretor da ANATEL, de 22 de abril de 2016 (Ref. nº 151/2016)]
Prestadora / Operadora, 265
Prestadora de Serviço de Telecomunicações de Interesse Coletivo
Regulamento Geral de Acessibilidade em Telecomunicações (RGA)
sua aplicabilidade somente às prestadoras de serviços de telecomunicações de interesse coletivo, **287**
[Resolução ANATEL nº 667, de 30 de maio de 2016]
Princípio da Insignificância (*ver também* Crime de Bagatela)
aplicabilidade à atividade clandestina de telecomunicação, **293**
[STF - HC nº135.248/BA]
inaplicabilidade à atividade clandestina de telecomunicação, **294**, **296–297**
[STF - RHC119828/GO] [STJ - AgInt no AREsp 497.670/BA] [STJ - AgR Resp 1546511 - RJ]
inaplicabilidade à atividade clandestina de telecomunicação de baixa potência, **297**
[STJ - AgInt no AREsp 497.670/BA]
Princípios
Publicidade
disciplina da governança digital no Executivo federal, **274**
[Decreto nº 8.638, de 15 de janeiro de 2016]
Processo Administrativo, 226
Processo Administrativo
Saneamento
determinação de que sejam sanadas irregularidades formais de processos administrativos de autorização de RadCom que não resultem em inabilitação ou indeferimento, **276**
[Portaria MC nº 4.334, de 17 de setembro de 2015]
Produção Nacional, 271 (*ver também* Conteúdo Nacional)
[Lei nº 13.249, de 13 de janeiro de 2016]
Produto de Telecomunicação (*ver* Equipamentos de Telecomunicações)
Programa Bolsa Família (*ver também* Bolsa Família)
PPA 2016-2019
meta 0482 de distribuição de conversores digitais para os 100% dos domicílios beneficiários do Programa Bolsa Família, **271**
[Lei nº 13.249, de 13 de janeiro de 2016]
Programa de Dispêndios Globais (Empresas Estatais Federais)
PDG para 2016, **275**

[Decreto nº 8.931, de 14 de dezembro de 2016]
Programa de Dispêndios Globais (Empresas Estatais Federais)
PDG para 2017, **275**
[Decreto nº 8.933, de 16 de dezembro de 2016]
Programa de Estímulo ao Desenvolvimento do Padrão Nacional de Interatividade da Televisão Digital Brasileira, 271
[Lei nº 13.249, de 13 de janeiro de 2016]
Projeto Estratégico
proposta de ato com rol de opções de projetos estratégicos que poderão ser acolhidos na forma de compromissos adicionais em TAC, **300**
[Acórdão do Conselho Diretor da ANATEL, de 5 de janeiro de 2016 (Ref. nº 2/2016)]
rol de opções de projetos estratégicos que poderão ser acolhidos na forma de compromissos adicionais em TAC para o biênio 2015-2016, **299**
[Ato do Conselho Diretor da ANATEL nº 50.004, de 5 de janeiro de 2016]
Projeto Minha Cidade Inteligente
processo de habilitação de propostas para o, **280**
[Portaria MC nº 2.111, de 11 de maio de 2016]
Propaganda
(*ver* **Publicidade**)
Proteção do Consumidor
(*ver* **Consumidor**)
Proteção do Usuário
(*ver* **Usuário**)
Provedor de Conexão
deveres a ele dirigido no tocante a padrões de segurança e sigilo dos registros, dados pessoais e comunicações privadas, **281**
[Decreto nº 8.771, de 11 de maio de 2016]
Provedor de SVA
Atividade Clandestina de Telecomunicação
redistribuição de acesso à internet configura, em tese, o delito de desenvolvimento de atividade clandestina de telecomunicação previsto no art. 183 da LGT, **298**
[STJ - AgR AREsp nº 852.730 - SP]
Publicidade
Governança Digital
disciplina da, **274**
[Decreto nº 8.638, de 15 de janeiro de 2016]
Serviço Móvel Pessoal
inconstitucionalidade de lei estadual que impõe dever às operadoras de telefonia celular e aos fabricantes de aparelhos celulares e acessórios de incluir em sua propaganda advertência cancerígena pelo uso excessivo, **292**
[STF - ADI 4761 / PR]

Q

Qualidade do Serviço, 232
Quanto ao Gênero, 234
Quanto ao Interesse, 234
Quanto ao Regime Jurídico de Prestação, 233
Quota de Programação, 271
(*ver também* **Fomento**)
[Lei nº 13.249, de 13 de janeiro de 2016]

R

RadCom
(*ver* **Serviço de Radiodifusão Comunitária**)
Rádio AM
disciplina da extinção do serviço de radiodifusão sonora em ondas médias e sua possível adaptação de instrumentos de outorgas para os de execução do serviço de radiodifusão sonoram em frequência modulada, **278**
[Portaria MC nº 1.273, de 31 de março de 2016]
Rádio Clandestina
(*ver também* **Atividade Clandestina de Telecomunicação**)
a aplicação do princípio da insignificância para condutas de atividade clandestina de telecomunicação depende da comprovação de inexistência de potencial lesivo, independentemente da potência do transmissor utilizado, **293**

da insignificância em virtude de se tratar de crime formal e de perigo abstrato, irrelevante a ocorrência do dano concreto, **296**
[STJ - AgR Resp 1546511 - RJ]
Conteúdo Local
recomendação de sua priorização por empresas prestadoras de serviço de radiodifusão comunitária, **276**
[Portaria MC nº 4.334, de 17 de setembro de 2015]
Equipamentos de Telecomunicações
exigência de que os equipamentos transmissores utilizados na RadCom sejam pré-sintonizados na frequência de operação consignada à emissora, **276**
[Portaria MC nº 4.334, de 17 de setembro de 2015]
Processo Administrativo
determinação de que sejam sanadas irregularidades formais de processos administrativos de autorização de RadCom que não resultem em inabilitação ou indeferimento, **276**
[Portaria MC nº 4.334, de 17 de setembro de 2015]
regulamentação do, **276**
[Portaria MC nº 4.334, de 17 de setembro de 2015]
Radiofreqüência
(*ver* Espectro de Radiofreqüências)
Radionavegação Aeronáutica, 258
(*ver* Serviço Móvel Aeronáutico)
Radionavegação Aeronáutica
destinação de faixas de radiofrequências para uso em sistemas de, **284**
[Resolução da ANATEL nº 661, de 22 de fevereiro de 2016]
Ramos Jurídicos Afins, 251
Reclamação
Rcl19541AgR
inaplicabilidade da teoria da transcendência dos motivos determinantes para fins de consideração da ADI 1.668-MC como paradigma de reclamação contra lacração de estabelecimento e apreensão de equipamentos pela ANATEL apoiados na Lei 10.871/2004, **293**
[STF - AgR Rcl 19541/ MG]
Recuperação Judicial
(*ver também* Falência)
Grupo Oi
implementação de medidas de proibição de alienação e oneração de bens integrantes do patrimônio da concessionária e realização pela ANATEL de trabalho de fiscalização abrangente do, **302**
[Acórdão do Conselho Diretor da ANATEL, de 21 de junho de 2016 (Ref. nº 232/2016)]
Recurso Ordinário em Habeas Corpus
RHC119828/GO
baixa frequência de emissora de radiodifusão clandestina não se presta a afastar a tipicidade do delito de desenvolvimento de atividade clandestina de telecomunicação, repercutindo, somente, na fixação da pena-base em virtude das consequências da prática criminosa, **294**
[STF - RHC119828/GO]
Rede de Telecomunicações
(*ver também* Equipamentos de Telecomunicações)
Rede de Cobre
seu encurtamento até o armário (FTTC) para oferta de banda larga como opção de projeto estratégico a ser executado como compromisso adicional no âmbito de Termo de Compromisso de Ajustamento de Conduta (TAC), **300**
[Acórdão do Conselho Diretor da ANATEL, de 5 de janeiro de 2016 (Ref. nº 2/2016)]
Serviço de Valor Adicionado
redistribuição de acesso à internet configura, em tese, o delito de desenvolvimento de atividade clandestina de telecomunicação previsto no art. 183 da LGT, **298**
[STJ - AgR AREsp nº 852.730 - SP]
REDE INTERNACIONAL DE TELEVISÃO (RIT), 303
[Despacho da Superintendência de Planejamento e Regulamentação da ANATEL, de 19 de setembro de 2016]

Rede Nacional de Comunicação Pública
PPA 2016-2019
objetivo 1062 de ampliação da produção e do acesso da sociedade a conteúdos multimídia, de natureza educativa, artística, cultural, informativa, científica e promotores da cidadania, ofertados de forma colaborativa pela Rede Nacional de Comunicação Pública, **271**
[Lei nº 13.249, de 13 de janeiro de 2016]
REDE RBI, 303
[Despacho da Superintendência de Planejamento e Regulamentação da ANATEL, de 19 de setembro de 2016]
REDE TV!, 303
[Despacho da Superintendência de Planejamento e Regulamentação da ANATEL, de 19 de setembro de 2016]
REDE VIDA, 303
[Despacho da Superintendência de Planejamento e Regulamentação da ANATEL, de 19 de setembro de 2016]
Rede Virtual, 285
(*ver também* **Operador de Rede Virtual**)
[Resolução da ANATEL nº 663, de 21 de março de 2016]
Regulamento sobre Exploração de Serviço Móvel Pessoal – SMP por meio de Rede Virtual (RRV-SMP)
limites de controle societário, **285**
[Resolução da ANATEL nº 663, de 21 de março de 2016]
Rede Virtual no Serviço Móvel Pessoal, 285
(*ver também* **Regulamento sobre Exploração de Serviço Móvel Pessoal – SMP por meio de Rede Virtual (RRV-SMP)**)
[Resolução da ANATEL nº 663, de 21 de março de 2016]
Redes de Telecomunicações, 216
Regime de Direito Privado
Serviço Telefônico Fixo Comutado
orientação de política pública para realização de estudos para migração das concessões de STFC para regime de maior liberdade, **279**
[Portaria MC nº 1.455, de 8 de abril de 2016]
Regime de Direito Público, 295
(*ver também* **Regime Jurídico de Direito Público**)
(*ver também* **Serviço de Interesse Público**)
[STJ - CC 138405 /DF]
Serviço Telefônico Fixo Comutado
orientação de política pública para realização de estudos para migração das concessões de STFC para regime de maior liberdade, **279**
[Portaria MC nº 1.455, de 8 de abril de 2016]
Regime de Ex-Tarifário, 271
[Lei nº 13.249, de 13 de janeiro de 2016]
Regime Jurídico de Direito Público
(*ver também* **Regime de Direito Público**)
(*ver também* **Serviço Público de Telecomunicação**)
Serviço Telefônico Fixo Comutado
competência da Primeira Turma para julgar conflitos entre usuários e empresa concessionária de telefonia sobre o tema da adequação do serviço prestado e da responsabilidade civil contratual ou não dele decorrente, **295**
[STJ - CC 138405 /DF]
Regulação de Conteúdo, 233
Regulamento de Uso do Espectro de Radiofrequências, 289
[Resolução da ANATEL nº 671, de 3 de novembro de 2016]
aprovação do, **289**
[Resolução da ANATEL nº 671, de 3 de novembro de 2016]
Regulamento do Serviço de Comunicação Multimídia, 301
(*ver também* **Serviço de Comunicação Multimídia**)
[Acórdão do Conselho Diretor da ANATEL, de 22 de abril de 2016 (Ref. nº 151/2016)]
Regulamento do Serviço Telefônico Fixo Comutado
sua alteração para disciplina do procedimento de outorga em regime privado e acompanhamento das transferências de autorização e controle do STFC, **288**
[Resolução da ANATEL nº 668, de 27 de junho de 2016]
Regulamento Geral de Acessibilidade em Telecomunicações (RGA)

(*ver* **RGA**)
Regulamento Geral de Acessibilidade em Telecomunicações (RGA)
aprovação do, **287**
[Resolução ANATEL nº 667, de 30 de maio de 2016]
Regulamento para Apuração de Controle e de Transferência de Controle em Empresas Prestadoras de Serviços de Telecomunicações
Anuência Prévia
à reorganização societária do Grupo Telefônica Brasil, compreendendo a incorporação da GVT Participações S/A e Global Village Telecom S/A, **299**
[Ato do Conselho Diretor da ANATEL nº 50.169, de 22 de janeiro de 2016]
Regulamento para Certificação e Homologação de Produtos para Telecomunicações
alteração do, **284**
[Resolução da ANATEL nº 662, de 8 de março de 2016]
Regulamento sobre Canalização e Condições de Uso da Faixa de 15 GHz
alteração do, **288**
[Resolução da ANATEL nº 669, de 11 de julho de 2016]
Regulamento sobre Canalização e Condições de Uso de Radiofreqüências na Faixa de 380 MHz a 400 MHz, 286
[Resolução da ANATEL nº 665, de 2 de maio de 2016]
Regulamento sobre Condições de Uso de Radiofreqüências nas Faixas de 800 MHz, 900 MHz, 1.800 MHz, 1.900 MHz e 2.100 MHz
(*ver* **800 MHz, 900 MHz, 1.800 MHz, 1.900 MHz e 2.100 MHz**)
Regulamento sobre Condições de Uso de Radiofreqüências nas Faixas de 800 MHz, 900 MHz, 1.800 MHz, 1.900 MHz e 2.100 MHz
vedação do emprego de sistemas analógicos nas faixas referidas no, **290**
[Resolução da ANATEL nº 672, de 16 de dezembro de 2016]
Regulamento sobre Exploração de Serviço Móvel Pessoal – SMP por meio de Rede Virtual (RRV-SMP)
(*ver também* **Rede Virtual no Serviço Móvel Pessoal**)
limites de controle societário, **285**
[Resolução da ANATEL nº 663, de 21 de março de 2016]
Renovação das Concessões de STFC
(*ver também* **Revisão Quinquenal**)
prorrogação da data da revisão quinquenal de 2016, **285**
[Resolução da ANATEL nº 664, de 29 de abril de 2016]
Repercussão Geral
RE 776594 RG / SP
constitucionalidade da questão sobre a taxa municipal de fiscalização de licença para o funcionamento das torres e antenas de transmissão e recepção de dados e voz, **294**
[STF - RE 776594 RG / SP]
Revisão do Modelo de Prestação de Serviços de Telecomunicações
diretrizes para a ANATEL para, **279**
[Portaria MC nº 1.455, de 8 de abril de 2016]
Revisão Quinquenal
(*ver também* **Renovação das Concessões de STFC**)
Concessão
prorrogação da data da revisão quinquenal de 2016, **285**
[Resolução da ANATEL nº 664, de 29 de abril de 2016]
Contrato de Concessão
prorrogação da data da revisão quinquenal de 2016, **285**
[Resolução da ANATEL nº 664, de 29 de abril de 2016]
RGA, 287
[Resolução ANATEL nº 667, de 30 de maio de 2016]
Rio Verde/GO
homologação dos desligamentos das transmissões analógicas de radiodifusão na primeira cidade brasileira a realizá-los, **278**
[Portaria MC nº 1.329, de 31 de março de 2016]
RIT, 303
[Despacho da Superintendência de Planejamento e Regulamentação da ANATEL, de 19 de setembro de 2016]
RUER

(*ver* **Regulamento de Uso do Espectro de Radiofrequências)**

S

Saneamento
determinação de que sejam sanadas irregularidades formais de processos administrativos de autorização de RadCom que não resultem em inabilitação ou indeferimento, **276**
[Portaria MC nº 4.334, de 17 de setembro de 2015]

Satélite Não-Geostacionário
IRIDIUM SATELLITE LLC
direito de exploração no Brasil do sistema estrangeiro de satélites não-geoestacionários Iridium a partir de 22 de julho de 2016 até 31 de janeiro de 2018, **302**
[Acórdão do Conselho Diretor da ANATEL, de 23 de maio de 2016 (Ref. nº 181/2016)]

SCM
(*ver* **Serviço de Comunicação Multimídia)**

Segurança Pública, 255

Segurança Pública
destinação das faixas de 380 MHz a 382,050 MHz e de 390 MHz a 392,050 MHz ao SLP em aplicações de segurança pública e defesa civil, **286**
[Resolução da ANATEL nº 665, de 2 de maio de 2016]

Serviço Adequado
Serviço Telefônico Fixo Comutado
competência da Primeira Turma para julgar conflitos entre usuários e empresa concessionária de telefonia sobre o tema da adequação do serviço prestado e da responsabilidade civil contratual ou não dele decorrente, **295**
[STJ - CC 138405 /DF]

Serviço Auxiliar de Radiodifusão e Correlatos (SARC), 241

Serviço de Acesso à INTERNET
Atividade Clandestina de Telecomunicação
redistribuição de acesso à internet configura, em tese, o delito de desenvolvimento de atividade clandestina de telecomunicação previsto no art. 183 da LGT, **298**
[STJ - AgR AREsp nº 852.730 - SP]

Serviço de Acesso Condicionado (SeAC), 244

Serviço de Acesso Condicionado, 303
[Despacho da Superintendência de Planejamento e Regulamentação da ANATEL, de 19 de setembro de 2016]
Canal de Distribuição Obrigatória
divulgação da lista dos canais de radiodifusão de distribuição obrigatória, **303**
[Despacho da Superintendência de Planejamento e Regulamentação da ANATEL, de 19 de setembro de 2016]
ICMS
ICMS incidente sobre a energia elétrica utilizada pelas empresas de telecomunicações pode ser creditado para abatimento do imposto devido na prestação de serviços de telecomunicações, por serem considerados processo industrial por equiparação, **298**
[STJ - 1262987 - AGR RESP]
Pirataria
pirataria de sinal de TV por assinatura, mediante inserção de divulgações políticas em canais da TV aberta no sinal de programação de TV por assinatura, configura atividade clandestina de telecomunicação, ao invés de furto de sinal de TV, **296**
[STJ - HC nº 340.692/RJ]

Serviço de Comunicação de Massa ou Eletrônica de Massa, 235

Serviço de Comunicação Multimída (SCM), 245

Serviço de Comunicação Multimídia
(*ver também* **Regulamento do Serviço de Comunicação Multimídia)**
Banda Larga
política pública de que ao menos um plano de serviço de SCM por empresa seja com franquia de dados ilimitada, **281**
[Portaria MC nº 2.115, de 11 de maio de 2016]
Políticas de Telecomunicações

política pública de que ao menos um plano de serviço de SCM por empresa seja com franquia de dados ilimitada, **281**
[Portaria MC nº 2.115, de 11 de maio de 2016]
vedação de adotação de práticas de redução de velocidade, suspensão de serviço ou de cobrança de tráfego excedente após o esgotamento da franquia, **301**
[Acórdão do Conselho Diretor da ANATEL, de 22 de abril de 2016 (Ref. nº 151/2016)]
Serviço de Interesse Coletivo, 234
Serviço de Interesse Público, 279
(*ver também* Regime de Direito Público)
[Portaria MC nº 1.455, de 8 de abril de 2016]
Serviço de Radiodifusão, 235
Serviço de Radiodifusão Comunitária
(*ver também* Busca e Apreensão)
PPA 2016-2019
meta 048S de ampliação do número de rádios comunitárias no país em 400 novas estações, **271**
[Lei nº 13.249, de 13 de janeiro de 2016]
Rádio Clandestina
a aplicação do princípio da insignificância para condutas de atividade clandestina de telecomunicação depende da comprovação de inexistência de potencial lesivo, independentemente da potência do transmissor utilizado, **293**
[STF - HC nº135.248/BA]
baixa frequência de emissora de radiodifusão clandestina não se presta a afastar a tipicidade do delito de desenvolvimento de atividade clandestina de telecomunicação, repercutindo, somente, na fixação da pena-base em virtude das consequências da prática criminosa, **294**
[STF - RHC119828/GO]
baixa potência do transmissor de radiodifusão sonora não afasta a condição de delito de natureza formal de perigo abstrato ao desenvolvimento de atividade clandestina de telecomunicação prevista no art. 183 da Lei 9.472/97, inaplicável, portanto, o princípio da insignificância, **297**
[STJ - AgInt no AREsp 497.670/BA]
configurada habitualidade de conduta de atividade clandestina de rádio comunitária, improcede pleito classificatório, inaplicável o princípio da insignificância em virtude de se tratar de crime formal e de perigo abstrato, irrelevante a ocorrência do dano concreto, **296**
[STJ - AgR Resp 1546511 - RJ]
Serviço de Radiodifusão de Sons e Imagens
(*ver* Radiodifusão)
Serviço de Radiodifusão Sonora
(*ver* Radiodifusão)
Serviço de Radionavegação Aeronáutica por Satélite, 284
[Resolução da ANATEL nº 661, de 22 de fevereiro de 2016]
Serviço de Telecomunicações Aeronáuticas, 247
Serviço de Valor Acrescentado
(*ver* Serviço de Valor Adicionado)
Serviço de Valor Acrescido
(*ver* Serviço de Valor Adicionado)
Serviço de Valor Adicionado, 235
Serviço de Valor Adicionado
(*ver também* INTERNET)
INTERNET
redistribuição de acesso à internet configura, em tese, o delito de desenvolvimento de atividade clandestina de telecomunicação previsto no art. 183 da LGT, **298**
[STJ - AgR AREsp nº 852.730 - SP]
vedação de sua inserção no documento de cobrança do STFC sem autorização expressa do assinante, **301**
[Acórdão do Conselho Diretor da ANATEL, de 20 de maio de 2016 (Ref. nº 711/2016)]
Serviço Limitado, 234
Serviço Limitado Especializado, 234
Serviço Limitado Móvel Aeronáutico
Radionavegação Aeronáutica
destinação de faixas de radiofrequências para uso em sistemas de, **284**

[Resolução da ANATEL nº 661, de 22 de fevereiro de 2016]
Serviço Limitado Privado, 234
Serviço Móvel Aeronáutico, 247
Serviço Móvel Aeronáutico, 284
[Resolução da ANATEL nº 661, de 22 de fevereiro de 2016]
Serviço Móvel Especializado ou Trunking ou Trunk ou Sistema Troncalizado, 247
Serviço Móvel Pessoal (SMP), 247
Serviço Móvel Pessoal, 285
[Resolução da ANATEL nº 663, de 21 de março de 2016]
ADI 4761
inconstitucionalidade de lei estadual que impõe dever às operadoras de telefonia celular e aos fabricantes de aparelhos celulares e acessórios de incluir em sua propaganda advertência cancerígena pelo uso excessivo, **292**
[STF - ADI 4761 / PR]
Assinatura Básica
inconstitucionalidade de lei estadual que veda a cobrança de tarifas de assinatura básica pelas prestadoras de serviços de telefonia fixa e móvel, **291**
[STF - ADI 4603 / RN]
ICMS
ICMS incidente sobre a energia elétrica utilizada pelas empresas de telecomunicações pode ser creditado para abatimento do imposto devido na prestação de serviços de telecomunicações, por serem considerados processo industrial por equiparação, **298**
[STJ - 1262987 - AGR RESP]
Pré-Pago
inconstitucionalidade de lei estadual que impõe a possibilidade de utilização, no mês subsequente, dos minutos da franquia não utilizados no mês anterior, **292**
[STF - ADI 4649 / RJ]
Telemarketing
inconstitucionalidade de lei estadual que impõe às operadoras de telefonia fixa e móvel a obrigação de constituírem cadastro especial de assinantes do serviço interessados no sistema de venda por meio de telemarketing, **291**
[STF - ADI 3959 / SP]
Serviço Móvel Pessoal por meio de Rede Virtual
(*ver* Rede Virtual)
Serviço Móvel Pessoal por meio de Rede Virtual
(*ver também* Operador de Rede Virtual)
Regulamento sobre Exploração de Serviço Móvel Pessoal – SMP por meio de Rede Virtual (RRV-SMP)
limites de controle societário, **285**
[Resolução da ANATEL nº 663, de 21 de março de 2016]
Serviço Prestado em Regime Privado, 234
Serviço Prestado em Regime Privado
Regulamento do Serviço Telefônico Fixo Comutado
sua alteração para disciplina do procedimento de outorga em regime privado e acompanhamento das transferências de autorização e controle do STFC, **288**
[Resolução da ANATEL nº 668, de 27 de junho de 2016]
Serviço Prestado em Regime Público, 233
Serviço Prestado em Regime Público
Regulamento do Serviço Telefônico Fixo Comutado
sua alteração para disciplina do procedimento de outorga em regime privado e acompanhamento das transferências de autorização e controle do STFC, **288**
[Resolução da ANATEL nº 668, de 27 de junho de 2016]
Serviço Público de Telecomunicação
(*ver também* Regime Jurídico de Direito Público)
Telefone de Uso Público
regulamento para certificação do cartão indutivo, **289**
[Resolução da ANATEL nº 670, de 19 de outubro de 2016]
Serviço Telefônico Fixo Comutado (STFC), 249
Serviço Telefônico Fixo Comutado, 249
Área Local (Serviço Telefônico Fixo Comutado)

[Resolução da ANATEL nº 670, de 19 de outubro de 2016]
Serviços no Setor de Telecomunicações, 235
Set-top-box
dever de que cumpra os requisitos obrigatórios mínimos contidos nas normas técnicas do documento ABNT NBR 15604:2007, **276**, **279**
[Portaria MC nº 1.453, de 8 de abril de 2016] [Portaria MC nº 263, de 14 de janeiro de 2016]
priorização de famílias inscritas no Cadastro Único para Programas Sociais – CadÚnico para distribuição de set-top-box para recepção do sinal de televisão digital, **276**, **279**
[Portaria MC nº 1.453, de 8 de abril de 2016] [Portaria MC nº 263, de 14 de janeiro de 2016]
Sigilo em Telecomunicações, 233
Sinal Analógico
vedação do emprego de sistemas analógicos nas faixas de 800 MHz, 900 MHz, 1.800 MHz, 1.900 MHz e 2.100 MHz, **290**
[Resolução da ANATEL nº 672, de 16 de dezembro de 2016]
Sistema Analógico
vedação do emprego de sistemas analógicos nas faixas de 800 MHz, 900 MHz, 1.800 MHz, 1.900 MHz e 2.100 MHz, **290**
[Resolução da ANATEL nº 672, de 16 de dezembro de 2016]
Sistema Brasileiro de Televisão Digital
PPA 2016-2019
metas (0481) a implantação da TV digital em 3.244 municípios, (0482) a distribuição de conversores digitais para os 100% dos domicílios beneficiários do Programa Bolsa Família e (0483) disponibilização gratuita de 24 aplicativos interativos de TV digital à população, **271**
[Lei nº 13.249, de 13 de janeiro de 2016]
Transição Analógico-Digital
alteração do cronograma para fixar o dia 31 de dezembro de 2018 como data limite ao encerramento da transmissão analógica para as localidades nas quais seja necessária a viabilização da implantação das redes de telefonia móvel 4G na faixa de radiofrequências de 698 MHz a 806 MHz, **274**
[Decreto nº 8.753, de 10 de maio de 2016]
Sistema Brasileiro de Televisão Digital Terrestre, 271, 276
(*ver também* Radiodifusão)
[Lei nº 13.249, de 13 de janeiro de 2016] [Portaria MC nº 263, de 14 de janeiro de 2016]
Associação Administradora do Processo de Redistribuição e Digitalização de Canais de TV e RTV
postergação do aporte de recursos destinados ao ressarcimento de custos decorrentes da redistribuição de canais de TV e RTV, **300**
[Acórdão do Conselho Diretor da ANATEL, de 29 de janeiro de 2016 (Ref. nº 28/2016)]
Cronograma de Implantação da TV Digital
efeito de seu atraso gerando a postergação dos repasses ao ressarcimento de custos decorrentes da redistribuição de canais de TV e RTV a serem administrados pela EAD, **300**
[Acórdão do Conselho Diretor da ANATEL, de 29 de janeiro de 2016 (Ref. nº 28/2016)]
estabelecimento do, **277**
[Portaria MC nº 378, de 22 de janeiro de 2016]
homologação dos desligamentos das transmissões analógicas de radiodifusão na primeira cidade brasileira a realizá-los, **278**
[Portaria MC nº 1.329, de 31 de março de 2016]
Devolução dos Canais Analógicos
sua obrigatoriedade após desligamento da transmissão analógica e transmissão por 30 dias, no canal analógico, de cartela informativa de forma permanente, **277**

[Portaria MC nº 378, de 22 de janeiro de 2016]
PPA 2016-2019
metas (0481) a implantação da TV digital em 3.244 municípios, (0482) a distribuição de conversores digitais para os 100% dos domicílios beneficiários do Programa Bolsa Família e (0483) disponibilização gratuita de 24 aplicativos interativos de TV digital à população, **271**
[Lei nº 13.249, de 13 de janeiro de 2016]
Set-top-box
priorização de famílias inscritas no Cadastro Único para Programas Sociais – CadÚnico para distribuição de set-top-box para recepção do sinal de televisão digital, **276**, **279**
[Portaria MC nº 1.453, de 8 de abril de 2016] [Portaria MC nº 263, de 14 de janeiro de 2016]
Transição Analógico-Digital
alteração do cronograma para fixar o dia 31 de dezembro de 2018 como data limite ao encerramento da transmissão analógica para as localidades nas quais seja necessária a viabilização da implantação das redes de telefonia móvel 4G na faixa de radiofrequências de 698 MHz a 806 MHz, **274**
[Decreto nº 8.753, de 10 de maio de 2016]
homologação do encerramento da transmissão analógica em Brasília e certos municípios de Goiás, **282**
[Portaria MCTIC nº 5.269, de 17 de novembro de 2016]
Sistema TELEBRAS
(*ver* **Telecomunicações Brasileiras S.A.**)
SLMA
(*ver* **Serviço Limitado Móvel Aeronáutico**)
SMA
(*ver* **Serviço Móvel Aeronáutico**)
SMP
(*ver* **Serviço Móvel Pessoal**)
STF, 261
(*ver* **Supremo Tribunal Federal**)
STFC
(*ver* **Serviço Telefônico Fixo Comutado**)
STJ, 263
(*ver* **Superior Tribunal de Justiça**)
Súmula
Súmula nº 19
requisitos para anuência prévia de comprovação de regularidade fiscal na transferência de controle ou de outorgas, **303**
[Súmula da ANATEL nº 19, de 1º de dezembro de 2016]
Superior Tribunal de Justiça
baixa potência do transmissor de radiodifusão sonora não afasta a condição de delito de natureza formal de perigo abstrato ao desenvolvimento de atividade clandestina de telecomunicação prevista no art. 183 da Lei 9.472/97, inaplicável, portanto, o princípio da insignificância, **297**
[STJ - AgInt no AREsp 497.670/BA]
competência da Justiça Comum Estadual para processamento criminal de conduta de compartilhamento ilegal de sinais de TV a Cabo e Internet, **294**
[CC nº 146088 - RJ]
competência da Primeira Turma para julgar conflitos entre usuários e empresa concessionária de telefonia sobre o tema da adequação do serviço prestado e da responsabilidade civil contratual ou não dele decorrente, **295**
[STJ - CC 138405 /DF]
configurada habitualidade de conduta de atividade clandestina de rádio comunitária, improcede pleito classificatório, inaplicável o princípio da insignificância em virtude de se tratar de crime formal e de perigo abstrato, irrelevante a ocorrência do dano concreto, **296**
[STJ - AgR Resp 1546511 - RJ]
ICMS incidente sobre a energia elétrica utilizada pelas empresas de telecomunicações pode ser creditado para abatimento do imposto devido na prestação de serviços de telecomunicações, por serem considerados processo industrial por equiparação, **298**

[STJ - 1262987 - AGR RESP]
ilegitimidade da ANATEL para figurar como litisconsorte passivo em causas envolvendo relação contratual entre consumidor e concessionária, **297**
[AgRg no REsp 1.570.188/PE]
pirataria de sinal de TV por assinatura, mediante inserção de divulgações políticas em canais da TV aberta no sinal de programação de TV por assinatura, configura atividade clandestina de telecomunicação, ao invés de furto de sinal de TV, **296**
[STJ - HC nº 340.692/RJ]
redistribuição de acesso à internet configura, em tese, o delito de desenvolvimento de atividade clandestina de telecomunicação previsto no art. 183 da LGT, **298**
[STJ - AgR AREsp nº 852.730 - SP]
Supremo Tribunal Federal
ADI 4761
inconstitucionalidade de lei estadual que impõe dever às operadoras de telefonia celular e aos fabricantes de aparelhos celulares e acessórios de incluir em sua propaganda advertência cancerígena pelo uso excessivo, **292**
[STF - ADI 4761 / PR]
ADI3959
inconstitucionalidade de lei estadual que impõe às operadoras de telefonia fixa e móvel a obrigação de constituírem cadastro especial de assinantes do serviço interessados no sistema de venda por meio de telemarketing, **291**
[STF - ADI 3959 / SP]
ADI4603
inconstitucionalidade de lei estadual que veda a cobrança de tarifas de assinatura básica pelas prestadoras de serviços de telefonia fixa e móvel, **291**
[STF - ADI 4603 / RN]
ADI4649
inconstitucionalidade de lei estadual que impõe a possibilidade de utilização, no mês subsequente, dos minutos da franquia não utilizados no mês anterior, **292**
[STF - ADI 4649 / RJ]
HC135248/BA
a aplicação do princípio da insignificância para condutas de atividade clandestina de telecomunicação depende da comprovação de inexistência de potencial lesivo, independentemente da potência do transmissor utilizado, **293**
[STF - HC nº135.248/BA]
Rcl19541AgR
inaplicabilidade da teoria da transcendência dos motivos determinantes para fins de consideração da ADI 1.668-MC como paradigma de reclamação contra lacração de estabelecimento e apreensão de equipamentos pela ANATEL apoiados na Lei 10.871/2004, **293**
[STF - AgR Rcl 19541/ MG]
RE 776594 RG / SP
constitucionalidade da questão sobre a taxa municipal de fiscalização de licença para o funcionamento das torres e antenas de transmissão e recepção de dados e voz, **294**
[STF - RE 776594 RG / SP]
RHC119828/GO
baixa frequência de emissora de radiodifusão clandestina não se presta a afastar a tipicidade do delito de desenvolvimento de atividade clandestina de telecomunicação, repercutindo, somente, na fixação da pena-base em virtude das consequências da prática criminosa, **294**
[STF - RHC119828/GO]
SVA
(*ver* **Serviço de Valor Adicionado**)
Switch Off, 277
[Portaria MC nº 378, de 22 de janeiro de 2016]

T

TAC

(*ver* **REDE VIDA**)
TELEVISÃO INDEPENDENTE DE SÃO JOSÉ DO RIO PRETO LTDA.
REDE VIDA
sua inclusão como canal de carregamento obrigatório pelo SeAC, **303**
[Despacho da Superintendência de Planejamento e Regulamentação da ANATEL, de 19 de setembro de 2016]
Terminais, 217
Terminais, 292
[STF - ADI 4761 / PR]
Terminal
(*ver* **Aparelho Celular**)
Terminal de Telecomunicações
(*ver também* **Estação de Telecomunicações**)
ADI 4761
inconstitucionalidade de lei estadual que impõe dever às operadoras de telefonia celular e aos fabricantes de aparelhos celulares e acessórios de incluir em sua propaganda advertência cancerígena pelo uso excessivo, **292**
[STF - ADI 4761 / PR]
Termo de Ajustamento de Conduta
Compromisso Adicional
proposta de ato com rol de opções de projetos estratégicos que poderão ser acolhidos na forma de compromissos adicionais em TAC, **300**
[Acórdão do Conselho Diretor da ANATEL, de 5 de janeiro de 2016 (Ref. nº 2/2016)]
rol de opções de projetos estratégicos que poderão ser acolhidos na forma de compromissos adicionais em TAC para o biênio 2015-2016, **299**
[Ato do Conselho Diretor da ANATEL nº 50.004, de 5 de janeiro de 2016]
Fatos de Redução de Desigualdades Sociais e Regionais e de Execução de Projetos Estratégicos
fixação de critérios para aplicação do, **299–300**
[Acórdão do Conselho Diretor da ANATEL, de 5 de janeiro de 2016 (Ref. nº 2/2016)] [Ato do Conselho Diretor da ANATEL nº 50.004, de 5 de janeiro de 2016]
Infraestrutura de Transporte
sua instalação como opção de projeto estratégico a ser executado como compromisso adicional no âmbito de Termo de Compromisso de Ajustamento de Conduta (TAC), **299–300**
[Acórdão do Conselho Diretor da ANATEL, de 5 de janeiro de 2016 (Ref. nº 2/2016)] [Ato do Conselho Diretor da ANATEL nº 50.004, de 5 de janeiro de 2016]
Manual de Fiscalização para Monitoramento da Execução de TAC
determinação de elaboração do, **300**
[Acórdão do Conselho Diretor da ANATEL, de 5 de janeiro de 2016 (Ref. nº 2/2016)]
Projeto Estratégico
proposta de ato com rol de opções de projetos estratégicos que poderão ser acolhidos na forma de compromissos adicionais em TAC, **300**
[Acórdão do Conselho Diretor da ANATEL, de 5 de janeiro de 2016 (Ref. nº 2/2016)]
rol de opções de projetos estratégicos que poderão ser acolhidos na forma de compromissos adicionais em TAC para o biênio 2015-2016, **299**
[Ato do Conselho Diretor da ANATEL nº 50.004, de 5 de janeiro de 2016]
Tecnologia de quarta geração (4G)
sua instalação como opção de projeto estratégico a ser executado como compromisso adicional no âmbito de Termo de Compromisso de Ajustamento de Conduta (TAC), **299–300**
[Acórdão do Conselho Diretor da ANATEL, de 5 de janeiro de 2016 (Ref. nº 2/2016)] [Ato do Conselho Diretor da ANATEL nº 50.004, de 5 de janeiro de 2016]
Tipificação
(*ver* **Crime**)
Transferência de Controle
Súmula nº 19

U

V

Dados da Publicação

ISSN: 1984-9729
EISSN: 1984-8161
Periodicidade: (mínima) anual
Linha editorial: http://www.ndsr.org/SEER/index.php?journal=rdet&page=about&op=editorialPolicies#focusAndScope
Avaliação das submissões: método de avaliação cega por pares (duplo cego), por intermédio de submissões eletrônicas administradas no sistema SEER, do IBICT, no link http://www.ndsr.org/SEER/index.php?journal=rdet&page=about&op=submissions#onlineSubmissions, em que os manuscritos são distribuídos aos avaliadores sem identificação de autoria.
Política de arquivamento: sistema LOCKSS, da Universidade de Stanford (*Stanford University Libraries*); projeto de preservação de longo prazo do DOAJ (*Directory of Open Access Journals*); *e-Depot, National Library* (Haia, Países Baixos, www.kb.nl/e-Depot); e Biblioteca do Senado Federal do Brasil.
Indexação em bases de pesquisa: Scopus (Elsevier); EBSCO*host* research databases (EBSCO Publishing Inc.); Gale Group; AE Global Index; OAI (*Open Archives Initiative*) - DOAJ (*Directory of Open Access Journals*); WorldCat; Google Scholar; The European Library; CIEPS (Centre International d'Enregistrement des Publications en Série; Sistemas SEER e Diadorim, do IBICT.
Indexação em bibliotecas: Rede Virtual de Bibliotecas do Congresso Nacional (RVBI); HELKA (Union Catalogue of Helsinki University Libraries); University of Saskatchewan; Erasmus Universiteit Rotterdam; Koninklijke Bibliotheek (National Library of the Netherlands); Universiteit Twente; Bibliotheek Rijksuniversiteit Groningen.
Endereçamento permanente: LexML.

Normas para Submissão de Manuscritos

Procedimento de submissão: http://www.ndsr.org/SEER/index.php?journal=rdet&page=about&op=submissions#onlineSubmissions
Data de publicação da RDET: anualmente, no mês de maio.
Data limite de submissões: submissões encaminhadas até 15 de janeiro serão consideradas para publicação no volume do ano correspondente, podendo-se estender o prazo a critério do Conselho Editorial.
Idiomas aceitos: português, inglês e espanhol.
Especificações de forma: os manuscritos deverão ser encaminhados por intermédio do sistema eletrônico de submissão constante do link acima (*procedimento de submissão*) em formato *Microsoft Word*, *LibreOffice* ou *iWorks*, em espaço simples, fonte Times New Roman 12 ou equivalente, com mínimo de três mil palavras (em torno de 15 páginas) e máximo de vinte mil palavras (em torno de 50 páginas), dele constando as referências bibliográficas segundo modelo de citação no próprio texto (AUTOR ano) ou em referências completas em notas de rodapé.
Resumo/Abstract: os manuscritos deverão ser precedidos de resumo em língua portuguesa de até 150 palavras e de sua tradução para a língua inglesa (*abstract*).
Palavras-chave/Keywords: o autor deve propor 5 palavras-chave em português e 5 em inglês.
Biografia: a biografia sintética do autor de até 5 linhas deverá ser preenchida no sistema de submissões online da RDET quando do encaminhamento do artigo para avaliação. A biografia encaminhada pelo autor será incorporada ao volume de publicação em caso de aprovação do manuscrito.
Modelos a serem seguidos para submissão:
- de artigos: http://www.getel.org/0MODELOartigoRDET.doc, inclusive resumo e abstract estruturados.
- de resenhas: http://www.getel.org/0MODELOresenhaRDET.docx.

Journal Info

ISSN: 1984-9729

EISSN: 1984-8161

Periodicity: one annual issue on May uninterrupted since May 2009

Mission/Scope/Focus: http://www.ndsr.org/SEER/index.php?journal=rdet&page=about&op=editorialPolicies#focusAndScope

Submission process: authors are requested to submit their papers through the website of the University of Brasilia Center on Law and Regulation (http://www.ndsr.org/SEER/index.php). The journal adopts the double-blind peer review process.

Archiving policy: LOCKSS, DOAJ and Brazil's Senate Library.

Indexation: Scopus (Elsevier); EBSCO*host* research databases (EBSCO Publishing Inc.); Gale Group; AE Global Index; OAI (*Open Archives Initiative*) - DOAJ (*Directory of Open Access Journals*); WorldCat; Google Scholar; The European Library; CIEPS (Centre International d'Enregistrement des Publications en Série; SEER/IBICT.

Permanent Web Identifier: LexML.

Manuscript Submission Process

Authors please submit here: http://www.ndsr.org/SEER/index.php?journal=rdet&page=about&op=submissions#onlineSubmissions

Submission time frame: The RDET submission process is open all year round. Papers selected will be tentatively scheduled for publishing in the next issue.

Languages accepted: English, Spanish and Portuguese.

Formal requirements: The easiest way to follow this journal's formal requirements is to download the template in English from the RDET website, in the section "Author Guidelines" and replace the content with your own material. The template file contains specially formatted styles (e.g., Normal, Heading, Footer, Abstract, Subtle Emphasis, and Intense Emphasis) that will reduce the work in formatting your final submission. The following instructions are already embedded in the template, but they are transcribed below in case you prefer to apply them directly to your paper. Please use the following coordinates for the page setup: Top (1.93 cm); Bottom (1.93 cm); Inside (1,93 cm); Outside (1,52 cm); Gutter (0,36 cm); mirror margins; page size customized for width (15,24 cm) and height (22,86 cm); different odd and even pages; Layout from Edge (Header: 0,89 cm; Footer: 0,76 cm). Right margins should be justified, not ragged. Please use a 10-point Times New Roman font or, if it is unavailable, another proportional font with serifs, as close as possible in appearance to Times New Roman 10-point. On a Macintosh, use the font named Times and not Times New Roman. Also, quotations of more than two lines should be written in Times New Roman, 10, scale 90%, line spacing exactly 10 pt. Legal texts should be cited as Times New Roman, 10, scale 80%, line spacing exactly 10 pt, "Don't add space between paragraphs of the same style" marked, indentation left 1.78 cm and right 1.78 cm. For reference purpose, please use the ABNT NBR style or APA.

Structured abstract: The RDET adopts structured abstracts embedded in the aforementioned template.